北京高校

马克思主义理论学科与思想政治理论课建设发展报告

（2021）

中共北京市委教育工作委员会　组编
艾四林　吴潜涛　主编

中国出版集团有限公司
China Publishing Group Co., Ltd.
研究出版社

图书在版编目（CIP）数据

北京高校马克思主义理论学科与思想政治理论课建设发展报告（2021）/ 艾四林，吴潜涛主编. -- 北京：研究出版社，2022.12

ISBN 978-7-5199-1389-2

Ⅰ.①北… Ⅱ.①艾… ②吴… Ⅲ.①高等学校－马克思主义理论－教学研究－研究报告－北京－2021②高等学校－思想政治教育－教学研究－研究报告－北京－2021 Ⅳ.①A81②G641

中国版本图书馆CIP数据核字（2022）第224332号

出 品 人：赵卜慧
出版统筹：丁　波
责任编辑：寇颖丹

北京高校马克思主义理论学科与思想政治理论课建设发展报告（2021）
BEIJING GAOXIAO MAKESI ZHUYI LILUN XUEKE YU SIXIANG ZHENGZHI LILUN KE JIANSHE FAZHAN BAOGAO (2021)
艾四林　吴潜涛　主编
研究出版社 出版发行
（100006　北京市东城区灯市口大街100号华腾商务楼）
北京中科印刷有限公司印刷　新华书店经销
2022年12月第1版　2022年12月第1次印刷
开本：710毫米×1000毫米　1/16　印张：26
字数：431千字
ISBN 978-7-5199-1389-2　定价：98.00元
电话（010）64217619　64217652（发行部）

《北京高校马克思主义理论学科与思想政治理论课建设发展报告（2021）》

委员会

《北京高校马克思主义理论学科与思想政治理论课建设发展报告（2021）》

课题组

组　长：艾四林　吴潜涛

副组长：肖贵清　赵甲明　蔡乐苏　王宪明　舒　文

成　员：刘武根　李全喜　陈洪玲　杨增岽　李红霞

胡　飒　李江静　张　晖　荣　鑫　秦彪生

黄　刚　周　阳

秘　书：吴　丹

序

北京高校地处首都，是学习研究宣传马克思主义的排头兵。近年来，市委教育工委、市教委大力加强高校马克思主义理论学科与思想政治理论课建设，取得了明显成绩，主要表现为：学科力量雄厚，学科建设成就突出；教师队伍结构不断优化，整体素质明显提升；科学研究成绩斐然，高水平科研成果丰硕；人才培养成绩突出，研究生培养质量稳步提高；教学方法形式多样，现代教学手段普遍运用；实践教学有声有色，特色实践引人关注；教学质量管理备受重视，保障工作坚实有力；教学评价稳中有升，教学影响力明显提升。同时，也必须清醒地看到，北京高校马克思主义理论学科与思想政治理论课建设依然存在一些亟须解决的困难和问题：学科发展不平衡，部分学校学科建设还比较薄弱；专职教师队伍不足，名家大师较少，青年教师的素质能力有待加强；高水平科研成果较少，科研对教学的支撑作用有待加强；教学改革、实践教学等还需进一步推进等。

为进一步落实中央有关精神，切实加强北京高校马克思主义理论学科与思想政治理论课建设，2015年市委办公厅、市政府办公厅联合转发了市委教工委等部门制定的《关于全面加强北京高校马克思主义理论学习研究宣传的实施意见》（以下简称《意见》）。《意见》提出，全面加强北京高校马克思主义理论学科与思想政治理论课建设，要以立德树人为根本任务，以深入推进中国特色社会主义理论体系进教材进课堂进头脑为主线，以创新机制为动力，以突破难点为方向，以健全政策为保障，通过重点项目的支持带动，努力实现学习研究宣传马克思主义的新跨越，着力提升马克思主义理论学科的地位，重点建设一批马克思主义理论研究和创新基地，培养和造就一批马克思主义理论青年骨干、学科带头人和专家名师，形成一批有影响的研究成果和工作平台，在学习研究宣传马克思主义中发挥引领作用，为办好中国特色社会主义大学提供有力的理论支撑和思想保障。

提升北京高校马克思主义理论学科与思想政治理论课建设水平，必须坚持问题导向，对症施策。2015年初，市委教育工委委托清华大学马克思主义学院艾四林教授、吴潜涛教授牵头，抽调各高校思想政治理论课中青年骨干教师成立课题组，负责编写北京高校马克思主义理论学科与思想政治理论课建设年度发展报告（以下简称“发展报告”）。按年度定期编发“发展报告”，具有重要的指导价值与意义，主要体现在以下几个方面：

第一，有助于把握现状。“发展报告”以年度为时间单位，围绕年度发展概况、教师队伍、科学研究、人才培养、教学方法改革、社会实践、教学保障、教学评价八个方面，以调研数据为基础，既从量的层面又从质的维度，既分析存量又比较增量，既总结成绩又剖析问题，全面分析、深入阐释了北京高校马克思主义理论学科与思想政治理论课建设发展状况，有利于主管部门和各高校全面把握北京高校马克思主义理论学科与思想政治理论课建设的基本情况。

第二，有助于决策参考。“发展报告”既有从宏观方面对北京高校马克思主义理论学科与思想政治理论课建设的概况分析，又有从中观方面按照学校类型（部属高校、市属本科、高职高专）和学科点类别（一级学科博士点、二级学科博士点、一级学科硕士点、二级学科硕士点）对北京高校马克思主义理论学科与思想政治理论课建设情况的详细阐释，也有从微观方面对北京高校马克思主义理论学科与思想政治理论课建设先进经验和典型案例的深入剖析，有助于为相关部门制定、出台进一步加强马克思主义理论学科与思想政治理论课建设的相关政策提供不同层面的决策参考。

第三，有助于事业发展。编写和发布“发展报告”，既是对北京高校马克思主义理论学科与思想政治理论课年度建设进展状况的系统总结，也是对发展状况的把脉问诊，有助于相关部门和单位全面了解和准确把握工作状况与发展动态、出台相关政策、精准化推进工作。这些都将更好地助力并推动北京高校马克思主义理论学科与思想政治理论课建设实现新的跨越。

本书编委会

目　录

第一章 总论

为贯彻落实中央和北京市有关文件精神，推进北京高校马克思主义理论学科与思想政治理论课建设，北京市委教育工委决定开展2021年度北京高校马克思主义理论学科与思想政治理论课建设发展状况调研。我们经过半年多的酝酿和调查研究，形成了《北京高校马克思主义理论学科与思想政治理论课建设发展报告（2021）》（以下简称《报告》）。《报告》通过对文献资料和调研数据进行系统的整理，梳理了2021年度加强北京高校马克思主义理论学科与思想政治理论课建设的主要举措，总结了2021年度北京高校马克思主义理论学科与思想政治理论课建设的主要成绩，分析了北京高校马克思主义理论学科与思想政治理论课建设存在的主要问题，提出了进一步加强北京高校马克思主义理论学科与思想政治理论课建设的对策建议。

一、调研概况

（一）调研说明

2022年1月，“北京高校马克思主义理论学科与思想政治理论课建设发展报告（2021）”课题组正式成立。课题组由艾四林教授、吴潜涛教授任组长，下设教师队伍、科学研究、人才培养、教学方法改革、社会实践、教学保障和教学评价七个子课题，分别由艾四林教授、赵甲明教授、吴潜涛教授、蔡乐苏教授、王宪明教授、肖贵清教授、舒文副教授负责牵头。

《报告》课题组在认真听取各位专家意见和建议的基础上，对《北京高校马克思主义理论学科与思想政治理论课建设发展报告（2020）》调查问卷进行了修改、完善，经过反复修改论证后设计出“北京高校马克思主义理论学科与思想政治理论课建设发展报告（2021）”调查问卷。2022年5月初，调查问卷正式上线试运行。5月6日，北京市委教育工委发出《关于开展北京高校马克思主义理论学科与思想政治理论课2021年度建设发展状况调研的通知》（以下简称《通知》）。《通知》对调研内容、调研方式、调研时间、工作要求均做了明确规定，要求各高校党委要高度重视调研工作，本着严谨负责、实事求是的态度认真开展情况摸底，填写调查问卷。5月30日，调查问卷填写工作全部结束。

数据显示，全市共有57所党组织关系归口北京市委教育工委管理的高校在网上填写了相关信息。需要说明的是，《报告》全部信息和数据采集的时间范围均为2021年1月1日至2021年12月31日。为了便于统计和分析，《报告》将北京高校分为一流大学建设高校、一流学科建设高校和非双一流建设高校三种类型。参加调研高校的马克思主义理论学科点按照一级学科博士点、二级学科博士点、一级学科硕士点、二级学科硕士点进行分类，各学科点之间不交叉。①

（二）参加调研高校的基本情况

1. 参加调研高校的类型

调查数据显示，全市参加调研高校共计57所，其中一流大学建设高校8所，占调查高校总数的14.04%；一流学科建设高校24所，占调查高校总数的42.11%；非双一流建设高校25所，占调查高校总数的43.86%。

2. 参加调研高校的学科点分布

参加调研单位具有马克思主义理论学科点的高校共计37所。调查数据显示，参加调研高校拥有马克思主义理论学科一级学科博士点的共计15所，分别是北京大学、清华大学、中国人民大学、北京师范大学、中国农业大学、北京航空航天大学、北京理工大学、北京科技大学、北京交通大学、中央财经大学、中国政法大学、首都师范大学、中国石油大学（北京）、中国地质大学（北京）、中国矿业大学（北京）。拥有马克思主义理论学科一级学科硕士点的高校共计21所，分别是北京邮电大学、北京化工大学、中国传媒大学、北京体育大学、中央民族大学、北京林业大学、北京外国语大学、华北电力大学、对外经济贸易大学、北方工业大学、北京工商大学、北京信息科技大学、北京工业大学、首都经济贸易大学、北京印刷学院、北京建筑大学、北京中医药大学、北京联合大学、中国科学院大学 、北京语言大学、北京物资学院。拥有马克思主义理论学科二级学科硕士点的高校共计1所，即首都医科大学。

① 为了统计和分析的需要，在《报告》中，将北京高校马克思主义理论学科点分为一级学科博士点、二级学科博士点、一级学科硕士点、二级学科硕士点四类，相互之间不交叉。如《报告》中的二级学科博士点不包含一级学科博士点中的二级学科博士点，二级学科硕士点不包含一级学科硕士点中的二级学科硕士点。

调查显示，参加调研高校中无马克思主义理论学科点的共计20所，分别是中国人民公安大学、国际关系学院、中央音乐学院、中央美术学院、中央戏剧学院、北京服装学院、北京石油化工学院、北京农学院、首都体育学院、北京第二外国语学院、中国音乐学院、北京电影学院、北京舞蹈学院、北京城市学院、中国戏曲学院、北京工业职业技术学院、北京电子科技职业学院、北京青年政治学院、北京财贸职业学院、北京经济管理职业学院。

二、加强北京高校马克思主义理论学科与思想政治理论课建设的重要举措

2021年，北京市委教育工委在部署北京高校做好疫情防控的同时，多措并举，综合施策，强化马克思主义理论学科与思想政治理论课建设打出了一套组合拳。

（一）稳定推进北京市大中小学思政课一体化建设

一是成立北京市大中小学思政课一体化建设指导委员会。该委员会是北京市深化学校思政课改革创新的决策协调议事机构，负责对大中小学思政课一体化建设进行领导、指导、咨询、示范、培训、研判。成员包括北京市委教育工委、市教委相关领导和处室负责同志，各区委教育工委、区教委主要负责同志等。

二是举办北京市大中小学思政课一体化建设研究基地揭牌仪式。北京市学校德育研究会与海淀区签署协议，合作成立北京市大中小学思政课一体化建设实践研究示范区。北京市大中小学思政课一体化建设研究基地设在海淀区，主要职责是就大中小学思政课一体化开展理论研究、推进内容建设、加强教学方式创新和加大教学资源供给，通过团队协同、创新研究、研讨交流、评价激励4项工作机制，以课题研究为载体，组建研究基地学术指导团队、专家团队、研究与实践团队协作攻关。

（二）实时开拓思政课教师“同备一堂课”新内容

一是举办“深入学习习近平总书记在党史学习教育动员大会上的重要讲话”暨第九期北京市学校思政课教师“同备一堂课”活动。采取“辅导报告+示范教学”的模式，邀请中央财经大学、中国人民公安大学、中

国人民大学附属中学、西城区中古友谊小学的4名大中小学思政课教师代表，从不同学段的课程目标、教学内容和学生特点出发进行示范讲课。活动通过北京高校思想政治理论课高精尖创新中心网络直播平台直播，全市万余名大中小学思政课教师通过网络直播参与备课，累计收看超过6万人次。

二是举办“首都大学生同上一堂脱贫攻坚大思政课”活动。活动邀请北京市“决战脱贫攻坚”百姓宣讲团6名成员为首都高校师生授课。部分高校思政课教师、学生党员代表等近150人现场参与学习。北京高校全体专兼职思政课教师及在校生通过北京高校思想政治理论课高精尖创新中心网络直播平台参与学习，累计收看90余万人次。活动同时作为第十期北京市学校思政课教师“同备一堂课”活动内容。

三是举办北京教育系统学习习近平总书记“七一”重要讲话精神专题报告会。邀请中央党史和文献研究院院长曲青山作《新时代中国共产党人的政治宣言》专题报告。全市高校专兼职思政课教师、马克思主义理论专业研究生约10万人次线上学习。

（三）学习宣传党的十九届六中全会精神

一是举办“北京高校学习宣传党的十九届六中全会精神师生宣讲团”宣讲会。来自中国人民大学、中国人民公安大学、中国地质大学（北京）等10所高校的10名宣讲团成员通过多样视角和翔实案例阐释全会精神。郑吉春参加宣讲会并为宣讲团成员颁发聘书。北京高校学工干部、辅导员和学生党员5万人次参加线上学习。北京市教工委另组织宣讲团成员录制“以史为鉴　开创未来——北京高校师生学习宣传党的十九届六中全会精神10讲”系列网络宣讲视频，在“学习强国”、新浪微博等新媒体平台推送。

二是举办“学习贯彻党的十九届六中全会精神”北京高校马克思主义学院院长论坛。北京大学、北京师范大学、北京航空航天大学、中国人民公安大学、首都经济贸易大学、北京工商大学的6名马克思主义学院院长聚焦全会精神研究宣传和学理化阐释作主题发言。北京高校全体马克思主义学院领导班子成员线上参会。

（四）积极开创百年党史学习新形式

一是举办“首都百万师生同上一堂党史课”网络公开课启动仪式暨首场报告会。报告会邀请中共中央党校（国家行政学院）副校（院）长谢春涛围绕“中国共产党为什么能”主题，通过史料和数据阐述中国共产党在制定政策、改善百姓生活等方面所做的努力。活动以“现场教学+网络直播”的形式开展，200余名首都高校师生代表现场参加活动，全市各级各类学校近百万名师生通过北京高校思想政治理论课高精尖创新中心网络直播平台和北京市学校“学习思政课”APP参与线上学习。截至12月，公开课共录制8讲在线上播放，同时作为北京高校“形势与政策”市级示范课，供各高校参考使用。

二是举办“电影中的党史大课”系列活动。在中国电影博物馆启动“光影看中国”——北京高校“电影中的党史大课”系列活动。活动邀请电影艺术家李雪健，演员代表王雯、王斑担任北京高校“电影中的党史大课”主讲嘉宾。50余名高校师生代表集体观看开幕影片《焦裕禄》。

三是发布党史学习教育系列可视化教材。发布的可视化教材包括“名师大家讲党史”“党史百年：人物·文献·事件”“跟着总书记学党史”。三部教材在“学习强国”、《北京日报》客户端等平台上线，供全市各类单位“四史”学习教育使用。截至2021年12月，全网累计收看1000余万人次，《新闻联播》予以报道，有关经验得到中央领导同志批示肯定。

四是召开“永远跟党走”主题教育动员推进大会。2021年北京市各级各类学校精心开展以“学起来”“唱起来”“讲起来”“做起来”为主要方式的主题教育活动，深化党史学习教育，确保覆盖到每一所学校、每一名师生。教育活动涵盖大中小幼各学段，贯穿全年，线上线下、课内课外结合，推动学校小课堂与社会大课堂同频共振，各区和各级各类学校也广泛开展特色活动。大会启动发布市级重点活动，聘请了“领学人”“领唱人”“领讲人”“领做人”，北京教育系统“永远跟党走”主题教育全面铺开。

（五）多措并举提升北京高校思政课教学质量

一是推进北京高校思政课质量保障工程建设。印发《关于推进北京高校思政课质量保障工程的若干措施》。文件面向各高等学校党委，旨在深入实施思政课质量保障工程，明确树立重视教学质量的鲜明导向、构建全方位教学评价体系、开展个性化教学诊断、建立“一师一档”制度、健全绩效管理体系、加强支持保障6项工作举措。

二是举办第11届北京高校思想政治理论课教学基本功大赛。比赛全面考察思政课教师将教材体系转化为教学体系的能力。在学校推荐和预赛选拔后，53名教师进入决赛。经初赛、复赛、决赛选拔，共评选出特等奖6个、二等奖18个、三等奖29个。北京市教工委择优推荐获奖者参加第二届全国高校思政课教学展示活动和北京高校第12届青年教师教学基本功比赛。

三是加强北京高校“形势与政策”课建设。6月10日，北京市教工委印发《关于进一步加强北京高校“形势与政策”课建设的若干措施》。文件要求高度重视“形势与政策”课建设、明确课程建设主要原则、严格落实开课要求、强化教学组织、加强市级支撑保障、加强指导监督。

四是召开北京高校思想政治理论课“质量提升年”工作推进会。部署下半年重点推进“思政课质量提升年”工作任务，要求各高校加大课堂教学的保障投入，普遍实行研究生助教制度，依托有经验、政治可靠的离退休教师组建教学督导员队伍，对本（专）科所有思政课课堂教学进行挂牌督导等。北京高校主管领导和马克思主义学院院长共120余人参加会议。北京市教工委将2021年定为“思政课质量提升年”，目的是深入学习贯彻习近平总书记关于思政课建设的重要指示批示精神，以首善标准持续提升北京高校思政课教育教学质量，建强用习近平新时代中国特色社会主义思想铸魂育人的主渠道。

五是举办北京高校教书育人“最美课堂”颁奖典礼。北京市教工委相关负责人为30名获评北京高校教书育人“最美课堂”一等奖的主讲教师颁发奖杯。4名获奖教师从“理论之美”“道德之美”“文化之美”“信仰之美”4个方面做教学展示。北京高校教书育人“最美课堂”评选活动分为“思政课程组”和“课程思政组”，经过初赛、复赛、决赛，30门课程获一等奖、50门课程获二等奖。

（六）协调推进马克思主义理论学科发展与思政课平台建设

一是举办首届北京市重点建设马克思主义学院发展论坛。北京理工大学、北京科技大学、中央财经大学等市重点建设马克思主义学院代表围绕“充分发挥马克思主义学院在学校党史学习教育中的应有作用”“着力办好‘形势与政策’课”“建设一支高素质思政课教师队伍”“将北京红色教育资源融入思政课教学”“强化马克思主义学院在学校课程思政建设中的引领作用”等主题作交流发言。北京市重点建设马克思主义学院及民办院校负责人等50余人参加论坛。

二是推进公立高校马克思主义学院与民办高校共建思政课。北京16个市级重点建设的公立高校马克思主义学院与16所民办高校签署共建协议，将聚焦民办高校思政课的课程教学、师资培训和教学研究，解决实际问题，推动北京高校思政课总体水平提升。根据协议，北京市重点建设马克思主义学院领导班子将赴援建民办院校开展调研交流，协助解决学校思政课建设中的实际问题。同时将选拔政治素质好、教学水平高的专职思政课教师组建讲师团，每学期至少赴援建民办院校开展1次集体备课和2次示范教学。

三是开启“第三批北京市重点建设马克思主义学院”遴选工作。建设北京市重点马克思主义学院，是北京市委贯彻落实习近平总书记关于教育的重要论述，特别是在学校思想政治理论课教师座谈会上的重要讲话精神，巩固马克思主义在意识形态领域的指导地位的战略举措。2021年下半年，北京市教工委、北京市宣传部组织专家考察组对北京一些高校的马克思主义学院建设各项材料进行了检查，查看办公环境、随机抽取思政课课堂进行听课。截至2021年底，北京市重点建设马克思主义学院共有16家。

四是成立北京市学校思想政治工作中心。2021年8月30日，北京市学校思想政治工作中心挂牌仪式在北京市西城区西四北三条32号举行，北京市学校思想政治工作中心的成立，是贯彻落实习近平总书记关于教育的重要论述的具体举措，也是优化首都教育支撑服务体系的重要决策。北京市委教育工委常务副书记郑吉春要求北京市学校思想政治工作中心在未来的建设发展中，坚持政治性，把发挥政治功能作为中心的立身之本；突出基础性，把履行支撑职能作为中心的成事之要；追求创新性，把拓宽工作格局作为中心的发展之道，迅速成长为教育“两委”工作不可或缺的支撑力量。

三、北京高校马克思主义理论学科与思想政治理论课建设新进展

2021年是具有特殊意义的一年。经过全党全国各族人民持续奋斗，我们实现了第一个百年奋斗目标，在中华大地上全面建成了小康社会，历史性地解决了绝对贫困问题，开启了全面建成社会主义现代化强国、奋力实现第二个百年奋斗目标的新征程。2021年，在各有关方面的共同努力下，

北京高校马克思主义理论学科与思政课建设取得了新进展。

（一）学位授权点数量进一步增加

2021年10月26日，国务院学位委员会公布了《关于下达2020年审核增列的博士、硕士学位授权点名单的通知》。从通知公布的名单来看，2021年高校马克思主义理论学科审核增列马克思主义理论一级学科博士授权点14家，自主审核增列马克思主义理论一级学科博士授权点1家，审核增列且需加强建设的博士学位授予单位及其学位授权点1家。审核增列马克思主义理论一级学科硕士授权点44家，审核增列硕士学位授予单位及其学位授权点1家，审核增列且需加强建设的硕士学位授予单位及其学位授权点2家。其中，北京高校新增马克思主义理论一级学科博士学位授权点1家、[①]一级学科硕士学位授权点2家。至此，北京高校马克思主义理论学科学位授权点达到37家，其中一级学科博士点高校15所、一级学科硕士点高校21所、二级学科硕士点高校1所。

（二）配齐建强教师队伍取得新进展

一是规模进一步扩大。调查显示，2021年，在参与调研的57所北京高校中共有专职教师1860人，同比增加了141人，增幅8.20%；兼职教师1050人，同比增加了185人，增幅21.39%。专职教师平均人数为32.63人，同比增加了2.47人；兼职教师平均人数为18.42人，同比增加了3.24人。

二是结构进一步优化。调查显示，2021年，思政课专职教师中35岁以下的平均人数为8.44人，同比增加了0.83人。具有博士学位的专职教师人数为1443人，同比增加了3.70%；硕士学位人数为366人，同比减少了2.95%；学士学位人数为50人，同比减少了0.74%。思政课专职教师中中共党员平均人数为30.68人，同比增加了3.15人。

三是培养培训日趋制度化规范化常态化。调查显示，2021年，北京市教工委依托“名师大家讲党史”“周末大讲堂”“同备一堂课”“青椒论坛”等品牌活动举办了形式多样内容丰富的教师培训，教师队伍的视野更加开阔。

---

① 需要说明的是，中国矿业大学马克思主义理论一级学科博士点由中国矿业大学（北京）和中国矿业大学（徐州）共同建设。

（三）大思政课建设稳步推进

2021年3月，习近平总书记在看望参加全国政协十三届四次会议的医药卫生界、教育界委员并参加联组会时强调，“思政课不仅应该在课堂上讲，也应该在社会生活中来讲”“‘大思政课’我们要善用之，一定要跟现实结合起来。上思政课不能拿着文件宣读，没有生命、干巴巴的”。习近平总书记关于大思政课的重要论述成为北京高校推进思政课改革创新的重要抓手。调查显示，2021年参加调研的北京高校认真学习贯彻习近平总书记关于大思政课建设的讲话精神，积极调动各种资源用于大思政课建设，把思政小课堂与社会大课堂相结合，突出实践教学，把生动鲜活的事件引入课堂教学，将课堂设在生产劳动和社会劳动一线，北京高校大思政课建设在探索中取得了积极进展。

（四）科研成果丰硕

一是发表论文数量质量稳中有升。调查显示，2021年参加调研的北京高校发表论文共计2437篇，比2020年多431篇，同比增长21.49%。与此同时，北京参与调研高校在全国中文核心期刊发表学术论文数量整体也呈不断增加趋势。调查显示，2021年，参与调研的北京高校在全国中文核心期刊总共发表学术论文889篇，比2020年多237篇，同比增幅达36.35%。

二是获批科研项目稳中有进。调查显示，2021年，参加调研的北京高校获批教育部人文社会科学研究项目共计57项，比2020年增加了28项，增幅为96.55%；获批北京市教育科学规划课题共计24项，比2020年增加了17项，同比增幅为242.86%。与此同时，参加调研的北京高校获批国家社科基金和北京市社会科学基金项目数量较为稳定，并整体呈现上升趋势。

三是一大批科研成果被采纳。调查显示，2021年，参加调研的北京高校被采纳的报告总数为46项，比2020年增加了24项，增幅为109.09%。其中被中央、教育部及其他部委、北京市委市政府采纳批示分别为16项、26项、4项，被中央采纳批示的同比增加了13项，被教育部及其他部委采纳批示的同比增加了14项。

（五）人才培养成效明显

一是招生方式更加多元。调查显示，当前北京高校马克思主义理论学科已初步形成了提前录取、全国统考、举办夏令营、推荐免试、申请—审核制等多种方式招收马克思主义理论学科人才。

二是招生规模进一步扩大。调查显示，2021年参加调研的北京高校招收马克思主义理论本科和思想政治教育本科专业的人数比2020年增加了85人。截至2021年底，参加调研的北京高校招收马克思主义理论本科生的有北京大学、首都师范大学、北京体育大学，招收思想政治教育本科生的有北京师范大学、首都师范大学、对外经济贸易大学、中国政法大学、中国石油大学（北京）。清华大学向教育部提交招收马克思主义理论本科生的备案获得通过。

三是学术交流更加活跃。在多年探索的基础上，北京高校马克思主义理论学科专业学术交流平台和特色初步形成。在继续举办“未名论坛暨全国马克思主义理论及相关学科博士研究生高级研讨班”“‘清北人师’四校马克思主义学院博士生学术论坛”“首都五所高校马克思主义学院研究生学术论坛”“全国高校马克思主义理论学科研究生学术论坛”的同时，还首次举行了“清华大学中国特色社会主义政治经济学博士生论坛”“全国马克思主义理论学科学生《资本论》论坛”等。

（六）教学保障建设取得新进展

一是高度重视思政课建设，领导干部听和讲思政课制度化常态化。北京市委市政府高度重视高校思政课建设，市委常委会每年专题研究高校思政工作，市委主要领导每年带头上讲台讲思政课。调查显示，2021年，20多位市领导走进高校为大学生讲授思政课。参加调研的北京高校全部设立了思想政治理论课建设领导小组。参加调研高校党政领导干部每年听4次课的占比由2020年的89.47%提高到2021年的92.98%，提高了3.51个百分点；党政领导干部讲授思政课的占比由2020年的77.19%提高到2021年的85.96%，提高了8.77个百分点。思想政治理论课纳入学校重点建设课程的占比由2020年的89.47%提高到2021年的92.98%，提高了3.51个百分点。

二是立体化教材体系建设成效显著。为增强学生学习习近平新时代中国特色社会主义思想的系统性、针对性、实效性，参加调研高校中的北京大学、清华大学、中国人民大学习近平新时代中国特色社会主义思想研究院和教育部习近平新时代中国特色社会主义思想研究中心以及相关国家教材建设重点研究基地共同参与《习近平新时代中国特色社会主义思想学生读本》编写工作。与此同时，为迎接建党百年营造浓厚氛围，在北京市委教育工委的精心指导下，北京高校思政课高精尖创新中心、中国人民大学马克思主义学院、中国人民大学中共党史党建研究院、中国人民大学习近平新时代中国特色社会主义思想研究院联合打造了系列可视化教材。

三是大中小学思政课一体化教学保障建设迈出坚实步伐。2021年8月北京市委教育工委和北京市教委联合印发了《北京市大中小幼一体化德育体系建设指导纲要》。该纲要明确提出，“十四五”期间，北京市将整体优化全市大中小幼一体化德育目标、内容、方法、队伍、评价体系，完善纵向衔接、横向协同的工作机制，建立德育要素融通一体、学段衔接一体、各方协同一体的德育工作新格局，实现立德树人成效进一步提升、德育工作特色进一步彰显、育人能力进一步提高的工作效果，探索形成具有首都特色的工作经验。

（七）教学评价更加科学

一是教师对学生的评价日渐提高。调查显示，2021年参加调研高校教师对学生“思政课课堂出勤状况”的评价中，“非常满意”评价频次从2014年的3次提高到2021年的18次；对学生“思政课注意力集中状况”的评价从2014年的0次变为2021年的9次；对学生“思政课课堂互动状况”的评价中，“非常满意”评价频次从2014年的3次变为2021年的14次；对学生“运用原理分析现实问题”的满意度评价中，“非常满意”的频次从2014年的2次变为2021年的10次。

二是学生教学评价稳中有升。调查显示，2021年参加调研高校学生对思政课的教学评价得分除《中国马克思主义与当代》课程外，其他课程的教学评分均比2020年有所提高，其中《思想道德与法治》的教学评分为94.65，比2020年提高了1.20分；《中国近现代史纲要》的教学评分为94.30分，比2020年提高了0.62分；《马克思主义基本原理》的教学评分为94.10分，比2020年提高了0.68分；《毛泽东思想和中国特色社会主义理论体系概论》的教学评分为94.05分，比2020年提高了0.35分；《新时代中国特色社会主义理论与实践》的教学评分为95.21分，比2020年提高了0.59分；《自然辩证法概论》的教学评分为95.15分，比2020年提高了0.25分。

四、北京高校马克思主义理论学科与思想政治理论课建设存在的主要问题和对策建议

在看到北京高校马克思主义理论学科与思政课建设取得新进展的同时，我们也要清醒地看到，与各有关方面的期待和北京高校自身的独特优势相比，北京高校马克思主义理论学科与思政课建设在解决前些年年度发展报告提出的相关问题的同时，还需要坚持首善标准，在充分发挥学科优势、适时提高师生配比、大力推进大思政课建设、提升学科的社会影响力和国际影响力等方面发挥示范引领作用。

（一）充分发挥学科优势

北京高校地处首都，在全国马克思主义理论学科和思想政治理论课建设中处于头雁地位。调查显示，当前北京高校中具有马克思主义理论学科点的共计37所，居全国省级行政区之首。同时，全国第四轮马克思主义理论评估A+学科中北京高校占了一半，全国重点马克思主义学院、拥有马克思主义理论一级学科博士点和一级学科硕士点的总数在全国均遥遥领先。在看到北京高校是全国马克思主义理论学科与思想政治理论课建设的高地的同时，也要清醒地看到，北京高校马克思主义理论学科的学科优势发挥仍有待提高。

充分发挥北京高校学科优势，需进一步推进北京高校思政课师资队伍共建共享。要在全面总结北京大学、清华大学、中国人民大学、北京师范大学北京高校思政课骨干教师研修基地培训北京高校思想政治理论课教师以及新入职教师宝贵经验的基础上，进一步提升北京大学、清华大学、中国人民大学、北京师范大学北京高校思政课骨干教师研修基地培训北京高校、京津冀高校乃至全国高校思政课骨干教师的能力和水平。

充分发挥北京高校中全国重点马克思主义学院的示范引领带动作用。党的十八大以来，以习近平同志为核心的党中央高度重视意识形态和思想政治工作。2015年7月，中宣部、教育部联合印发的《普通高校思想政治理论课建设体系创新计划》提出要实施重点马克思主义学院建设工程，建设一批集马克思主义理论学习教育、研究宣传、人才培养于一体的高水平马克思主义学院，使之成为办好高校思政课的坚强战斗堡垒。此后经过三次遴选，全国一共37所高校马克思主义学院入选，其中北京大学、清华大

学、中国人民大学、北京师范大学、首都师范大学进入全国重点马克思主义学院行列。要加强顶层设计，多措并举，综合施策，充分发挥北京高校全国重点马克思主义学院在马克思主义理论学习教育、研究宣传、人才培养等方面的示范引领带动作用。

充分发挥北京高校思想政治理论课高精尖创新中心的引领示范作用。北京高校思想政治理论课高精尖创新中心是在北京市委教育工委、市教委的大力支持与直接领导下成立的首批高精尖创新中心。要充分发挥中心的人才优势、资源优势、技术优势，用好思想政治理论课资讯平台、马克思主义理论研究和文献支撑平台、思想政治理论课教学资源共享平台、思想政治理论课数字化教学平台、思想政治理论课实践育人平台和思想政治理论课教育质量评估平台，并在六大平台基础上打造全国高校思想政治理论课教师网络集体备课平台，为北京高校乃至全国高校马克思主义理论学科与思想政治理论课教育教学提供全方位、立体化服务，充分发挥中心会聚和培养马克思主义理论研究和教学人才的集装箱和孵化器的功能。

（二）配齐建强教师队伍

一是适时提高思政课教师1：350的师生比。高校立身之本在于立德树人。思政课是落实立德树人根本任务的关键课程。办好思政课关键在教师，关键在发挥教师的积极性、主动性、创造性。调查显示，2021年，参加调研的57所北京高校中按照师生比不低于1：350的比例配齐思政课教师的有47所，相较上年的39所已经有了明显改善，但仍表明高校现有专职思政课教师队伍在总量上存在一定缺口。因此，一方面，要继续按照党和国家关于高校思政课建设1：350的师生比要求尽快配齐思政课教师队伍；另一方面，要从新时代新征程全面建成社会主义现代化强国的中心任务、实现第二个百年奋斗目标的战略全局和百年未有之大变局的高度来看待思政课教师队伍建设，在总结北京高校思想政治理论课教师队伍建设经验的基础上作出新的战略思考和谋划。要率先适时修改师生比，进一步扩大思政课教师队伍。要清醒地看到按照师生比1：350的标准配齐思政课教师队伍是马克思主义理论学科支撑思政课建设的最低标准，是在底线上思政课教师队伍的配齐。随着我国经济社会的发展，我们对高校根本任务和思政课在高校立德树人中地位作用认识的深化以及当前思政课教学工作量偏大的现实，坚持首善标准进一步加强北京高校思政课教师队伍建设，需适时提高思政课教师的师生比，将1：350的师生比做适当的调整。

二是精准施策全面提高思政课教师素养能力。思政课教学涉及马克思主义哲学、政治经济学、科学社会主义，涉及经济、政治、文化、社会、生态文明和党的建设，涉及改革发展稳定、内政外交国防、治党治国治军，涉及党史、国史、改革开放史、社会主义发展史，涉及世界史、国际共产主义运动史，涉及世情、国情、党情、民情等。同时，如何看待快速发展变化的国内外形势及其在理论和实践上给我们带来的挑战，如何讲清讲透我们党团结带领人民在探索前进中历经的坎坷，从而更加坚定对马克思主义的信仰、对中国共产党的信心、对中国特色社会主义的信念，这样的特殊性对思政课教师综合素养要求很高。但现有的马克思主义理论学科人才培养体系更多的是从二级学科方向的维度来培养人，这就要求在配齐建强思政课教师队伍的同时更加注重从整体上提升思政课教师的马克思主义理论素养。对标习近平总书记在学校思想政治理论课教师座谈会上对思政课教师提出的政治强、情怀深、思维新、视野广、自律严、人格正的要求，应在调查研究的基础上针对思政课教师素养方面的短板开展更有针对性的培训，切实提高思政课教师培养培训的针对性。

（三）坚持首善标准推动大思政课建设

思政课是落实立德树人根本任务的关键课程。中国共产党历来高度重视思政课建设，对革命、建设、改革各个历史时期的思政课建设都作出过重要部署。党的十八大以来，以习近平同志为核心的党中央把思政课建设摆在更加突出的位置，先后召开全国高校思想政治工作会议、全国教育大会、学校思想政治理论课教师座谈会，习近平总书记非常关心思政课建设并作出过一系列批示指示，为办好新时代北京高校思政课教育提供了根本遵循。2021年3月6日，习近平总书记在看望参加全国政协十三届四次会议的医药卫生界、教育界委员时又提出了大思政课的理念。他指出，“思政课不仅应该在课堂上讲，也应该在社会生活中来讲。这次总的背景是世界百年未有之大变局，‘两个一百年’的历史交汇期，突如其来的疫情加剧了这两个方面给人们的影响”，“‘大思政课’我们要善用之，一定要跟现实结合起来。上思政课不能拿着文件宣读，没有生命、干巴巴的”。大思政课理念既是习近平总书记关于办好思政课重要论述的核心要义，也是贯穿新时代学校思政课建设理论与实践的逻辑主线。位于首善之区的北京高校要坚持首善标准积极探索大思政课建设的北京经验，形成大思政课建设的北京方案。

一是完善大思政课建设体制机制。要坚持内外结合的原则，统筹协调课内外、院内外、校内外、行内外等一切社会资源，形成大思政课建设的协同效应。各级党委要把大思政课建设摆上重要议程，抓住制约大思政课建设的突出问题，在工作格局、队伍建设、支持保障等方面采取有效措施，积极推动建立党委统一领导、党政齐抓共管、有关部门各负其责、全社会协同配合的工作格局，推动形成全党全社会努力办好大思政课、教师认真讲好大思政课、学生积极学好大思政课的良好氛围。要在广泛调研的基础上适时出台加强北京高校大思政课建设的文件。

二是构建大思政课教学体系。大思政课，基础是大、关键是思、重点是政、载体是课、对象是人。北京高校推动大思政课建设往深里走往实里走，需改革教学方法，创新教学艺术，形成第一课堂与第二课堂、理论教学与实践教学、课堂教学与现场教学相互支撑，理念手段先进、方式方法多样、组织管理高效的大思政课教学体系。要坚持内容为王，遵循不同学段学生的认知规律，把马克思主义基本原理讲清楚、讲透彻，以透彻的学理分析回应学生，以彻底的思想理论说服学生，用真理的强大力量引导学生，把大思政课的思想性、学术性充分彰显出来。善用社会生活中内蕴的思政育人元素和资源，使大思政课跟现实紧密结合、与实践充分互动、与时代同频共振，尤其要充分利用北京丰富的各种资源不断丰富和完善大思政课实践教学体系。

（四）提升学科国际影响力

在百年变局和世纪疫情交织叠加的时代背景下，随着中国特色社会主义进入新时代，我国经济实力和综合国力的稳步攀升，中国与西方正进入新一轮的相互认识、评估、磨合期。新时代新征程赢得国际社会对中国特色社会主义道路、理论、制度的理解、尊重、支持；不断提高马克思主义理论学科的国际影响力，是作为全国马克思主义理论学科排头兵的北京高校马克思主义理论学科与思政课建设义不容辞的责任。

一是要从新时代新征程的战略高度科学认识和真正理解对外学术交流的重要意义。对外学术交流是马克思主义理论学科与思政课教师拓宽视野、提高科研能力、提升学术水平的重要途径，有助于培养马克思主义理论学科与思政课教师的世界眼光和了解国外如何看待日益发展的变化的中国，为讲好新时代的中国故事奠定坚实基础。

二是全面提高马克思主义理论学科与思政课教师队伍对外学术交流的综合能力。对外学术交流的最终目的是促进马克思主义理论学科发展与思想政治理论课建设。新时代新征程做大做强北京高校马克思主义理论学科，全面提升马克思主义理论学科领航能力，加强马克思主义理论学科与思政课教师队伍建设，需积极适应马克思主义理论学科快速发展的现实需要，认真落实人才发展战略，围绕党和国家事业发展需要和学科发展大局进一步全面提高马克思主义理论学科与思政课教师队伍对外学术交流的综合能力，为提高马克思主义理论学科国际影响力奠定基础。

三是建立健全马克思主义理论学科与思政课教师队伍对外交流机制。马克思主义理论学科与思政课教师对外学术交流要有效、可持续，就必须进一步加强和完善相关制度建设，用规章制度来促进马克思主义理论学科与思政课教师队伍对外学术交流，用规章制度来激励马克思主义理论学科与思政课教师队伍积极参加对外交流，不断扩大中国马克思主义的国际影响力。

第二章

教师队伍

2021年，教育部先后印发了《“党的领导”相关内容进大中小学课程教材指南》《高等学校思想政治理论建设标准（2021年本）》等重要文件，为新时代高校马克思主义理论学科与思想政治理论课教师队伍规划了建设目标、指明了发展方向。北京市委教育工委紧跟教育部的相关规定，配套出台了系列举措。在教育部、北京市委教育工委的领导下，各北京高校在加强思政课教师队伍建设、提升思政课教师的整体水平等方面做了大量工作，取得了系列成绩。此次调研主要围绕教师队伍建设的基本情况、取得的主要成绩、存在的主要问题和对策建议三个维度展开，基本掌握了2021年度北京高校马克思主义理论学科与思政课教师队伍建设的状况。

一、数据展示与解读

截至2021年12月，参加本次问卷调查的北京高校共有57所。其中，一流大学建设高校8所、一流学科建设高校24所、非双一流建设高校25所；具有马克思主义理论学科点的高校37所，其中，马克思主义理论一级学科博士点高校15所、一级学科硕士点高校21所、二级学科硕士点高校1所，无学科点高校20所。共有马克思主义理论学科与思政课专职教师1860人，兼职教师1050人。教师队伍建设的数据展示与解读主要从各类型高校和各学科点两个层面进行，各类型高校包含一流大学建设高校、一流学科建设高校和非双一流建设高校三个维度；各学科点包含一级学科博士点、一级学科硕士点和二级学科硕士点三个维度。主要内容包括专职教师队伍情况、兼职教师队伍情况、新进教师队伍情况、职称晋升情况、相关规定与要求五个方面。

（一）专职教师队伍情况

专职教师是开展马克思主义理论研究、教学和宣传以及培养马克思主义理论人才工作的主力军。在参加调研的北京各类高校中，马克思主义理论学科与思政课专职教师共计1860人，其中一流大学建设高校专职教师410人，平均每所高校为51.25人；一流学科建设高校专职教师867人，平均每所高校为36.13人；非双一流建设高校专职教师583人，平均每所高校为

23.32人。可见，一流学科建设高校专职教师的总数最多，非双一流建设高校次之，一流大学建设高校最少，呈递减趋势，如图2–1所示。一流大学建设高校专职教师的平均人数最多，一流学科建设高校次之，非双一流建设高校最少，呈递减趋势，如图2–2所示。

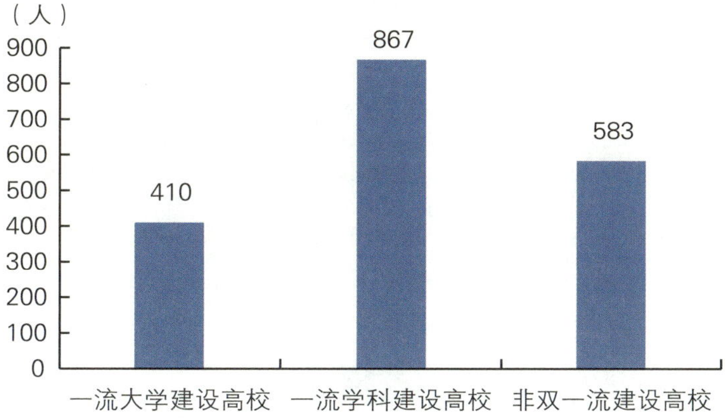

图2–1 各类型高校专职教师人数

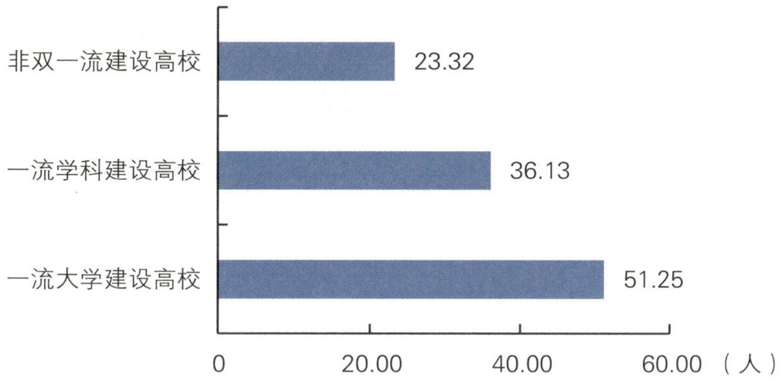

图2–2 各类型高校专职教师平均人数

在参加调研的北京各学科点中，马克思主义理论学科与思政课专职教师共计1860人，其中一级学科博士点专职教师741人，平均每所高校为49.40人；一级学科硕士点专职教师782人，平均每所高校为37.24人；二级学科硕士点专职教师31人，平均每所高校为31.00人。可见，一级学科硕士点专职教师的总数最多，然后是一级学科博士点，二级学科硕士点最少，如图2–3所示。一级学科博士点专职教师的平均人数最多，一级学科硕士点次之，二级学科硕士点最少，呈递减趋势，如图2–4所示。

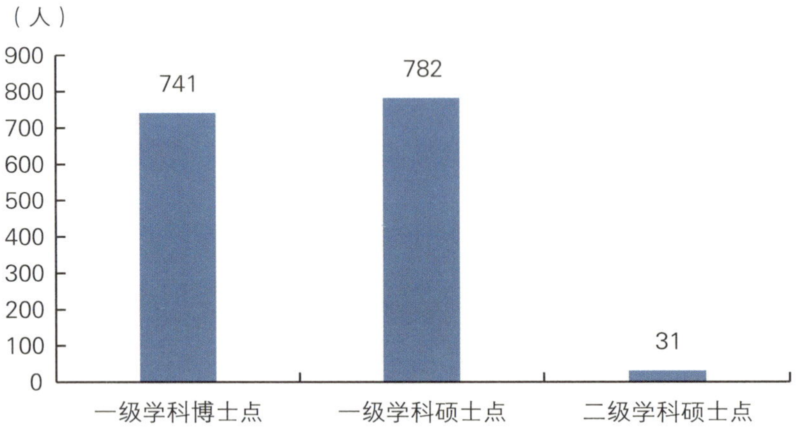

图2-3 各学科点专职教师人数

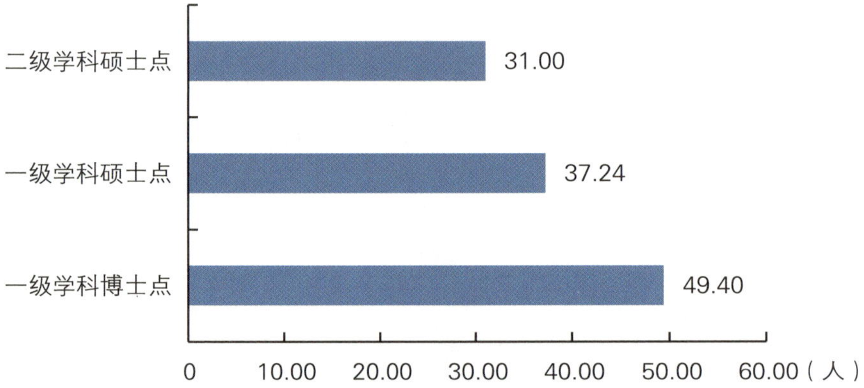

图2-4 各学科点专职教师平均人数

在专职教师年龄结构方面，35岁及以下专职教师有481人，占专职教师总人数的25.86%，36岁至45岁专职教师有591人，占专职教师总人数的31.77%，46岁至55岁专职教师有514人，占专职教师总人数的27.63%，56岁及以上专职教师有274人，占专职教师总人数的14.73%，如图2–5所示。平均每所高校35岁及以下专职教师有8.44人，36岁至45岁专职教师有10.37人，46岁至55岁专职教师有9.02人，56岁及以上专职教师有4.81人，如图2–6所示。

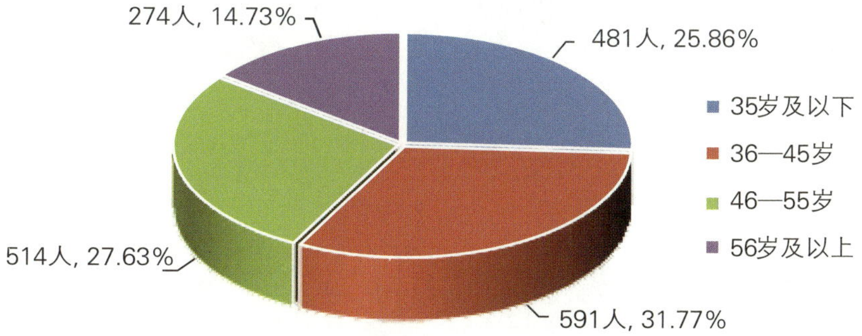

图2-5 专职教师年龄结构与占比

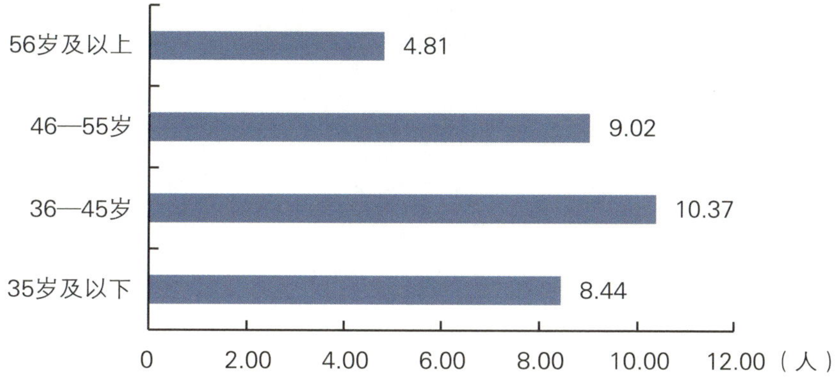

图2-6 每所高校专职教师各年龄段的平均人数

从各类型高校专职教师的年龄结构来看，一流大学建设高校35岁及以下专职教师有115人，平均每所高校为14.38人，36岁至45岁专职教师有122人，平均每所高校为15.25人，46岁至55岁专职教师有102人，平均每所高校为12.75人，56岁及以上专职教师有71人，平均每所高校为8.88人；一流学科建设高校35岁及以下专职教师有248人，平均每所高校为10.33人，36岁至45岁专职教师有264人，平均每所高校为11.00人，46岁至55岁专职教师有227人，平均每所高校为9.46人，56岁及以上专职教师有128人，平均每所高校为5.33人；非双一流建设高校35岁及以下专职教师有118人，平均每所高校为4.72人，36岁至45岁专职教师有205人，平均每所高校为8.20人，46岁至55岁专职教师有185人，平均每所高校为7.40人，56岁及以上专职教师有75人，平均每所高校为3.00人，如图2-7和图2-8所示。由此可以得出结论：一流学科建设高校同一年龄段专职教师数量最多，非双一流建设高校次之，一流大学建设高校最少，呈递减趋势。一流大学建设高校同一年龄段专职教师平均人数最多，一流学科建设高校次之，非双一流建设高校最少，呈递减趋势。

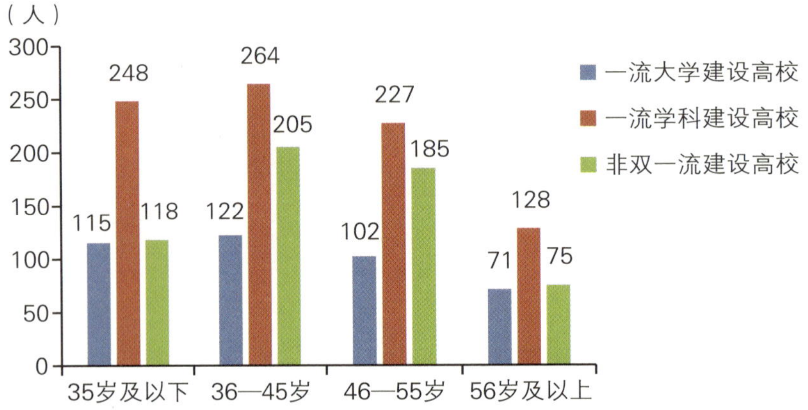

图2-7 各类型高校专职教师的年龄结构

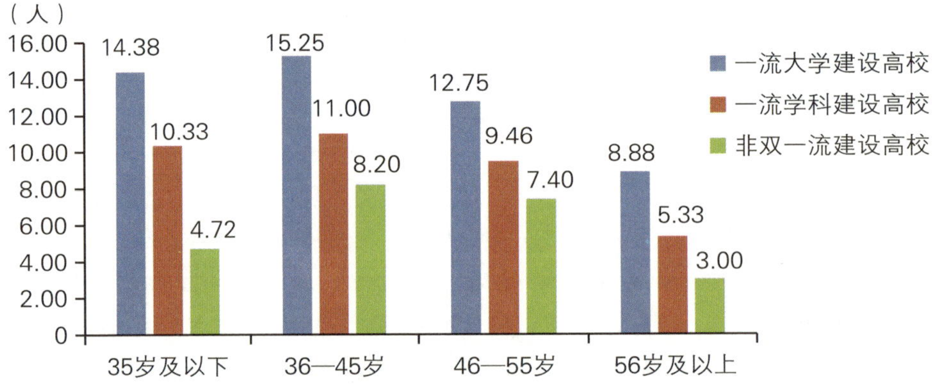

图2-8 各类型高校专职教师各年龄段的平均人数

从各学科点专职教师的年龄结构来看，一级学科博士点35岁及以下专职教师有203人，平均每所高校为13.53人，36岁至45岁专职教师有220人，平均每所高校为14.67人，46岁至55岁专职教师有200人，平均每所高校为13.33人，56岁及以上专职教师有118人，平均每所高校为7.87人；一级学科硕士点35岁及以下专职教师有197人，平均每所高校为9.38人，36岁至45岁专职教师有248人，平均每所高校为11.81人，46岁至55岁专职教师有221人，平均每所高校为10.52人，56岁及以上专职教师有116人，平均每所高校为5.52人；二级学科硕士点35岁及以下专职教师有9人，平均每所高校为9.00人，36岁至45岁专职教师有11人，平均每所高校为11.00人，

46岁至55岁专职教师有9人，平均每所高校为9.00人，56岁及以上专职教师有2人，平均每所高校为2.00人，如图2-9和图2-10所示。由此可以得出结论：36岁至45岁和46岁至55岁年龄段，一级学科硕士点专职教师数量最多，一级学科博士点次之，然后是二级学科硕士点，呈递减趋势；35岁及以下和56岁及以上年龄段，一级学科博士点专职教师数量最多，一级学科硕士点次之，二级学科硕士点最少，呈递减趋势。各年龄段，一级学科博士点专职教师平均人数最多，然后是一级学科硕士点，二级学科硕士点最少，呈递减趋势。

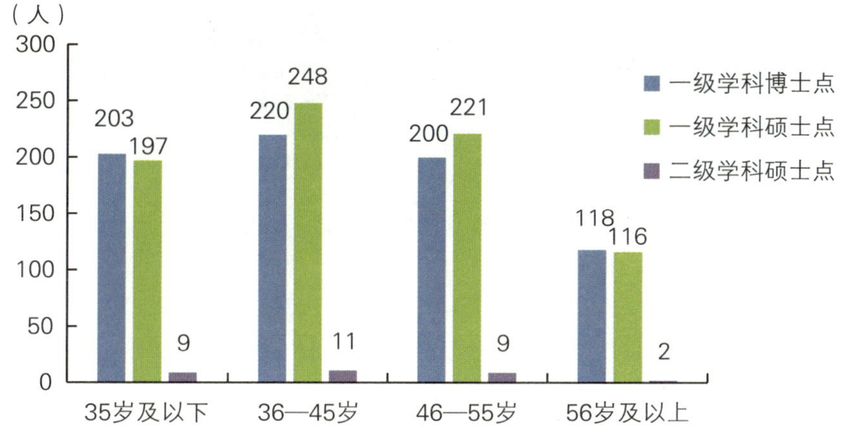

图2-9 各学科点专职教师的年龄结构

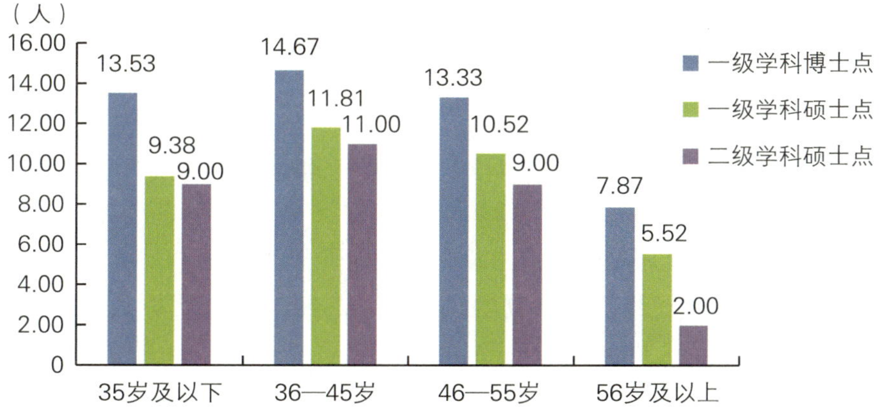

图2-10 各学科点专职教师各年龄段的平均人数

在专职教师的学位结构方面，具有博士学位的专职教师有1443人，占专职教师总人数的77.58%，平均每所高校为25.32人；具有硕士学位的专职教师有366人，占专职教师总人数的19.68%，平均每所高校为6.42人；具有学士学位的专职教师有50人，占专职教师总人数的2.69%，平均每所高校为0.88人；其他专职教师1人，占专职教师总人数的0.05%，平均每所高校为0.02人，如图2-11和图2-12所示。

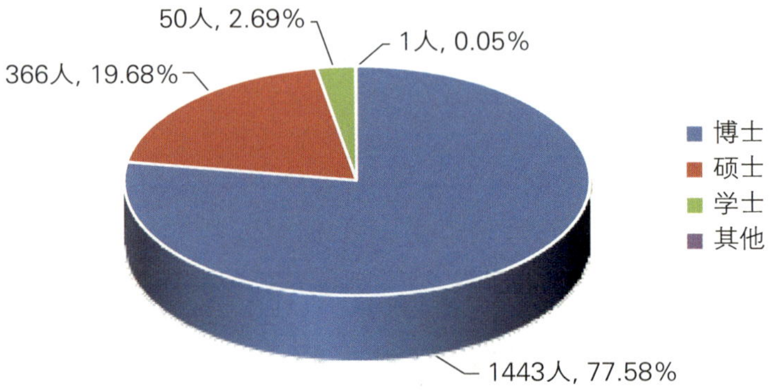

图2-11　专职教师的学位结构与占比

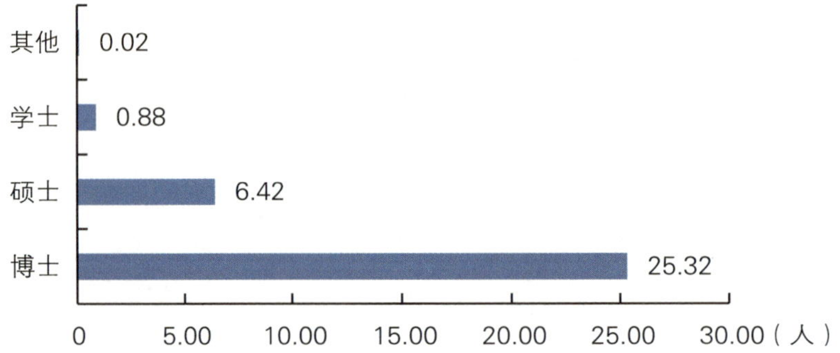

图2-12　专职教师具有不同学位的平均人数

从各类型高校专职教师的学位结构来看，一流大学建设高校410名专职教师中，具有博士学位的有386人，具有硕士学位的有22人，具有学士学位的有2人，其他0人；一流学科建设高校867名专职教师中，具有博士学位的有702人，具有硕士学位的有137人，具有学士学位的有28人，其他0人；非双一流建设高校583名专职教师中，具有博士学位的有355人，具有硕士学位的有207人，具有学士学位的有20人，其他1人，如图2-13所示。分析可知，具有博士学位专职教师的各类型高校中，一流学科建设高校人数最多，一流大学建设高校次之，非双一流建设高校最少；具有硕士学位专职教师的各类型高校中，非双一流建设高校人数最多，一流学科建设高校次之，一流大学建设高校最少；具有学士学位专职教师的各类型高校中，一流学科建设高校人数最多，非双一流建设高校次之，一流大学建设高校最少；其他学位专职教师只在非双一流建设高校有1人，一流学科建设高校和一流大学建设高校均没有。

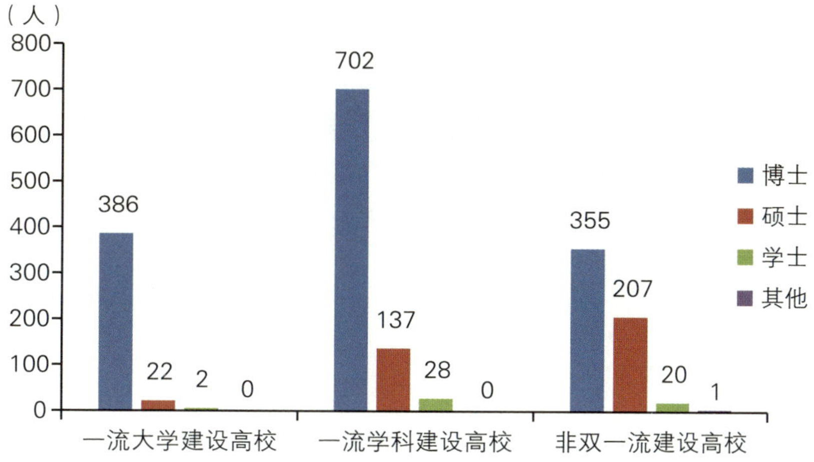

图2-13 各类型高校专职教师的学位结构

结合图2-13的数据可以推算出各类型高校专职教师中具有博士学位的平均人数：一流大学建设高校平均有48.25人具有博士学位，一流学科建设高校平均有29.25人具有博士学位，非双一流建设高校平均有14.20人具有博士学位，如图2-14所示。可见，一流大学建设高校具有博士学位专职教师的平均人数最多，一流学科建设高校次之，非双一流建设高校最少，呈递减趋势。

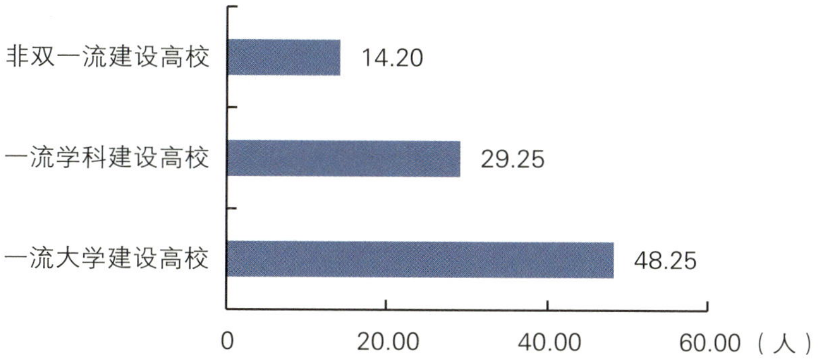

图2-14 各类型高校专职教师具有博士学位的平均人数

从各学科点专职教师的学位结构来看，一级学科博士点741名专职教师中，具有博士学位的有651人，具有硕士学位的有78人，具有学士学位的有12人，其他0人；一级学科硕士点782名专职教师中，具有博士学位的有630人，具有硕士学位的有127人，具有学士学位的有25人，其他0人；二级学科硕士点31名专职教师中，具有博士学位的有19人，具有硕士学位的有12人，具有学士学位的和其他均为0人，如图2-15所示。分析可知，具有博士学位专职教师的各学科点中，一级学科博士点人数最多，一级学科硕士点次之，然后是二级学科硕士点；具有硕士学位专职教师的各类型高校中，一级学科硕士点人数最多，一级学科博士点次之，然后是二级学科硕士点；具有学士学位专职教师的各类型高校中，一级学科硕士点人数最多，一级学科博士点次之，二级学科硕士点没有；其他学位专职教师在各学科点均没有。

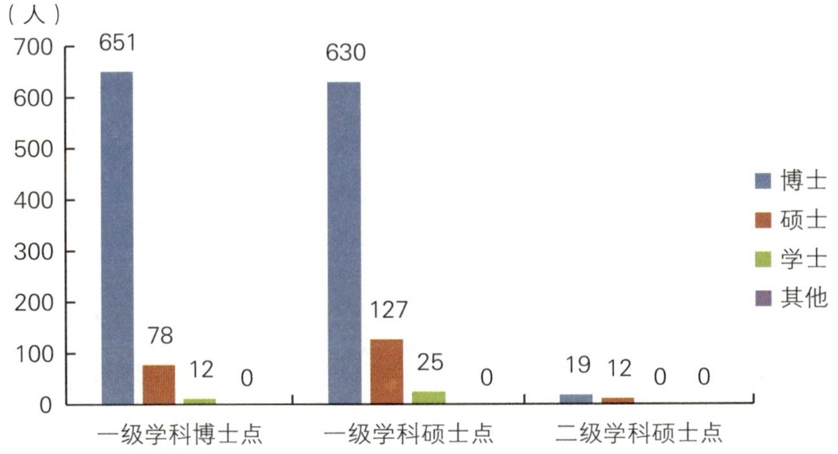

图2-15 各学科点专职教师的学位结构

结合图2-15的数据可以推算出各学科点专职教师中具有博士学位的平均人数：一级学科博士点平均有43.40人，一级学科硕士点平均有30.00人，二级学科硕士点平均有19.00人，如图2-16所示。可见，一级学科博士点具有博士学位专职教师的平均人数最多，一级学科硕士点次之，二级学科硕士点最少，呈递减趋势。

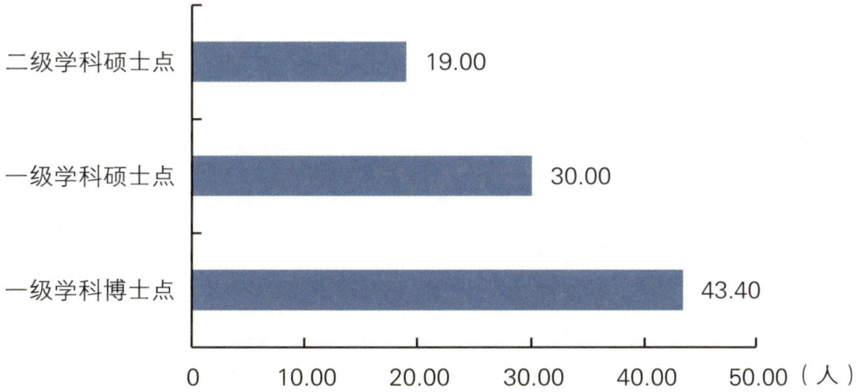

图2-16 各学科点专职教师具有博士学位的平均人数

由于专职教师不仅承担着思政课学科的科研和教学任务，同时承担对党的路线方针政策的宣传工作，因此，马克思主义理论学科与思政课专职教师原则上要求是中共党员。根据图2-17和图2-18显示，1860名专职教师的政治面貌情况为：中共党员1749人，占专职教师总人数的94.03%，平均

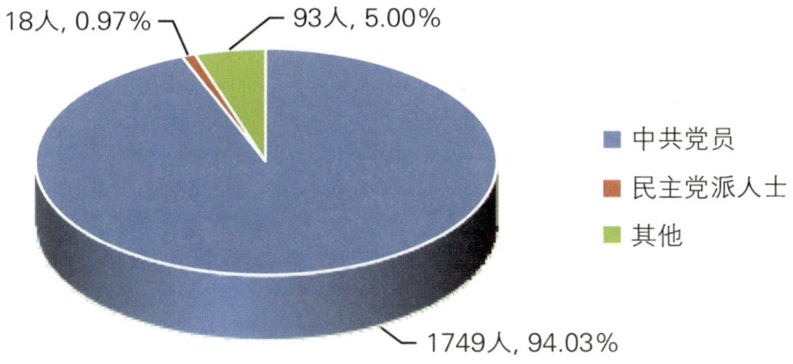

图2-17 专职教师政治面貌情况及其占比

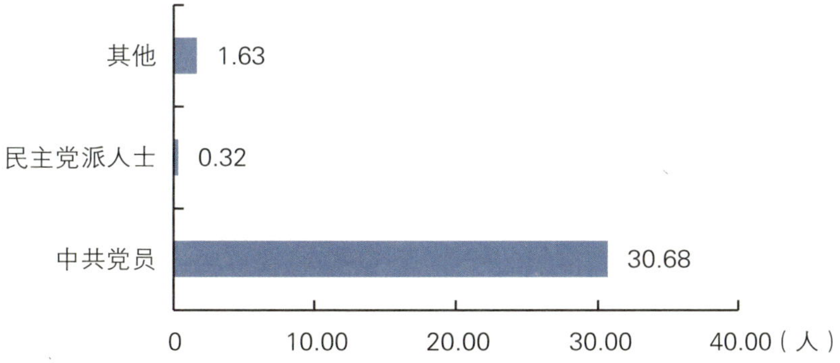

图2-18 专职教师不同政治面貌的平均人数

每所高校为30.68人；民主党派人士18人，占专职教师总人数的0.97%，平均每所高校为0.32人；其他93人，占专职教师总人数的5.00%，平均每所高校为1.63人。可见，在专职教师的政治面貌情况中，中共党员占主体地位。

从各类型高校专职教师的政治面貌来看，一流大学建设高校410名专职教师中，中共党员397人，民主党派人士2人，其他11人；一流学科建设高校867名专职教师中，中共党员810人，民主党派人士8人，其他49人；非双一流建设高校583名专职教师中，中共党员542人，民主党派人士8人，其他33人，如图2–19所示。可见，中共党员人数在各类型高校专职教师中均占绝大多数。

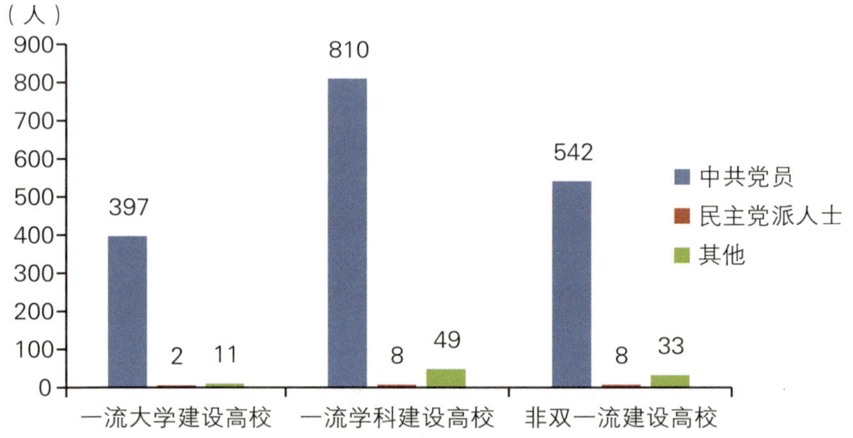

图2–19　各类型高校专职教师的政治面貌

结合图2–19的数据可以推算出各类型高校专职教师为中共党员的平均人数：一流大学建设高校平均有49.63人，一流学科建设高校平均有33.75人，非双一流建设高校平均有21.68人，呈递减趋势，如图2–20所示。

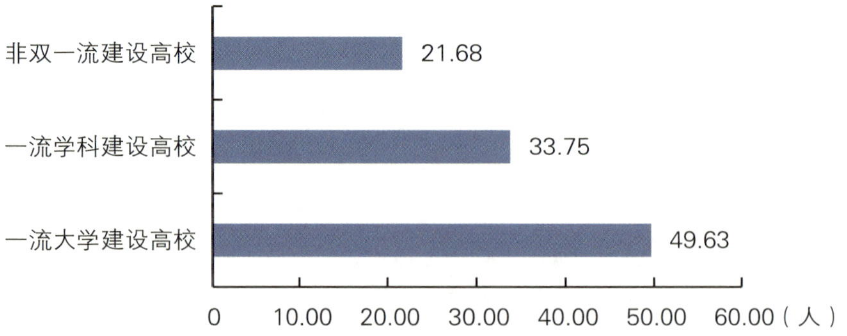

图2–20　各类型高校专职教师为中共党员的平均人数

从各学科点专职教师的政治面貌来看，一级学科博士点中共党员704人，民主党派人士4人，其他33人；一级学科硕士点中共党员727人，民主党派人士10人，其他45人；二级学科硕士点中共党员31人，民主党派人士和其他均为0人，如图2-21所示。可见，中共党员人数在各学科点专职教师中均占绝大多数。

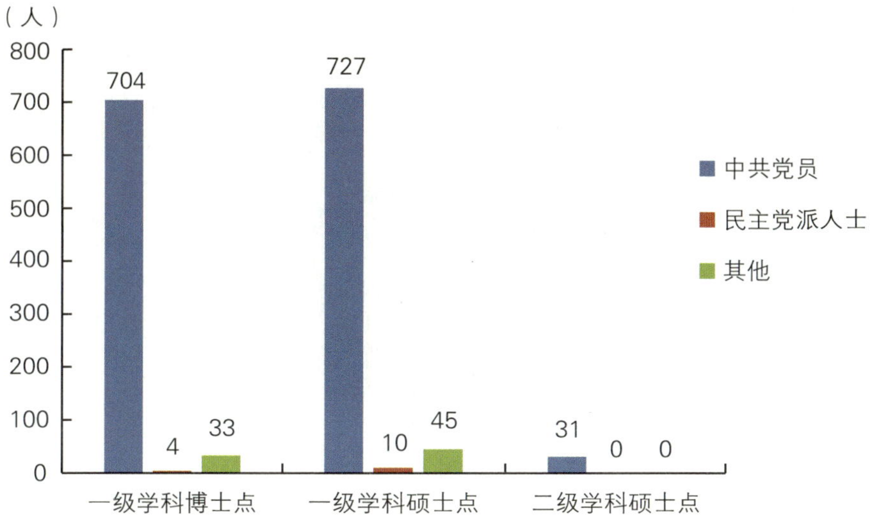

图2-21　各学科点专职教师的政治面貌

结合图2-21的数据可以推算出各学科点专职教师为中共党员的平均人数：一级学科博士点平均有46.93人，一级学科硕士点平均有34.62人，二级学科硕士点平均有31.00人。可见，一级学科博士点专职教师为中共党员的平均人数最多，一级学科硕士点次之，二级学科硕士点最少，呈递减趋势，如图2-22所示。

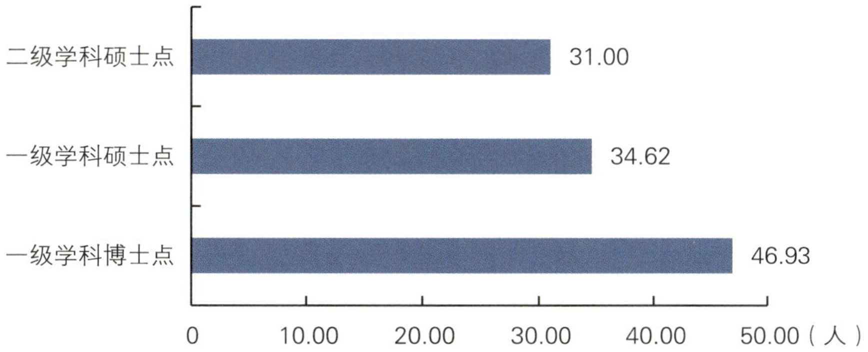

图2-22　各学科点专职教师为中共党员的平均人数

在专职教师职称结构方面，具有教授职称的专职教师为412人，占专职教师总人数的22.15%，平均每所高校为7.23人；具有副教授职称的专职教师为718人，占专职教师总人数的38.60%，平均每所高校为12.60人；具有讲师职称的专职教师为712人，占专职教师总人数的38.28%，平均每所高校为12.49人；其他18人，占专职教师总人数的0.97%，平均每所高校为0.32人，如图2-23和图2-24所示。数据显示，参加调研的北京高校专职教师职称结构总体呈现以副教授、讲师为主体，比例均达35%以上。这也与前述专职教师年龄结构分布相符合。

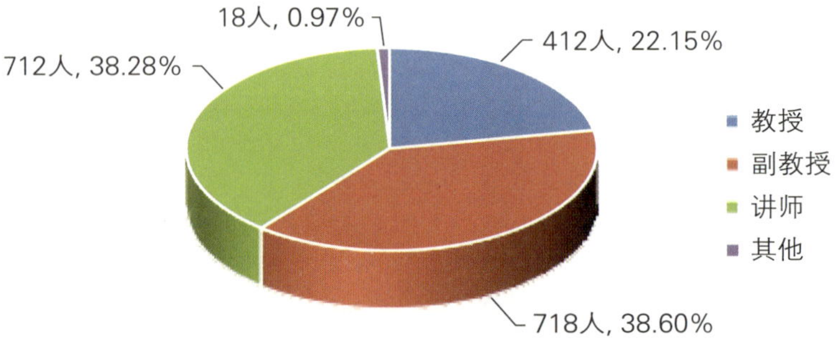

图2-23 专职教师职称结构与占比

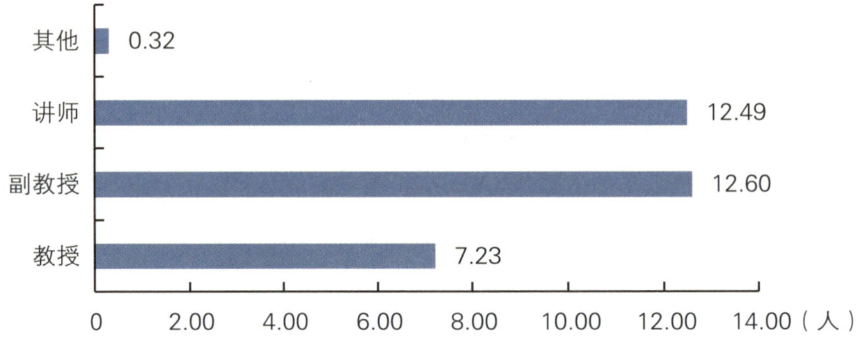

图2-24 专职教师不同职称的平均人数

从各类型高校专职教师的职称结构来看，一流大学建设高校410名专职教师中，教授为129人，副教授为163人，讲师为118人，无其他；一流学科建设高校867名专职教师中，教授为198人，副教授为331人，讲师为334人，其他4人；非双一流建设高校583名专职教师中，教授为85人，副教授为224人，讲师为260人，其他14人，如图2-25所示。可见，一流学科建设高校专职教师中教授人数最多，一流大学建设高校次之，非双一流建设高校最少；一流学科建设高校专职教师中副教授人数最多，非双一流建设高校次之，一流大学建设高校最少；一流学科建设高校专职教师中讲师人数最多，非双一流建设高校次之，一流大学建设高校最少；其他职称的专职教师非双一流建设高校人数最多，一流学科建设高校次之，一流大学建设高校则没有。

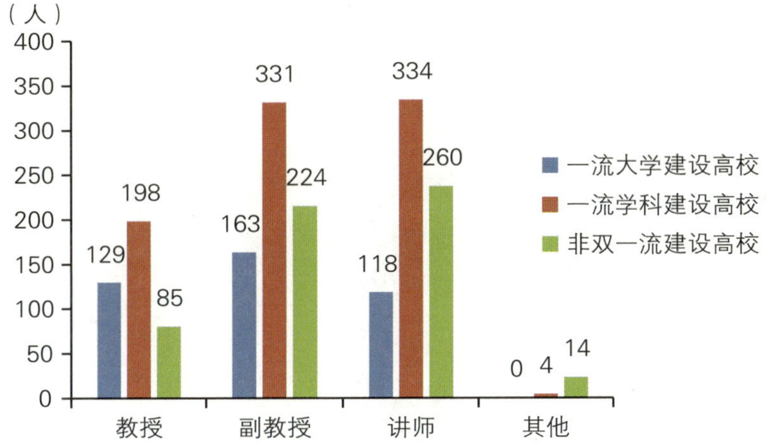

图2-25 各类型高校专职教师的职称结构

结合图2-25的数据可以推算出各类型高校专职教师中教授的平均人数：一流大学建设高校平均为16.13人；一流学科建设高校平均为8.25人；非双一流建设高校平均为3.20人，如图2-26所示。可以看出，各类型高校专职教师中教授的平均人数呈递减趋势，一流大学建设高校专职教师中教授的平均人数最多，非双一流建设高校专职教师中教授的平均人数最少。

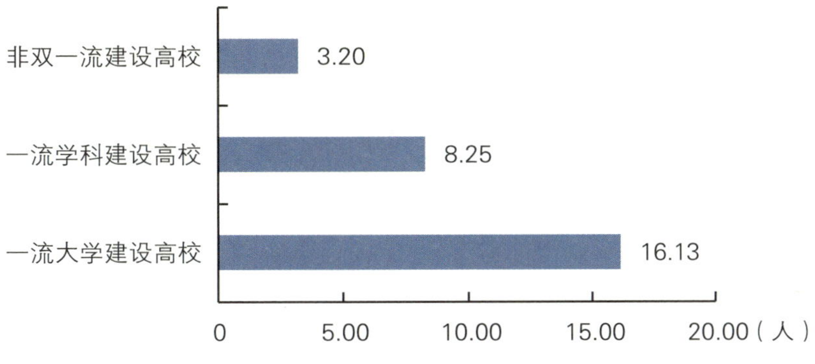

图2-26 各类型高校专职教师中教授的平均人数

从各学科点专职教师的职称结构来看，一级学科博士点741名专职教师中，教授为220人，副教授为299人，讲师为222人，无其他；一级学科硕士点782名专职教师中，教授为152人，副教授为291人，讲师为337人，其他2人；二级学科硕士点31名专职教师中，教授为5人，副教授为13人，讲师为13人，无其他，如图2-27所示。可见，一级学科博士点教授、副教授人数最多，一级学科硕士点次之，二级学科硕士点最少；一级学科硕士点讲师人数最多，一级学科博士点次之，二级学科硕士点最少；其他职称一级学科硕士点有2人，其余学科点则没有。

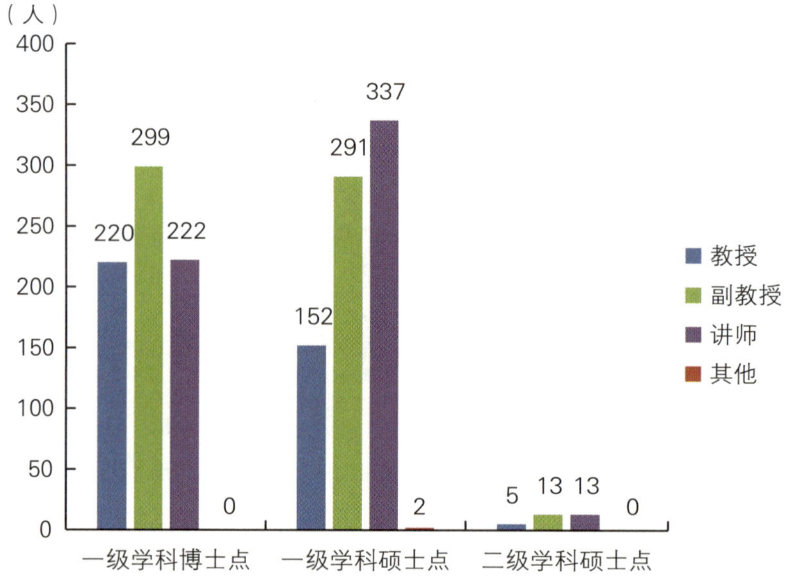

图2-27　各学科点专职教师的职称结构

结合图2-27的数据可以推算出各学科点专职教师中教授的平均人数：一级学科博士点平均为14.67人，一级学科硕士点平均为7.24人，二级学科硕士点平均为5.00人，如图2-28所示。可以看出，各学科点专职教师中教授的平均人数呈递减趋势，一级学科博士点专职教师中教授的平均人数最多，二级学科硕士点专职教师中教授的平均人数最少。

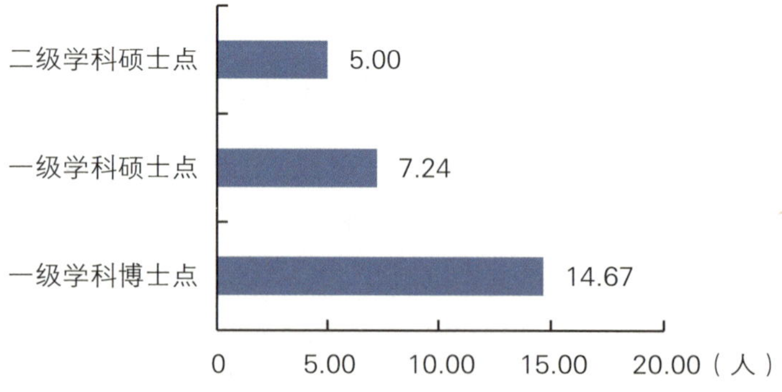

图2-28　各学科点专职教师中教授的平均人数

在专职教师的性别比例方面，参加本次调查问卷的57所北京高校中，马克思主义理论学科与思政课专职教师中共有男教师800人，占专职教师总人数的43.01%；女教师1060人，占专职教师总人数的56.99%。总体来看，在专职教师性别比例方面，女教师多于男教师，如图2-29所示。

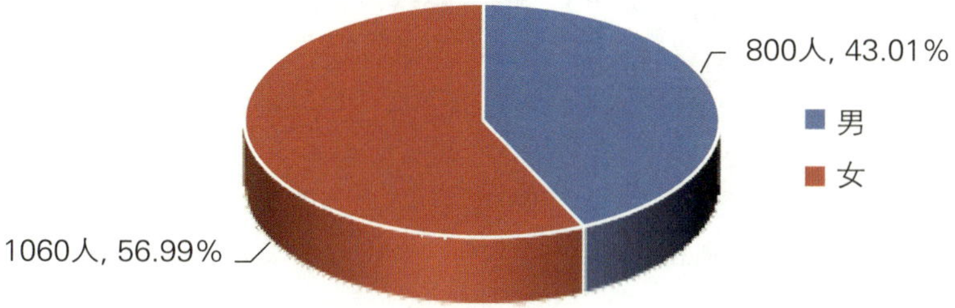

图2-29 专职教师的性别结构与占比

从各类型高校专职教师的性别结构来看，男、女教师的数量分别为：一流大学建设高校男教师为222人，女教师为188人；一流学科建设高校男教师为366人，女教师为501人；非双一流建设高校男教师为212人，女教师为371人，如图2-30所示。可见，在各类型高校专职教师的性别结构方面，一流大学建设高校男教师多于女教师，一流学科建设高校和非双一流建设高校均为女教师多于男教师。

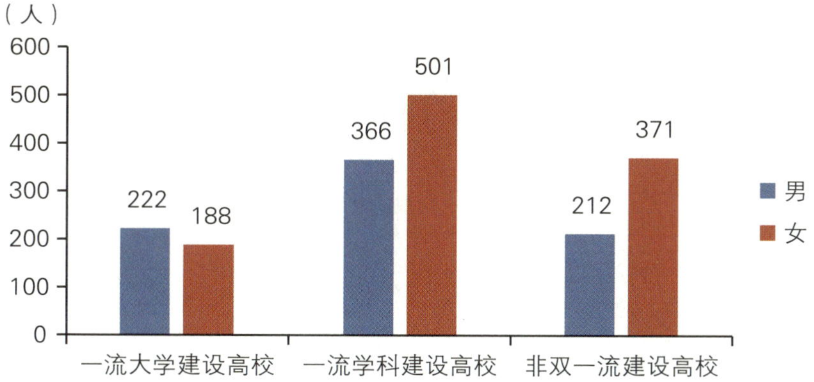

图2-30 各类型高校专职教师的性别结构

从各学科点专职教师的性别结构来看，男、女教师的数量分别为：一级学科博士点男教师为369人，女教师为372人；一级学科硕士点男教师为308人，女教师为474人；二级学科硕士点男教师为7人，女教师为24人，如图2-31所示。可见，在各学科点专职教师的性别结构方面，一级学科博士点、一级学科硕士点和二级学科硕士点均为女教师多于男教师。

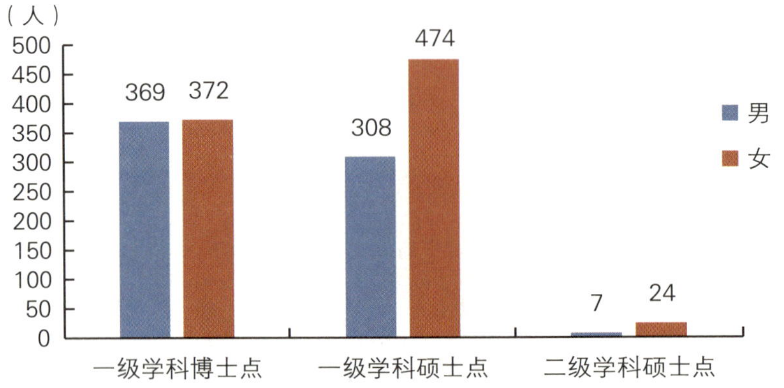

图2-31 各学科点专职教师的性别结构

在专职教师担任导师方面，各类型高校专职教师担任导师情况为：在一流大学建设高校中担任博士研究生导师的有176人，担任硕士生导师的有229人；在一流学科建设高校中担任博士研究生导师的有105人，担任硕士生导师的有429人；在非双一流建设高校中担任博士研究生导师的有1人，担任硕士生导师的有138人，如图2-32所示。可见，在一流大学建设高校中担任博士研究生导师的人数最多，一流学科建设高校次之，非双一流建设高校最少；在一流学科建设高校中担任硕士生导师的人数最多，一流大学建设高校次之，非双一流建设高校最少。

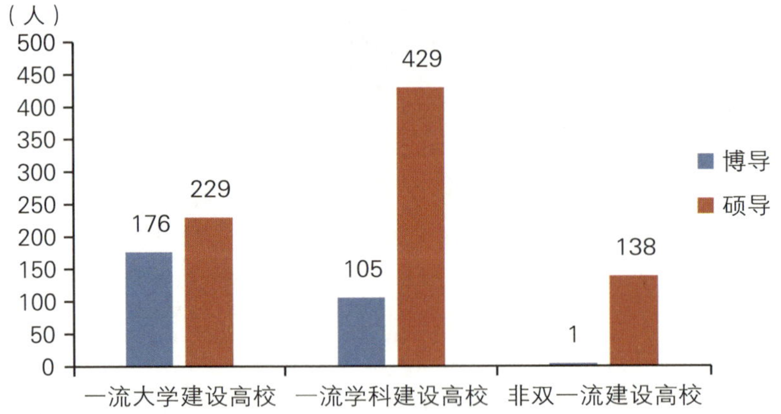

图2-32 各类型高校专职教师担任导师情况

各学科点专职教师担任导师情况为：在一级学科博士点中担任博士研究生导师的有255人，担任硕士生导师的有393人；在一级学科硕士点中担任博士研究生导师的有24人，担任硕士生导师的有359人；在二级学科硕士点中担任博士研究生导师的有0人，担任硕士生导师的有17人，如图2-33所示。可见，在一级学科博士点中担任博士研究生导师的人数最多，一级学科硕士点次之，二级学科硕士点则没有；在一级学科博士点中担任硕士生导师的人数最多，一级学科硕士点次之，二级学科硕士点最少。

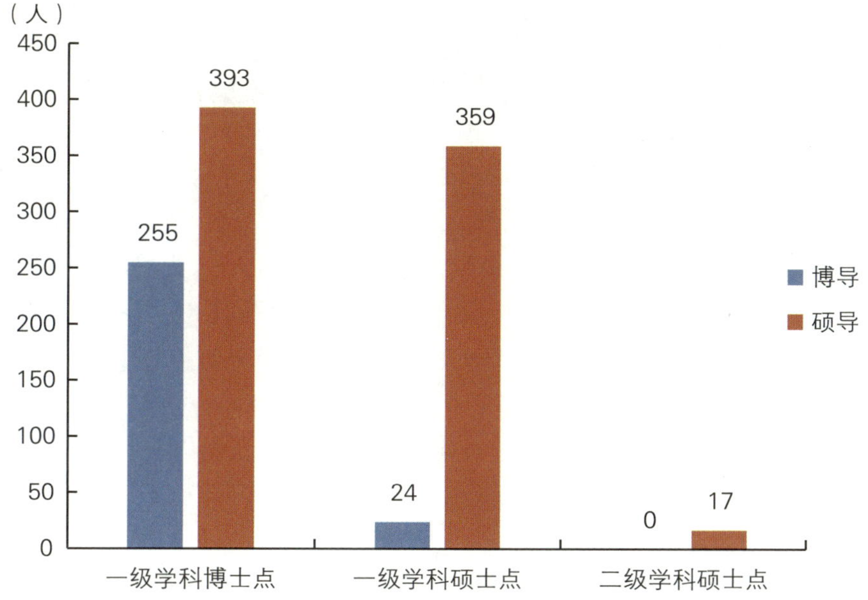

图2-33 各学科点专职教师担任导师情况

在专职教师承担课程方面，各类型高校专职教师承担课程情况为：一流大学建设高校专职教师承担本科课程的有392人，承担硕士课程的有145人，承担博士课程的有142人；一流学科建设高校专职教师承担本科课程的有799人，承担硕士课程的有285人，承担博士课程的有235人；非双一流建设高校专职教师承担本科课程的有565人，承担硕士课程的有140人，承担博士课程的有56人，如图2-34所示。可见，各类型高校专职教师中承担本科课程的人数最多，承担硕士课程的人数次之，承担博士课程的人数最少。

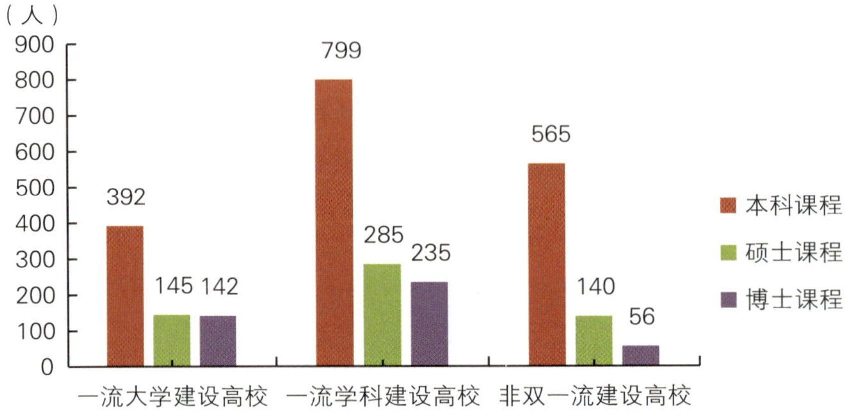

图2-34 各类型高校专职教师各课程授课人数

各学科点专职教师各课程授课人数情况为：一级学科博士点专职教师承担本科课程的有704人，承担硕士课程的有227人，承担博士课程的有214人；一级学科硕士点专职教师承担本科课程的有718人，承担硕士课程的有281人，承担博士课程的有181人；二级学科硕士点专职教师承担本科课程的有22人，承担硕士课程的有6人，承担博士课程的有9人，如图2-35所示。可见，各学科点专职教师中承担本科课程的人数最多，承担硕士课程的人数次之，承担博士课程的人数最少。

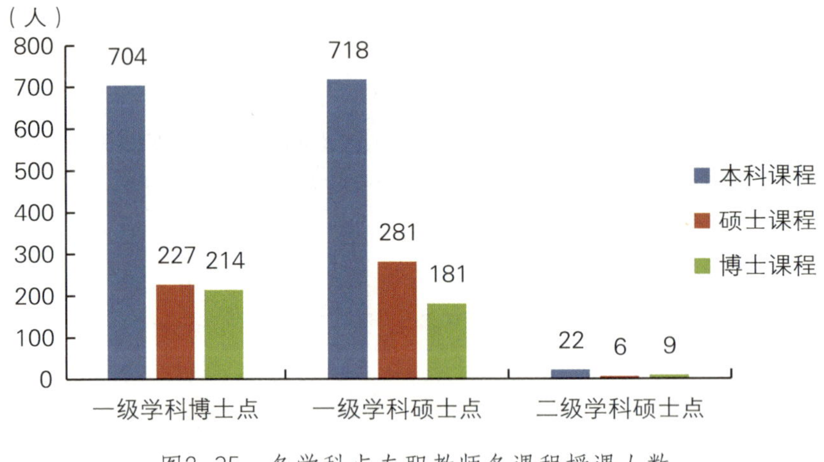

图2-35 各学科点专职教师各课程授课人数

（二）兼职教师队伍情况

思政课兼职教师主要承担培养研究生，授课，与青年教师结对子，发挥传、帮、带作用等任务。据统计，参加本次问卷调查的北京高校思政课共有兼职教师1050人，其学位结构与占比情况如图2-36所示。

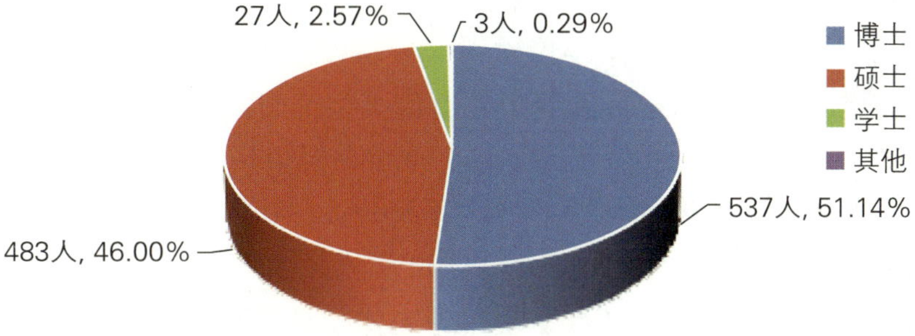

图2-36 兼职教师的学位结构与占比

从图2-36中可以看出，在参加调研的57所北京市高校中，思政课兼职教师的学位情况为：具有博士学位的教师共有537人，占兼职教师总人数的51.14%；具有硕士学位的教师共有483人，占兼职教师总人数的46.00%；具有学士学位的教师共有27人，占兼职教师总人数的2.57%；具有其他学位的教师共有3人，占兼职教师总人数的0.29%。可见，在参加调研的北京市各高校中，兼职教师中具有博士学位的教师最多，具有硕士学位的次之，具有学士学位的又次之，其他学位最少仅为3人，呈现递减趋势。

由图2-37可知，各类型高校兼职教师的学位结构情况为：一流大学建设高校兼职教师中具有博士学位的教师有191人，具有硕士学位的教师有61人，具有学士学位的教师有3人，其他0人；一流学科建设高校兼职教师中具有博士学位的教师有256人，具有硕士学位的教师有257人，具有学士学位的教师有16人，其他2人；非双一流建设高校兼职教师中具有博士学

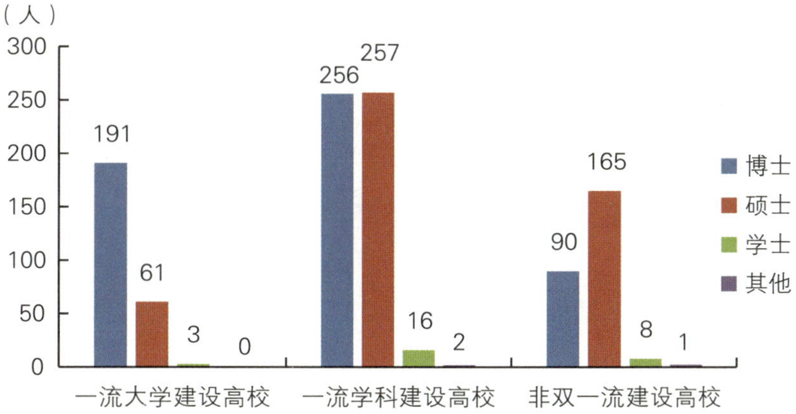

图2-37 各类型高校兼职教师的学位结构

位的教师有90人，具有硕士学位的教师有165人，具有学士学位的教师有8人，其他1人。可见，一流学科建设高校、一流大学建设高校、非双一流建设高校中的兼职教师博士学位呈现递减趋势；在一流学科建设高校和非双一流建设高校内部，兼职教师中拥有硕士学位的教师最多。

由图2-38可知，各学科点兼职教师的学位结构情况为：一级学科博士点兼职教师中具有博士学位的教师有230人，具有硕士学位的教师有155人，具有学士学位的教师有6人，其他0人；一级学科硕士点兼职教师中具有博士学位的教师有271人，具有硕士学位的教师有203人，具有学士学位的教师有15人，其他0人；二级学科硕士点兼职教师中具有博士学位的教师有3人，具有硕士学位的教师有19人，具有学士学位的教师有1人，其他0人。可见，一级学科硕士点、一级学科博士点、二级学科硕士点中的兼职教师博士学位呈现递减趋势；一级学科博士点和一级学科硕士点内部，兼职教师中拥有博士学历的教师最多。

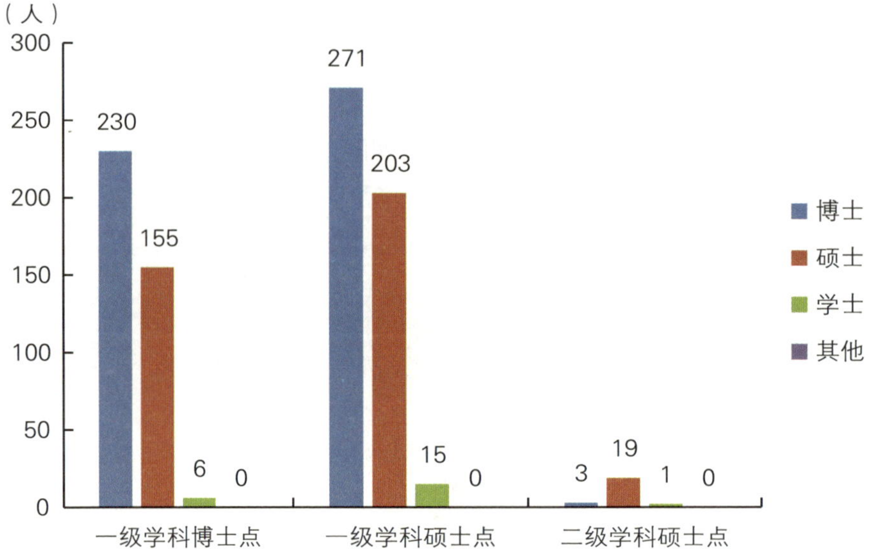

图2-38　各学科点兼职教师的学位结构

从图2-39中可以看出，在参加调研的57所北京市高校中，思政课兼职教师的职称情况为：具有教授职称的兼职教师共有271人，占兼职教师总人数的25.81%；具有副教授职称的兼职教师共有298人，占兼职教师总人数的28.38%；具有讲师职称的兼职教师共有367人，占兼职教师总人数的34.95%；其他共有114人，占兼职教师总人数的10.86%。可见，兼职教师

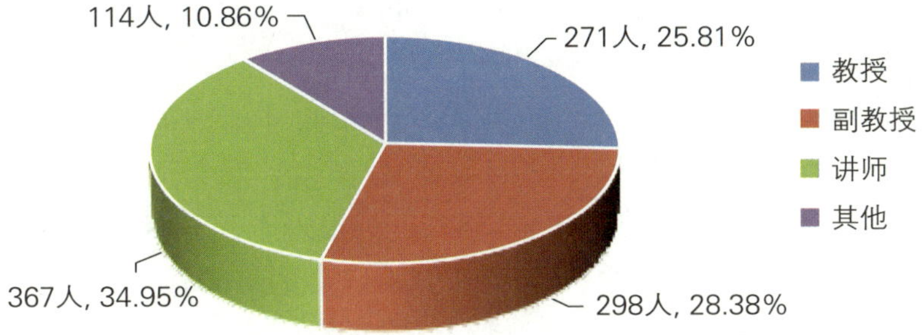

图2-39　兼职教师的职称结构与占比

中讲师人数最多。

由图2-40可知，各类型高校兼职教师的职称结构情况为：一流大学建设高校兼职教师中具有教授职称的教师有57人，具有副教授职称的教师有88人，具有讲师职称的教师有105人，其他5人；一流学科建设高校兼职教师中具有教授职称的教师有173人，具有副教授职称的教师有145人，具有讲师职称的教师有143人，其他70人；非双一流建设高校兼职教师中具有教授职称的教师有41人，具有副教授职称的教师有65人，具有讲师职称的教师有119人，其他39人。可见，一流学科建设高校教授人数最多，一流大学建设高校次之，非双一流建设高校最少；一流学科建设高校副教授人数最多，一流大学建设高校次之，非双一流建设高校最少；一流学科建设高校讲师人数最多，非双一流建设高校次之，一流大学建设高校最少；其

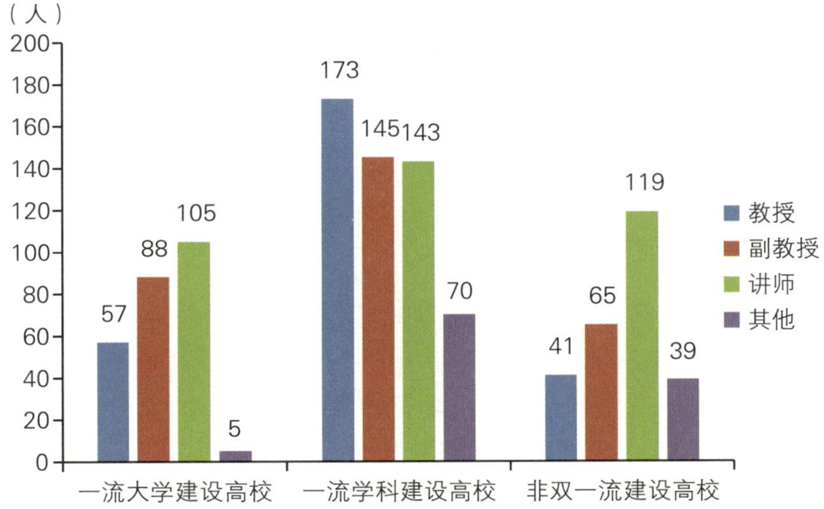

图2-40　各类型高校兼职教师的职称结构

他职称一流学科建设高校人数最多，非双一流建设高校次之，一流大学建设高校最少仅为5人，呈递减趋势。

由图2-41可知，各学科点兼职教师的职称结构情况为：一级学科博士点兼职教师中具有教授职称的教师有109人，具有副教授职称的教师有129人，具有讲师职称的教师有138人，其他15人；一级学科硕士点兼职教师中具有教授职称的教师有151人，具有副教授职称的教师有121人，具有讲师职称的教师有160人，其他57人；二级学科硕士点兼职教师中具有教授职称的教师有3人，具有副教授职称的教师有6人，具有讲师职称的教师有5人，其他9人。可见，一级学科硕士点教授人数最多，一级学科博士点次之，二级学科硕士点最少；一级学科博士点副教授人数最多，一级学科硕士点次之，二级学科硕士点最少；一级学科硕士点讲师人数最多，一级学科博士点次之，二级学科硕士点最少；其他职称一级学科硕士点人数最多，一级学科博士点次之，二级学科硕士点最少，呈递减趋势。

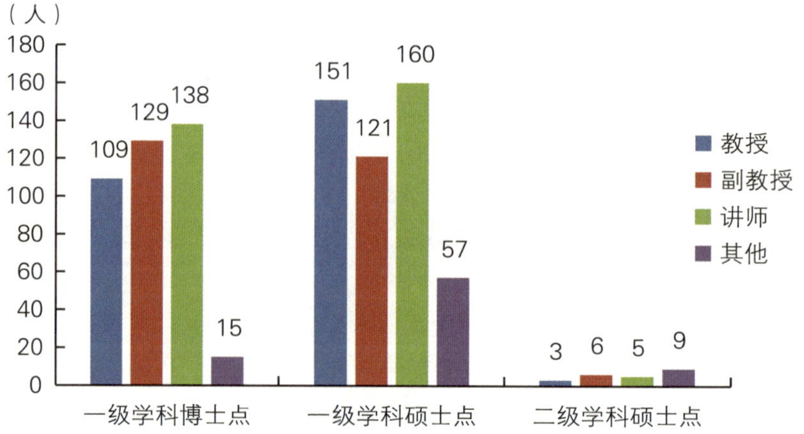

图2-41　各学科点兼职教师的职称结构

（三）新进教师队伍情况

不断充实教师队伍是推进马克思主义理论学科点可持续发展和加强学科建设的重要条件。据调查，2021年度北京市各高校新进教师共计175人（包含具有马克思主义理论学科点高校的新进教师137人）。

在新进教师年龄结构方面，35岁及以下的共有124人，占新进教师总人数的70.86%；36岁至45岁的共有31人，占新进教师总人数的17.71%；46岁至55岁的共有14人，占新进教师总人数的8.00%；56岁及以上的共有6

人，占新进教师总人数的3.43%，如图2-42所示。可见，新进教师中有超过一半的是35岁及以下的青年教师。

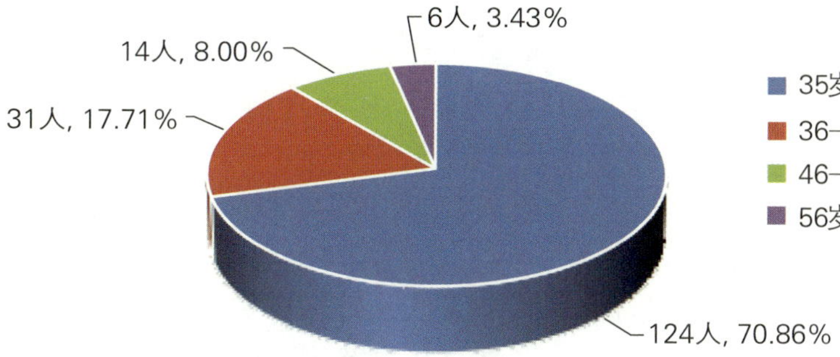

图2-42　新进教师的年龄结构与占比

从各类型高校新进教师的年龄结构来看，一流大学建设高校35岁及以下新进教师28人，36岁至45岁新进教师11人，46岁至55岁新进教师7人，56岁及以上新进教师5人；一流学科建设高校35岁及以下新进教师63人，36岁至45岁新进教师12人，46岁至55岁新进教师2人，56岁及以上新进教师1人；非双一流建设高校35岁及以下新进教师33人，36岁至45岁新进教师8人，46岁至55岁新进教师5人，56岁及以上新进教师0人，如图2-43所示。由此可以得出结论：一流学科建设高校35岁及以下年龄段新进教师数量最多，非双一流建设高校次之，一流大学建设高校最少，呈递减趋势。

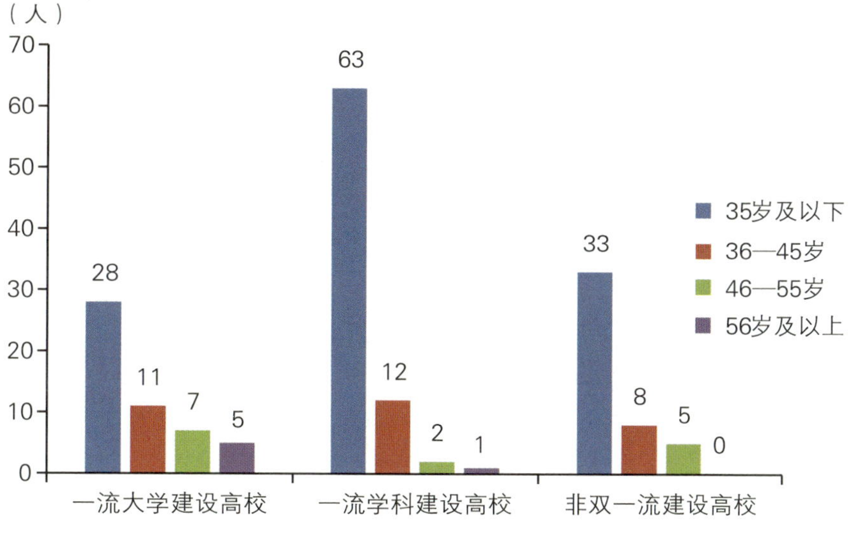

图2-43　各类型高校新进教师的年龄结构

并且各类型高校新进教师中占主体地位的是35岁及以下的青年教师，其次是36岁至45岁的教师，再次是46岁至55岁的教师，56岁及以上的新进教师最少。

从各学科点新进教师的年龄结构来看，一级学科博士点35岁及以下新进教师45人，36岁至45岁新进教师11人，46岁至55岁新进教师4人，56岁及以上新进教师5人；一级学科硕士点35岁及以下新进教师51人，36岁至45岁新进教师12人，46岁至55岁新进教师5人，56岁及以上新进教师0人；二级学科硕士点均为35岁及以下新进教师，共4人，如图2-44所示。由此可以得出结论：一级学科硕士点同一年龄段新进教师数量最多，一级学科博士点次之，二级学科硕士点最少，呈递减趋势。并且各学科点新进教师中占主体地位的是35岁及以下的青年教师，其次是36岁至45岁的教师，再次是46岁至55岁的教师，56岁及以上的新进教师仅为5人。

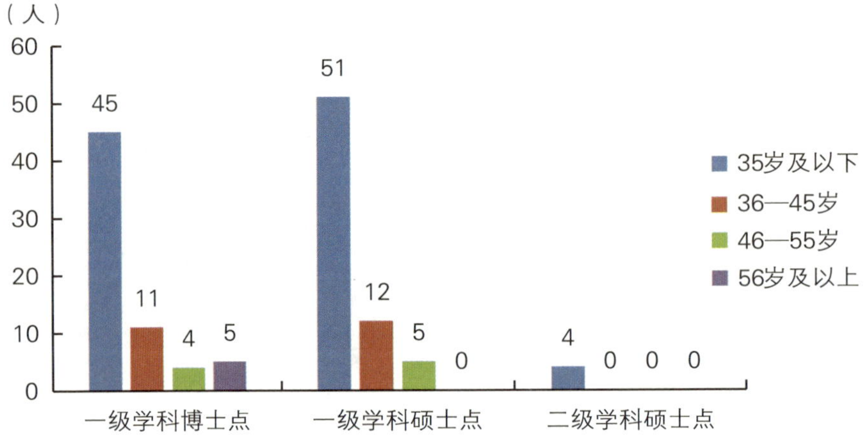

图2-44 各学科点新进教师的年龄结构

新进教师的学位情况为：具有博士学位的新进教师共159人，占新进教师总人数的90.86%；具有硕士学位的新进教师共16人，占新进教师总人数的9.14%；具有学士学位及其他学位的新进教师无，如图2-45所示。可见，新进教师的学位以博士学位为主。

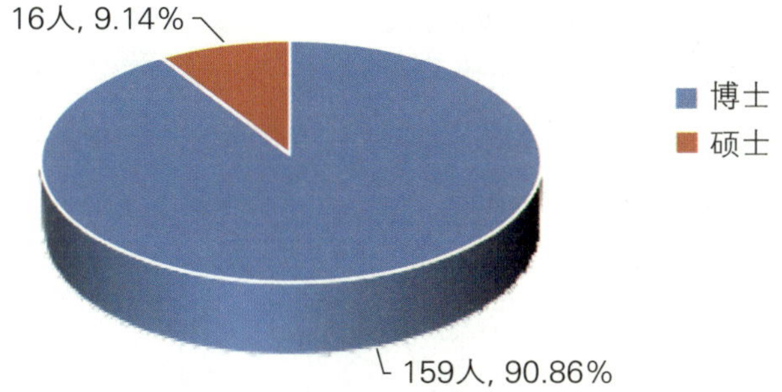

图2-45 新进教师的学位结构与占比

从各类型高校新进教师的学位结构来看，一流大学建设高校具有博士学位的新进教师有50人，具有硕士学位的有1人，具有学士学位的新进教师无；一流学科建设高校具有博士学位的新进教师有74人，具有硕士学位的新进教师有4人，具有学士学位的新进教师无；非双一流建设高校具有博士学位的新进教师有35人，具有硕士学位的新进教师有11人，具有学士学位的新进教师无，如图2-46所示。分析可知，一流学科建设高校新进教师中具有博士学位的人数最多，一流大学建设高校人数次之，非双一流建设高校最少。并且各类型高校新进教师的学位以博士学位为主。

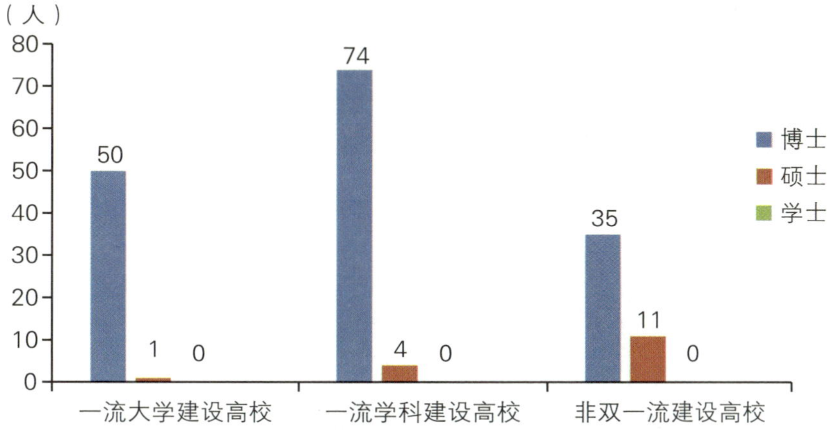

图2-46 各类型高校新进教师的学位结构

从各学科点新进教师的学位结构来看，一级学科博士点具有博士学位的新进教师有64人，具有硕士学位的新进教师有1人，具有学士学位的新进教师无；一级学科硕士点具有博士学位的新进教师有67人，具有硕士学位的新进教师有1人，具有学士学位的新进教师无；二级学科硕士点具有博士学位的新进教师有4人，具有硕士学位和学士学位的新进教师无，如图2–47所示。分析可知，一级学科硕士点新进教师中具有博士学位的人数最多，一级学科博士点次之，二级学科硕士点最少。并且各学科点新进教师的学位以博士学位为主。

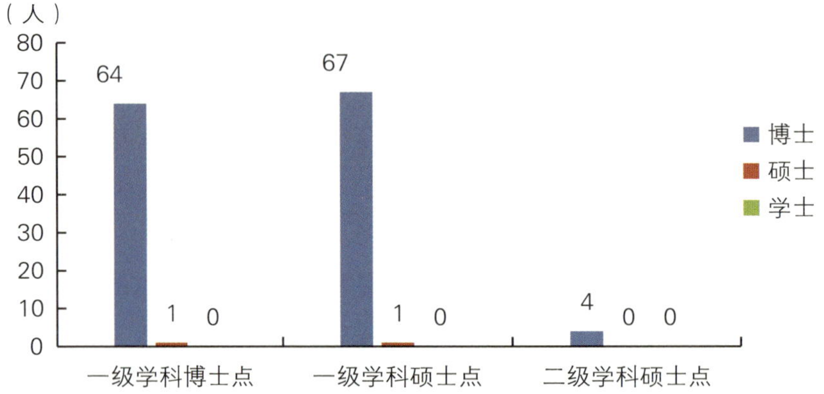

图2–47　各学科点新进教师的学位结构

如图2–48所示，2021年度北京市各高校新进教师的175人中，中共党员有174人，占新进教师总人数的99.43%，其他有1人，占新进教师总人数的0.57%，无民主党派人士。可以看出，在参与问卷调查的北京市各高校新进教师中，几乎全部是中共党员，无民主党派人士。可见，北京各高校严格按照教育部《高等学校思政课建设标准（暂行）》中关于马克思主义理论学科与思政课专职教师的相关要求，在专职教师的引进上坚持党性原则，注重政治素质，体现了高标准、严要求的进人原则。

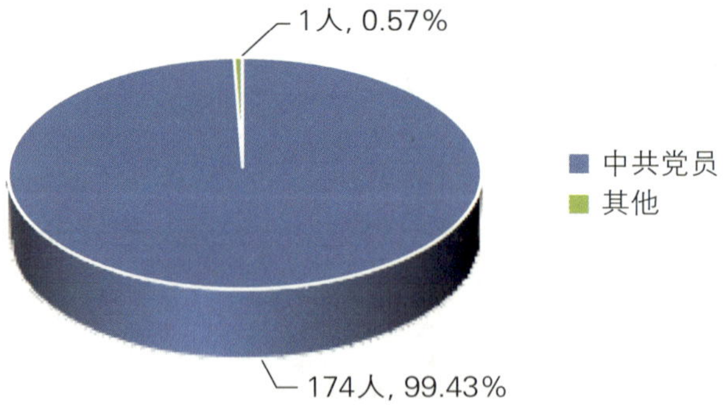

图2–48　新进教师的政治面貌与占比

从各类型高校新进教师的政治面貌来看，一流大学建设高校51名新进教师中，中共党员51人，无民主党派人士和其他；一流学科建设高校78名新进教师中，中共党员78人，无民主党派人士和其他；非双一流建设高校46名新进教师中，中共党员45人，其他1人，无民主党派人士，如图2–49所示。可见，各类型高校新进教师中几乎全部是中共党员。

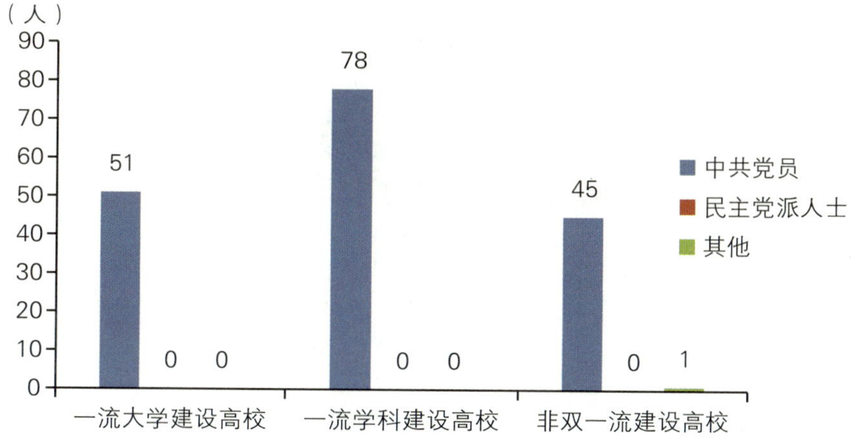

图2–49　各类型高校新进教师的政治面貌

从各学科点新进教师的政治面貌来看，一级学科博士点中中共党员65人，无民主党派人士和其他；一级学科硕士点中中共党员68人，无民主党派人士和其他；二级学科硕士点中中共党员4人，无民主党派人士和其他，如图2–50所示。可见，各学科点新进教师中几乎全部是中共党员。

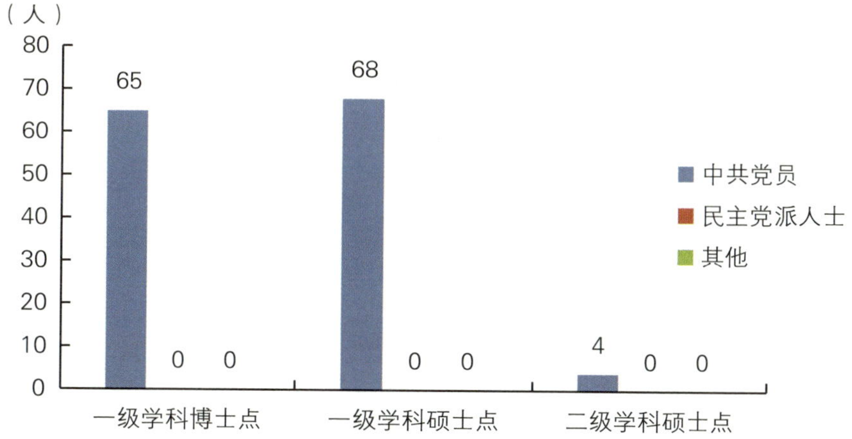

图2–50　各学科点新进教师的政治面貌

新进教师的职称分布情况为：教授15人，占新进教师总人数的8.57%；副教授22人，占新进教师总人数的12.57%；讲师127人，占新进教师总人数的72.57%；其他11人，占新进教师总人数的6.29%，如图2–51所示。可以看出，新进教师以讲师为主。

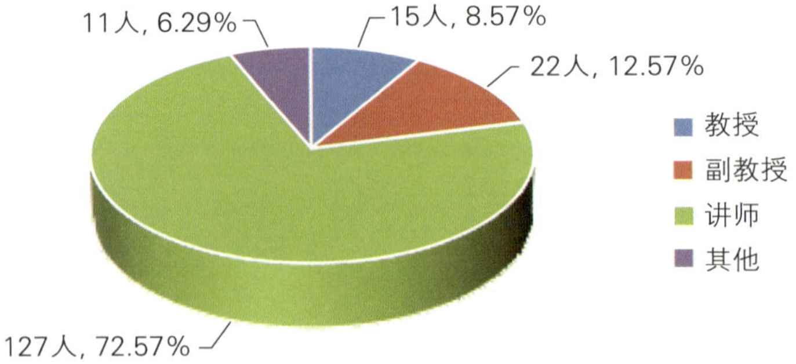

图2–51　新进教师的职称结构与占比

从各类型高校新进教师的职称结构来看，一流大学建设高校51名新进教师中，教授为10人，副教授为7人，讲师为34人，无其他；一流学科建设高校78名新进教师中，教授为4人，副教授为9人，讲师为57人，其他8人；非双一流建设高校46名新进教师中，教授为1人，副教授为6人，讲师为36人，其他3人，如图2–52所示。

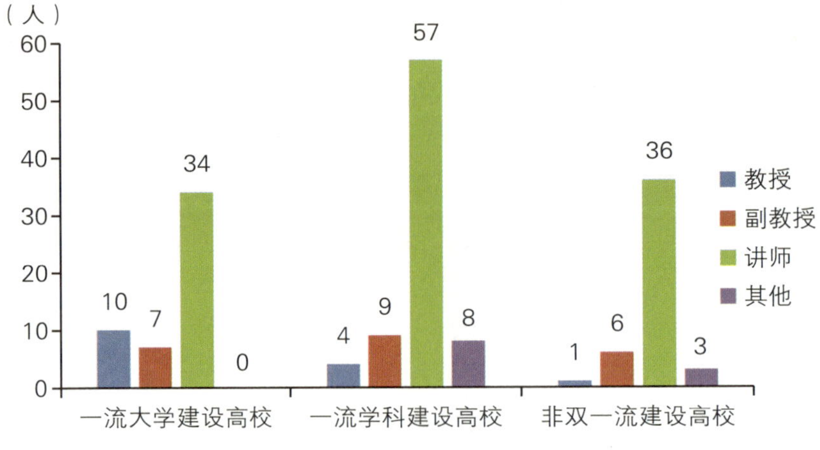

图2–52　各类型高校新进教师的职称结构

从各学科点新进教师的职称结构来看，一级学科博士点65名新进教师中，教授为10人，副教授为10人，讲师为45人，其他0人；一级学科硕士点68名新进教师中，教授为4人，副教授为7人，讲师为48人，其他为9人；二级学科硕士点4名新进教师全为讲师，无教授、副教授、其他，如图2–53所示。

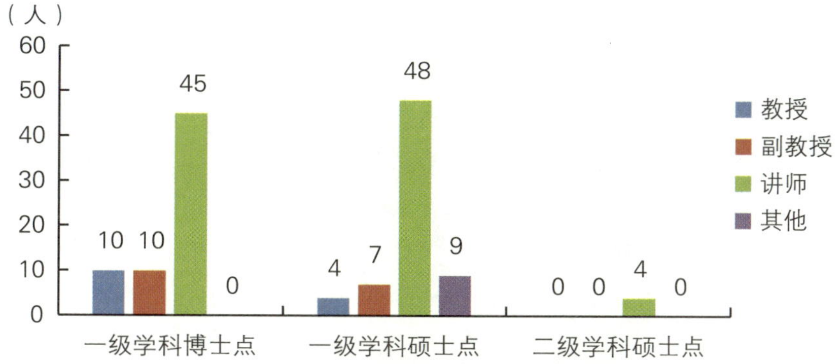

图2-53 各学科点新进教师的职称结构

新进教师在性别构成与占比方面，新进男教师共有75人，占新进教师总人数的42.86%，新进女教师共有100人，占新进教师总人数的57.14%，如图2-54所示。

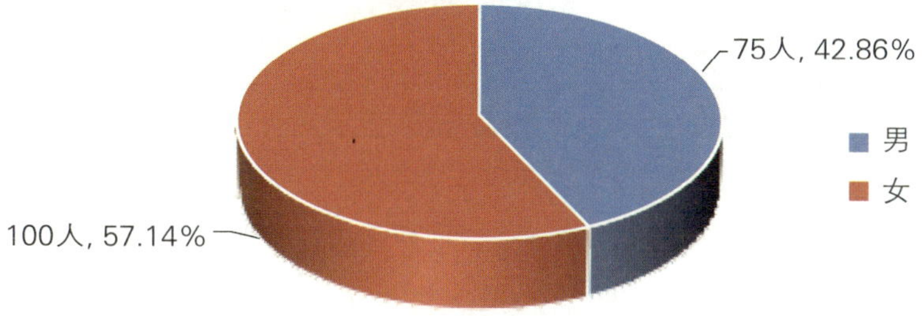

图2-54 新进教师的性别结构与占比

从各类型高校新进教师的性别结构来看，男、女教师的数量分别为：一流大学建设高校新进男教师30人，新进女教师21人；一流学科建设高校新进男教师27人，新进女教师51人；非双一流建设高校新进男教师18人，新进女教师28人，如图2-55所示。可见，在各类型高校新进教师的性别结

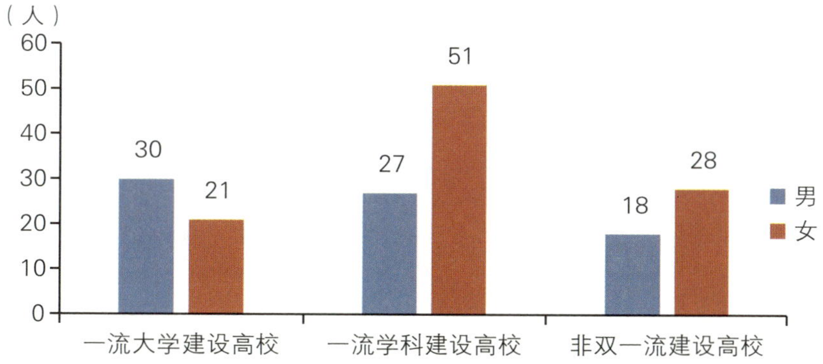

图2-55 各类型高校新进教师的性别结构

构方面，一流大学建设高校男教师多于女教师，一流学科建设高校和非双一流建设高校均为女教师多于男教师。

从各学科点新进教师的性别结构来看，男、女教师的数量分别为：一级学科博士点新进男教师35人，新进女教师30人；一级学科硕士点新进男教师24人，新进女教师44人；二级学科硕士点新进男教师0人，新进女教师4人，如图2-56所示。可见，除一级学科博士点之外，其余各学科点新进教师的性别结构方面，新进女教师均多于男教师。

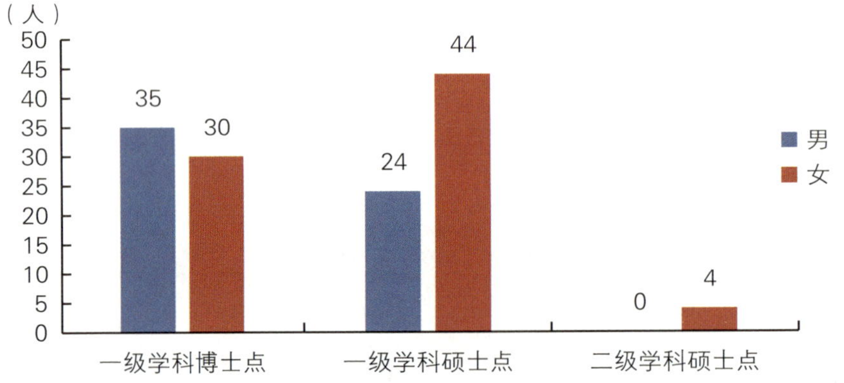

图2-56 各学科点新进教师的性别结构

在新进教师担任研究生导师的情况方面，新进教师担任博士研究生导师的有21人，占新进教师担任研究生导师总人数的56.76%；新进教师担任硕士生导师的有16人，占新进教师担任研究生导师总人数的43.24%，如图2-57所示。

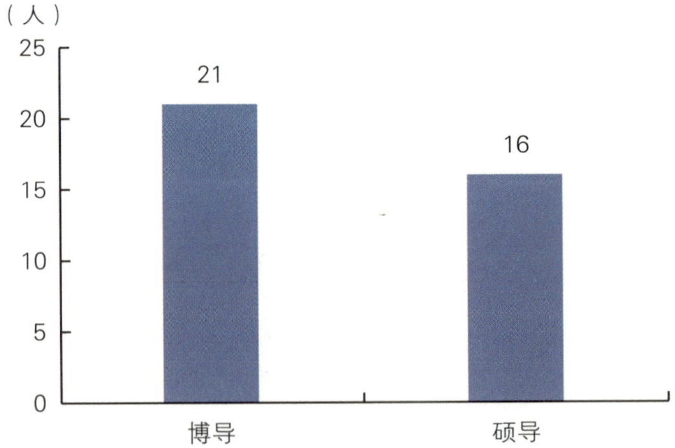

图2-57 新进教师担任研究生导师情况

从各类型高校新进教师担任研究生导师情况来看，其中一流大学建设高校新进教师中担任博士研究生导师的有19人，担任硕士生导师的有13人；一流学科建设高校新进教师中担任博士研究生导师的有2人，担任硕士生导师的有0人；非双一流建设高校新进教师中担任博士研究生导师的有0人，担任硕士生导师的有3人，如图2-58所示。

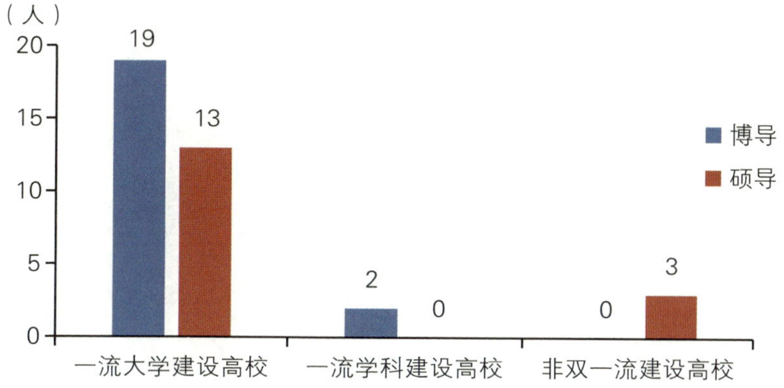

图2-58　各类型高校新进教师担任研究生导师情况

从各学科点新进教师担任研究生导师情况来看，其中一级学科博士点高校新进教师中担任博士研究生导师的有15人，担任硕士生导师的有11人；一级学科硕士点高校新进教师中担任博士研究生导师的有6人，担任硕士生导师的有4人；二级学科硕士点高校新进教师无担任博士研究生导师和硕士生导师的情况，如图2-59所示。

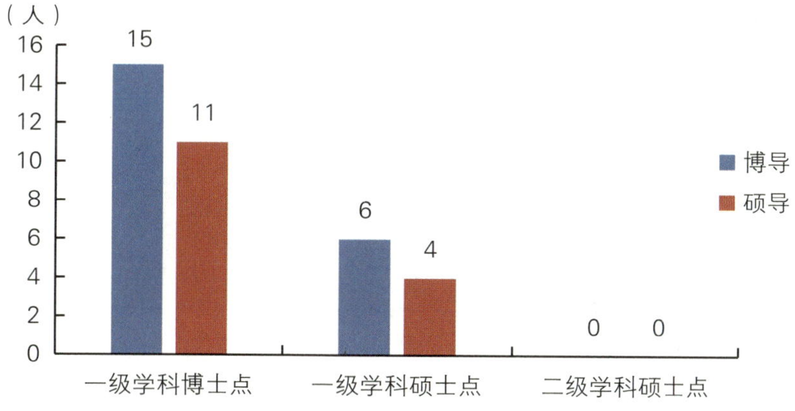

图2-59　各学科点新进教师担任研究生导师情况

（四）职称晋升情况

根据调查可知，2020年度北京市各高校马克思主义理论学科与思政课专职教师共有176人晋升职称（包含具有马克思主义理论学科点高校的晋升职称的专职教师141人），其中晋升教授42人，晋升副教授75人，晋升讲师59人，如图2-60所示。

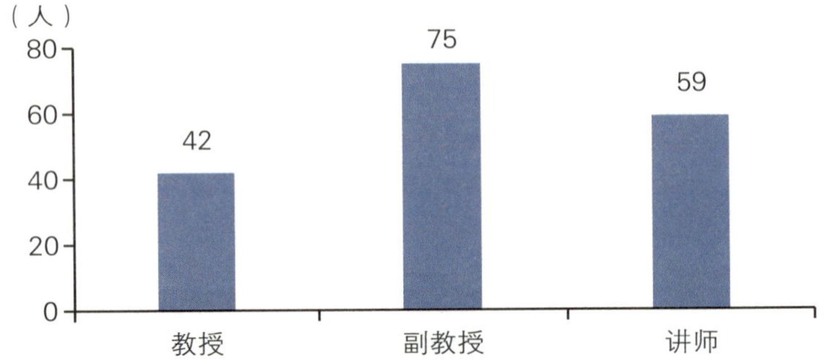

图2-60　专职教师职称晋升情况

从各类型高校教师职称晋升情况来看，一流大学建设高校有9人晋升为教授，15人晋升为副教授，9人晋升为讲师；一流学科建设高校有22人晋升为教授，43人晋升为副教授，32人晋升为讲师；非双一流建设高校有11人晋升为教授；17人晋升为副教授，18人晋升为讲师，如图2-61所示。

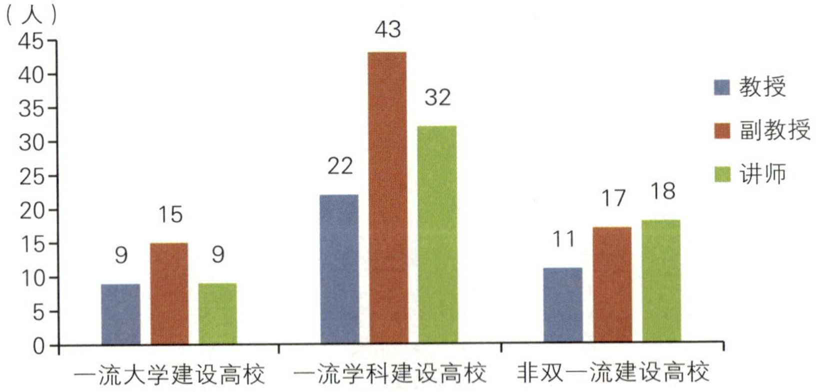

图2-61　各类型高校教师职称晋升情况

从各学科点教师职称晋升情况来看，一级学科博士点有20人晋升为教授，22人晋升为副教授，9人晋升为讲师；一级学科硕士点有15人晋升为教授，41人晋升为副教授，28人晋升为讲师；二级学科硕士点有3人晋升为教授，2人晋升为副教授，1人晋升为讲师，如图2-62所示。

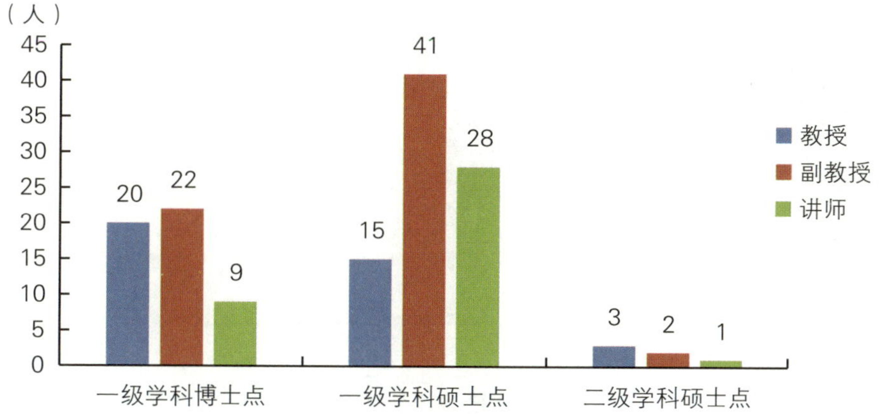

图2-62 各学科点教师职称晋升情况

（五）相关规定与要求

从各类型高校思政课专职教师队伍建设文件制定情况来看，8所一流大学建设高校、23所一流学科建设高校和24所非双一流建设高校基本都制定了马克思主义理论学科与思政课专职教师队伍建设的相关文件，如图2-63所示。反映出北京高校十分重视思政课专职教师队伍建设，各校的教师队伍管理日益规范化。

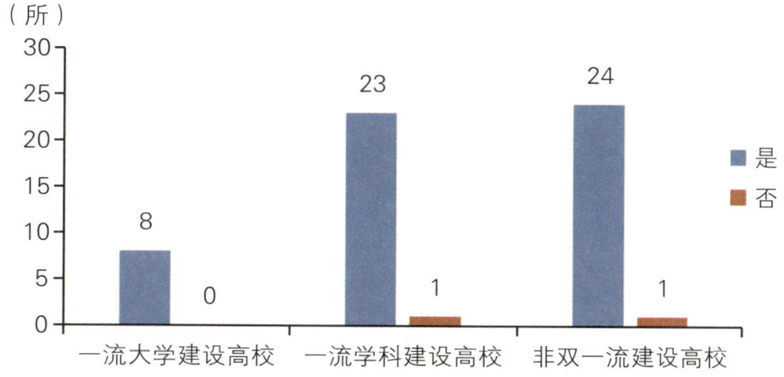

图2-63 各类型高校思政课专职教师队伍建设文件制定情况

从各学科点高校教师队伍建设文件制定情况来看，15所一级学科博士点高校和20所一级学科硕士点高校制定了马克思主义理论学科与思政课专职教师队伍建设的相关文件，有1所一级学科硕士点高校和1所二级学科硕士点高校没有制定马克思主义理论学科与思政课专职教师队伍建设的相关文件，如图2-64所示。

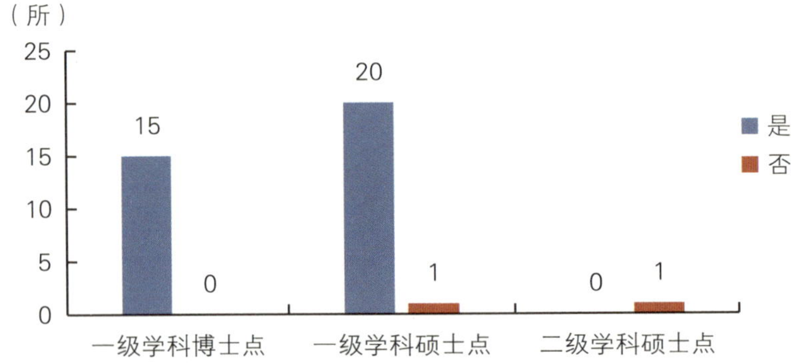

图2-64　各学科点高校教师队伍建设文件制定情况

从各类型高校按照师生比不低于1：350的比例核定专职思政课教师岗位的达标情况来看，有47所高校已经达到按照师生比不低于1：350的比例核定专职思政课教师岗位，其中一流大学建设高校6所、一流学科建设高校17所、非双一流建设高校24所；有10所高校未达到按照师生比不低于1：350的比例核定专职思政课教师岗位，其中一流大学建设高校2所、一流学科建设高校7所、非双一流建设高校1所，如图2-65所示。根据图2-65中数据可得出，非一流大学建设高校在按照师生比不低于1：350的比例核定专职思政课教师岗位方面完成度最高，一流学科建设高校次之，一流大学建设高校居末。

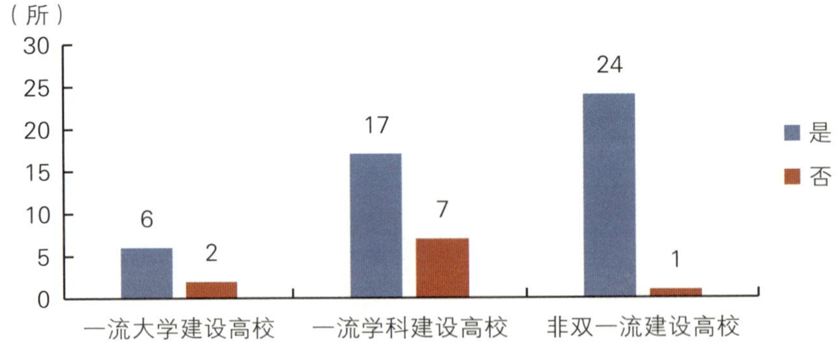

图2-65　各类型高校按照师生比不低于1：350的比例核定专职思政课教师岗位的达标情况

从各学科点按照师生比不低于1∶350的比例核定专职思政课教师岗位的达标情况来看，有29所具有马克思主义理论学科点的高校已经达到按照师生比不低于1∶350的比例核定专职思政课教师岗位，其中一级学科博士点高校10所、一级学科硕士点高校18所、二级学科硕士点高校1所；有8所具有马克思主义理论学科点的高校未达到按照师生比不低于1∶350的比例核定专职思政课教师岗位，其中一级学科博士点高校5所、一级学科硕士点高校3所、二级学科硕士点高校0所，如图2-66所示。根据图2-66中数据可得出，一级学科博士点高校在按照师生比不低于1∶350的比例核定专职思政课教师岗位方面完成度最高，一级学科硕士点和二级学科硕士点高校次之。

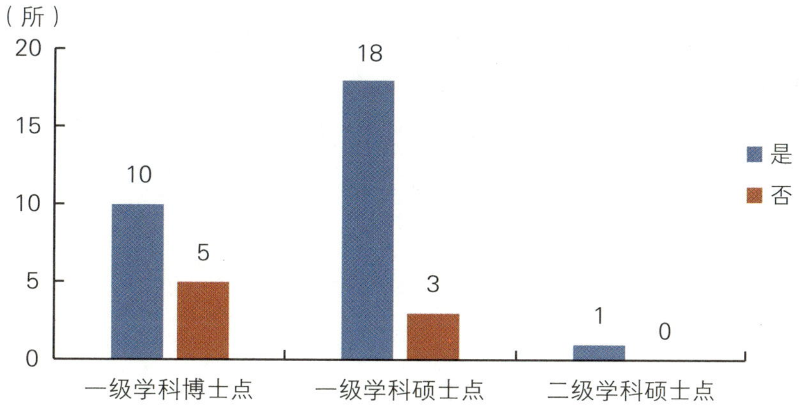

图2-66 各学科点按照师生比不低于1∶350的比例核定专职思政课教师岗位的达标情况

从各类型高校的政策制定是否优先考虑思政课师资队伍建设情况来看，有57所高校在政策制定中会优先考虑师资建设，其中包括8所一流大学建设高校、24所一流学科建设高校和25所非双一流建设高校，如图2-67所示。总体来看，各类型高校都非常重视思政课师资队伍建设，已经将之视为政策制定中的重要目标。

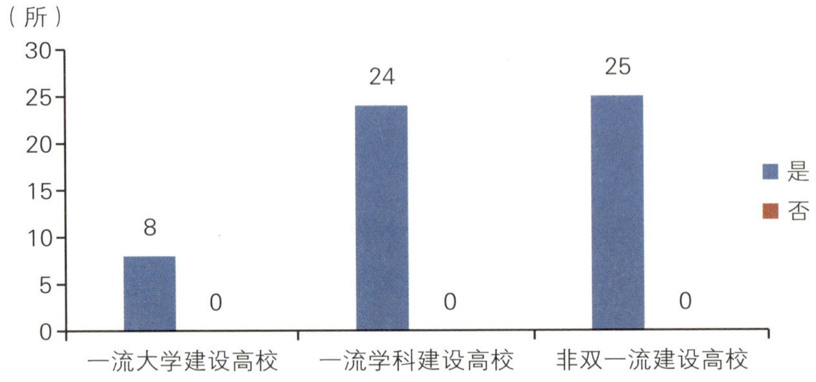

图2-67　各类型高校的政策制定是否优先考虑思政课师资队伍建设

从各学科点的政策制定是否优先考虑思政课师资队伍建设情况来看，有37所具有马克思主义理论学科点的高校在政策制定中会优先考虑师资建设，其中包括15所一级学科博士点高校、21所一级学科硕士点高校和1所二级学科硕士点高校，如图2-68所示。总体来看，各学科点高校都非常重视思政课师资队伍建设，已经将之视为政策制定中的重要目标。

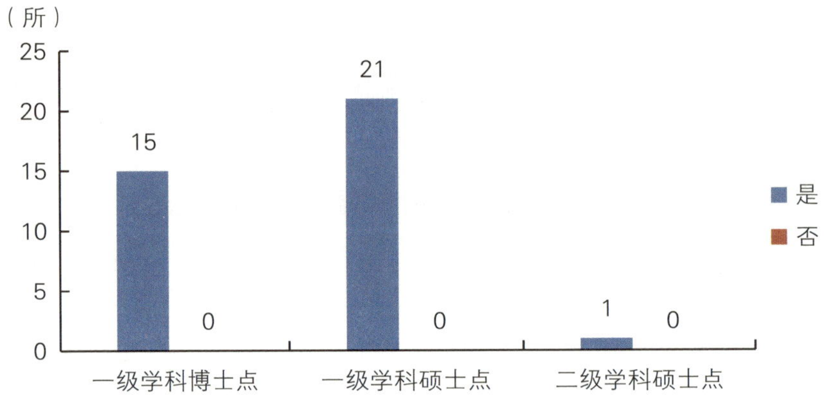

图2-68　各学科点的政策制定是否优先考虑思政课师资队伍建设

从各类型高校的政策制定是否优先保障思政课教师队伍建设的资金投入情况来看，共有53所高校在政策制定中优先保障资金投入，其中包括6所一流大学建设高校、23所一流学科建设高校和24所非双一流建设高校；有4所高校在政策制定中未能优先保障资金投入，包括2所一流大学建设高校、1所一流学科建设高校和1所非双一流建设高校，如图2-69所示。表明绝大多数的各类型高校都十分重视高校思政课教师队伍建设的资金保障。

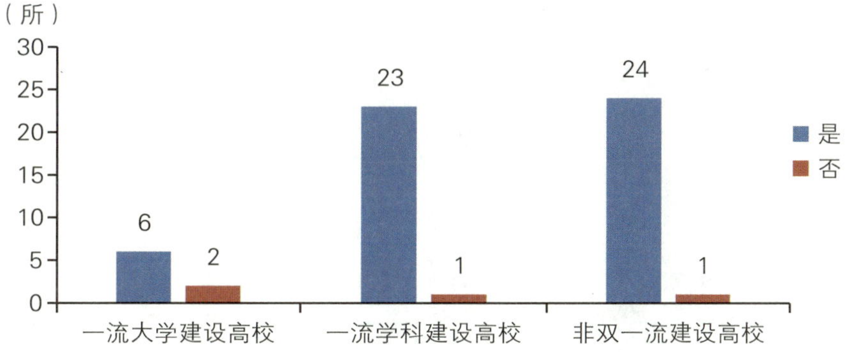

图2-69 各类型高校的政策制定是否优先保障思政课教师队伍建设的资金投入

从各学科点的政策制定是否优先保障思政课教师队伍建设的资金投入情况来看，共有35所具有马克思主义理论学科点的高校在政策制定中优先保障资金投入，其中包括14所一级学科博士点高校、20所一级学科硕士点高校和1所二级学科硕士点高校；有2所具有马克思主义理论学科点的高校在政策制定中未能优先保障资金投入，包括1所一级学科博士点高校和1所一级学科硕士点高校，如图2-70所示。表明绝大多数的各学科点高校都十分重视高校思政课教师队伍建设的资金保障。

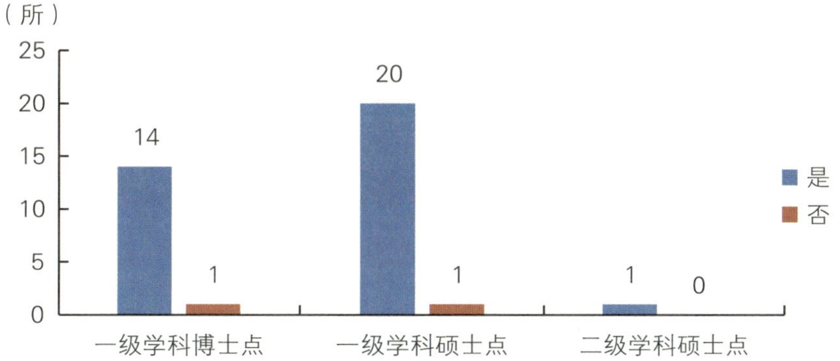

图2-70 各学科点的政策制定是否优先保障思政课教师队伍建设的资金投入

从各类型高校的政策制定是否优先满足思政课教师队伍建设的资源配置情况来看，共有54所高校在政策制定中优先满足资源配置，其中包括6所一流大学建设高校、24所一流学科建设高校和24所非双一流建设高校；有3所高校在政策制定中未能优先满足资源配置，包括2所一流大学建设高校和1所非双一流建设高校，如图2-71所示。表明绝大多数的各类型高校都十分重视高校思政课教师队伍建设的资源配置。

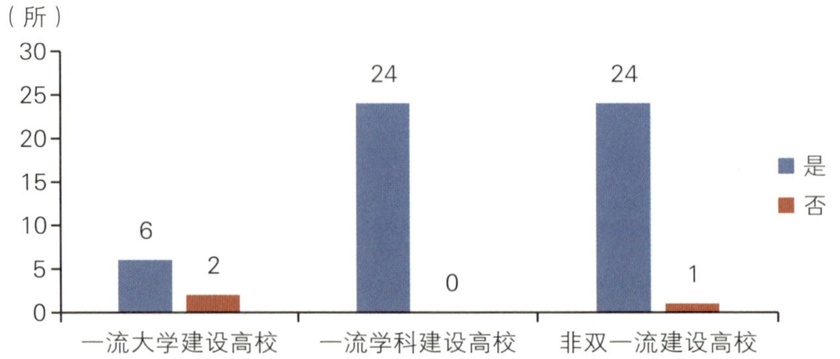

图2-71　各类型高校的政策制定是否优先满足思政课教师队伍建设的资源配置

从各学科点的政策制定是否优先满足思政课教师队伍建设的资源配置情况来看，共有35所具有马克思主义理论学科点的高校在政策制定中优先满足资源配置，其中包括14所一级学科博士点高校、20所一级学科硕士点高校和1所二级学科硕士点高校；有2所具有马克思主义理论学科点的高校在政策制定中未能优先满足资源配置，包括1所一级学科博士点高校和1所一级学科硕士点高校，如图2-72所示。表明绝大多数的各学科点高校都十分重视高校思政课教师队伍建设的资源配置。

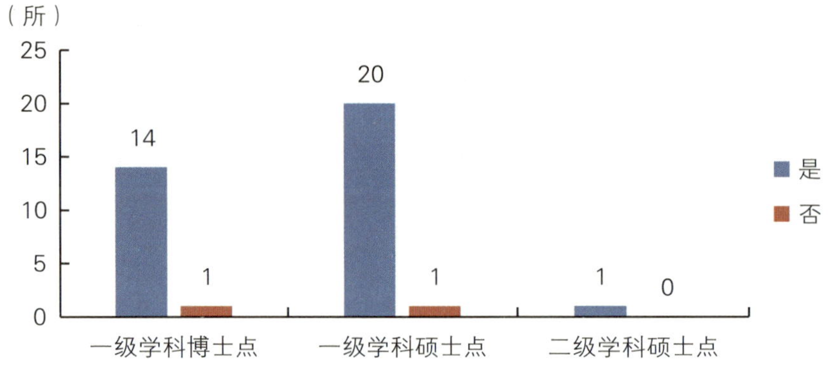

图2-72　各学科点的政策制定是否优先满足思政课教师队伍建设的资源配置

从各类型高校是否制定了思政课教师任职资格标准和选评办法来看，共有54所高校制定了思政课教师任职资格标准和选评办法，其中包括8所一流大学建设高校、23所一流学科建设高校和23所非双一流建设高校；有3所高校没有制定相关资格标准和选评办法，包括1所一流学科建设高校和2所非双一流建设高校，如图2-73所示。表明绝大多数各类型高校的思政课教师任职资格标准和选评办法均已有章可循，还有一小部分各类型高校的相关工作有待完善。

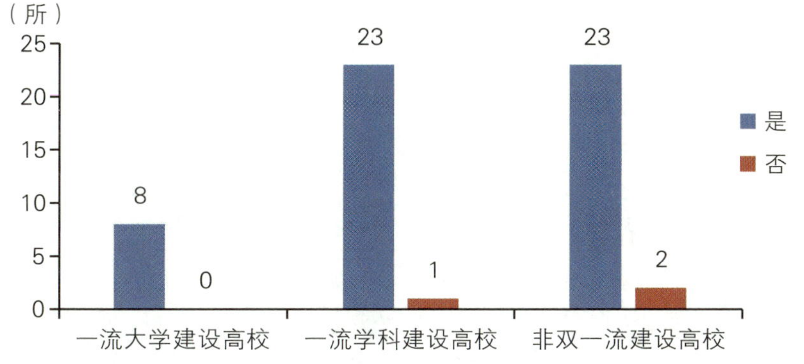

图2-73　各类型高校是否制定了思政课教师任职资格标准和选评办法

从各学科点是否制定了思政课教师任职资格标准和选评办法来看，共有37所具有马克思主义理论学科点的高校制定了思政课教师任职资格标准和选评办法，其中包括15所一级学科博士点高校、21所一级学科硕士点高校和1所二级学科硕士点高校，如图2-74所示。表明绝大多数各学科点高校的思政课教师任职资格标准和选评办法均已有章可循。

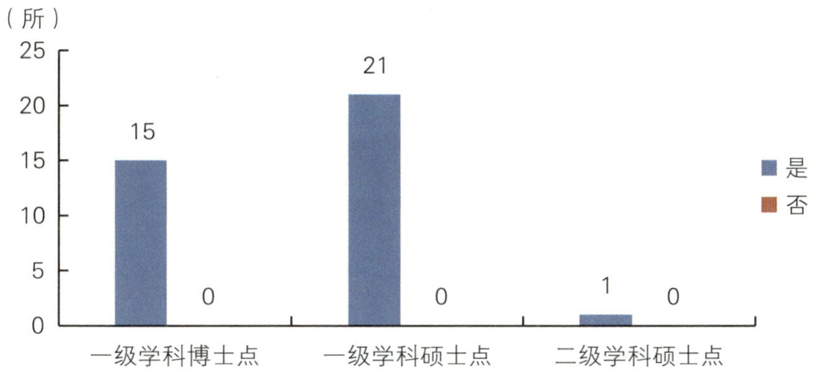

图2-74　各学科点是否制定了思政课教师任职资格标准和选评办法

从各类型高校对思政课教师职称评定是否单列指标和评聘标准来看，有51所高校对思政课教师职称评定单列了指标和评聘标准，其中包括6所一流大学建设高校、21所一流学科建设高校和24所非双一流建设高校；有6所高校并未对思政课教师职称评定单列指标和评聘标准，其中包括2所一流大学建设高校、3所一流学科建设高校和1所非双一流建设高校，如图2-75所示。

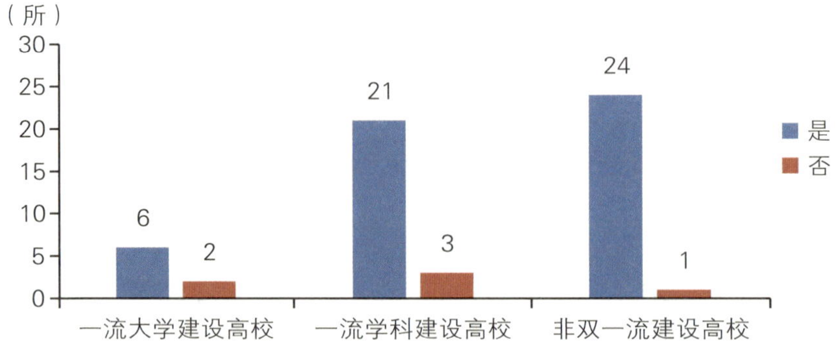

图2-75　各类型高校对思政课教师职称评定是否单列指标和评聘标准

从各学科点对思政课教师职称评定是否单列指标和评聘标准来看，有33所具有马克思主义理论学科点的高校对思政课教师职称评定单列了指标和评聘标准，其中包括12所一级学科博士点高校、20所一级学科硕士点高校和1所二级学科硕士点高校；有4所具有马克思主义理论学科点的高校未对思政课教师职称评定单列指标和评聘标准，其中包括3所一级学科博士点高校、1所一级学科硕士点高校，如图2-76所示。

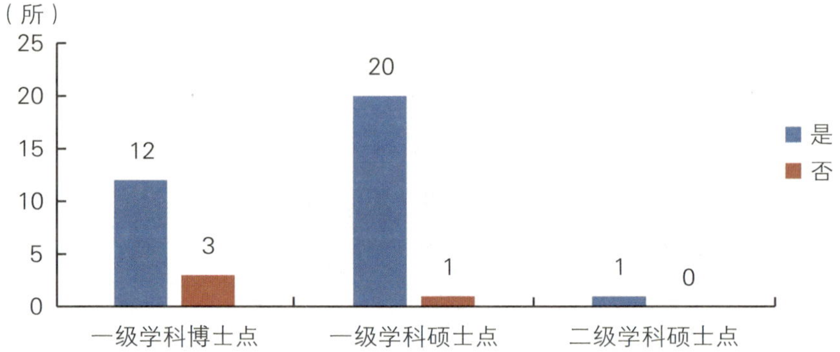

图2-76　各学科点对思政课教师职称评定是否单列指标和评聘标准

从各类型高校是否推行科研成果代表作制度来看，有44所高校推行科研成果代表作制度，其中包括5所一流大学建设高校、19所一流学科建设高校和20所非双一流建设高校；有13所高校未推行科研成果代表作制度，其中包括3所一流大学建设高校、5所一流学科建设高校和5所非双一流建设高校，如图2-77所示。

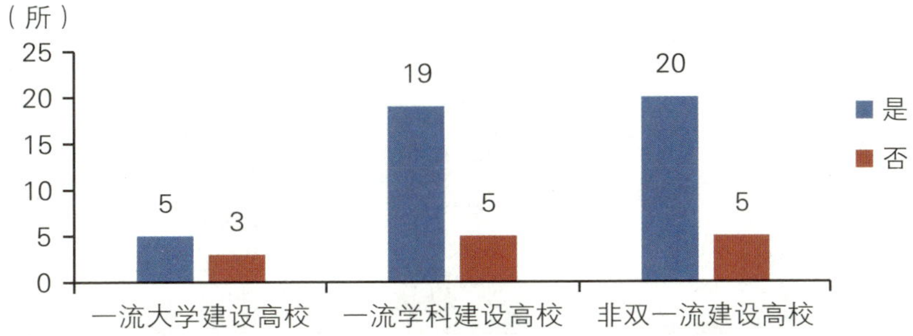

图2-77 各类型高校是否推行科研成果代表作制度

从各学科点是否推行科研成果代表作制度来看，有28所具有马克思主义理论学科点的高校推行科研成果代表作制度，其中包括12所一级学科博士点高校、15所一级学科硕士点高校和1所二级学科硕士点高校；有9所具有马克思主义理论学科点的高校未推行科研成果代表作制度，其中包括3所一级学科博士点高校和6所一级学科硕士点高校，如图2-78所示。

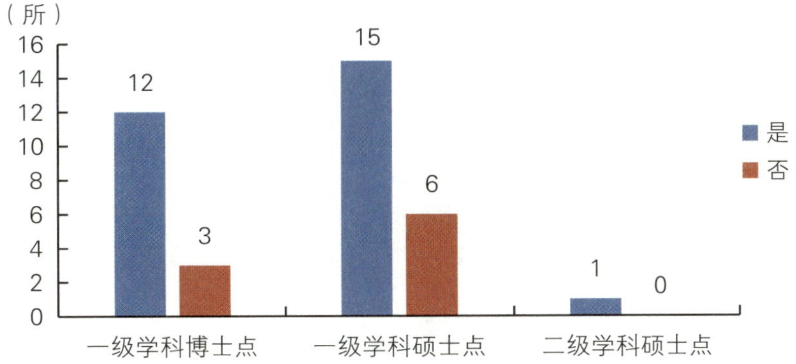

图2-78 各学科点是否推行科研成果代表作制度

从各类型高校每学年要求思政课教师完成的课时数量和班型系数与其他课程是否一致情况来看，有47所高校要求思政课教师完成的课时数量和班型系数与其他课程一致，包括7所一流大学建设高校、18所一流学科建设高校和22所非双一流建设高校；有10所高校不一致，包括1所一流大学建设高校、6所一流学科建设高校和3所非双一流建设高校，如图2-79所示。

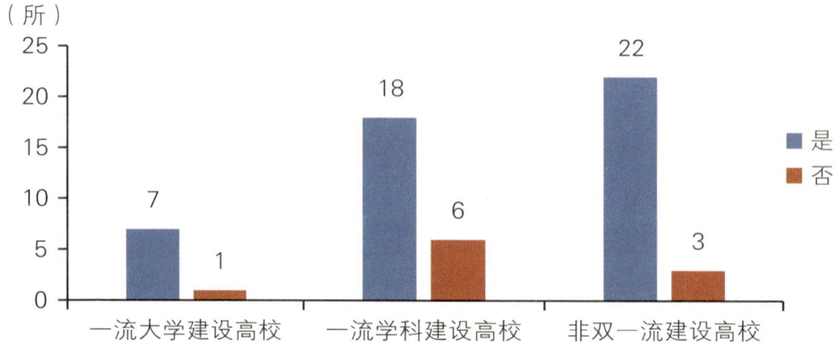

图2-79　各类型高校每学年要求思政课教师完成的课时数量和班型系数与其他课程是否一致

从各学科点每学年要求思政课教师完成的课时数量和班型系数与其他课程是否一致情况来看，有29所具有马克思主义理论学科点的高校要求思政课教师完成的课时数量和班型系数与其他课程一致，包括10所一级学科博士点高校、18所一级学科硕士点高校和1所二级学科硕士点高校；有8所具有马克思主义理论学科点的高校不一致，包括5所一级学科博士点高校、3所一级学科硕士点高校，如图2-80所示。

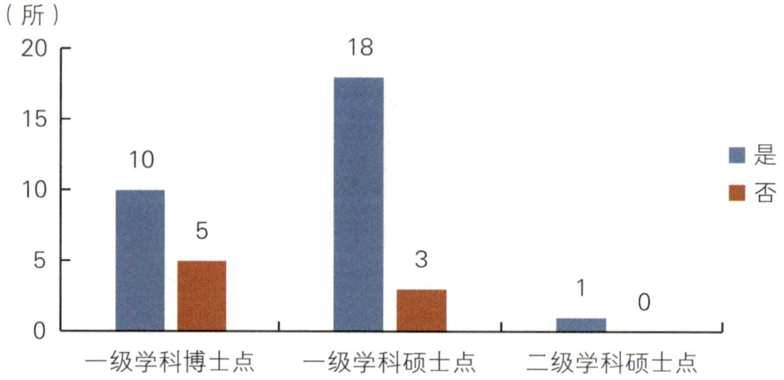

图2-80　各学科点每学年要求思政课教师完成的课时数量和班型系数与其他课程是否一致

从各类型高校对思政课教师是否有科研要求来看，57所高校对思政课教师都有科研要求，如图2-81所示；从各学科点对思政课教师是否有科研要求来看，37所具有马克思主义理论学科点的高校对思政课教师也都有科研要求，如图2-82所示。这表明对思政课教师的科研要求是普遍存在的，思政课教师除了要抓好教学工作，科研工作亦不能放松。

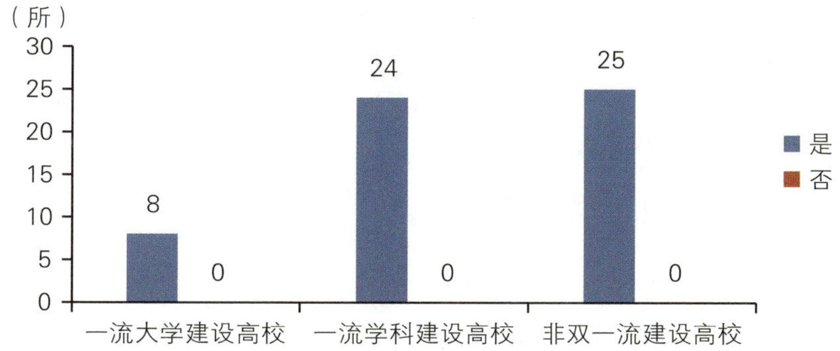

图2-81　各类型高校对思政课教师是否有科研要求

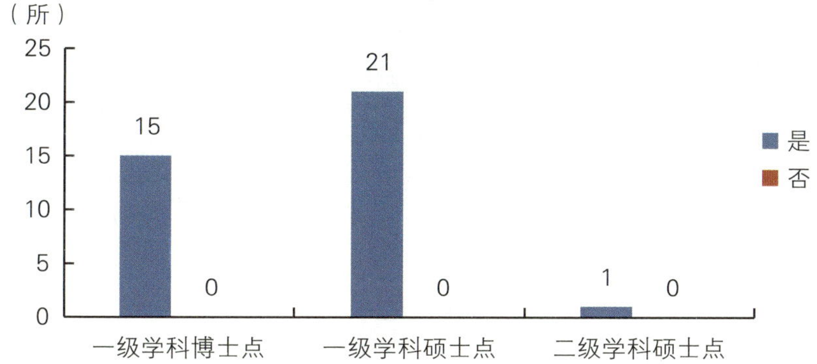

图2-82　各学科点对思政课教师是否有科研要求

从各类型高校鼓励教师参加培训与进修、提高学历、参加学术会议情况来看，57所高校都鼓励高校教师参加培训与进修、提高学历、参加学术会议，如图2-83所示。由此可知，三种类型的高校都比较重视思政课教师整体素质的提高。

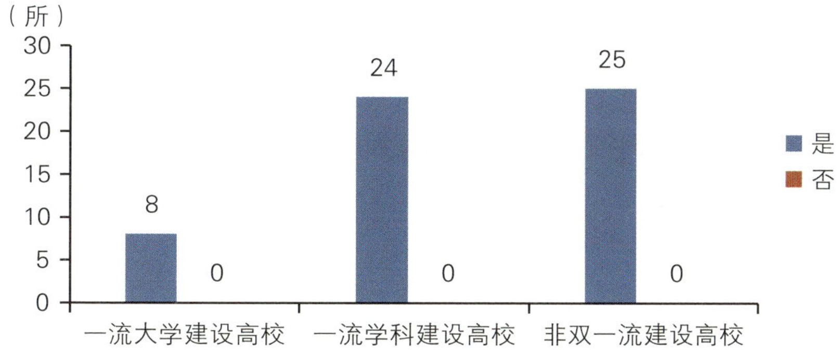

图2-83　各类型高校鼓励教师参加培训与进修、提高学历、参加学术会议情况

从各学科点鼓励教师参加培训与进修、提高学历、参加学术会议情况来看，37所具有马克思主义理论学科点的高校都鼓励高校教师参加培训与进修、提高学历、参加学术会议，如图2-84所示。由此可知，各学科点都比较重视思政课教师整体素质的提高。

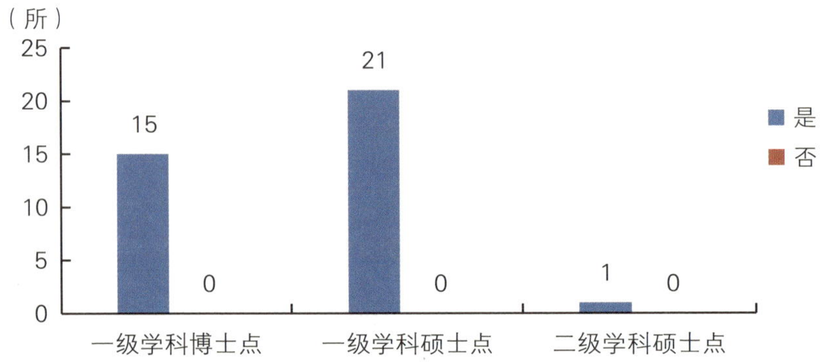

图2-84　各学科点鼓励教师参加培训与进修、提高学历、参加学术会议情况

对于马克思主义理论学科与思政课专职教师每学年完成的纯学时数量，各校要求不同。从各类型高校要求马克思主义理论学科与思政课专职教师每学年完成的纯学时情况来看，在8所一流大学建设高校中，分别有3所高校要求马克思主义理论学科与思政课专职教师每学年完成的纯学时在50学时至100学时，2所高校要求在100学时至150学时，1所高校要求在150学时至200学时，2所高校要求在200学时至250学时；24所一流学科建设高校中，分别有1所高校要求马克思主义理论学科与思政课专职教师每学年完成的纯学时在50学时至100学时，有2所高校要求在100学时至150学时，有3所高校要求在150学时至200学时，有9所高校要求在200学时至250学时，有5所高校要求在250学时至300学时之间，有4所高校要求在300学时以上；25所非双一流建设高校中，有1所高校要求马克思主义理论学科与思政课专职教师每学年完成的纯学时在50学时以下，有2所高校要求在50学时至100学时，有1所高校要求在100学时至150学时，有6所高校要求在150学时至200学时，有3所高校要求在200学时至250学时，有5所高校要求在250学时至300学时，有7所高校要求在300学时以上，如图2-85所示。由此得出，上述三种类型高校中绝大多数都要求马克思主义理论学科与思政课专职教师每学年完成的纯学时在200学时以上。参与调研的各类型高校马克思主义理论学科与思政课专职教师的教学任务比较繁重。

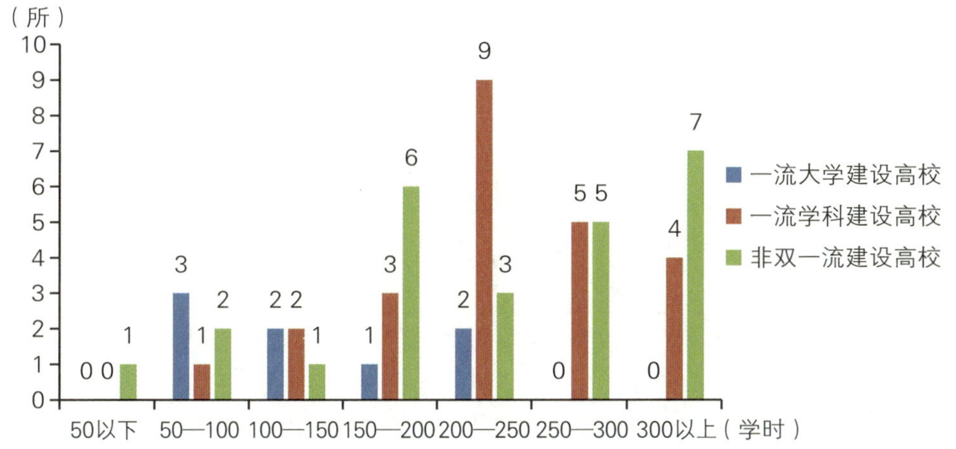

图2-85 各类型高校要求马克思主义理论学科与思政课专职教师每学年完成的纯学时情况

从各学科点要求马克思主义理论学科与思政课专职教师每学年完成的纯学时情况来看，在15所一级学科博士点高校中，分别有3所高校要求马克思主义理论学科与思政课专职教师每学年完成的纯学时在50学时至100学时，4所高校要求在100学时至150学时，3所高校要求在150学时至200学时，5所高校要求在200学时至250学时；21所一级学科硕士点高校中，分别有2所高校要求马克思主义理论学科与思政课专职教师每学年完成的纯学时在50学时至100学时，有1所高校要求在100学时至150学时，有5所高校要求在150学时至200学时，有6所高校要求在200学时至250学时，有4所高校要求在250学时至300学时，有3所高校要求在300学时以上；1所二级学科硕士点高校中，要求马克思主义理论学科与思政课专职教师每学年完成的纯学时在150学时至200学时，如图2-86所示。由此得出，上述三种学科点高校中绝大多数都要求马克思主义理论学科与思政课专职教师每学年完成的纯学时在150学时以上。参与调研的各学科点马克思主义理论学科与思政课专职教师的教学任务比较繁重。

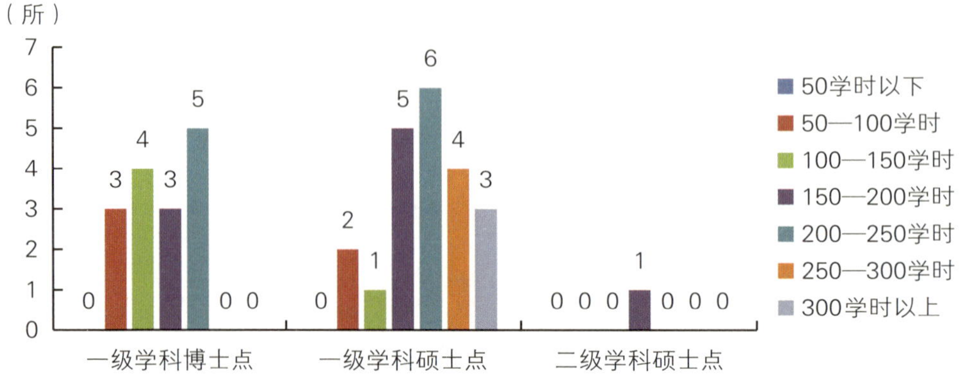

图2-86　各学科点要求马克思主义理论学科与思政课专职教师每学年完成的纯学时情况

在对其他公共课（或基础课）教师每学年完成纯学时的规定方面：

首先，从各类型高校要求其他公共课（或基础课）教师每学年完成的纯学时情况来看，8所一流大学建设高校中，分别有4所高校要求其他公共课（或基础课）教师每学年完成的纯学时在50学时至100学时，有3所高校要求在100学时至150学时，有1所高校要求在200学时至250学时；24所一流学科建设高校中，有1所高校要求其他公共课（或基础课）教师每学年完成的纯学时在50学时至100学时，有1所高校要求在100学时至150学时，有7所高校要求在150学时至200学时，有4所高校要求在200学时至250学时，有7所高校要求在250学时至300学时，有4所高校要求在300学时以上；25所非双一流建设高校中，分别有1所高校要求其他公共课（或基础课）教师每学年完成的纯学时在50学时以下，有1所高校要求在50学时至100学时，有2所高校要求在100学时至150学时，有4所高校要求在150学时至200学时，有4所高校要求在200学时至250学时，有5所高校要求在250学时至300学时，其余8所全部要求在300学时以上，如图2-87所示。

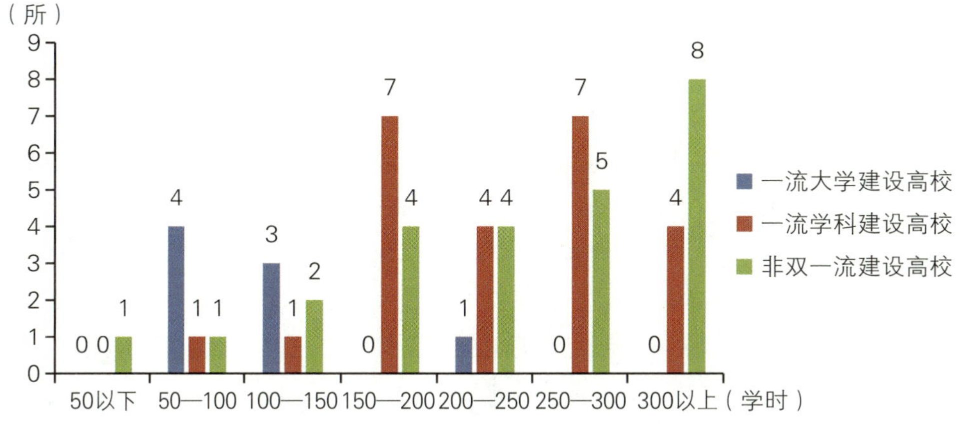

图2-87 各类型高校要求其他公共课（或基础课）教师每学年完成的纯学时情况

其次，从各学科点要求其他公共课（或基础课）教师每学年完成的纯学时情况来看，15所一级学科博士点高校中，分别有3所高校要求其他公共课（或基础课）教师每学年完成的纯学时在50学时至100学时，有4所高校要求在100学时至150学时，有3所高校要求在150学时至200学时，有5所高校要求在200学时至250学时；21所一级学科硕士点高校中，分别有1所高校要求其他公共课（或基础课）教师每学年完成的纯学时在50学时至100学时，有2所高校要求在100学时至150学时，有5所高校要求在150学时至200学时，有5所高校要求在200学时至250学时，有5所高校要求在250学时至300学时，其余3所全部要求在300学时以上；1所二级学科硕士点高校要求其他公开课（或基础课）教师每学年完成的纯学时在150学时至200学时，如图2-88所示。

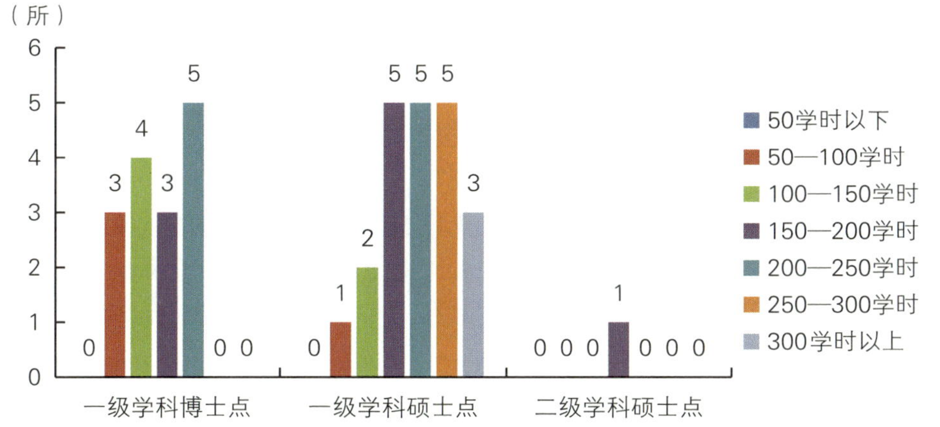

图2-88 各学科点要求其他公共课（或基础课）教师每学年完成的纯学时情况

在对其他专业教师每学年完成教学工作量的要求方面：

首先，从各类型高校要求其他专业教师每学年完成的纯学时情况来看，8所一流大学建设高校中，有1所高校要求其他专业教师每学年完成的纯学时在50学时以下，有5所高校要求在50学时至100学时，有1所高校要求在100学时至150学时，有1所高校要求在200学时至250学时；24所一流学科建设高校中，有1所高校要求其他专业教师每学年完成的纯学时在50学时至100学时，有8所高校要求在100学时至150学时，有4所高校要求在150学时至200学时，有2所高校要求在200学时至250学时，有5所高校要求在250学时至300学时，有4所高校要求在300学时以上；25所非双一流建设高校中，有1所高校要求其他专业教师每学年完成的纯学时在50学时以下，有4所高校要求在50学时至100学时，有3所高校要求在100学时至150学时，有4所高校要求在150学时至200学时，有2所高校要求在200学时至250学时，有2所高校要求在250学时至300学时，其余9所要求在300学时以上，如图2-89所示。

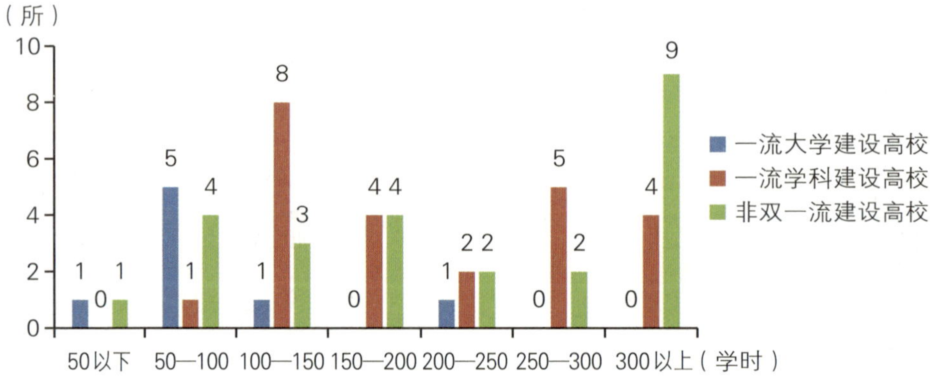

图2-89　各类型高校要求其他专业教师每学年完成的纯学时情况

其次，从各学科点要求其他专业教师每学年完成的纯学时情况来看，15所一级学科博士点高校中，有1所高校要求其他专业教师每学年完成的纯学时在50学时以下，有5所高校要求在50学时至100学时，有8所高校要求在100学时至150学时，有1所高校要求在200学时至250学时；21所一级学科硕士点高校中，有4所高校要求其他专业教师每学年完成的纯学时在50学时至100学时，有3所高校要求在100学时至150学时，有4所高校要求在150学时至200学时，有3所高校要求在200学时至250学时，有4所高校要求在250学时至300学时，其余3所要求在300学时以上；1所二级学科硕士点高校要求其他专业教师每学年完成的纯学时在150学时至200学时，如图2-90所示。

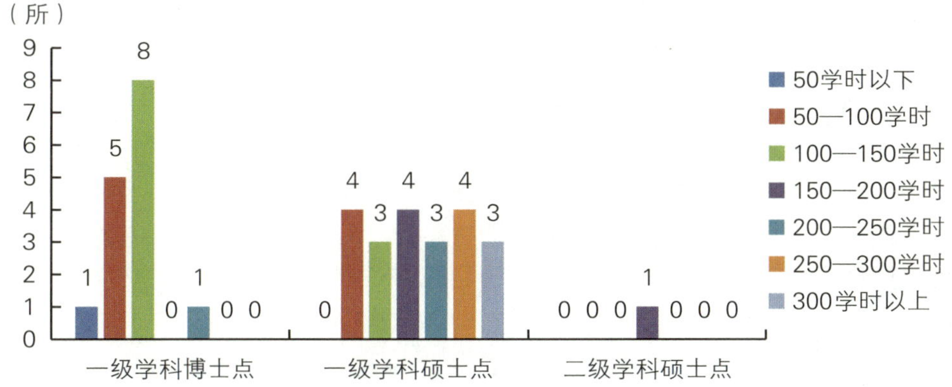

图2-90　各学科点要求其他专业教师每学年完成的纯学时情况

各类型高校对硕士生导师上岗的要求各有侧重。

各类型高校对硕士生导师上岗的要求各有侧重。首先，从各类型高校对硕士生导师上岗的要求情况来看，参与此次调查研究的各类型高校中，有38所高校对硕士生导师上岗的要求最为看重科研项目，其中一流大学建设高校7所，一流学科建设高校14所，非双一流建设高校17所；有18所高校最为看重科研论著，其中一流大学建设高校1所，一流学科建设高校9所，非双一流建设高校8所；只有1所高校最为看重科研获奖，是一流学科建设高校，如图2-91所示。总体而言，多数各类型高校对于硕士生导师的上岗要求最为看重科研项目，其次是科研论著，对于科研成果是否获奖的要求相对较低。

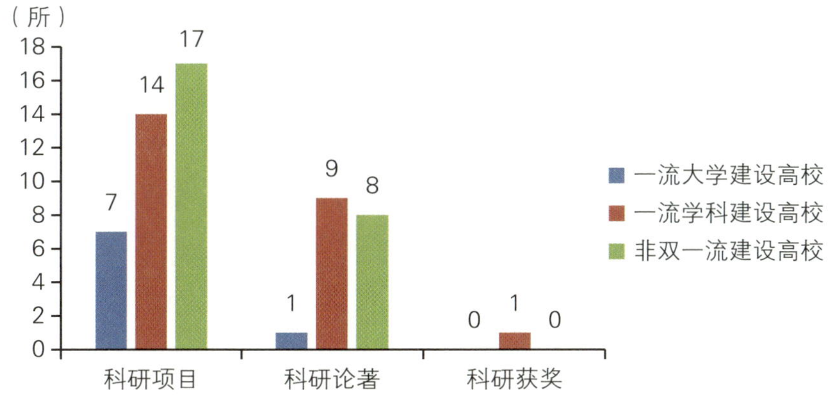

图2-91　各类型高校对硕士生导师上岗的要求情况

其次，从各学科点对硕士生导师上岗的要求情况来看，有25所具有马克思主义理论学科点的高校对硕士生导师上岗的要求最为看重科研项目，其中一级学科博士点高校9所，一级学科硕士点高校15所，二级学科硕士点高校1所；有11所具有马克思主义理论学科点的高校最为看重科研论著，其中一级学科博士点高校6所，一级学科硕士点高校15所；有1所具有马克思主义理论学科点的高校最为看重科研获奖，是一级学科硕士点高校，如图2-92所示。总体而言，多数各学科点高校对于硕士生导师的上岗要求最为看重科研项目，其次是科研论著，对于科研成果是否获奖的要求相对较低。

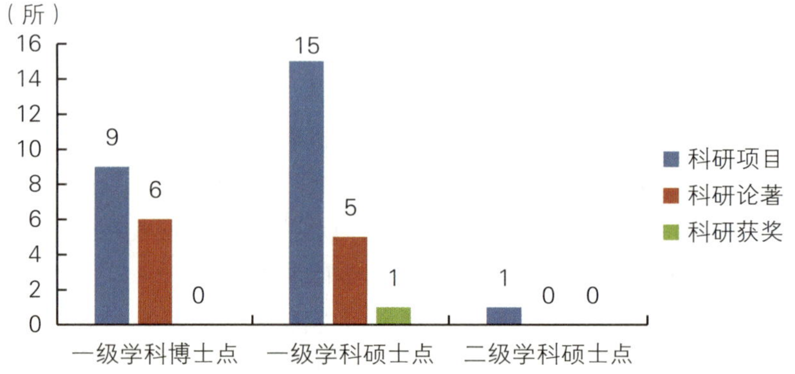

图2-92　各学科点对硕士生导师上岗的要求情况

各类型高校对博士研究生导师上岗的要求亦有所不同。从各类型高校对博士研究生导师上岗的要求情况来看，参与此次调查研究的各类型高校中，有41所高校对博士研究生导师上岗的要求最为看重科研项目，其中一流大学建设高校8所，一流学科建设高校16所，非双一流建设高校17所；有15所高校最为看重科研论著，一流学科建设高校7所，非双一流建设高校8所；有1所高校最为看重科研获奖，是一流学科建设高校，如图2-93所示。总体而言，同对硕士生导师上岗的要求基本相同，多数各类型高校对于博士研究生导师的上岗要求最为看重科研项目，其次是科研论著，对于科研成果是否获奖的要求较低。

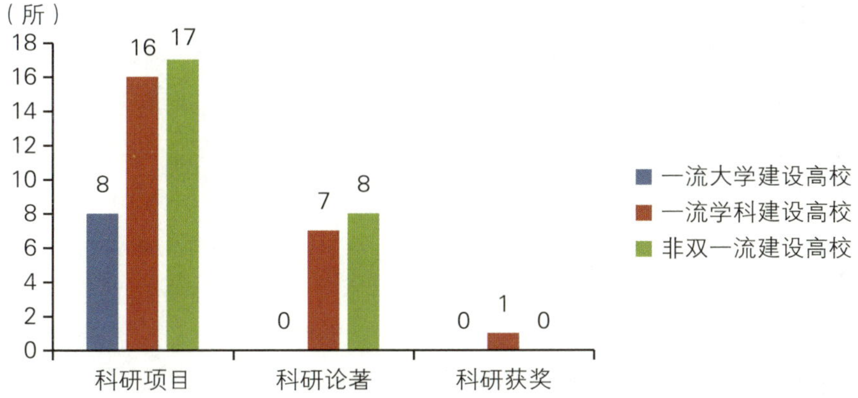

图2-93 各类型高校对博士研究生导师上岗的要求情况

从各学科点对博士研究生导师上岗的要求情况来看，有29所具有马克思主义理论学科点的高校对博士研究生导师上岗的要求最为看重科研项目，其中一级学科博士点高校11所，一级学科硕士点高校17所，二级学科硕士点高校1所；有7所高校最为看重科研论著，其中一级学科博士点高校4所，一级学科硕士点高校3所；有1所高校最为看重科研获奖，是一级学科硕士点高校，如图2-94所示。总体而言，同对硕士生导师上岗的要求基本相同，多数各学科点高校对于博士研究生导师的上岗要求最为看重科研项目，其次是科研论著，对于科研成果是否获奖的要求较低。

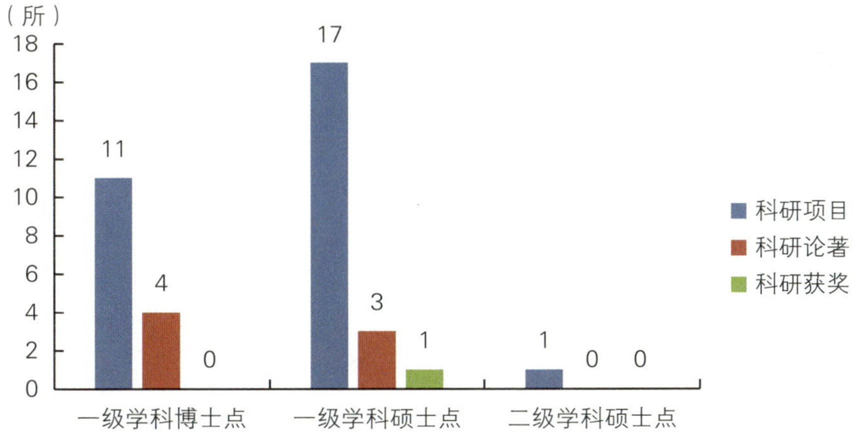

图2-94 各学科点对博士研究生导师上岗的要求情况

二、主要成绩

思政课是落实立德树人根本任务的关键课程，思政课教师队伍的水平直接关系到培养社会主义建设者和接班人的成效。2021年，北京市深入贯彻落实习近平总书记关于教育的重要论述，各高校不断加强马克思主义理论学科和思政课教师队伍建设，着力在建设一支政治强、情怀深、思维新、视野广、自律严、人格正的思政课教师队伍上下功夫，取得了良好的成绩。

（一）量质兼顾，推动教师队伍配齐建强

近年来，北京市委教育工委以推动各高校马克思主义学院建设为抓手，在加强人才引进、兼顾队伍质量提升方面取得了一定效果。

从2014年至2021年参与调研的北京高校思政课专兼职和新进教师人数来看，2014年，思政课专职教师有1288人、兼职教师有396人、新进教师有70人；2015年，思政课专职教师有1322人、兼职教师有417人、新进教师有61人；2016年，思政课专职教师有1387人、兼职教师有455人、新进教师有92人；2017年，思政课专职教师有1421人、兼职教师有452人、新进教师有89人；2018年，思政课专职教师有1390人、兼职教师有533人、新进教师有150人；2019年，思政课专职教师有1518人、兼职教师有667人、新进教师有208人；2020年，思政课专职教师有1719人、兼职教师有865人、新进教师有188人；2021年，思政课专职教师有1860人、兼职教师有1050人、新进教师有175人，如图2-95所示。总体来看，2014年至2021年思政课教师规模在不断扩大。

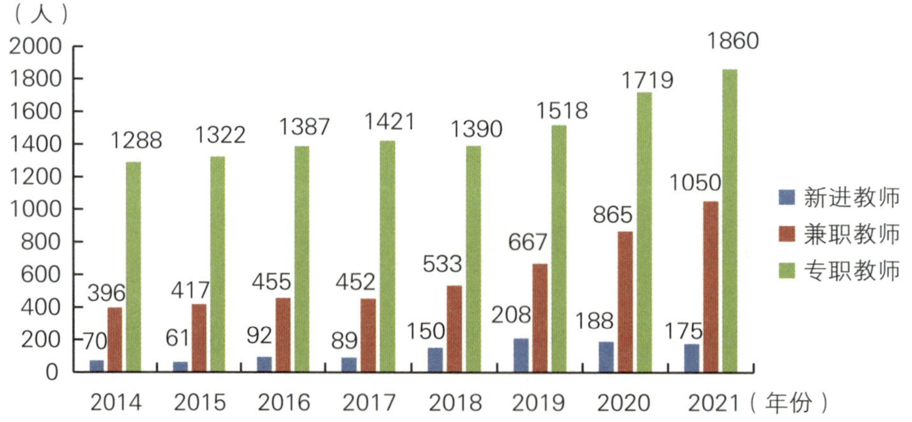

图2-95　2014年至2021年思政课专兼职和新进教师人数

从2014年至2021年思政课专职教师的平均人数来看，2014年，思政课专职教师平均人数为21.47人；2015年，思政课专职教师平均人数为22.03人；2016年，思政课专职教师平均人数为23.12人；2017年，思政课专职教师平均人数为23.68人；2018年，思政课专职教师平均人数为25.27人；2019年，思政课专职教师平均人数为27.60人；2020年，思政课专职教师平均人数为30.16人；2021年，思政课专职教师平均人数为32.63人，如图2–96所示。由此可以看出，2014年至2021年思政课专职教师的平均人数在不断增加，规模在不断扩大。

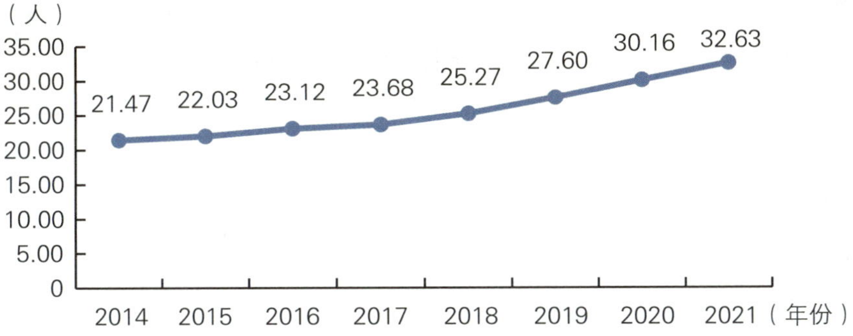

图2–96　2014年至2021年思政课专职教师的平均人数

从2014年至2021年思政课兼职教师的平均人数来看，2014年，思政课兼职教师平均人数为6.60人；2015年，思政课兼职教师平均人数为6.95人；2016年，思政课兼职教师平均人数为7.58人；2017年，思政课兼职教师平均人数为7.53人；2018年，思政课兼职教师平均人数为9.69人；2019年，思政课兼职教师平均人数为12.13人；2020年，思政课兼职教师平均人数为15.18人；2021年，思政课兼职教师平均人数为18.42人，如图2–97所

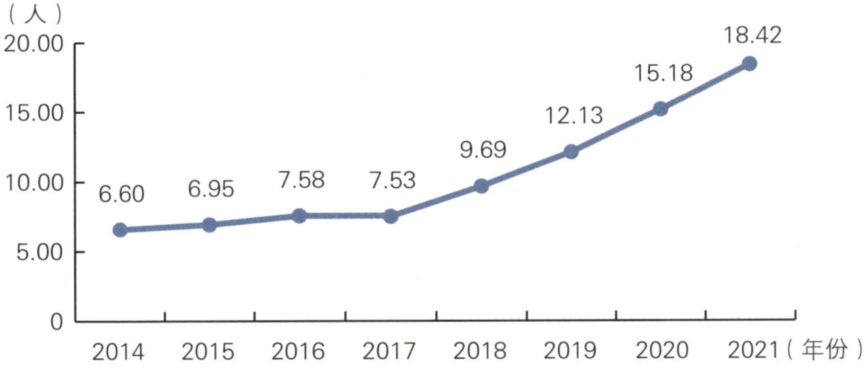

图2–97　2014年至2021年思政课兼职教师的平均人数

示。由此可以看出，2014年至2021年思政课兼职教师的平均人数在不断增加（除2016—2017年有略微下降外），总体而言规模在不断扩大。

从2014年至2021年思政课新进教师的平均人数来看，2014年，思政课新进教师平均人数为1.17人；2015年，思政课新进教师平均人数为1.02人；2016年，思政课新进教师平均人数为1.53人；2017年，思政课新进教师平均人数为1.48人；2018年，思政课新进教师平均人数为2.73人；2019年，思政课新进教师平均人数为3.78人；2020年，思政课新进教师平均人数为3.30人；2021年，思政课新进教师平均人数为3.07人，如图2-98所示。由此可以看出，2014年至2021年思政课新进教师的平均人数在2019年达到高峰，在2019年之后各大高校引进人才仍保持较大力度。

图2-98　2014年至2021年思政课新进教师的平均人数

（二）综合发力，促进教师队伍结构持续改善

2014年，北京60所高校思政课专职教师中35岁及以下有228人，36—45岁有475人，46—55岁有466人，56岁及以上有119人；2015年，北京60所高校思政课专职教师中35岁及以下有239人，36—45岁有459人，46—55岁有512人，56岁及以上有112人；2016年，北京60所高校思政课专职教师中35岁及以下有263人，36—45岁有477人，46—55岁有537人，56岁及以上有110人；2017年，北京60所高校思政课专职教师中35岁及以下有288人，36—45岁有464人，46—55岁有553人，56岁及以上有116人；2018年，北京55所高校思政课专职教师中35岁及以下有295人，36—45岁有460人，46—55岁有508人，56岁及以上有127人；2019年，北京55所高校思政课专职教师中35岁及以下有335人，36—45岁有493人，46—55岁有512

人，56岁及以上有178人；2020年，北京57所高校思政课专职教师中35岁及以下有434人，36—45岁有544人，46—55岁有515人，56岁及以上有226人；2021年，北京57所高校思政课专职教师中35岁及以下有481人，36—45岁有591人，46—55岁有514人，56岁及以上有274人，如图2-99所示。由此可见，北京高校思政课专职教师中青年人的增速更快，年龄结构更加合理。

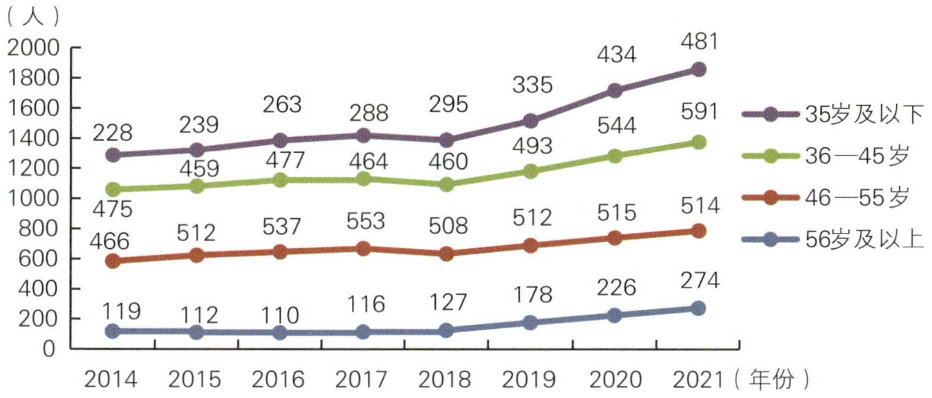

图2-99 2014年至2021年思政课专职教师年龄结构与变化趋势

从2014年至2021年思政课专职教师中35岁及以下的平均人数来看，2014年，思政课专职教师中35岁及以下的平均人数为3.80人；2015年，思政课专职教师中35岁及以下的平均人数为3.98人；2016年，思政课专职教师中35岁及以下的平均人数为4.38人；2017年，思政课专职教师中35岁及以下的平均人数为4.80人；2018年，思政课专职教师中35岁及以下的平均人数为5.36人；2019年，思政课专职教师中35岁及以下的平均人数为6.09人；2020年，思政课专职教师中35岁及以下的平均人数为7.61人；2021年，思政课专职教师中35岁及以下的平均人数为8.44人，如图2-100所示。由此可以看出，2014年至2021年35岁及以下的青年教师平均人数在不断增加，北京高校的专职教师队伍不断趋于年轻化。

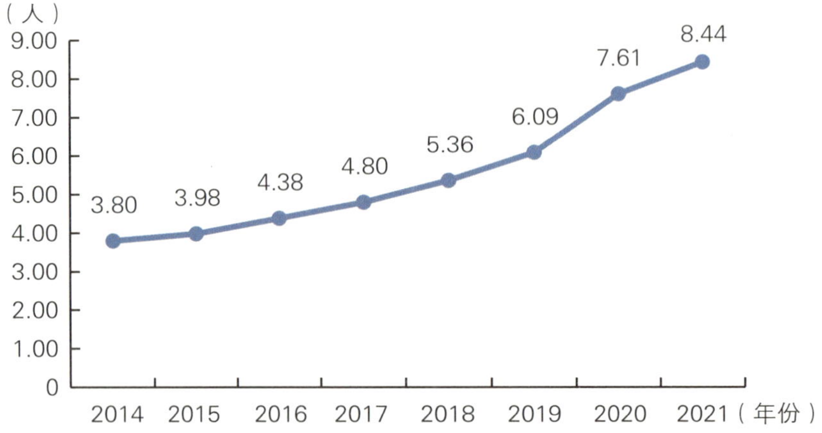

图2-100　2014年至2021年思政课专职教师中35岁及以下的平均人数

从教师队伍的学位结构来看，北京57所高校的思政课专职教师的学位结构逐步优化。如图2-101所示，2014年全部的1288名专职教师中，具有博士学位的专职教师人数为731人（占比56.75%），硕士学位的人数为439人（占比34.08%），学士学位人数为113人（占比8.77%），其他5人（占比0.39%）；2015年全部的1322名专职教师中，具有博士学位的专职教师人数为796人（占比60.21%），硕士学位的人数为417人（占比31.54%），学士学位人数为103人（占比7.79%），其他6人（占比0.45%）；2016年全部的1387名专职教师中，具有博士学位的专职教师人数为852人（占比61.43%），硕士学位的人数为435人（占比31.36%），学士学位人数为96人（占比6.92%），其他4人（占比0.29%）；2017年全部的1421名专职教师中，具有博士学位的专职教师人数为904人（占比63.62%），硕士学位的人数为420人（占比29.56%），学士学位人数为93人（占比6.54%），其他4人（占比0.28%）；2018年全部的1390名专职教师中，具有博士学位的专职教师人数为979人（占比70.43%），硕士学位的人数为332人（占比23.88%），学士学位人数为76人（占比5.47%），其他3人（占比0.22%）；2019年全部的1518名专职教师中，具有博士学位的专职教师人数为1106人（占比72.86%），硕士学位的人数为347人（占比22.86%），学士学位人数为64人（占比4.22%），其他1人（占比0.07%）；2020年的全部1719名专职教师中，具有博士学位的专职教师人数为1270人（占比73.88%），硕士学位的人数为389人（占比22.63%），学士学位人数为59

人（占比3.43%），其他1人（占比0.06%）；2021年的全部1860名专职教师中，具有博士学位的专职教师人数为1443人（占比77.58%），硕士学位的人数为366人（占比19.68%），学士学位人数为50人（占比2.69%），其他1人（占比0.05%）。这说明思政课专职教师中拥有博士学位的教师占比在增加，而拥有硕士学位和学士学位的教师占比在减少，表明整个思政课专职教师队伍的学位结构正在逐步优化。

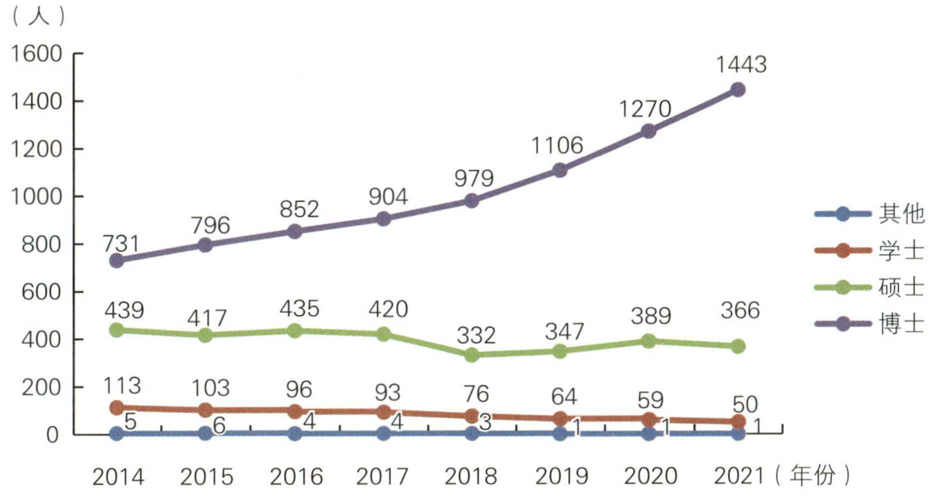

图2-101　2014年至2021年思政课专职教师学位结构与变化趋势

从2014年至2021年思政课专职教师具有博士学位的平均人数来看，2014年思政课专职教师具有博士学位的平均人数为12.18人；2015年思政课专职教师具有博士学位的平均人数为13.27人；2016年思政课专职教师具有博士学位的平均人数为14.20人；2017年思政课专职教师具有博士学位的平均人数为15.07人；2018年思政课专职教师具有博士学位的平均人数为17.80人；2019年思政课专职教师具有博士学位的平均人数为20.11人；2020年思政课专职教师具有博士学位的平均人数为22.28人；2021年思政课专职教师具有博士学位的平均人数为25.32人，如图2-102所示。

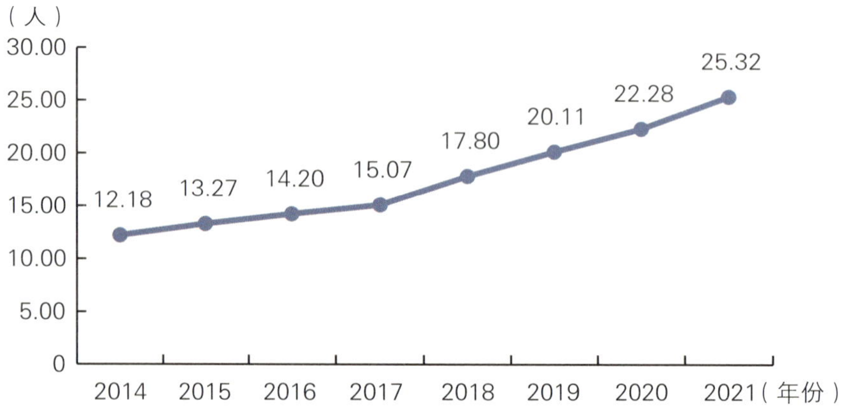

图2-102　2014年至2021年思政课专职教师具有博士学位的平均人数

与此同时，思政课专职教师的职称结构趋于合理。如图2-103所示，2014年，在全部60所高校的思政课专职教师中，拥有教授职称的人数为262人（占比20.34%），副教授为569人（占比44.18%），讲师为439人（占比34.08%），其他18人（占比1.40%）；2015年，在全部60所高校的思政课专职教师中，拥有教授职称的人数为270人（占比20.42%），副教授为587人（占比44.40%），讲师为454人（占比34.34%），其他11人（占比0.83%）；2016年，在全部60所高校的思政课专职教师中，拥有教授职称的人数为285人（占比20.55%），副教授为596人（占比42.97%），讲师为481人（占比34.90%），其他25人（占比1.80%）；2017年，在全部60所高校的思政课专职教师中，拥有教授职称的人数为304人（占比21.39%），副教授为599人（占比42.15%），讲师为496人（占比34.90%），其他22人（占比1.55%）；2018年，在全部55所高校的思政课专职教师中，拥有教授职称的人数为308人（占比22.16%），副教授为574人（占比41.29%），讲师为483人（占比34.75%），其他25人（占比1.80%）；2019年，在全部55所高校的思政课专职教师中，拥有教授职称的人数为341人（占比22.46%），副教授为617人（占比40.65%），讲师为543人（占比35.77%），其他17人（占比1.12%）；2020年，在全部57所高校的思政课专职教师中，拥有教授职称的人数为369人（占比21.47%），副教授为673人（占比39.15%），讲师为651人（占比37.87%），其他26人（占比1.51%）；2021年，在全部57所高校的思政课专职教师中，拥有教授职称的人数为412人（占比22.15%），副教授为718人（占比38.6%），讲师为712人（占比38.27%），其他18人（占比0.97%）。由此可以看出，

2014年至2021年思政课专职教师中教授、副教授、讲师的职称人数均在上升（除2017年至2018年副教授、讲师职称人数有小幅下降外），既体现了量的增加，也凸显了质的提升。

图2-103 2014年至2021年思政课专职教师职称结构与变化趋势

从2014年至2021年思政课专职教师具有教授职称的平均人数来看，2014年，思政课专职教师具有教授职称的平均人数为4.37人；2015年，思政课专职教师具有教授职称的平均人数为4.50人；2016年，思政课专职教师具有教授职称的平均人数为4.75人；2017年，思政课专职教师具有教授职称的平均人数为5.07人；2018年，思政课专职教师具有教授职称的平均人数为5.60人；2019年，思政课专职教师具有教授职称的平均人数为6.20人；2020年，思政课专职教师具有教授职称的平均人数为6.47人；2021年，思政课专职教师具有教授职称的平均人数为7.23人，如图2-104所示。由此可以看出，2014年至2021年思政课专职教师具有教授职称的平均人数呈递增趋势。

从2014年至2021年思政课专职教师政治面貌情况与变化趋势来看，2014年，思政课专职教师中为中共党员的有1122人，民主党派人士135人，其他31人；2015年，思政课专职教师中为中共党员的有1170人，民主党派人士125人，其他27人；2016年，思政课专职教师中为中共党员的有1236人，民主党派人士126人，其他25人；2017年，思政课专职教师中为中共党员的有1272人，民主党派人士123人，其他26人；2018年，思政课专职教师中为中共党员的有1263人，民主党派人士101人，其他26人；

2019年，思政课专职教师中为中共党员的有1388人，民主党派人士105人，其他25人；2020年，思政课专职教师中为中共党员的有1569人，民主党派人士126人，其他24人；2021年，思政课专职教师中为中共党员的有1749人，民主党派人士93人，其他18人，如图2-105所示。由此可以看出，思政课专职教师中中共党员人数占比最大，而且逐年增加，凸显了“政治要强”的要求。

图2-104　2014年至2021年思政课专职教师具有教授职称的平均人数

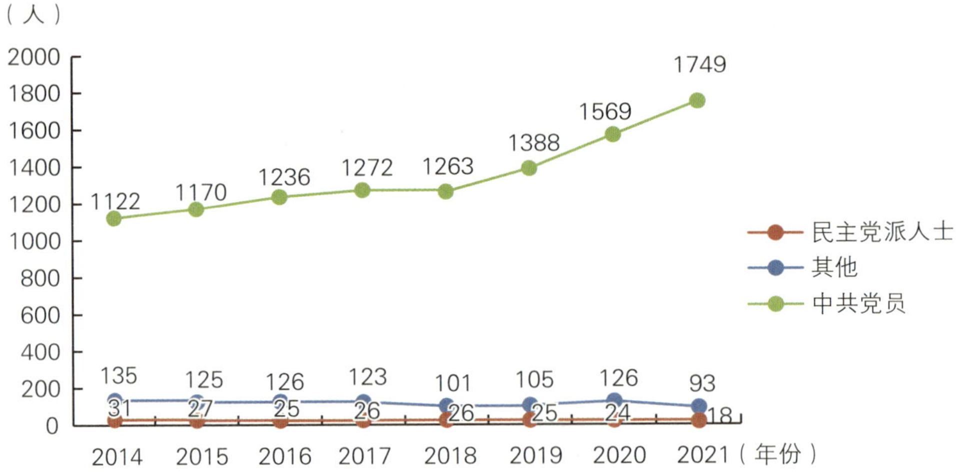

图2-105　2014年至2021年思政课专职教师政治面貌情况与变化趋势

从2014年至2021年思政课专职教师中中共党员的平均人数来看，2014年，思政课专职教师中中共党员的平均人数为18.70人；2015年，思政课专职教师中中共党员的平均人数为19.50人；2016年，思政课专职教师中中共党员的平均人数为20.60人；2017年，思政课专职教师中中共党员的平均人数为21.20人；2018年，思政课专职教师中中共党员的平均人数为22.96人；2019年，思政课专职教师中中共党员的平均人数为25.24人；2020年，思政课专职教师中中共党员的平均人数为27.53人；2021年，思政课专职教师中中共党员的平均人数为30.68人，如图2-106所示。由此可以看出，思政课专职教师中中共党员的平均人数在逐年增加，并且在思政课专职教师的政治面貌中占主体地位。

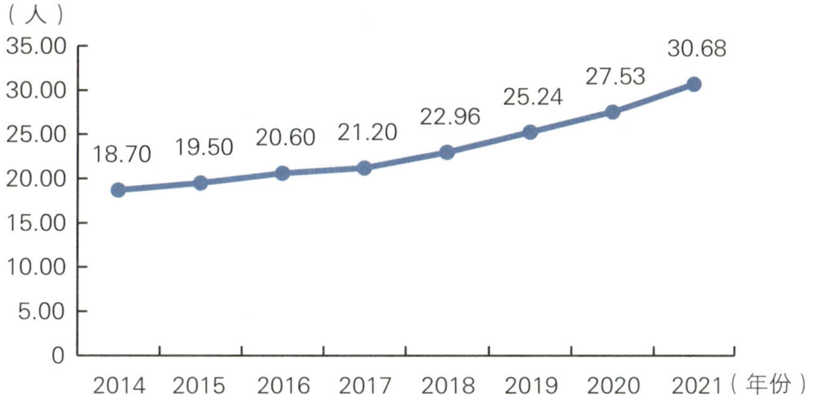

图2-106 2014年至2021年思政课专职教师中中共党员的平均人数

（三）精准施策，着力培育教师队伍的核心素养

1. 杰出人才树榜样

在参加调查的57所高校中，共有马克思主义理论研究和建设工程首席专家20人（其中一流大学建设高校19人，一流学科建设高校1人），国家级教学名师3人（其中一流大学建设高校2人，一流学科建设高校1人），长江学者奖励计划特聘教授7人（均来自一流大学建设高校），长江学者奖励计划青年学者6人（其中一流大学建设高校5人，一流学科建设高校1人），万人计划哲学社会科学领军人才7人（其中一流大学建设高校6人，非双一流建设高校1人），全国宣传文化系统“四个一批”人才10人（其中一流大学建设高校7人，一流学科建设高校3人），新世纪百千万人才工程国家级入选者1人（来自一流大学建设高校），教育部跨世纪人才4人（均来自一流大学建设高校），教育部新世纪优秀人才10人（其中一流大学建设高校8人，一流学科建设高校2人），如图2-107所示。

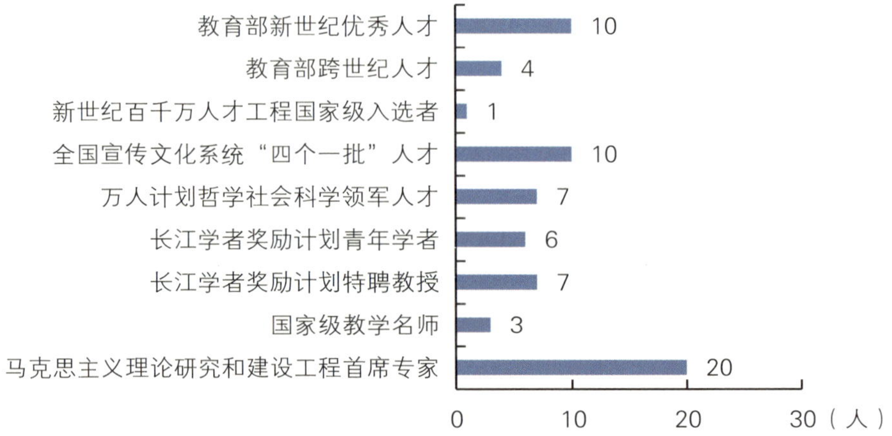

图2-107 各类杰出人才项目入选人数

同时，诸多优秀的思政课教师涌现，在多种评比中获得荣誉头衔。如图2-108所示，在参加调查的57所高校中，共有全国优秀教师3人（其中一流大学建设高校1人，非双一流建设高校2人），最美教师19人（其中一流大学建设高校5人，一流学科建设高校10人，非双一流建设高校4人），北京市优秀教师8人（其中一流大学建设高校1人，一流学科建设高校3人，非双一流建设高校4人），北京市教学名师24人（其中一流大学建设高校12人，一流学科建设高校7人，非双一流建设高校5人）。

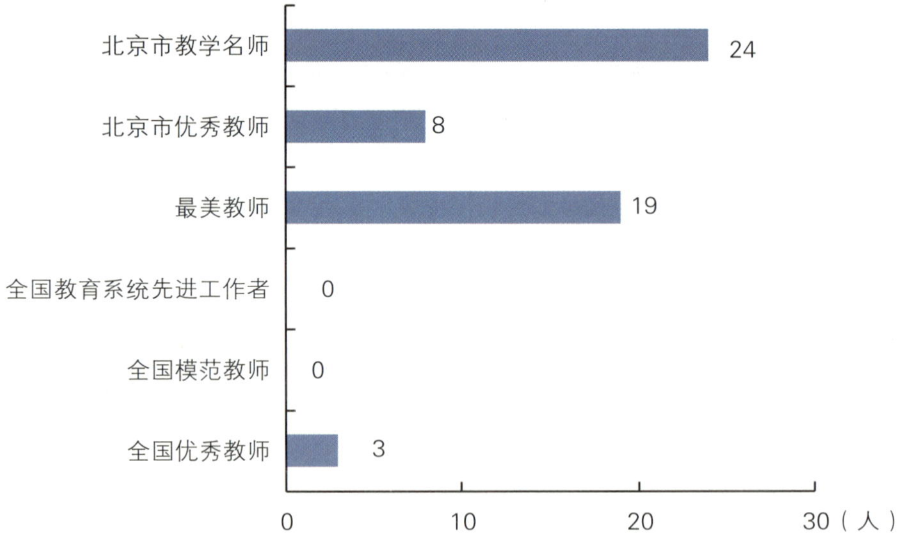

图2-108 各项优秀教师评选活动入选人数

2. 集中培训提素质

2021年，社科司、中宣部、北京市委教育工委等举办不同层次、不同内容的培训活动，思政课教师积极参加，还有部分教师进修访学、在职攻读博士学位。如图2-109所示，2021年高校思政课教师参加各项培训、进修情况如下：2021年高校思想政治理论课骨干教师研究活动（社科司）39人（其中一流大学建设高校20人，一流学科建设高校12人，非双一流建设高校7人），2021年暑期部分高校思想政治理论课骨干教师社会实践研究

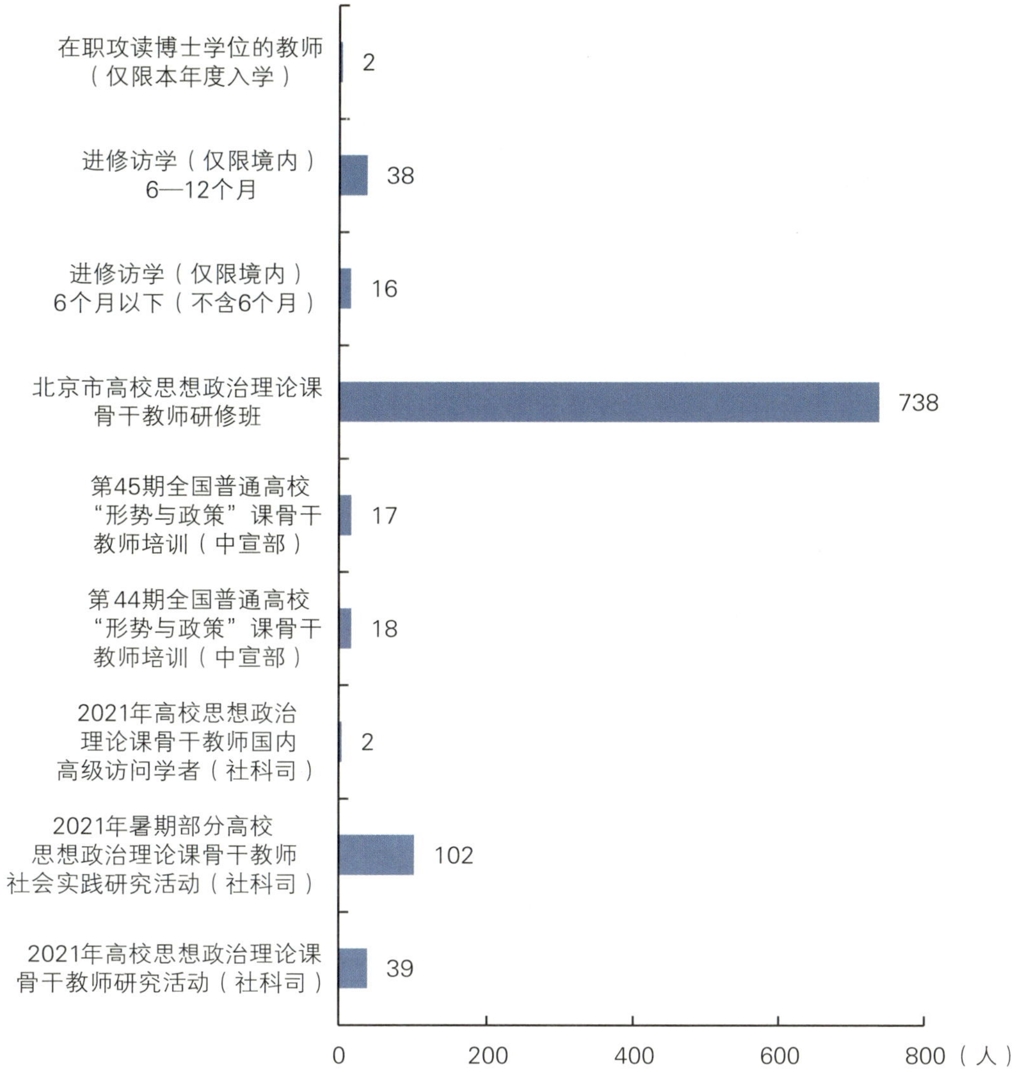

图2-109 2021年高校思政课教师参加各项培训、进修情况

活动（社科司）102人（其中一流大学建设高校6人，一流学科建设高校77人，非双一流建设高校19人），2021年高校思想政治理论课骨干教师国内高级访问学者（社科司）2人（其中一流大学建设高校1人，非双一流建设高校1人），第44期全国普通高校“形势与政策”课骨干教师培训（中宣部）18人（其中一流大学建设高校1人，一流学科建设高校14人，非双一流建设高校3人），第45期全国普通高校“形势与政策”课骨干教师培训（中宣部）17人（其中一流大学建设高校1人，一流学科建设高校14人，非双一流建设高校2人），北京市高校思想政治理论课骨干教师研修班738人（其中一流大学建设高校656人，一流学科建设高校47人，非双一流建设高校35人），进修访学（仅限境内）6个月以下（不含6个月）16人（其中一流学科建设高校2人，非双一流建设高校14人），进修访学（仅限境内）6—12个月38人（其中一流大学建设高校27人，一流学科建设高校10人，非双一流建设高校1人），在职攻读博士学位的教师（仅限本年度入学）2人（一流学科建设高校2人）。

3. 特色活动提质量

一是继续推进“同备一堂课”活动。2021年3月10日下午，市委教育工委组织本市全体中小学思政课教师和马克思主义理论专业学生，通过北京高校思想政治理论课高精尖创新中心网络直播平台，同备一堂课。云端课堂上，辅导报告和示范教学相继进行，专家学者既讲理论，也讲故事。中央宣讲团成员、中国人民大学党史党建研究院执行院长杨凤城深刻阐释了习近平总书记在党史学习教育动员大会上的重要讲话精神，详细解读了北京市委书记蔡奇在全市党史教育动员大会上的工作部署，围绕青少年学生为何学党史、如何学党史支招。中央财经大学马克思主义学院副教授肖翔、中国人民公安大学马克思主义学院副教授白洁、中国人民大学附属中学思政课教师朱甜甜和西城区中古友谊小学思政课教师赵虎则从不同阶段课程目标、教学内容和学生特点出发，分别进行了示范说课，分享各自将党史学习融入教学的巧妙设计。

7月9日，北京市学校思想政治理论课教师“同备一堂课”第十一期在中国人民大学举行。中央党史和文献研究院院长曲青山应邀作题为《新时代中国共产党人的政治宣言》的报告。曲青山院长从“习近平总书记重要讲话是激励全党全国各族人民向第二个百年奋斗目标进军的政治宣言和行动纲领”“深入学习领会习近平总书记重要讲话提出的一系列新思想新观点新要求”“把学习贯彻习近平总书记重要讲话精神作为一项重要政治任务抓紧抓好”等三个方面，深刻阐述了习近平总书记“七一”重要讲话的重大意义、主要内容和丰富内涵，深入解读了中国共产党百年奋斗的光辉历程、伟大成就、宝贵经验和实践启示，解读了伟大建党精神的深刻内涵和时代价值，解读了在新征程上以史为鉴、开创未来的根本要求，围绕讲话中提出的一系列新思想新观点新要求进行了系统讲解，进一步深化了广大师生对习近平总书记“七一”重要讲话精神的理解，受到师生的热烈欢迎。

11月30日，党的十九届六中全会精神中央宣讲团成员、原中央党史研究室主任欧阳淞应邀作党的十九届六中全会精神宣讲报告。欧阳淞在辅导报告中，围绕学习贯彻党的十九届六中全会精神和全会通过的《中共中央关于党的百年奋斗重大成就和历史经验的决议》，从深刻把握召开党的十九届六中全会作出新的历史决议的重大意义、深刻把握党百年奋斗的初心使命和重大成就、深刻把握中国特色社会主义新时代的历史性成就和历史性变革、深刻把握党百年奋斗的历史意义和历史经验等内容，对党的十九届六中全会精神进行了集中阐释和系统讲解。

二是思政课“青椒论坛”成为品牌标识。从2017年起，北京高校思想政治理论课高精尖创新中心面向思政课青年教师打造了思想政治理论课“青椒论坛”这一品牌活动，旨在为思政课青年教师搭建沟通平台，帮助其交流教学心得、研讨教学技能、提升教学能力。2021年，“青椒论坛”成功举办3期，主要活动如表2-1所示。

表2-1　“青椒论坛”

“青椒论坛”第23期	论坛主题：思政课教学中的百年党史教育	地点：中国人民大学 时间：2021年3月20日
“青椒论坛”第24期	论坛主题：习近平新时代中国特色社会主义思想在中华大地的生动实践	地点：中国人民大学 时间：2021年5月15日
“青椒论坛”第25期	论坛主题：坚持大历史观讲好大思政课	地点：中国人民大学 时间：2021年7月24日

此外，针对青年教师逐年增多，北京市委教育工委关心关注青年教师的成长，定期组织青年教师培训研修、发展论坛，给青年教师提供定期的“加油站”和不间断的指导，助力青年教师快速成长。从图2-109中可以

看出，北京各类型高校大力支持思政课教师参加培训与进修、提高学历，不断提高思政课教师的自身素质和能力。

三是持续开展“名师大家讲党史”活动。北京市委教育工委主办，北京高校思想政治理论课高精尖创新中心、中国人民大学马克思主义学院、中国人民大学中共党史党建研究院、中国人民大学习近平新时代中国特色社会主义思想研究院承办的“名师大家讲党史”系列网络公开课，在2021年继续举办了11讲，如表2-2所示。“名师大家讲党史”活动为提升思政课教师的综合素养、不断深化思想政治理论课改革创新、增强思想政治教育的实效性和吸引力提供了指引。

表2-2 “名师大家讲党史”系列网络公开课

“名师大家讲党史”第7讲	主题：李忠杰教授谈中国共产党历史起点史实解析	地点：北京高校思想政治理论课高精尖创新中心 时间：2021年1月27日
“名师大家讲党史”第8讲	主题：石仲泉教授谈长征——长征精神——走好新时代长征路	地点：北京高校思想政治理论课高精尖创新中心 时间：2021年2月24日
“名师大家讲党史”第9讲	主题：徐焰少将谈党领导下的人民军队建设历程及其传承的红色基因	地点：北京高校思想政治理论课高精尖创新中心 时间：2021年3月24日
“名师大家讲党史”第10讲	主题：柳建辉教授谈百炼成钢——中国共产党应对重大困难和风险挑战的历程与经验	地点：北京高校思想政治理论课高精尖创新中心 时间：2021年4月28日
“名师大家讲党史”第11讲	主题：张树军研究员谈延安整风与延安精神	地点：北京高校思想政治理论课高精尖创新中心 时间：2021年5月26日
“名师大家讲党史”第12讲	主题：朱佳木研究员谈从百年奋斗史看中国共产党对初心、宗旨的不渝坚守	地点：北京高校思想政治理论课高精尖创新中心 时间：2021年6月16日
“名师大家讲党史”第13讲	主题：曲青山谈新时代中国共产党人的政治宣言	地点：北京高校思想政治理论课高精尖创新中心 时间：2021年7月12日
“名师大家讲党史”第14讲	主题：王树荫教授谈中国共产党百年思想政治教育基本经验	地点：北京高校思想政治理论课高精尖创新中心 时间：2021年8月25日
“名师大家讲党史”第15讲	主题：侯惠勤教授谈中国共产党百年意识形态建设之道	地点：北京高校思想政治理论课高精尖创新中心 时间：2021年9月29日

续表

“名师大家讲党史”第16讲	主题：李慎明研究员谈党百年奋斗的伟大历史成就与相关历史启示	地点：北京高校思想政治理论课高精尖创新中心 时间：2021年10月27日
“名师大家讲党史”第17讲	主题：欧阳淞教授谈党的十九届六中全会精神宣讲报告	地点：北京高校思想政治理论课高精尖创新中心 时间：2021年11月30日

三、主要问题与对策建议

2021年，参加调研的北京高校在思政课教师队伍建设方面取得了突出成绩，但仍存在一些改进空间，需在强化配齐建强思政课教师队伍的基础上，充分发挥思政课教师考核评价的指挥棒作用，采取各种措施，全面优化资源供给，为思政课教师可持续发展创造有力的制度支撑。

（一）强化配齐建强思政课教师队伍

2021年，参加调研的57所北京高校中按照师生比不低于1∶350的比例配齐思政课教师的有47所，相较上年的39所已经得到明显改善，但仍表明高校现有专职思政课教师队伍在总量上存在一定缺口，如图2–110所示。同时，从不同类型高校来看，不同类型的高校所拥有专职教师平均人数差距也比较大，一流大学建设高校专职教师平均人数为51.25人，一流学科建设高校专职教师平均人数为36.13人，非双一流建设高校专职教师平均人数为23.32人，如图2–111所示。

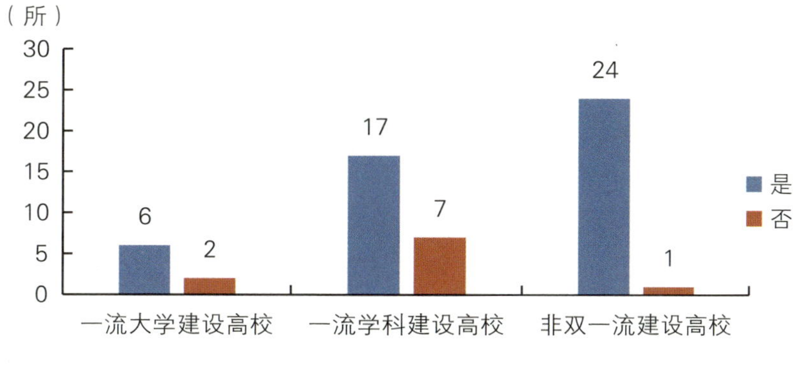

图2–110 各类型高校按照师生比不低于1∶350的比例核定专职思政课教师岗位的达标情况

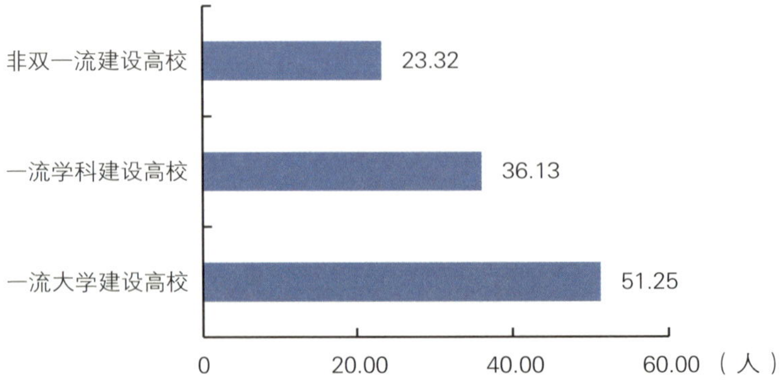

图2-111 各类型高校专职教师平均人数

因此，要继续加大对思政课教师队伍建设的资源投入力度，继续扩充高质量思政课专职教师队伍，严格按照习近平总书记提出的“六要”要求，建立完善选聘思政课教师的体制机制，规范遴选条件和程序，严把政治关、师德关、业务关，既重高标准、严要求，又要有灵活性。同时，也要不断拓宽思政课教师队伍建设渠道，鼓励高校邀请社科理论界专家、企事业单位管理专家、各行业先进模范、高校党政负责人、名家大师等讲授思政课；鼓励吸引符合条件的相关学科专家教师、党政管理干部、辅导员转岗或参与到思政课教学中。

（二）提高思政课教师素质能力水平

教师的素质能力提升永远在路上，这是办好思政课、做好思想政治工作的必然要求。在配齐思政课教师队伍前提和基础上，注重解决“多而不优”“多而不强”的问题，使队伍变优变强。一要提升思政课教师的政治理论素养。要定期组织思政课教师进行马克思主义理论学习，大力提升思政课教师队伍马克思主义这个看家本领，切实把习近平新时代中国特色社会主义思想学懂弄通做实。二要提升思政课教师的教学科研能力水平。通过积极梳理影响教师教学科研的问题并进行深入研究，实施精准把脉、精准施策、精准提升。要下大力气整合资源、凝聚力量，通过集体备课、挂职交流、联合培养、交流研讨等多种途径和措施，加大“师资攻坚”力度，着力提升思政课教师“内功”，练就过硬的教学科研本领，切实提升教师队伍整体素质。三要加强师资进修培训。要依托各地各高校培训中心、研修基地、网络学习平台等载体组织开展理论研修、教学研修、实践研修等师资强优工作，实现教师入职前与入职后培训的有效衔接，推动师资培养培训工作的科学化、系统化和长效化进程。要积极回应教师个人的发展需求，特别是青年教师成长过程中的痛点，通过发挥“传帮带”作用，示范引领和带动教师快速成长，提升教师队伍的整体质量。

（三）创新思政课教师考核评价机制

习近平总书记强调要“深化教育体制改革，健全立德树人落实机制，扭转不科学的教育评价导向，坚决克服唯分数、唯升学、唯文凭、唯论文、唯帽子的顽瘴痼疾，从根本上解决教育评价指挥棒问题”。考核评价机制既是“指挥棒”，也是“助推器”，是推进思政课教师队伍建设的重要抓手。应坚持“以人为本、以质为本”，把立德树人作为思政课教师评价的核心，以教学质量和育人实效作为思政课教师评价的关键，以评价促建设、以评价促发展，为教育改革和发展保驾护航。在评价理念方面，需要由过去强调绩效为主转变为促进思政课教师全面可持续发展；在评价内容方面，需要将权重更多倾向于教学实效性，把师德师风作为考核第一标准，实行“一票否决”；在评价体系方面，需要设置核心指标和主要指标，对思政课教师队伍建设情况进行定性分析和定量分析；在职称评定方面，需要突出教书育人实绩和成果质量导向，单独设立马克思主义理论类别，按教师比例核定思政课教师职称各岗位占比。

（四）筑牢思政课教师队伍建设的保障与激励机制

在保障机制方面，多措并举为思政课教师队伍建设提供全方位的服务。一是生活保障，切实提高思政课教师的收入水平。要因地制宜制定思政课教师的工资待遇和专项津贴的标准，并根据所处地区的经济发展水平、生活标准和学校的实际情况适当提高。二是科研教学保障，加强对思政课教师科研与教学工作的支持。在教学上除了按教育部的最新标准安排专项经费之外，还要加大对教学设施的资金投入；同时合理安排思政课的时段和班级配置，避免晚上和周末的教学时段并适当控制班级人数。在科研上则要增设专项课题，予以教学研究论文和科研论文同等的奖励。

在激励机制方面，对表现优秀的思政课教师给予物质和精神的双重奖励。在精神激励上，一方面，要善用榜样激励，大力宣传与奖励立场坚定、道德崇高、学识深厚、成果斐然的优秀思政课教师代表，激励其他思政课教师向优秀看齐；另一方面，要加强荣誉激励，在先进典型、国家级教学成果奖、高校科学研究优秀成果奖和“长江学者奖励计划”等高层次人才项目的推荐、评审中，加大对思政课教师的支持力度。在教师表彰体系中为思政课教师确定一定的比例，让思政课教师有更多的成就感和获得感。在物质激励上，一方面，要提高思政课教师工资中的绩效奖励，逐步扭转思政课教师付出与回报不成正比的局面，调动思政课教师的积极性，激发教师的工作热情；另一方面，要根据教学评比竞赛和科研成果贡献情况设置相应的奖金，吸引思政课教师主动参加相关活动，促使教师主动提高自身的教学育人能力和科研水平。

第三章

科学研究

2021年北京高校马克思主义理论学科科学研究继续取得新的进展。在这一年，北京市围绕进一步推动马克思主义理论学科建设和思想政治理论课改革创新，继续强化学科支持、完善政策保障体系，出台了一系列旨在进一步推动新时代高校马克思主义宣传教育新发展的重要举措，直接有力地促进了科学研究的发展。本章分为三部分：一是基本数据分析，基于调研数据分析北京高校马克思主义理论学科的总体科研状况；二是科学研究进展，对本年度主要研究的理论问题及核心观点进行梳理，着重选取了一些有代表性的观点加以综述；三是基于调研数据，对北京高校本学科科研方面现存的主要问题进行分析，探讨进一步推动科学研究发展的对策建议。

一、调研数据展示与分析

本调研由参研高校自行填报，所有科研成果的取得期限为2021年1月至12月，主要统计分析著作出版、论文发表、课题项目、科研获奖、转载情况、成果采纳情况、学术交流活动等方面。

（一）著作出版

2021年参与调研的北京高校马克思主义理论学科共计出版著作169部，比2020年减少15部。其中，专著122部，比2020年减少15部；编著42部，比2020年增加3部；译著5部，比2020年减少3部。部属高校出版著作最多，专著89部，编著26部，译著4部；市属本科高校出版专著29部，编著15部，译著1部。高职（专科）院校出版专著4部，编著1部，译著0部。如图3-1所示。上述数据大体上也反映出部属高校马克思主义理论学科整体的科研实力更强的客观事实。

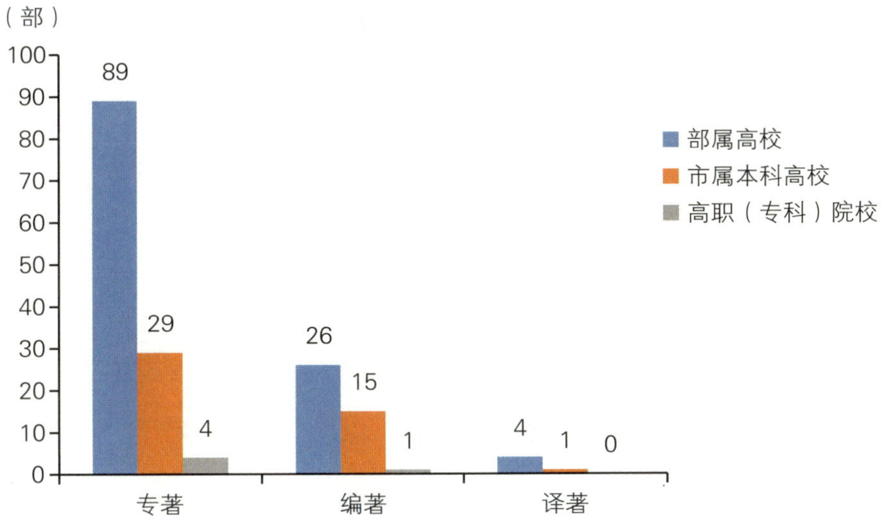

图3-1 参与调研高校年度出版著作情况

1. 专著出版情况

2021年，北京高校马克思主义理论学科出版专著122部，其中部属高校89部、市属本科高校29部、高职（专科）院校4部。有18所高校出版总数在3部及以上，约占全部调研高校总数的31.58%。年度出版数量最多的是北京师范大学17部，其次为清华大学9部，北京中医药大学7部，中国传媒大学6部，北京科技大学、首都经济贸易大学、中国地质大学（北京）均为5部，北京大学、中国农业大学、对外经济贸易大学、中国人民公安大学、北京工商大学均为4部，中国人民大学、北京工业大学、北京理工大学、中国科学院大学、中央美术学院、北京印刷学院均为3部。见表3-1。可见，主要著作出版还是集中在学科实力整体较为雄厚的一些高校。

表3-1 参与调研高校专著出版3部及以上情况排名

学校	数量（部）
北京师范大学	17
清华大学	9
北京中医药大学	7
中国传媒大学	6
北京科技大学	5
首都经济贸易大学	5

续表

学校	数量（部）
中国地质大学（北京）	5
北京大学	4
中国农业大学	4
对外经济贸易大学	4
中国人民公安大学	4
北京工商大学	4
中国人民大学	3
北京工业大学	3
北京理工大学	3
中国科学院大学	3
中央美术学院	3
北京印刷学院	3

从2021年参与调研的北京不同类型高校出版专著的平均数看，部属高校年度平均出版约3.07部，市属本科高校年度平均出版约1.32部，高职（专科）院校年度平均出版0.67部。在参与调研的高校中，有38所院校2021年有至少1部专著出版，其余院校均无专著出版。

纵观2016年到2021年北京高校马克思主义理论学科专著出版情况，2016年本学科共出版专著118部，2017年本学科共出版专著105部，2018年本学科共出版专著143部；2019年本学科共出版专著153部，2020年本学科共出版专著137部，2021年本学科共出版专著122部。可以看出，2016—2017年，高校马克思主义理论学科出版专著总数相当，但从2017年向2018年过渡阶段出版数量增幅明显，2018年到2019年继续保持增长趋势，2019年到2021年虽呈下降趋势，但总体数量保持平稳，见图3-2。

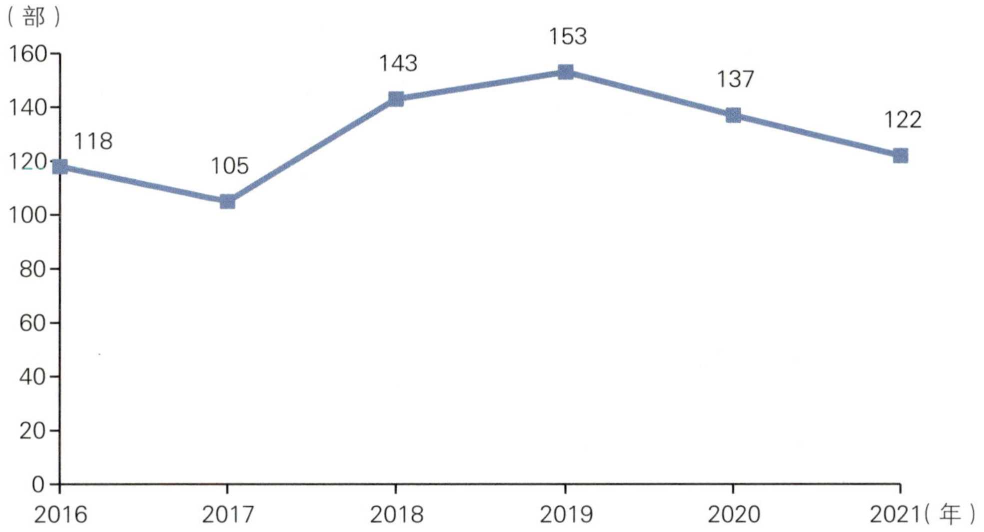

图3-2 2016—2021年北京高校马克思主义理论学科专著出版变化情况

2. 译著出版情况

2021年，参与调研北京高校译著出版总数为5部，清华大学、北京航空航天大学、北京科技大学、中国人民公安大学和北京联合大学各1部。见表3-2。其中部属高校出版译著4部，市属本科高校出版译著1部。从全年译著出版平均数来看，部属高校年度平均出版约0.17部。

表3-2 参与调研高校译著出版情况排名

学校	数量（部）
清华大学	1
北京航空航天大学	1
北京科技大学	1
中国人民公安大学	1
北京联合大学	1

3. 编著出版情况

2021年，参与调研北京高校马克思主义理论学科共出版编著42部，出版数量在3部及以上的高校有4所，占参与调研高校总数的7.02%。其中，出版数量最多的是北京体育大学7部；清华大学5部；中国人民公安大学和北京建筑大学各4部。见表3-3。从2021年度北京不同类别高校编著出版的平均值来看，部属高校年度平均出版约0.90部，市属本科高校年度平均出版约0.68部，高职（专科）院校平均出版0部。

表3-3　参与调研高校编著出版3部及以上情况排名

学校	数量（部）
北京体育大学	7
清华大学	5
中国人民公安大学	4
北京建筑大学	4

从2016年到2021年北京高校马克思主义理论学科著作总数变化情况来看，2016年本学科共发表253部著作；2017年本学科共发表180部著作；2018年本学科共发表236部著作，2019年本学科共发表213部著作，2020年本学科共发表184部著作，2021年本学科共发表169部著作。可见北京高校马克思主义理论学科著作发表情况虽有波动，但整体较为平稳，见图3-3。

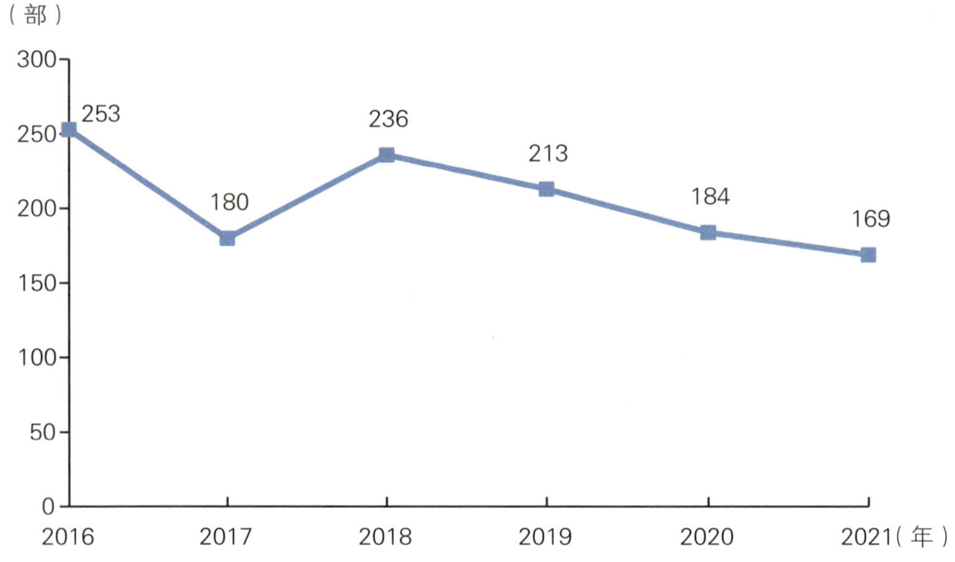

图3-3　2016—2021年北京高校马克思主义理论学科著作总数变化情况

（二）论文发表

1. 论文发表总数

2021年，北京高校马克思主义理论学科共发表论文2437篇，比2020年调研发表的2006篇多431篇。其中，部属高校发表论文最多，总数为1912篇，约占总数的78.46%；其次是市属本科高校，发表论文总数为440篇，约占总数的18.05%；最后是高职（专科）院校，发表论文总数为85篇，约占总数的3.49%。部属高校2021年度发表论文总数与2020年的1511篇相比，总体数量上增加401篇，增幅为26.54%；其次是市属本科高校发表论文总数比2020年增加40篇；高职（专科）院校发表论文总数比2020年减少10篇。其中在发表的论文种类上，分别有CSSCI来源期刊、CSSCI扩展版期刊、全国中文核心期刊、《人民日报》理论文章、《光明日报》理论文章、《经济日报》理论文章和国（境）外学术期刊发文七类。见图3-4。

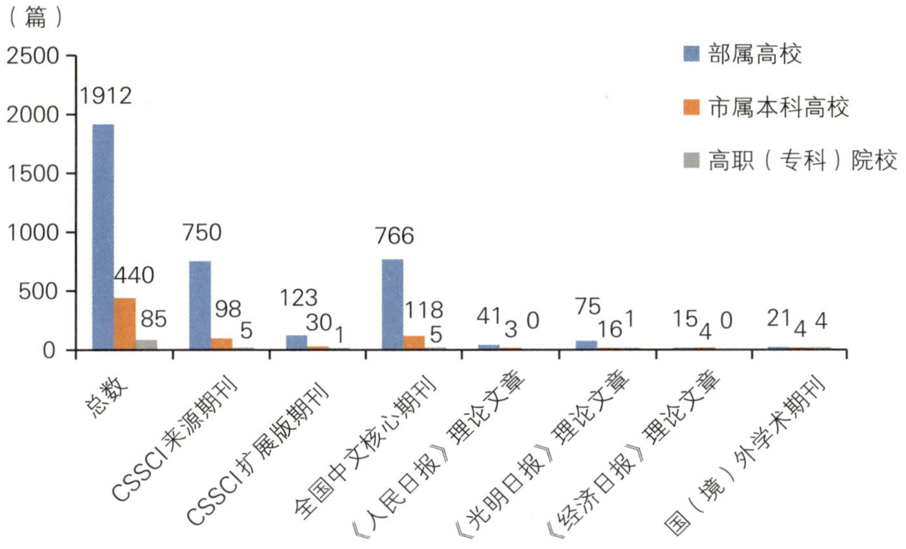

图3-4　2021年北京高校发表论文情况

从论文发表数量来看，2021年度发表论文最多的高校是中国人民大学，共349篇；其次是北京大学，262篇；清华大学，137篇；北京师范大学，123篇；北京交通大学，100篇；对外经济贸易大学，79篇；首都师范大学，77篇；北京理工大学，74篇；中国政法大学和北京工商大学，各62篇。见表3-4。从数量上看，2021年度首都师范大学在市属本科高校中位居前列，中国人民大学、北京大学、清华大学和北京师范大学在部属高校位居前列。2021年度发表论文数量多的前三名高校都拥有马克思主义理论一级学科博士点，也都是全国重点马克思主义学院。

表3-4　参与调研高校论文发表数量前十名

学校	篇数（篇）
中国人民大学	349
北京大学	262
清华大学	137
北京师范大学	123
北京交通大学	100
对外经济贸易大学	79
首都师范大学	77
北京理工大学	74
中国政法大学	62
北京工商大学	62

从2021年度北京不同类别高校论文发表总数的平均值来看，部属高校年度平均发表论文约65.93篇，市属本科高校年度平均发表论文约20篇，高职（专科）院校年度平均发表论文14.17篇。从2021年度不同类别高校马克思主义理论学科人员数量来看论文发表数情况，中国人民大学以人均约5.54篇在北京高校马克思主义理论学科论文发表数量上居于首位。

从2016年到2021年北京高校马克思主义理论学科论文发表情况来看，2016年本学科共发表2028篇论文，2017年本学科共发表1981篇论文，2018年本学科共发表2246篇论文，2019年本学科共发表2159篇论文，2020年本学科共发表2006篇论文，2021年本学科共发表2437篇论文，可见北京高校马克思主义理论学科论文发表数量情况基本稳定、稍有波动，2021年度发表论文数量再创新高，见图3-5。

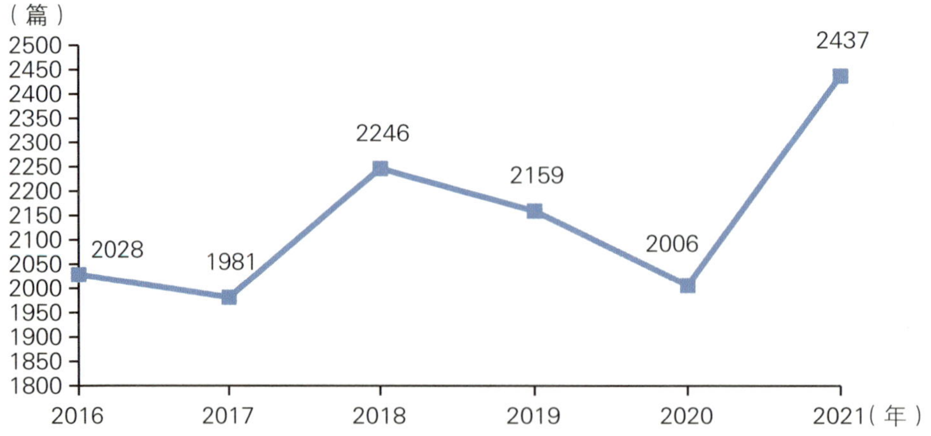

图3-5　2016—2021年度北京高校马克思主义理论学科论文发表总数

2. CSSCI来源期刊发表情况

2021年，各类高校CSSCI来源期刊发表篇数总共为853篇，其中部属高校占750篇，约占总数的87.92%，所占篇数最多；市属本科高校为98篇，约占11.49%，篇数次之；高职（专科）院校为5篇，约占总数的0.59%。见图3-6。

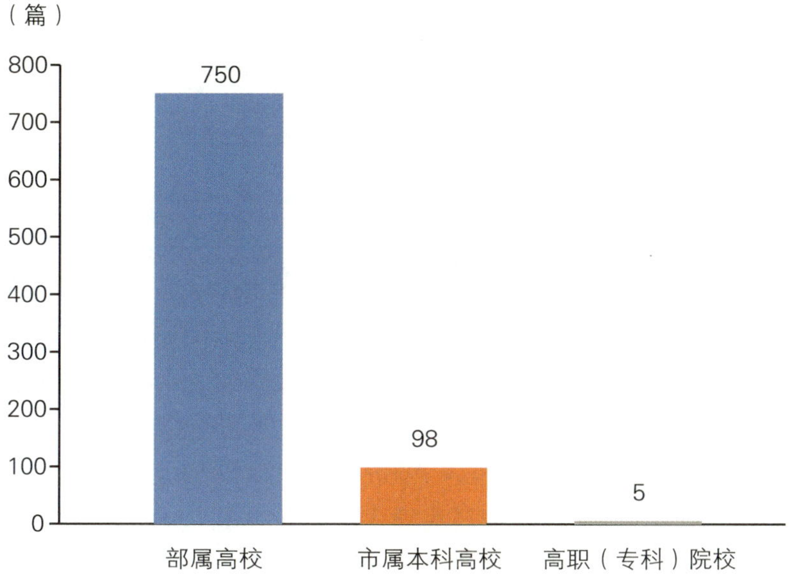

图3-6 CSSCI来源期刊发表篇数

2021年北京高校马克思主义理论学科CSSCI来源期刊发表情况为：中国人民大学、清华大学、北京大学、北京师范大学、中国政法大学五所高校的马克思主义学院全年CSSCI来源期刊论文发表总数分别为237篇、80篇、58篇、57篇、41篇，成为年度发表CSSCI来源期刊论文排名前五位的高校。其次是首都师范大学、北京航空航天大学、北京理工大学等。见表3-5。从2021年度CSSCI来源期刊论文发表情况看，数量较多的高校大多拥有一级学科博士学位点，与该校本学科的整体实力基本吻合。在市属高校中，本年度首都师范大学所发CSSCI来源期刊论文数占了市属本科高校发表CSSCI来源期刊论文总数的40.81%。不同高校马克思主义理论学科独立机构的人员数量不均，这里没有对人均论文发表情况进行分析。

表3-5 参与调研高校CSSCI来源期刊论文发表前十名

学校	篇数（篇）
中国人民大学	237
清华大学	80
北京大学	58
北京师范大学	57
中国政法大学	41
首都师范大学	40
北京航空航天大学	28
北京理工大学	27
北京科技大学	26
北京交通大学	25

从2021年度北京参与调研的各类高校CSSCI来源期刊论文发表总数的平均值来看，部属高校年度平均发表约25.86篇，市属本科高校年度平均发表约4.45篇，高职（专科）院校年度平均发表0.83篇。从不同类别高校马克思主义理论学科人员数量来看CSSCI来源期刊论文人均发表情况，中国人民大学以人均3.76篇居于首位，其次是北京师范大学、清华大学。

从2017—2021年北京高校马克思主义理论学科CSSCI来源期刊发表情况来看，2017年马克思主义理论学科共发表580篇，2018年马克思主义理论学科共发表696篇，2019年马克思主义理论学科共发表667篇，2020年马克思主义理论学科共发表884篇，2021年马克思主义理论学科共发表853篇，见图3-7。可见，北京高校马克思主义理论学科的高水平论文发表数

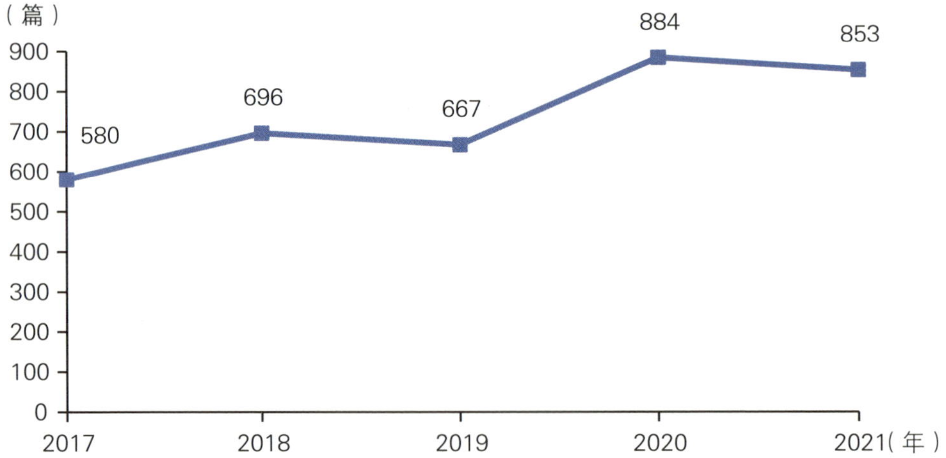

图3-7 2017—2021年北京高校马克思主义理论学科CSSCI来源期刊发表情况

量呈上升趋势，对学界更高评价的期刊刊文的重视程度不断提升。

3. CSSCI扩展版期刊发表情况

2021年，北京高校马克思主义理论学科共发表CSSCI扩展版期刊论文154篇，其中部属高校为123篇，约占总数的79.87%，所占篇数最多；市属本科高校为30篇，约占19.38%，篇数次之；高职（专科）院校为1篇，占总数的1.85%。见图3-8。

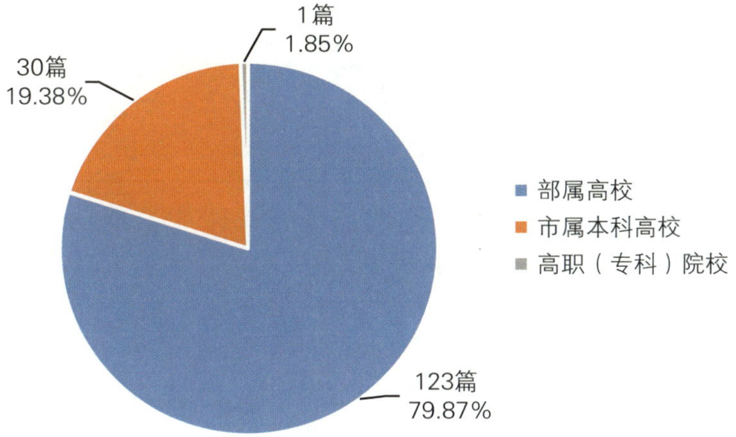

图3-8 CSSCI扩展版期刊发表篇数

全年北京高校马克思主义理论学科CSSCI扩展版期刊的论文发表情况为：中国人民大学、北京师范大学、北京航空航天大学、北京联合大学、清华大学五所高校的马克思主义理论学科全年发表总数分别为38篇、29篇、16篇、13篇、9篇，成为年度发表CSSCI扩展版期刊论文排名前五位的高校。其次是北方工业大学、中央财经大学、北京邮电大学、中国农业大学、北京体育大学等。见表3-6。从本年度CSSCI扩展版期刊论文发表情况看，数量较多的高校均拥有一级学科学位点。2021年度北京联合大学所发CSSCI扩展版期刊论文数占了市属本科高校发表CSSCI扩展版期刊论文总数的43.33%。需要说明的是，CSSCI扩展版期刊发文量不足以充分说明一个学科点的年度整体科研水平和实力。因为目前高校教师刊文首选是CSSCI来源期刊，其次才会是全国中文核心期刊或CSSCI扩展版期刊。

表3-6　参与调研高校CSSCI扩展版期刊论文发表前十名

学校	篇数（篇）
中国人民大学	38
北京师范大学	29
北京航空航天大学	16
北京联合大学	13
清华大学	9
北方工业大学	7
中央财经大学	5
北京邮电大学	5
中国农业大学	4
北京体育大学	4

从2021年度北京参与调研的各类高校CSSCI扩展版期刊论文发表总数的平均值来看，部属高校年度平均发表约4.24篇，市属本科高校年度平均发表1.36篇，高职（专科）院校年度平均发表0.17篇。

4. 全国中文核心期刊发表情况

2021年，北京参与调研高校在全国中文核心期刊总共发表889篇。其中部属高校共发表766篇，约占总数的86.16%，数量最多；市属本科高校共发表118篇，约占总数的13.27%，数量次之；高职（专科）院校共发表5篇，约占总数的0.56%。见图3-9。从2021年度参与调研的各类型北京高校全国中文核心期刊发表总数的平均值来看，部属高校年度平均发表约26.41篇，市属本科高校年度平均发表约5.36篇，高职（专科）院校年度平均发表0.83篇。

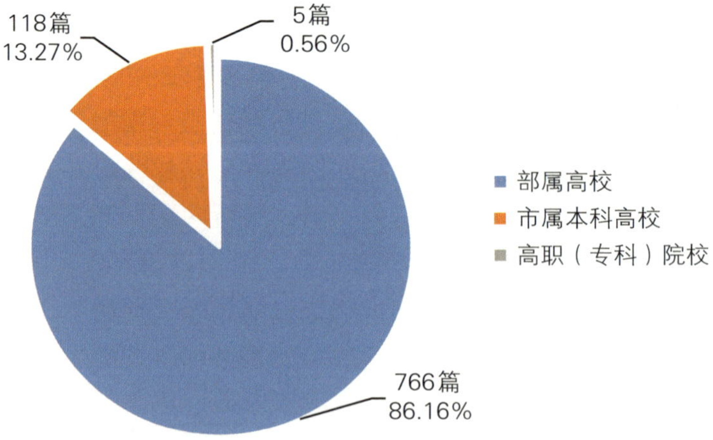

图3-9　全国中文核心期刊发表篇数

从2017—2021年北京高校马克思主义理论学科全国中文核心期刊发表论文情况来看，2017年本学科共发表390篇，2018年本学科共发表559篇，2019年本学科共发表740篇，2020年本学科共发表652篇，2021年本学科共发表889篇，见图3-10。可以看出，2017—2021年北京高校马克思主义理论学科全国中文核心期刊论文数量整体呈现不断增加的趋势，2021年就比2020年多237篇，增幅达36.34%。同时，对比来看，CSSCI论文发表数量高于全国中文核心期刊数量。

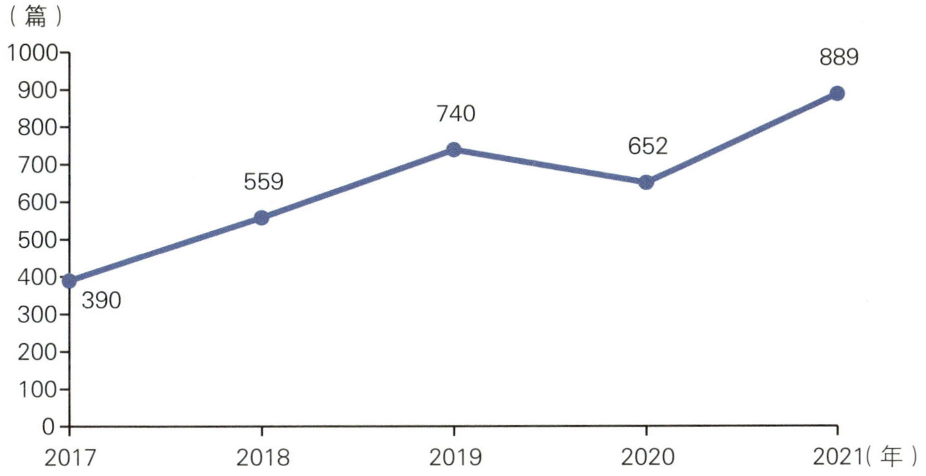

图3-10　2017—2021年北京高校马克思主义理论学科全国中文核心期刊发表总数

5. 国（境）外学术期刊发表情况

2021年，各学校在国（境）外学术期刊发文共29篇。其中部属高校为21篇，约占期刊总数的72.41%；市属本科高校为4篇，约占期刊总数的13.79%；高职（专科）院校为4篇，约占期刊总数的13.79%。见图3-11。从2021年度参与调研的各类高校国（境）外学术期刊发表总数的平均值来看，部属高校、市属本科高校和高职（专科）院校年度平均发表国（境）外学术期刊论文均不到1篇。

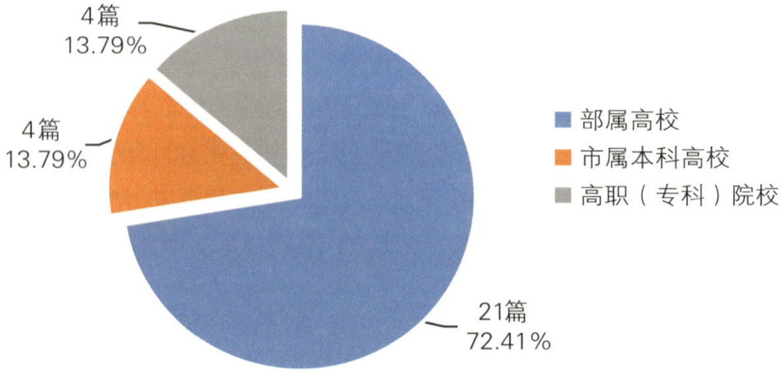

图3-11　国（境）外学术期刊发表论文篇数

（三）课题项目

2021年度北京高校马克思主义理论学科获批立项的国家社会科学基金、教育部人文社会科学研究项目以及北京市社会科学基金等科研课题同比在数量上提升不少。具体体现在：

1. 国家社会科学基金项目方面

2021年，北京高校的国家社会科学基金项目共78项，与2020年度相比减少5项。其中部属高校占63项，市属本科高校占14项，高职（专科）院校占1项，可以看出，部属高校在国家社科基金项目上占有绝对优势，见图3-12。从2021年度参加调研高校马克思主义理论学科获得国家社会科学基金项目的平均值来看，部属高校年度平均约有2.17项，市属本科高校年度平均约有0.64项，高职（专科）院校约为0.17项。

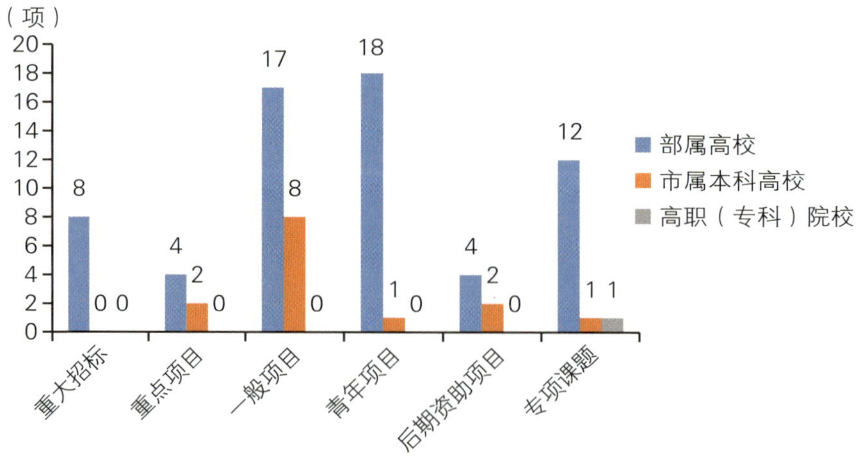

图3-12　国家社会科学基金立项情况

作为能够反映高校马克思主义理论学科的整体科研实力的指标之一，国家社会科学基金重大项目的获得项数，反映了该校本学科的科研实力，见表3-7和表3-8。

表3-7　2021年度北京高校获得国家社科基金重大项目情况

序号	项目名称	负责人	工作单位
1	中共党史学学科体系、学术体系、话语体系建设研究	宋学勤	中国人民大学
2	习近平新时代中国特色社会主义思想对科学社会主义的理论贡献研究	陶文昭	中国人民大学
3	党的建设理论体系研究	杨德山	中国人民大学
4	构建人类卫生健康共同体的伦理路径研究	肖巍	清华大学
5	中国共产党百年对马克思主义的整体性原创贡献研究	刘新刚	北京理工大学
6	伟大建党精神及其同中国共产党精神谱系研究	王炳林	北京师范大学
7	体育成为中华民族伟大复兴标志性事业的理论内涵与时代推进研究	黄亚玲	北京体育大学
8	新时代科学精神与工匠精神融合及实践创新研究	张秀华	中国政法大学

表3-8　2021年度北京高校获得国家社科基金重点项目情况

序号	项目名称	负责人	工作单位
1	习近平总书记关于思想政治教育重要论述原创性贡献及学理化学科化研究	钟启东	北京大学
2	面向中国社会现实的马克思主义公平正义论的当代建构研究	陈培永	北京大学
3	全球抗疫背景下中国制度优势的国际叙事研究	张晓萌	中国人民大学
4	中国共产党党内政治生态建设的百年历程与基本经验研究	王春玺	北京航空航天大学
5	发展和安全的动态平衡研究	杨海	华北电力大学
6	国外中共党史研究史述论（1921—2021）	梁怡	北京联合大学

从2017—2021年北京高校马克思主义理论学科国家社会科学基金项目立项变化情况来看，2017年本学科国家社会科学基金项目立项52项，2018年本学科国家社会科学基金项目立项68项，2019年本学科国家社会科学基金项目立项87项，2020年本学科国家社会科学基金项目立项83项，2021年本学科国家社会科学基金项目立项78项，见图3-13。可以看出，北京高校马克思主义理论学科国家社会科学基金项目近两年来有所下降，但大体上呈逐渐上升趋势，可见马克思主义理论学科的研究仍有潜力和上升空间。

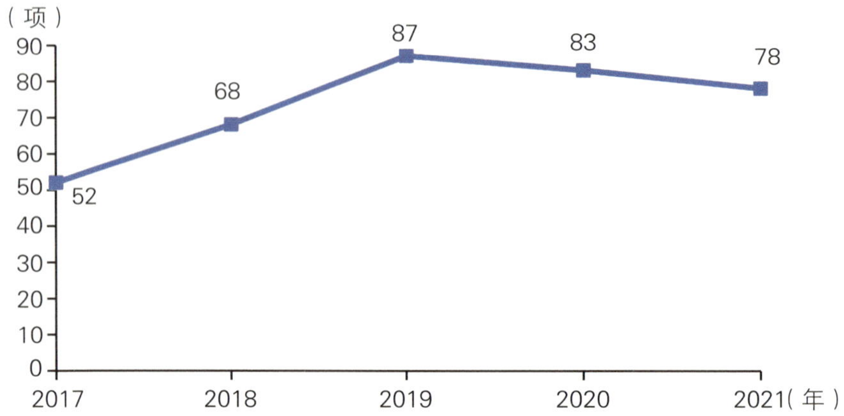

图3-13　2017—2021年北京高校马克思主义理论学科国家社会科学基金项目立项变化情况

2. 全国教育科学规划项目方面

全国教育科学规划课题依托单位主要是高等院校、中央与地方的社科院、专科院校、中小学。其中，不论是从立项总量还是各类项目立项数来看，高等院校已经成为全国教育科学规划课题立项的主要阵地。2021年，北京高校马克思主义理论学科无全国教育科学规划项目。

3. 教育部人文社会科学研究项目方面

2021年度，北京高校在教育部人文社会科学研究项目方面共有项目57项，其中部属高校占47项，市属本科高校占10项，高职（专科）院校为0项，部属高校所占项目最多，见图3-14。2021年度，从各类高校在教育部人文社会科学研究项目的平均值来看，部属高校年度平均约有1.62项，市属本科高校约有0.45项，高职（专科）院校为0项。

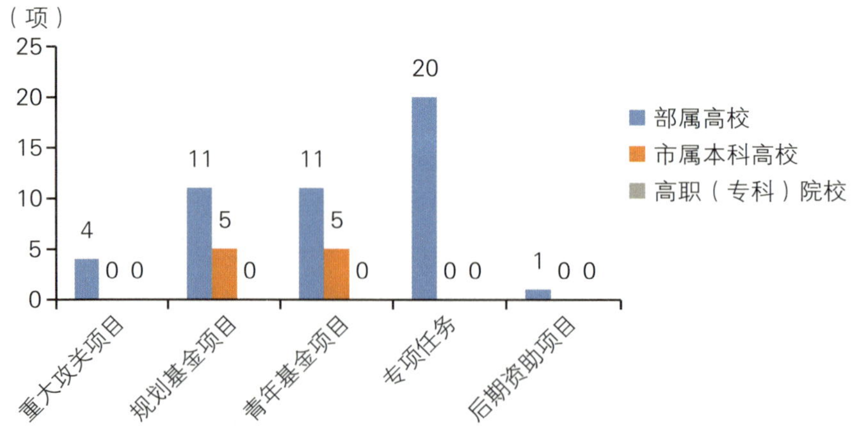

图3-14　教育部人文社会科学研究项目立项情况

从2017—2021年教育部人文社会科学研究项目立项变化情况可以看出，2017年立项38项，2018年立项56项，2019年立项55项，2020年立项29项，2021年立项57项。相比于2017年，2018年和2019年立项数量有所增长，2020年立项数量明显下降，到2021年又增长到较高水平，见图3-15。

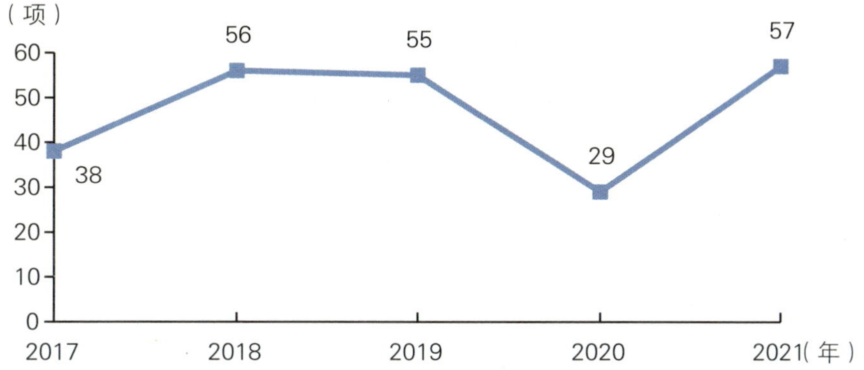

图3-15 2017—2021年教育部人文社会科学研究项目立项变化情况

4. 北京市社会科学基金方面

2021年，在北京市社会科学基金项目方面，北京高校马克思主义理论学科共获58项。从项目类型上看，重大招标和重点项目共20项，一般项目27项，青年项目11项。从学校类型上看，部属高校占38项，市属本科高校占19项，高职（专科）院校1项。其中，部属高校获批项目数约占65.52%，分别是重大招标和重点项目16项，一般项目12项，青年项目10项。市属本科高校占19项，分别是重大招标和重点项目4项，一般项目14项，青年项目1项。高职（专科）院校占1项，为一般项目。见图3-16。从参与调研高校获得北京市社会科学基金项目平均值上看，部属高校年度平均获得约1.31项，市属本科高校年度平均获得约0.86项，高职（专科）院校年度平均获得0.17项。

从2017—2021年北京市社会科学基金项目立项变化情况可以看出，2017年北京市社会科学基金项目立项41项，2018年北京市社会科学基金项目立项46项，2019年北京市社会科学基金项目立项44项，2020年北京市社会科学基金项目立项64项，2021年北京市社会科学基金项目立项58项，见图3-17。近五年来，北京高校社会科学基金项目立项变化较为平稳，总体呈上升趋势。

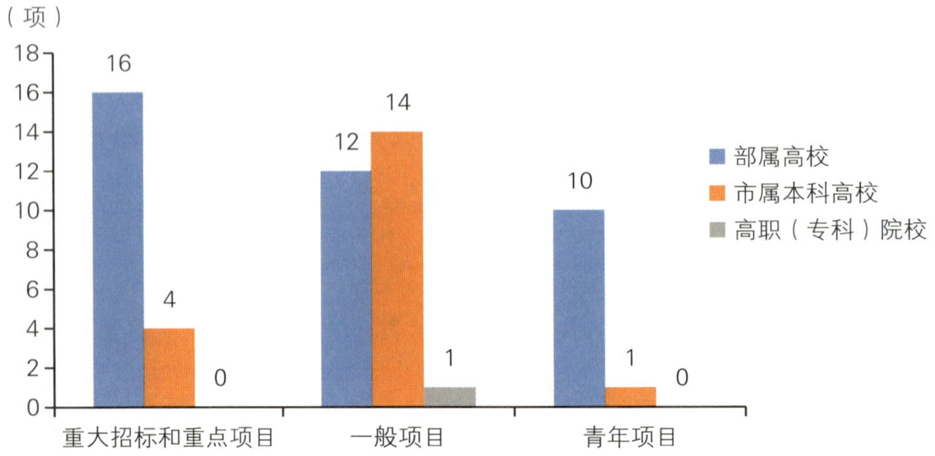

图3-16　北京市社会科学基金获批情况

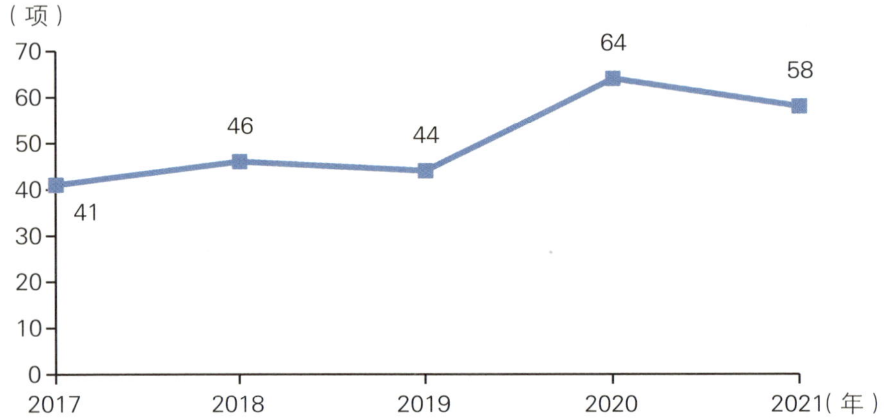

图3-17　2017—2021年北京市社会科学基金项目立项变化情况

5. 北京市习近平新时代中国特色社会主义思想研究中心项目

2021年，北京高校马克思主义理论学科共获得北京市习近平新时代中国特色社会主义思想研究中心的立项课题38项，其中部属高校32项，市属本科高校6项，高职（专科）院校为0项。其中，北京大学和北京师范大学各3项，清华大学、中国人民大学、北京交通大学、北京科技大学、中国农业大学、北京林业大学、首都师范大学、中央财经大学、对外经济贸易大学、华北电力大学（北京）、中国地质大学（北京）各2项，见图3-18和表3-9。

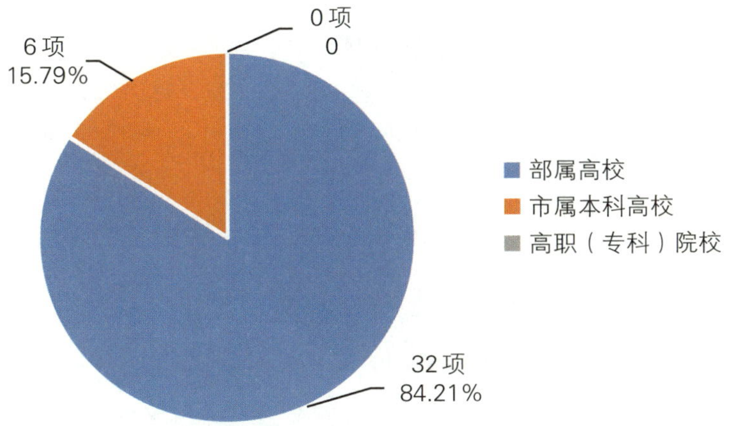

图3-18 北京市习近平新时代中国特色社会主义思想研究中心立项情况

表3-9 北京高校马克思主义理论学科获批北京市习近平新时代中国特色社会主义思想研究中心课题情况

学校	立项数目（项）
北京大学	3
北京师范大学	3
中国人民大学	2
清华大学	2
北京交通大学	2
北京科技大学	2
中国农业大学	2
北京林业大学	2
首都师范大学	2
中央财经大学	2
对外经济贸易大学	2
华北电力大学（北京）	2
中国地质大学（北京）	2

6. 北京市教育科学规划课题方面

2021年，各类学校在北京市教育科学规划课题方面共有5项课题，其中部属高校占4项，市属本科高校占0项，高职（专科）院校占1项，见图3-19。

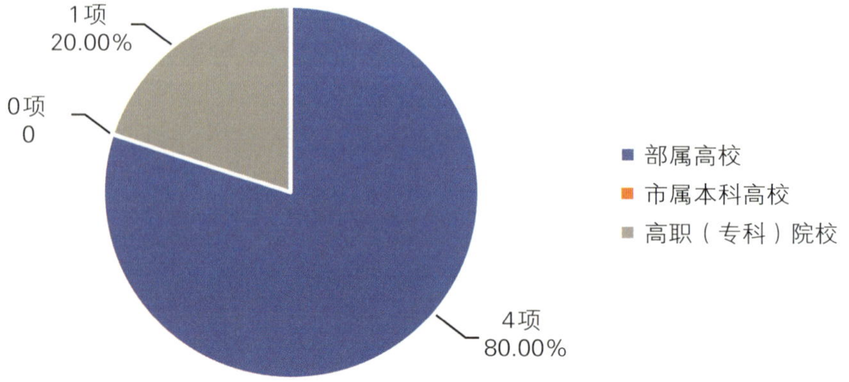

图3-19　北京市教育科学规划课题

从2016—2021年北京市教育科学规划课题方面立项变化情况可以看出，2016年北京市教育科学规划课题方面立项4项，2017年北京市教育科学规划课题方面立项3项，2018年北京市教育科学规划课题方面立项16项，2019年北京市教育科学规划课题方面立项2项，2020年北京市教育科学规划课题方面立项7项，2021年北京市教育科学规划课题方面立项5项，见图3-20。可以看出，北京市教育科学规划课题方面立项变化幅度较大，立项数量在2018年迅速上升，而后下降，但近两年保持总体上升的趋势，表明北京市对于教育科学的重视程度不断提高。

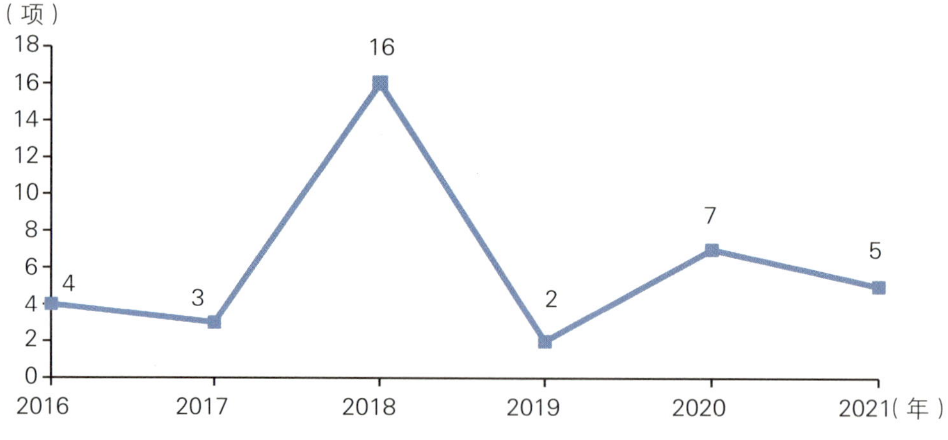

图3-20　2016—2021年北京市教育科学规划课题方面立项变化情况

7. 北京市社科联青年社科理论人才项目方面

北京市社科联青年社科理论人才项目，是北京市社科联青年社科人才培养计划的重要组成部分。2021年，各类学校在北京市社科联青年社科理论人才项目方面共有项目3项，其中中国人民大学、北京航空航天大学和中国传媒大学各1项。

8. 首都大学生思想政治教育科研项目方面

北京市委教育工作委员会结合首都大学生思想政治教育的实际特点，组织开展了首都大学生思想政治教育课题招标工作，以战略课题、重点课题、一般课题、支持课题四类课题为标准组织开展申报，并在经学校申报、专家评审后给予立项。总体上，课题实施效果很明显，有效推动了首都大学生思想政治教育工作的开展，反映出北京高校在大学生思想政治教育理论与实践研究方面一直以来的突出优势。2021年，北京高校在首都大学生思想政治教育科研项目方面共有项目18项，其中部属高校占10项，市属本科高校占6项，高职（专科）院校占2项，见图3-21。

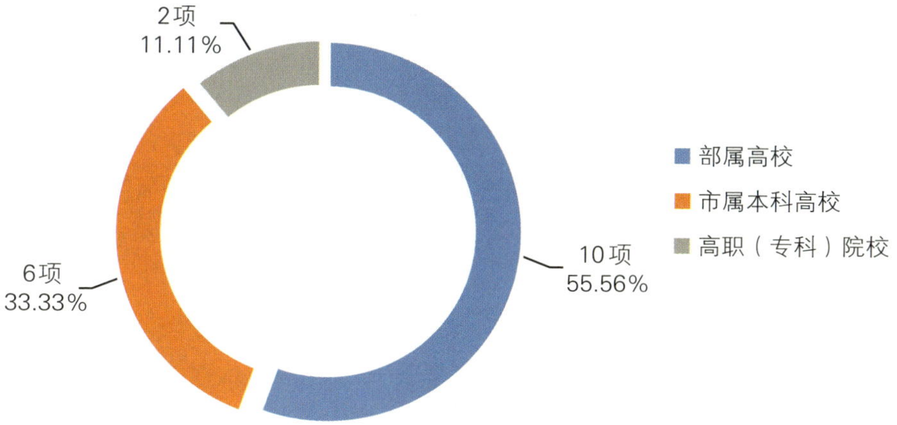

图3-21　首都大学生思想政治教育科研项目

9. 北京市委教育工委高校青年教师社会调研成果资助项目方面

2021年，各高校马克思主义理论学科在北京市委教育工委高校青年教师社会调研成果资助项目方面共有项目4项，均为部属高校，见图3-22。

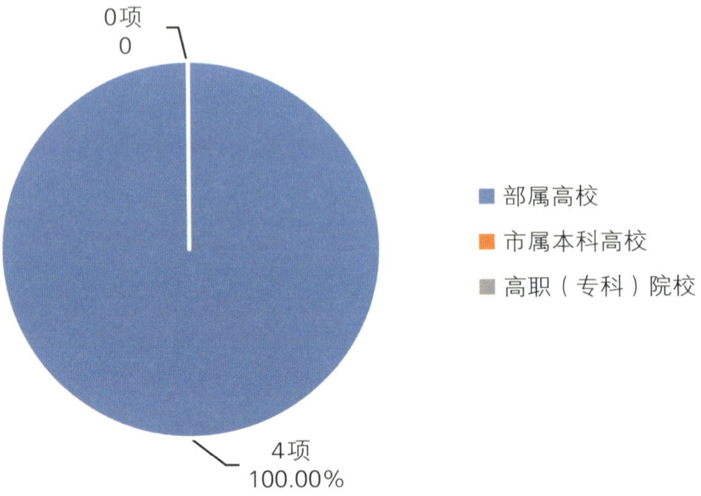

图3-22 北京市委教育工委高校青年教师社会调研成果资助项目立项情况

10. 其他部委项目方面

2021年，北京各类学校在其他部委项目上共有59项，其中部属高校占49项，市属本科高校占9项，高职（专科）院校占1项，见图3-23。从本年度北京各类学校在其他部委项目的平均值来看，部属高校年度平均约有1.69项，市属本科高校年度平均约有0.41项，高职（专科）院校为0.17项。

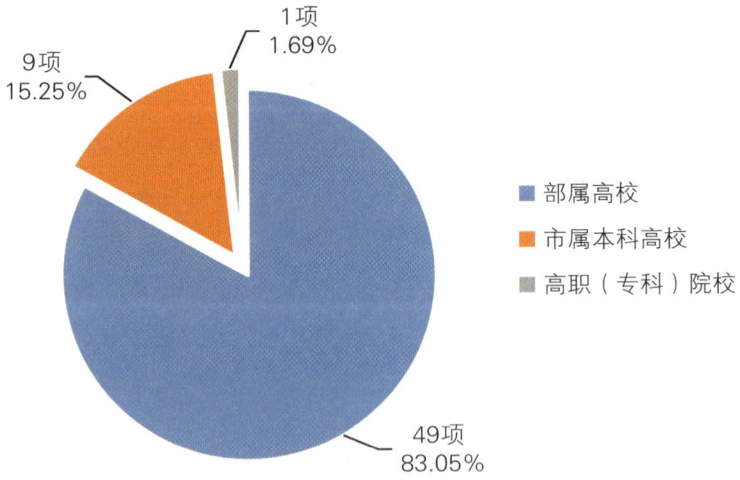

图3-23 其他部委项目立项情况

（四）科研获奖

2021年，北京市参与调研的高校马克思主义理论学科共获得各类奖项13项，其中，部属高校总共获8项、市属本科高校获5项、高职（专科）院校0项，见图3-24。

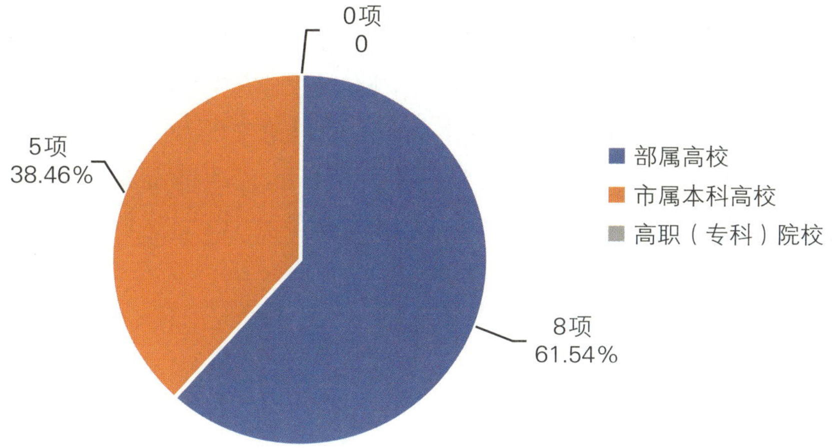

图3-24 2021年参与调研各类高校获奖情况

根据调研反馈，在北京市哲学社会科学优秀成果奖方面，2021年北京市哲学社会科学优秀成果奖共获10项，其中部属高校获得7项，市属本科高校获得3项，高职（专科）院校0项。其中特等奖0项，一等奖3项，二等奖7项，三等奖0项，见图3-25。

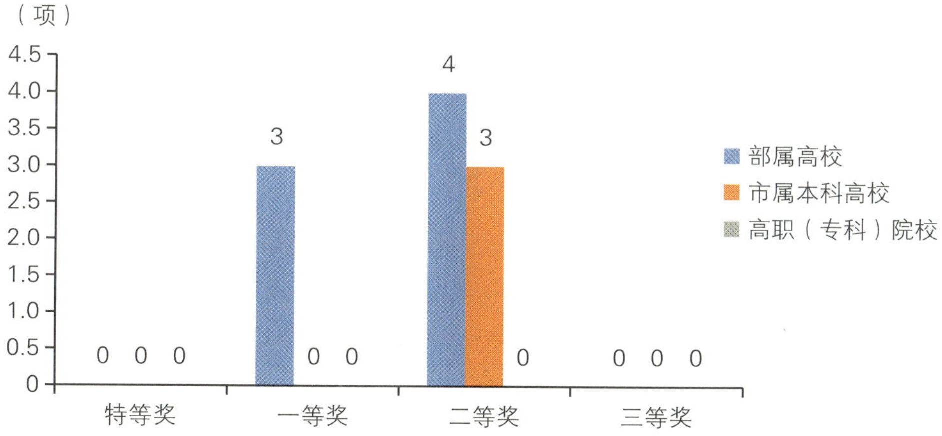

图3-25 北京市哲学社会科学优秀成果奖获奖情况

（五）转载情况

2021年，北京高校马克思主义理论学科科研的社会影响持续提升，在全国范围看，其社会影响力尤为显著。关于科学研究的社会影响，本报告主要从论文的转载情况、成果采纳情况、学术交流情况等方面加以考察。

在本次调查中，课题组主要调研了《新华文摘》《中国社会科学文摘》《高等学校文科学术文摘》《中国人民大学复印报刊资料》这四种主要转载刊物转载北京高校马克思主义理论学科论文的数量情况。如图3-26所示，2021年，从体现科学研究的社会影响的转载情况看，部属高校转载量最多，共计95篇，市属本科高校转载量为5篇，高职（专科）院校为0篇。

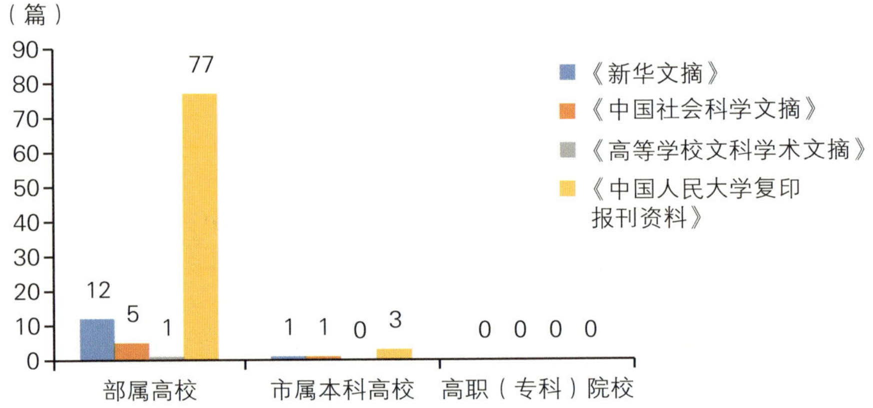

图3-26 论文转载情况

《新华文摘》转载情况是学术论文社会影响的一种重要体现。实际查阅2021年《新华文摘》，共转载北京高校马克思主义理论学科文章13篇。从该刊转载的情况看，中国人民大学占6篇，清华大学占5篇，北京师范大学和首都师范大学各占1篇。

《中国人民大学复印报刊资料》因其较高的学术价值和学界影响力，其转载情况同样是学术论文社会影响力的重要体现。其中北京师范大学以总数22篇成为年度转载数最多的高校，其次是清华大学和北京大学等高校，见表3-10。

表3-10　北京高校马克思主义学科《中国人民大学复印报刊资料》全文转载量排名

学校	转载篇数（篇）
北京师范大学	22
清华大学	20
北京大学	7
北京航空航天大学	6
中央财经大学	4
北京交通大学	3
北京林业大学	3
中国政法大学	3

（六）成果采纳情况

2021年，北京高校马克思主义理论学科研究成果被采纳的共计46项，其中中央采纳批示的占16项，教育部及其他部委采纳批示的占26项，北京市委市政府采纳批示的占4项，成果被采纳的高校主要为部属高校。部属高校被中央采纳批示12项，其中中国人民大学最多为3项；市属本科高校被中央采纳批示4项，其中北京石油化工学院占2项；高职（专科）院校的成果采纳为0项，见图3-27。

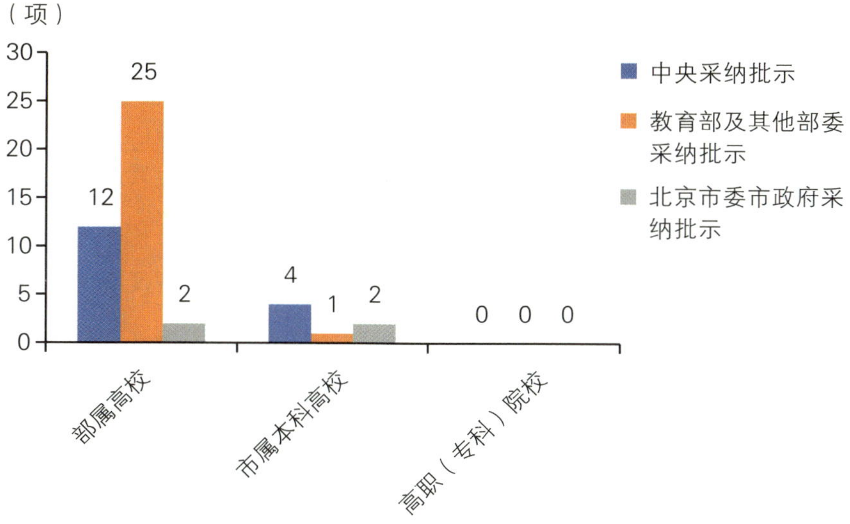

图3-27　研究成果被采纳情况

（七）学术交流活动

1. 主办全国性（国际）学术会议情况

2021年全年北京高校马克思主义理论学科主办全国性（国际）学术会议53次，其中，部属高校共主办了45次全国性（国际）学术会议，市属本科高校共主办了7次学术会议，高职（专科）院校为1次，见图3-28。

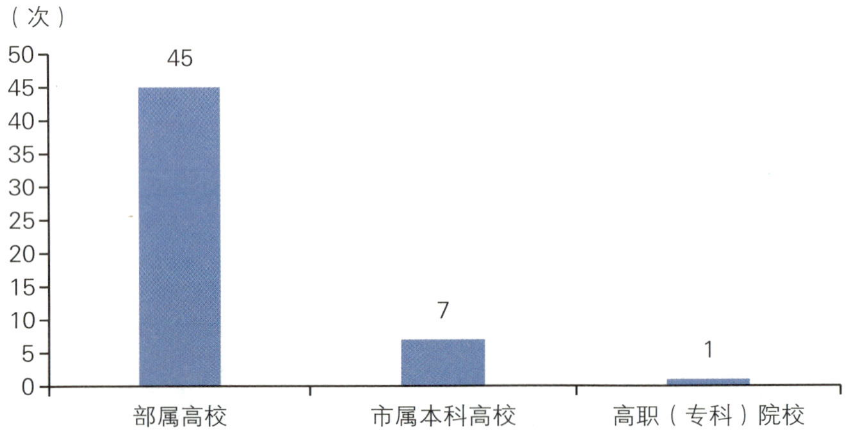

图3-28 主办全国性（国际）学术会议情况

2021年全年北京共有23所高校举办全国性的学术会议。主要议题都围绕当前党和国家的重大议题、马克思主义中国化问题、高校思政课教育教学的理论与实践问题和学科前沿等问题展开。首先，从北京高校所举办的全国性学术会议主题可以看出，以百年党史学习教育为重点，关注中国共产党百年党史的研究，涉及百年来党的社会治理、教育理论、自身建设、精神谱系等方面，意在总结党的百年成就与经验，更好把握中国共产党百年来的历史、理论与现实。其次，以习近平新时代中国特色社会主义思想为中心，深入学习领会党的十九届六中全会、习近平总书记“七一”重要讲话精神，进一步研究探讨习近平新时代中国特色社会主义思想。另外，会议议题还涉及思政课改革与创新、大中小思政课一体化建设等方面。最后，围绕马克思主义与中国现实问题展开讨论，将马克思主义理论与中国发展实际相结合，特别关注马克思主义与现代化问题，不断探寻马克思主义的当代价值，推进21世纪马克思主义中国化的发展创新。

2. 主办北京市学术会议情况

北京高校马克思主义理论学科2021年累计主办北京市学术会议共45

次。如图3-29所示，在主办学术会议方面，部属高校共主办25次学术会议，市属本科高校共主办15次学术会议，高职（专科）院校为5次。

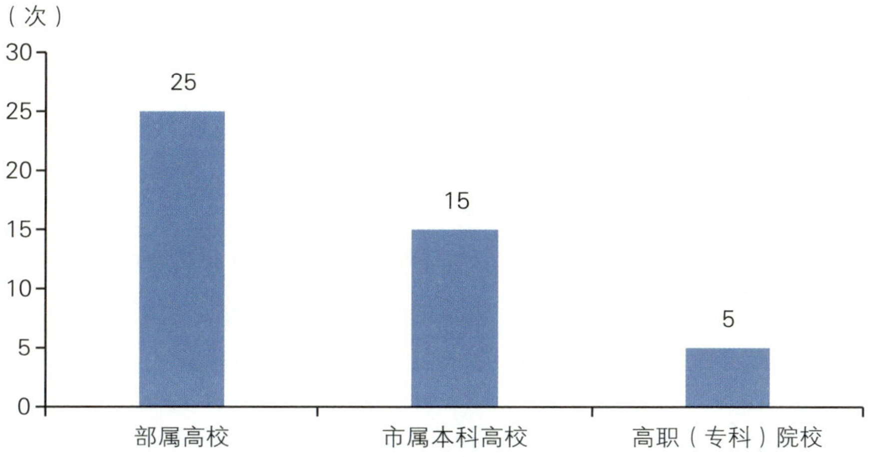

图3-29 主办北京市学术会议情况

北京高校2021年主办的北京市学术会议大部分是由北京市委教育工委主办、各高校具体承办的，会议主题主要围绕百年党史的学习与教育、宣传党的十九届六中全会精神等方面。总体来看，2021年是北京高校马克思主义理论学科取得丰硕成果的一年，也是北京高校马克思主义理论学科从全国范围来看，持续体现引领、示范、带动、辐射等作用的一年。科研成果的数量和质量都有了很大提升，科研成果的社会影响力进一步增强。可以说，北京高校马克思主义理论学科建设和思想政治理论课建设始终走在了全国各省区市的前列。

二、科学研究进展

2021年，北京市高校马克思主义理论学科与思想政治理论课建设领域在科学研究方面取得了显著的成绩，共出版著作169部，发表论文2427篇。课题组根据参与调研高校所填报的主要代表作的具体研究内容，通过中国知网相关文献数据库的检索，特别结合当前马克思主义理论学科若干重要期刊的筛选考察，初步梳理出了本年度北京市高校马克思主义理论学科在理论与实践研究方面取得的进展情况。可以发现，2021年北京市高校马克思主义理论学科研究成果较为丰硕，既有基础理论研究方面取得的进展，也有理论热点研究方面取得的成绩。现总结梳理如下。

（一）马克思主义基本原理

本年度的马克思主义基本原理研究主要集中在辩证唯物主义基本问题、历史唯物主义基本问题、马克思主义政治经济学基础理论研究、马克思主义政治哲学与道德哲学研究、纪念巴黎公社革命150周年的理论研讨、纪念恩格斯诞辰200周年的后续研讨、马克思主义文明观与人类文明新形态研究上。

1. 辩证唯物主义基本问题研究

与前些年的情况相比，本年度马克思主义基本原理研究领域的学者更为重视对马克思主义理论体系的整体把握，更为重视对一些比较基础性的问题的厘清与阐明。譬如就“世界观”而言，对“新唯物主义的世界观到底‘新’在何处”这样的问题，有学者专门撰文进行了阐发：“‘观’世界的主体不仅是从事直观活动或思维活动的认识主体，同时也是进行感性活动的实践主体”，“‘世界’是人的实践活动的产物，是我们的活动、我们的关系、我们的观念所构成的统一体，马克思把在‘我’之外的客观世界变成了一个‘我’在其中的世界”，在这个意义上，“‘我们’就是世界。世界不在我们之外”，我们“不是世界的旁观者，我们本身就在世界中”。[①]新唯物主义世界“新”就“新”在这种把握世界的方式。而就“方法论”来说，也有学者指出马克思主义哲学的“问题意识”、“思想型”与“知识地图”的重要性：马克思主义哲学的问题意识是“对所处时代的分析、反思与批判”；[②]而“要进入马克思的问题意识，就需要打破学科壁垒，从总体上重新理解学术问题”，这就是所谓总体性研究中的“思想型”问题；所谓“知识地图”所强调的，就是“保持一种面向未来的开放态度”，认识到“马克思主义哲学是开放的哲学，社会历史情境的变化推动着马克思主义哲学的当代发展”。[③]

就辩证唯物主义理论体系中的具体问题的研究来看，本年度马克思主义基本原理研究在实践概念的研究上有了比较大的推进。在相关研究领

---

① 梁树发、赵丹蕾：《关于马克思主义发展主体及其类型》，《教学与研究》2021年第1期。梁树发：《马克思主义发展的本质与形态》，《中国高校社会科学》2021年第1期。梁树发：《科学的马克思主义研究何以可能》，《马克思主义与现实》2021年第6期。

② 陈培永：《重思马克思新唯物主义的世界观》，《马克思主义理论学科研究》2021年第5期。

③ 仰海峰：《问题意识、思想型与知识地图——关于马克思主义哲学研究方法论的思考》，《中国社会科学评价》2021年第1期。

域，除了对马克思主义的实践辩证法的一般发展规律的探讨之外[①]，研究者们还具体探讨了实践观初次表达的具体所在（有学者认为是在《1844年经济学哲学手稿》之中而非像通常所认为的是在《关于费尔巴哈的提纲》之中）[②]，特别是实践理论的结构，比如对“对象性的二重化”结构：即要“对人的感性活动和对象性活动的形式与结构加以解读，探究二者本身以及其间从抽象上升到具体的辩证关系”，具体地说，“感性活动和对象性活动作为实践，都是特殊性范畴，是连接主客体关系及其现实化的中介和环节，因此，具体化在生产劳动中的对象性，在形式上又可分为抽象对象性和具体对象性。这是对象性的二重化”。[③]

如上所述，要准确理解马克思主义的实践概念，就不能忽视实践概念与劳动概念、生产概念的理论关联。就这一问题，有学者专门撰文批评了阿伦特的著名误读，认为阿伦特割裂了劳动与技术的内在关联，没有看到“马克思对劳动的阐释具有技术关系和权力关系的双重视角”，“劳动与技术的关系不仅在概念或逻辑上而且在历史上都是相统一的”：一方面，阿伦特“忽略了技术所具有的主体和客体两种不同的存在形式，仅仅把技术同特定的主体即工匠相联系，无视技术对于劳动者和劳动过程的重要作用；另一方面，她无视基于权力—支配关系的劳动者的具体性和历史性，把奴隶当作劳动者的唯一存在形式，无视农民和工人作为劳动者的存在和作用”。[④]在这个意义上，马克思所谓的“劳动解放”就“既不是所谓‘人的本质的复归’，也不是劳动自身发展的结果；既不是指消灭劳动本身，也不是一种虚无缥缈的乌托邦主义”，“劳动解放是资本主义条件下机器大工业发展和生产关系变革的必然产物”。[⑤]

众所周知，人的解放与自由全面发展是马克思主义理论的旨归所在，也是本年度马克思主义基本原理研究领域中学者们讨论得比较多，也比较充分的问题。除了对人的发展所需要的外部条件（物质条件、制度条

① 池忠军：《论马克思主义的实践辩证法及其发展规律》，《海派经济学》2021年第1期。

② 林锋、毕秋：《实践观的初次表述究竟在马克思的何文中？——〈1844年经济学哲学手稿〉的实践观及其价值》，《北京行政学院学报》2021年第6期。

③ 张秀琴：《实践唯物主义中的“实践”概念：基于概念史的考察》，《社会科学辑刊》2021年第6期。

④ 王峰明、欧阳兰榛：《马克思混淆了“劳动”与“工作”吗？——基于〈资本论〉及其手稿对阿伦特批评的回应》，《现代哲学》2021年第3期。

⑤ 何海燕：《究竟什么是劳动解放？——异化史观的逻辑缺陷与唯物史观的理论启示》，《现代哲学》2021年第5期。

件、文化条件和自然条件的改善）、内部条件（人自身能力、修养和素质的提升）的探讨之外[①]，本年度的研究还特别强调了人的尊严（又分为“人格尊严”与“社会尊严”）与人的发展的关系问题，具有比较强的现实意义。[②]

2. 历史唯物主义基本问题研究

我们来看对“历史唯物主义”的宏观把握的相关研究。在关注唯物史观与价值取向——作为科学的社会历史认识的唯物史观与以人的发展为核心的价值取向——之间关系问题[③]、历史唯物主义与历史决定论的关系问题[④]等比较传统的历史唯物主义讨论之外，在对历史唯物主义的元理论层面，本年度的马克思主义基本原理研究借助对新的理论资源的挖掘，对马克思独特的时间观（向着过去和未来双向开启从而扬弃了“现代性时间意识”的时间观）中历史概念[⑤]、马克思的“历史”概念（历史唯物主义、历史科学、历史哲学以及历史理论这四种称谓的不同内涵）本身[⑥]等之前被认为是“不证自明”的问题进行了思想史意义上的详尽解读和学理上的严格证明。总体上说，国内的相关研究保持了相当的开放性，对于西方学者所谓“重建”“重构”和“重释”历史唯物主义并没有全盘否定，而是采取了批判地借鉴吸收的态度。[⑦]

再到历史唯物主义体系中一些具体的理论问题，本年度马克思主义基本原理研究中引起较为广泛关注的话题还是马克思的社会形态理论。一方面，相关领域的学者仍然非常重视从一般意义上把握马克思的社会形态理论，着重强调了“内在逻辑与方法论基础的统一”：“一方面，马克思关于不同社会形态中对生产关系具有决定作用的物质生产和生产力发展的不同状况的论述、关于所有制关系和分配关系以及由此决定的人们在物质生产中的‘权力—支配关系’的不同特征的论述，构成其社会形态理论的内

---

① 陈新夏：《关于人的发展实现路径的思考》，《马克思主义理论学科研究》2021年第12期。
② 陈新夏：《人的尊严与人的发展》，《天津社会科学》2021年第5期。
③ 陈新夏：《唯物史观价值取向当代建构的路径》，《北京师范大学学报（社会科学版）》2021年第6期。
④ 王峰明：《马克思的“历史决定论”刍议》，《山西师范大学学报（社会科学版）》2021年第1期。
⑤ 郗戈：《马克思的历史时间观与时代精神的历史定位》，《中国社会科学评价》2021年第1期。
⑥ 张婷：《马克思历史思想的四种称谓》，《重庆社会科学》2021年第10期。
⑦ 沈江平：《历史唯物主义“重建”思潮的评判与展望》，《山西师范大学学报（社会科学版）》2021年第3期。

在逻辑；另一方面，在对内在逻辑的阐释中，马克思所运用的典型分析方法、从后思索方法、本质抽象方法和从抽象上升到具体的方法等，则构成其社会形态理论的方法论基础”。①

此外，对于“马克思社会发展理论的具体微观层面，如特定社会的经济结构、分工结构、社会管理机制、法律纪律形式、政权组织形式等的起源”这些往往容易被忽视的问题，本年度的马克思主义基本原理研究也给予了充分的重视。具体到资本主义生产方式的起源问题，有学者指出马克思在这个问题上的认识是不断发展的，在《1857—1858年经济学手稿》中，马克思是“以资本主义的当下特征为线索追溯资本主义所有制的形成历史”的；而在《资本论》中，这“进一步地系统化为以暴力、法律、技术、经济四重维度构成的原始积累理论，同时还尝试分析资本主义生产方式诞生中的具体机制即资本形式的变迁与现代资本家的诞生”。②更具体地说，正如另一些学者所指出的，在《政治经济学批判大纲》中，“马克思正确区分了贸易所带来的财富积累和资本意义上的原始积累，摆脱了政治经济学将资本还原为物的幻象”，“将研究重点推向对封建农业和土地制度的分析”；而在《资本论》中，“马克思进一步论述了封建土地制度的内在矛盾，形成了对过渡问题的完整认识，真正把握到了社会变迁的一般规律与资本主义产生的特殊条件之间的关系，从而将自己彻底地与古典政治经济学区分开来”。③

本年度马克思主义基本原理研究中另一个值得关注的话题是经济基础与上层建筑的关系问题，特别是上层建筑中“法律上层建筑”的性质、定位以及功能等问题。就相关问题的研究而言，一方面，从市民社会理论的思想渊源、发展走向和应用价值等角度来理解相关问题仍然是一种非常重要的研究视角④；但另一方面，也有学者强调，经济基础—上层建筑视角对于我们理解相关理论仍然是非常重要的，要区分“法律上层建筑”与

---

① 王峰明：《马克思社会形态理论的内在逻辑和方法论基础——基于〈资本论〉及其手稿的辨析》，《哲学研究》2021年第2期。

② 郗戈、朱天涛：《马克思资本主义生产方式起源理论的逻辑演进》，《中国高校社会科学》2021年第2期。

③ 兰洋：《马克思思想中的“过渡问题”——从〈德意志意识形态〉到〈资本论〉》，《马克思主义理论学科研究》2021年第4期。

④ 黄志军：《论马克思的市民社会理论及其当代语境》，《高校马克思主义理论研究》2021年第2期。

“政治上层建筑”，因此“经济基础决定法律上层建筑”说的是，当我们看待法律上层建筑时，“不要仅停留在其本身，要深入使其产生的，作为其根源和基础的，作为其内容和本质的，起着制约、规定作用的经济基础，但它并不否定经济基础以外的因素，比如国家权力、自由意志也起到重要作用”。[①]

如上所述，要准确理解法律上层建筑的性质、定位以及功能，就不能抛开“阶级分析法”，这可以说是马克思主义的阶级理论研究的共识。除此之外，本年度马克思主义基本原理研究对马克思主义阶级理论研究的推进还体现在对马克思的“无产阶级”概念的思想史梳理上：有学者具体考证了“无产阶级”概念的首次——《德法年鉴》时期——使用情况，在这里，“无产阶级作为实践的主体具有普遍性，能够超越资产阶级国家的政治解放，担负起自我解放甚至人的解放的历史使命”[②]；更有学者将这种作为“具体的普遍性”的“无产阶级”环节视作“唯物史观”的构成要件：“唯物史观也是一种普遍的世界历史理论，一方面，它强调历史的普遍性，即建立在唯物主义基础上的具体普遍性；另一方面，它明确了普遍历史的现实主体即承担着推动世界历史发展任务的是无产阶级”，“无产阶级能够成为普遍历史的个体，因为它是‘普遍的阶级’；同时，无产阶级是社会历史发展真正现实的主体，因为它体现的是具体普遍性即财产或所有权的丧失”。[③]

和阶级问题一样，近年来，个体与共同体的关系问题也是马克思主义理论研究的一个热点话题。[④] 在本年度马克思主义基本原理研究中，有学者就专门探讨了《德意志意识形态》中，“个体与共同体关系所特有的历史本质和历史形式”，“展现了个人与共同体关系‘依附与从属—分裂与对立—和谐与共生’的发展图景”[⑤]；还有学者从《1857—1858年经济学

① 陈培永：《“法律上层建筑”与“经济基础”关系的再思考》，《社会科学家》2021年第2期。陈培永：《论“法律上层建筑”与“政治上层建筑”的关系》，《宁夏社会科学》2021年第6期。

② 邹广文、王吉平：《马克思〈德法年鉴〉时期“无产阶级”概念的反思性研究》，《现代哲学》2021年第2期。

③ 田毅松：《具体普遍性与无产阶级——世界历史之普遍主体的生成》，《马克思主义与现实》2021年第3期。

④ 曹洪军、叶贵梅：《论马克思自由观的共同体向度及其时代价值》，《马克思主义与现实》2021年第5期。

⑤ 郝立新、米乐平：《马克思恩格斯关于个人与共同体关系思想的历史建构——基于〈德意志意识形态〉的分析》，《山东社会科学》2021年第1期。

手稿》入手，指出马克思这一阶段个体—共同体理论的意义：超越市民社会的人类历史视角，“以异于资产阶级时代原子化个人的共同体视角为基础，通过人与人的共同存在及其社会关系打开了资产阶级社会背后的历史世界，展现了人类历史的总体进程”。[①]

近年来，在历史唯物主义研究领域的一些新尝试也仍然值得我们关注。譬如历史唯物主义的“空间转向”问题又有了一些新的推进，在坚持“历史范畴是包含着时间性和空间性的人类社会发展的总体性过程，它从未也不可能会发生‘空间转向’”，“所谓的历史唯物主义的‘空间转向’，实际上只是对历史唯物主义空间维度的深化研究”[②]这一前提的情况下，研究者开始转入对“列宁、卢森堡与布哈林等人针对帝国主义空间扩张现象展开的政治经济学批判”的具体研究。[③]

3. 马克思主义政治经济学基础理论研究

劳动价值论是马克思主义政治经济学重要的理论基石，对劳动价值论的研究具有重大的理论价值与现实意义。有学者指出，以往的研究一直将“使用价值”和“价值”视为两个在逻辑上平行的概念，但“通过深入分析《资本论》‘抽象力’运用过程，会发现两者不是并列平行关系，而是‘感性具体’与‘思维抽象’的关系”，相关研究者认为，在这一点上，马克思是受到了斯密的影响，因为《国富论》就“主要是围绕使用价值这一经济现象层面的问题展开分析”的，而“《资本论》在批判吸收使用价值分析视角的同时，主要将视野投放到对价值问题的本质分析层面”。[④]在“剩余价值”概念的研究上，也同样有学者发现了上述“从抽象上升到具体”的逻辑：马克思的剩余价值“具有多重内涵，这些内涵并非孤立存在，相互之间紧密关联，如原预付货币之上的增殖额、劳动力价值的增殖额、产品价值超过生产要素价值总的余额、剩余劳动时间的凝结、超过商品成本价格的余额等”，马克思的这些规定“遵循从抽象上升到具体的方

---

① 王莅：《政治经济学批判何以揭示人类历史——〈1857—1858年经济学手稿〉确立的历史研究原则》，《现代哲学》2021年第6期。

② 侯耀文、沈江平：《历史唯物主义与“空间转向”问题——兼论人文社会科学和自然科学研究范式的差异性》，《人文杂志》2020年第3期。

③ 张欣然：《从资本走向空间——马克思主义空间批判的逻辑转换》，《江海学刊》2021年第3期。

④ 刘新刚、裴振磊：《〈资本论〉与〈国富论〉学术关系新论——从对商品“使用价值”与“价值”关系的重新解读谈起》，《清华大学学报（哲学社会科学版）》2021年第2期。

法论，这构成其内在逻辑”。[①]

针对如何从马克思主义视角正确地认识和处理数字经济特别是数字资本主义意义上的劳动问题，除了思想史溯源性的研究之外[②]，我们还能够看到一些更具有现实针对性的研究：“传统较为固定的企业资本雇佣劳动形式被打破，资本与劳动力的结合更多的是通过大资本数字平台进行的。劳动力通过数字平台与自有资本结合、企业通过数字平台与劳动力结合、数字平台与劳动力直接结合以及跨国数字垄断资本与劳动力的间接结合成为数字经济中资本与劳动结合的四种主要形式”，但“劳资结合形式的变化，并没有改变数字资本索取剩余价值的生产关系属性”[③]，更具体地说，在数字资本主义当中，其“劳动过程具备三个显著特征：生产界限模糊、进行数据控制以及存在全方位监视。由于劳动过程的新变化，从事数字劳动的数字劳工的整体境遇实际上未由于工作场地变得灵活而更好，反而是更糟”。[④]

尽管国内外学界对“资本逻辑”本身的认识仍然未得到统一[⑤]，但这并不影响人们关注这一理论问题的热情。众所周知，把握资本逻辑与“权力逻辑”“领土逻辑”“革命逻辑”等概念之间的关系，特别是其中资本逻辑与“权力逻辑”的关联，这一直是资本逻辑批判的要点所在，在本年度的相关研究中，这一理论生产点也依然受到人们的重视。有学者指出：“资本本身就是基于资本主义生产关系的特殊权力形式，它既是对劳动及其产品的支配权力，更是对经济和社会的支配权力。经由超经济权力向经济权力的历史转变，资本最终成为凌驾于现代资产阶级社会之上的结构化的总体性权力，这种权力在资本自我增殖、自我扩张的循环运动中得到了充分展现。”[⑥]

---

① 赵义良、田英：《〈资本论〉中“剩余价值”概念多重界定的内在逻辑及其现实启示》，《中共中央党校（国家行政学院）学报》2021年第12期。

② 王代月：《反抗与生产：内格里对马克思活劳动概念的重新解读》，《马克思主义与现实》2022年第3期。熊晓琳、孙希芳：《对〈政治经济学批判大纲〉“机器论片断”几个争议的辨析》，《理论视野》2021年第6期。

③ 孙蚌珠、石先梅：《数字经济劳资结合形式与劳资关系》，《上海经济研究》2021年第5期。

④ 王蔚：《数字资本主义劳动过程及其情绪剥削》，《经济学家》2021年第2期。

⑤ 兰洋：《重思马克思思想中的“斯密阶段”——从“自然秩序”到“资本逻辑”》，《教学与研究》2021年第10期。

⑥ 董彪：《马克思的资本批判：从增殖逻辑到权力逻辑》，《哲学研究》2021年第9期。董彪：《资本权力与身体规训——以〈资本论〉为中心》，《学习与探索》2021年第8期。

4. 马克思主义政治哲学与道德哲学研究

随着伍德、科恩、罗默等老一辈名宿逐渐淡出思想舞台，无论是对马克思、恩格斯本人思想发展历程中政治哲学思考、道德哲学思考的挖掘、考证，还是对马克思主义政治哲学体系和道德哲学体系的构建、思想实验的设计，国外相关领域的探讨已不如之前那样热烈、丰富，与之相对，国内研究者立足于中国特色社会主义建设的实际，历史地、系统地把握马克思主义政治哲学、道德哲学研究的路径与旨归，做出了相对更为原创性的贡献，这一点在本年度的马克思主义基本原理研究中也有比较明显的体现。

首先，对于国外学者在相关理论研究上的得失功过，本年度的马克思主义基本原理研究做了更清醒的反思，给出了比较公正的评判。比如在对"塔克—伍德命题"这个老问题的理解上，有学者比以往更明确地指认，上述论争双方的对立是一种"表面现象"，从本质上说，双方都共同分享了一个理论前提，就是在抽象的、普遍的意义上来看劳动所有权："以伍德为代表的一方认为马克思反对从劳动所有权出发谴责资本主义的不正义性，并将劳动所有权作为资产阶级法权观念加以拒斥，同时又制造了马克思认为资本主义剥削是正义的理论困境；以科恩为代表的另一方则认为劳动所有权构成马克思批判资本主义剥削的规范依据，但却引出了马克思主义与自由主义共享规范前提的悖论。"[①] 又如在资本主义剥削是否正义的问题上，相关学者也指出，罗默、莱曼、科恩等英美马克思主义者分别基于初始分配不平等、强迫劳动和自我所有权原则对剥削的不正义性进行论证，对"劳资之间不存在不平等交换""工人自愿为资本家工作"，以及"剩余价值是资本家应得的"等当代资本主义意识形态做出了理论上的反击，但这些理论反击的根据都无非是抽象的道德原则，[②]这不仅很难在马克思、恩格斯本人的著作中找到文本上的依据，也与马克思主义哲学的体系框架相矛盾，更无法对当下中国特色社会主义实践提供有实际意义的理论指导。

---

① 李旸：《关于马克思劳动所有权思想的争论与澄明——基于对伍德与科恩观点的评析》，《马克思主义理论学科研究》2021年第11期。陈绍辉、王岩：《政治经济学批判视域中正义的价值理路——基于〈资本论〉的政治哲学分析》，《毛泽东邓小平理论研究》2021年第4期。

② 李旸、杨晓芳：《英美马克思主义视域中剥削的不正义性：三种论证路径及其反思》，《思想理论教育导刊》2021年第1期。

进言之，虽然在解释社会历史的发展时，人们往往从劳动所有权、分配正义的角度去评判某种社会制度的合理与否，但无论是劳动所有权还是分配正义，它们都只是特定历史发展阶段所产生的理论抽象，对于马克思主义来说，并不存在放之四海而皆准的所谓“原则”。正如有学者所指出的，劳动所有权和分配正义，“分配正义归根到底是特定历史阶段生产方式的反映，是基于历史唯物主义所指涉的‘物质生产方式’的事实原则和规范性价值，它与不同历史阶段的所有制形式、财产关系直接相关”，“只有从历史唯物主义和政治经济学批判所开创的哲学视角和理论视域中”，才能真正理解劳动所有权、分配正义的历史生成逻辑。①譬如劳动所有权的问题，“马克思把劳动所有权置于历史唯物主义界域中加以考辨，还原了劳动所有权的‘原初形态’并揭示了其‘同一规律’和‘分离规律’”，劳动与所有权的“同一”与“分离”是资本主义发展的“事情本身”，在这个意义上，劳动所有权的正义与非正义之间的悖论也是资本主义本身不可避免的内在矛盾。②有学者进而指出，马克思虽然揭示了分配正义、劳动所有权的历史必然性，指出它们与生产方式的一致性，但是，“生产方式并非铁板一块，在现存的物质关系中，既有希望保存当前生产方式的保守因素，也有旨在变革它的进步因素，进而生成与生产方式相一致或不一致的不同正义观念”，在这个意义上，马克思主义的正义理论乃至政治哲学、道德哲学仍有其必要性与可能性。③

必须指出的是，虽然上述研究为我们理解“历史唯物主义语境下的道德合法性问题”提供了非常大的帮助，但是，在“马克思主义伦理学本身的知识合法性问题”上，我们仍然有许多工作要做，它们不仅对相关领域学者构建原创性思想实验的能力提出了要求，更重要的是，它们要求相关领域学者具备更强的运用理论知识解决现实问题的本领。正如有学者指出的，“马克思主义伦理学本身的知识合法性问题”探讨的是“马克思主义伦理学本身能否作为一门知识、作为一门严肃的学问而成立”的问题，

---

① 黄建军：《唯物史观论域中的分配正义及历史生成逻辑》，《中国社会科学》2021年第8期。郗戈、安昊楠：《马克思政治经济学批判对正义问题的重构》，《学习与探索》2021年第8期。

② 黄建军：《劳动所有权的正义悖论及其超越》，《马克思主义与现实》2021年第2期。陈绍辉、孙熙国：《历史唯物主义正义理论的生成逻辑与内在理路》，《首都经济贸易大学学报（双月刊）》2021年第4期。

③ 李旸：《历史唯物主义视域下的正义观念——兼评艾伦·伍德对马克思主义正义思想的根本性误解》，《国外理论动态》2021年第6期。

它并不等同于“历史唯物主义语境下的道德合法性问题”：“因为马克思恩格斯对道德的否定与批判，不足以构成马克思主义伦理学不成立的理由。在根本上，马克思主义伦理学是否具有知识合法性，与马克思主义者（特别是其经典作家）是否系统地谈论和思考道德现象或道德问题有关，与马克思主义理论是否蕴含或指向伦理规范性有关，与现实生活中是否存在道德问题以及马克思主义者是否打算运用马克思主义理论去处理这些问题有关。”①

5. 纪念巴黎公社革命150周年的理论研讨

从1871年3月18日巴黎公社革命爆发至今，也已经过去150周年。正如学者们所指出的，虽然巴黎公社革命并不是以马克思主义为指导的，但马克思、恩格斯都“以极大的精力关注了整个革命进程。在革命失败后，他们及时总结革命的经验教训，从多方面深化了马克思主义关于无产阶级革命理论和策略的思想，拓展了马克思思想在国际工人运动中的影响力和感召力”。② 因此，值此150周年纪念之际，“世界各国共产主义政党和人士纷纷以撰写纪念文章、举行纪念活动、召开纪念会议、发表重要声明等方式仔细回顾巴黎公社的成立与发展过程，充分肯定公社的历史作用和深远影响，高度评价公社在制度设置方面的科学性探索，并深刻分析与总结公社失败的沉痛教训，隆重纪念世界社会主义运动中具有里程碑作用和意义的这一盛事”。③ 在这个背景之下，本年度的马克思主义基本原理研究也对相关问题展开了深入的探讨。

一方面，与西方学者将巴黎公社革命指责、污蔑为“独裁”体制的态度不同，国内学者对巴黎公社革命的态度要更为积极、肯定。有学者指出，巴黎公社“在各个方面都彰显出属于劳动人民的真实自由，它是一套落实了自由原则的无产阶级专政”。从根本上说，巴黎公社的本质即在于“社会把国家政权重新收回”，也就是说，国家本身由社会“分离”而出，但这种“分离”本身是特定历史阶段的规定性，在更高的社会阶段，国家机器就不应当再作为“神物”凌驾于社会总体之上，而应该“成为劳

---

① 李义天：《马克思主义伦理学的前置问题》，《中国社会科学评价》2021年第4期。

② 顾海良：《恩格斯论巴黎公社的革命精神——纪念巴黎公社革命150周年》，《文化软实力》2021年第1期。

③ 哈战荣、李雪溶：《历史的回顾与启示：世界各国共产党纪念巴黎公社成立150周年》，《高校马克思主义理论教育研究》2021年第6期。

动人民所直接掌控的、服务于无产阶级社会的一件必要的政治工具”。在具体的制度设计层面，“公社委员会是一套真实的人民民主制度，它保障了劳动人民的自由权利，切实防止国家再次异化为社会压迫的主体”。而“在历史走向层面，公社是正在消亡的国家，它在扬弃自身的过程中不断弱化暴力职能、扩大民主范围，最终指向了一种更具普遍性的、无国家的自由制度”。①

另一方面，国内学者也没有无条件地肯定巴黎公社革命，而是要求给予这场革命以更客观、公正的评价。正如有学者所指出的，“巴黎公社在政权建设实践中，出现了理想和现实的冲突。在政权初创时期，公社错估了社会成员的政治能力，将无产阶级国家权力全部移交给社会，由布朗基派和蒲鲁东派领导的政治组织未能贯彻执行加强政治建设、军事领导、消灭私有制等任务，造成了政治实践的超阶段性和不彻底性，巴黎公社最终走向失败”。② 因此，虽然对于“建立政党、夺取政权、探索建设是无产阶级及其政党在追求自身解放过程中演绎的三部曲”来说，巴黎公社革命都具有先行者的历史意义，但是，巴黎公社革命在建立政党、夺取政权以及探索建设这三方面所留下的教训对后来的革命者来说也具有极为重大的警示意义。③

6. 纪念恩格斯诞辰200周年的后续研讨

2020年是恩格斯诞辰200周年，在上一年度（2020年），围绕恩格斯对马克思主义思想创立和发展的伟大贡献，北京高校马克思主义理论学科的专家学者进行了广泛而具有深度的讨论，到本年度（2021年），这一讨论依旧热度不减，持续在线。

对于辩证唯物主义体系的构建来说，恩格斯的贡献再怎么强调也不为过，在这一点上，本年度内的马克思主义基本原理研究领域的学者曾有非常客观、公正的评价：恩格斯不仅“肯定性地继承了黑格尔哲学中的辩证法思想”，即“自然与社会不是割裂的而是密切地联系的；劳动在人成为人的过程中发挥着重要作用；自然辩证法不是僵化的教条，而是

---

① 刘恩至：《无产阶级专政与自由——巴黎公社的原则及其意义》，《思想理论教育导刊》2021年第10期。

② 孙代尧、李钰：《在理想与现实之间：巴黎公社政治实践再探讨》，《当代世界与社会主义》2021年第2期。

③ 林建华：《国际共产主义运动大视野下的巴黎公社革命和巴黎公社》，《当代世界与社会主义》2021年第2期。

批判性和革命性的理论”，他还“以唯物主义取代了唯心主义，打破了黑格尔形而上学的封闭体系。在此基础上，恩格斯完成了对黑格尔哲学的超越”。①

而就恩格斯对历史唯物主义体系的构建的贡献而言，除了强调在创立历史唯物主义过程中，恩格斯与马克思的“殊途同归”——“青年恩格斯以资本批判为明线，以探求人的自由全面发展和人类解放为隐线，通过分析富人和穷人的矛盾、理念和现实的矛盾呈现出创立唯物史观的理论脉络、基本特点和独创观点，走出了一条探索历史之谜的‘另一条道路’”②——之外，还有学者特别指出，恩格斯吸收当时最新科学研究成果的理论意义，“根据自然与社会的有机联系两个前提，解构机械自然观，描绘有机辩证的世界图景”；“还从劳动发展史的现实基础出发追问形而上学等意识形态形成的原因，解构单纯抽象概念化的哲学思维，在有机论、整体论和感性活动论下阐明唯物辩证法的解释原则”。③

再者，在科学社会主义方面，有学者指出，恩格斯社会主义观的双重逻辑有其重大的理论意义与实践意义：“全面正确把握恩格斯社会主义观的理论逻辑，必须深刻理解社会主义取代资本主义的必然性，深刻理解科学社会主义的科学性和现实性以及对空想社会主义的超越。全面正确把握恩格斯社会主义观的实践逻辑，必须深刻理解经济文化落后的东方国家走社会主义道路的合理性和条件性。”④

此外，像恩格斯“两种生产理论”⑤、恩格斯晚年的国际观问题⑥以及恩格斯关于城市功能的研究问题⑦也都在不同程度上引起了学者们的注意，在上述各个领域中，本年度的马克思主义基本原理研究也都取得了一定的进展。

---

① 史婉婷：《继承与超越：恩格斯自然辩证法对黑格尔哲学的批判性改造》，《马克思主义理论学科研究》2021年第2期。

② 侯衍社：《青年恩格斯在创立唯物史观中的重要贡献》，《教学与研究》2021年第5期。

③ 张秀华、连冠宇、刘佳佳：《解构与建构：恩格斯哲学的现实基础与前提批判》，《自然辩证法研究》2021年第11期。

④ 侯衍社、张喜英：《恩格斯社会主义观的双重逻辑及其当代意义》，《思想理论教育导刊》2020年第1期。

⑤ 王峰明：《物质生产、人口生产与历史发展——对恩格斯“两种生产”理论的互文性解读》，《马克思主义研究》2020年第10期。

⑥ 兰洋：《恩格斯晚年的国际观及其当代启示》，《江海学刊》2021年第3期。

⑦ 沈江平：《恩格斯关于城市功能的研究及其当代启示》，《马克思主义研究》2021年第4期。

7. 马克思主义文明观与人类文明新形态研究

习近平总书记在庆祝中国共产党成立100周年大会上的重要讲话（以下简称“七一”讲话）中深刻指出：“中国特色社会主义是党和人民历经千辛万苦、付出巨大代价取得的根本成就，是实现中华民族伟大复兴的正确道路。我们坚持和发展中国特色社会主义，推动物质文明、政治文明、精神文明、社会文明、生态文明协调发展，创造了中国式现代化新道路，创造了人类文明新形态。”① 正如有学者所指出的，“人类文明新形态的提出是中国和世界发展的必然结果，也是中国共产党人不断总结社会主义建设经验所形成的最新理论成果。马克思主义经典作家关于人类文明的思想为人类文明新形态的提出提供了深厚的思想资源，是指导我们分析和解决文明发展问题的世界观和方法论”。②

一方面，就马克思主义经典作家关于人类文明的思想为人类文明新形态所提供的思想资源而言，本年度的马克思主义基本原理研究既从一般意义上强调了文明理论在历史唯物主义当中的重要性，又从特殊的意义上探讨了资本主义文明的性质、地位和作用。一般而言，“文明是一种历史现象，从本质上讲，文明是人类实践发展到一定阶段的产物，是人的一种生产方式或生活方式，表明人具有了一定的社会素质”，根据不同的划分标准，文明可以划分为不同的形态，譬如农业文明与工业文明、精神文明与物质文明以及我们熟知的五大历史阶段的文明形态。更具体地说，在原始文明、奴隶制文明、封建文明、资本主义文明、社会主义和共产主义文明中，资本虽然具有巨大的文明创造作用，但这种作用本身又充满了内在矛盾，因此，资本主义文明就为马克思、恩格斯所格外重视，是他们重点研究和批判的对象。③ 只有扬弃资本主义文明，才能实现未来社会的新文明（社会主义和共产主义文明）。④

另一方面，习近平在“七一”讲话中提出的人类文明新形态理念，极大地丰富和发展了马克思主义关于人类文明发展的理论。它不仅是“物质文明、政治文明、精神文明、社会文明、生态文明协调发展的新形态”，

---

① 习近平：《在庆祝中国共产党成立100周年大会上的讲话》，人民出版社2021年版。
② 杨金海：《人类文明新形态提出的深远历史意义》，《思想理论教育导刊》2021年第7期。
③ 张云飞：《努力创造人类文明新形态》，《国家治理》2021年第25期。刘军：《中国式现代化新道路的科学内涵与动力源泉》，《人民论坛》2021年第28期。
④ 杨金海：《人类文明新形态提出的深远历史意义》，《思想理论教育导刊》2021年第7期。

赋予上述文明以新的时代内涵，[①]还是“制度文明新形态、现代化新形态、世界文化新形态、国际关系新形态”。[②]因此，人类文明新形态的提出对中国和世界未来发展都有着深远的历史意义。[③]

（二）马克思主义发展史

马克思主义发展史的研究工作是推进马克思主义理论研究的重要组成部分。2021年北京地区高校的马克思主义发展史研究重点突出、成果丰硕。具言之，学界在马克思主义思想研究、马克思主义著作研究、马克思主义发展历程研究以及马克思主义文献学研究等方面，都取得了许多重要的成果，推进了学界在这些领域的研究进展。

1. 马克思主义思想研究

把握经典思想、阅读经典著作是学习研究马克思主义的重要路径。自2000年前后国内学界掀起“回到马克思”的研究热潮，思想研究、著作研究已成为马克思主义哲学研究的重要板块。近年来，理论研究与现实问题研究结合日益紧密，学者们用经典理论来关照各种现实问题，同时在社会问题的反思与批判过程中，也激活了经典理论。

在思想研究方面，包括马克思早期思想研究。有学者专门探讨了马克思早期构建的两条批判路线，即以“绝对自由”“哲学”和“人”等为动力与主体的精神运动路线和以“人民”“无产阶级”为动力与主体的物质运动路线，认为正因为马克思引入了历史运动的物质主体和动力，才突破了种种虚假精神动力的束缚，初步确立了唯物史观。[④]有学者研究了马克思1835—1837年的诗歌，认为这些诗歌的创作集中体现了马克思早期的自由意志理念，表现出区别于资产阶级自由哲学的积极思想禀赋，创立了人类解放意义上的积极自由哲学。[⑤]

资本批判思想。古典政治经济学是马克思政治经济学批判的思想基

---

① 孙代尧：《中国政治发展新道路对人类政治文明的贡献》，《马克思主义研究》2021年第12期。

② 孙代尧：《论中国式现代化新道路与人类文明新形态》，《北京大学学报（哲学社会科学版）》2021年第5期。陶文昭：《创造人类文明新形态》，《中国高校社会科学》2021年第6期。

③ 杨金海：《人类文明新形态提出的深远历史意义》，《思想理论教育导刊》2021年第7期。

④ 孙夕龙：《马克思早期的批判路线：历史主体的交织与嬗替》，《北京行政学院学报》2021年第6期。

⑤ 宋朝龙：《马克思1835—1837年诗歌中苦恼的自由意志——试论马克思积极自由哲学的萌芽期特征》，《哲学动态》2021年第1期。

础，重新反思马克思与斯密的关系，是理解马克思政治经济学批判的“钥匙”。有学者分析了自《德意志意识形态》至《资本论》马克思的思想发展过程。在这一过程中，马克思逐步打破“近斯密性”，透视了古典政治经济学的内在矛盾，洞察到资本主义经济现实的“假象化”本质和古典政治经济学的目的论特征。[①] 在马克思的视野里，权力批判和资本批判始终内在地联系在一起。资本是基于资本主义生产关系的特殊权力形式，经由超经济权力向经济权力的历史转变，资本成为凌驾于现代资产阶级社会之上的结构化的总体性权力。[②] 该学者同样认为，资本作为一种经济社会权力，必然要施之于劳动者的生命才能彰显自身的意志和力量，才能实现价值增殖和资本积累的目标。因此，资本自我实现的过程同时也是生命政治实践的过程。[③] 现代性是在资本力量的推动下形成的，马克思虽没有直接使用“现代性”一词，但是在反思和批判资本现代性方面无疑是较早的那一个。对于马克思而言，现代性实质上就是一种资本现代性。马克思肯定了资本现代性的进步性，同时也深刻批判了资本现代性内蕴的物化、奴役、生态危机、人性堕落等问题。[④] 作为资本现代性的一个重要弊病，资本构成了资本主义社会诸种意识形态迷雾的根源，拜物教批判深刻揭示其深层逻辑。有学者分析了马克思商品拜物教批判的两重维度和三个逻辑环节，并认为厘清该逻辑理路有利于摆脱将拜物教理解为主观错认的认识局限，有助于驳斥商品拜物教过时论的错误论调，有利于人们树立正确的辩证商品观。[⑤] 要克服资本现代性的诸种矛盾，需要扬弃资本。有学者认为，扬弃资本将是个长期的历史过程，而马克思关于扬弃资本的科学方式、阶级力量、现实道路的论断，对于把握当代世界科学驾驭资本，占有资本文明有重要理论指导意义和现实启示价值。[⑥]

空间理论研究。资本批判与空间问题研究具有内在关联。有学者探讨了马克思主义空间批判的逻辑转换，认为空间与历史唯物主义的关系是内

---

① 兰洋：《重思马克思思想中的“斯密阶段”——从“自然秩序”到“资本逻辑”》，《教学与研究》2021年第10期。

② 董彪：《马克思的资本批判：从增殖逻辑到权力逻辑》，《哲学研究》2001年第9期。

③ 董彪：《马克思的资本权力思想与生命政治批判》，《内蒙古社会科学》2021年第3期。

④ 汪光晔：《论马克思的资本现代性概念及其辩证立场》，《中国地质大学学报（社会科学版）》2021年第5期。

⑤ 孙熙国、毛菲：《论马克思商品拜物教批判的逻辑理路》，《理论学刊》2021年第4期。

⑥ 陈广亮：《马克思对扬弃资本的科学预测及新时代启示》，《学术探索》2021年第5期。

源且内在的，空间不仅植根于马克思的辩证法，而且在列宁、卢森堡与布哈林等人针对帝国主义空间扩张现象展开的政治经济学批判中得到彰显，为晚期资本主义条件下马克思主义的空间转向提供了重要启示，实现马克思主义空间批判从资本逻辑向空间逻辑的转换。① 有学者聚焦到现代城市的功能研究，探讨了恩格斯关于资本主义工业城市空间功能的相关论述，指出资本主义工业城市专注资本增殖而忽视人的宜居要求的实质，分析了该理论对中国城市建设的重要意义。②

辩证法思想研究。黑格尔的辩证法是马克思辩证法思想的重要来源。二人都将“生成与毁灭”的必然规律内嵌于辩证法当中，赋予其以强大的革命性。然而，二人的辩证法也存在重大区别，即黑格尔在生成与毁灭的诸现象形态外还强调一个不灭的作为绝对者的精神，而马克思超越了黑格尔的辩证法，认为全部存在物都必须经历“生灭”的历史过程。③ 黑格尔辩证法思想同样深刻影响了恩格斯。有学者研究了恩格斯自然辩证法对于黑格尔哲学的批判改造，认为恩格斯以唯物主义取代唯心主义，打破了黑格尔形而上学的封闭体系，实现了对黑格尔哲学的超越。④

生产理论研究。实践的观点是马克思主义首要的、基本的观点。马克思的生产劳动理论并非无源之水，有学者专门分析了马克思对亚当·斯密生产劳动的批判和超越。该学者从“形式规定”和“价值判断”两个方面揭示了马克思提出的剩余价值生产理论和唯物史观确立的物质生产关系对斯密学说的超越，创立了科学的生产劳动理论。⑤ 有学者论述了马克思关于物质生产和人口生产的关系思想，指出物质生产决定人口生产是历史唯物主义的基本主张，是马克思主义社会发展理论的基石。⑥ 有学者对恩格斯《家庭、私有制和国家的起源》和晚年通信做了互文性解读，分析了物质生产的决定性作用和包括经济、政治、文化等因素间的相互作用以及物

---

① 张欣然：《从资本走向空间——马克思主义空间批判的逻辑转换》，《江海学刊》2021年第3期。

② 沈江平：《恩格斯关于城市功能的研究及其当代启示》，《马克思主义研究》2021年第4期。

③ 刘恩至：《论马克思对黑格尔革命辩证法的继承与超越》，《北京社会科学》2021年第12期。

④ 史婉婷：《继承与超越：恩格斯自然辩证法对黑格尔哲学的批判性改造》，《马克思主义理论学科研究》2021年第2期。

⑤ 伍书颖、王峰明：《生产劳动理论：马克思对亚当·斯密的批判与超越》，《思想理论教育导刊》2021年第8期。

⑥ 刘喜珍：《马克思关于物质生产与人口生产的关系思想论略》，《北方工业大学学报》2021年第2期。

质生产和经济的决定作用的具体表现方式和实现方式。[①] 还有学者从再生产的视角出发，挖掘了马克思消费思想中的消费力意蕴，探讨了它对于当今中国构建新发展格局的重要启示意义。[②]

意识形态问题研究。马克思恩格斯意识形态批判思想建立在对德国古典哲学特别是对青年黑格尔派思辨哲学的批判基础上，通过政治经济学批判深入社会现实，抓住意识形态的本质，帮助我们识破资本主义社会的种种意识形态迷雾。有学者指出马克思、恩格斯意识形态理论的本质特性是批判性，在批判中包含着建构的维度，具言之，在批判唯心论世界观中触及观念背后的真实社会关系，探寻超越意识形态虚假性的科学进路，确认了无产阶级意识形态的历史方位。[③] 有学者论述了恩格斯晚年意识形态思想及其当代价值。[④] 有学者分析了马克思意识形态批判中采用的总体性方法。该方法坚持从抽象规定上升到具体总体的思维路径，将意识形态批判与政治经济学批判紧密结合，在社会形态演变中明晰范畴的历史特质，在社会内部结构中把握范畴的现实地位，从而还原范畴所内含的社会历史现实。[⑤]

政治哲学问题研究。在国家观及国家关系研究方面，有学者结合马克思《关于现代国家的著作的计划草稿》及其他马克思恩格斯经典著作，探讨了马克思恩格斯构建现代国家的思想，在国家的起源与形成、阶级职能构建与社会公共职能构建、政党构建、人民主体与法治四个维度上梳理出马克思恩格斯构建现代国家思想的逻辑主线与思想脉络。[⑥] 有学者探讨了马克思恩格斯对欧洲国家关系的时代特征、本质内涵和发展趋势的具体研究，提出以分析维度和批判维度、结构性方法和动机性方法为核心的一整套基本范畴、认知逻辑和分析范式。[⑦] 在自由观研究方面，有学者探讨了马克思自由观的共同体向度，认为共同体是马克思自由观的不变论域，精

---

① 王峰明：《物质生产、人口生产与历史发展——对恩格斯“两种生产”理论的互文性解读》，《马克思主义研究》2021年第10期。

② 周丽群：《马克思消费思想及其现实意蕴》，《理论视野》2021年第6期。

③ 李江静：《马克思恩格斯意识形态理论的建构逻辑阐释》，《马克思主义研究》2021年第12期。

④ 纪萍萍、周琪：《试论恩格斯晚年意识形态思想及其当代价值》，《北方工业大学学报》2021年第2期。

⑤ 马超林、王月洋：《马克思意识形态批判的总体性方法探析》，《岭南学刊》2021年第6期。

⑥ 韩致宁：《马克思恩格斯关于构建现代国家的思想探究》，《思想教育研究》2021年第5期。

⑦ 兰洋：《马克思恩格斯关于十九世纪欧洲国家关系的论述及其当代启示》，《哲学研究》2021年第6期。

神自由、实践自由和个性自由的实现和展开，都离不开共同体。这一思想为理解和把握自由问题提供科学方法论，从而揭露了资产阶级自由观的抽象性。[①]在政党问题研究方面，有学者探讨了马克思恩格斯在无产阶级及其政党的使命问题上的相关论述，认为该问题的探讨将为新时代中国特色社会主义的伟大使命提供理论支持。[②]

人的本质问题研究。有学者重新理解了马克思关于人的本质问题作出的“人的本质在其现实性上是一切社会关系的总和”的重要论断，分别对“现实性”“社会关系”“总和”“社会的人类”等范畴做了重新理解。[③]人的解放问题是马克思一生持续关注的核心命题，在私有制社会，探寻劳动解放问题构成人的解放的关键问题。有学者围绕劳动解放，分析了唯物史观和异化史观这两种不同的解释范式和理论立场。该学者认为，劳动解放实质上是指在消除了生产关系对抗性的基础上，消灭了对劳动者劳动的剥削与压榨，从而使人们一方面在物质生产领域即必然王国实现自由的劳动，另一方面在非物质生产领域即自由王国实现人的自由个性。[④]有学者认为马克思从人的自由解放的价值维度对人的类存在、类本质进行了规定，从社会发展客观规律角度探索了人的异化和扬弃、社会的分化和整合的进程，为全人类共同价值的维护和重建人类社会的共同秩序提供了深厚思想基础。[⑤]

历史理论研究。唯物史观是马克思主义对人类思想史的独特贡献，蕴含着马克思主义的真理光辉。有学者专门梳理了马克思历史思想的四种称谓，分别为历史唯物主义、历史科学、历史哲学和历史理论，称这四种称谓和范式展现了马克思历史思想的多重维度。要从辩证唯物主义和历史唯物主义相统一、历史科学与历史哲学相统一、历史理论与历史现实相统一的角度来看待马克思的历史思想。[⑥]有学者分析了青年恩格斯在创立唯物史观中发挥的重要作用。区别于青年马克思的哲学批判，青年恩格斯走了

---

① 曹洪军、叶贵梅：《论马克思自由观的共同体向度及其时代价值》，《马克思主义与现实》2021年第5期。

② 徐辉：《马克思恩格斯的使命观及其当代价值》，《科学社会主义》2021年第1期。

③ 陈培永：《对马克思关于人的本质问题论断的再理解》，《思想理论教育导刊》2021年第9期。

④ 何海燕：《究竟什么是劳动解放？——异化史观的逻辑缺陷与唯物史观的理论启示》，《现代哲学》2021年第5期。

⑤ 董彪：《马克思的“类哲学”与人类命运共同体》，《东北大学学报（社会科学版）》2021年第2期。

⑥ 张婷：《马克思历史思想的四种称谓及当代启示》，《重庆社会科学》2021年第10期。

一条现实批判路径，确立了“现实的人”这一唯物史观的历史前提和理论前提，对经济因素的强调，对生产力、社会关系和生产方式等重要因素的强调，对社会革命必然性和可行性的探索和论证等都为唯物史观的创立提供了重要理论基础。[①] 有学者探讨了马克思的“历史决定论”，认为不理解马克思的历史决定论就难以理解唯物史观。该学者梳理了围绕马克思的历史理论与决定论关系问题展开的讨论中的代表性观点，以此为基础，阐明马克思的历史决定并非“起源决定”，而是一种“趋势决定”，而《资本论》及其手稿在理解历史决定论中具有极其重要的地位和意义。[②] 有学者专门研究了马克思社会有机体思想中的“风险治理”意蕴，认为社会有机体思想中蕴含了丰富的思想，为理解风险的成因、克服和化解的本领及出路等提供思想资源。[③] 马克思主义历史理论阐明了社会发展的普遍性和特殊性，东方社会问题是理解该原理的重要资源。马克思恩格斯探讨了“东方问题”的深层根源、直接动因、政策基础和本质特征等重要问题，展开了一条通向更高级国际文明的新路径，从而为我们理解当今世界的发展大势、掌握历史主动提供重要遵循。[④] 有学者进一步探讨了恩格斯的社会主义观，强调要理解恩格斯社会主义观的理论逻辑，就要理解社会主义取代资本主义的必然性，理解科学社会主义的科学性和现实性以及对空想社会主义的超越。要理解恩格斯社会主义观的实践逻辑，就要深刻理解经济文化落后的东方国家走社会主义道路的合理性和条件性。而理解恩格斯社会主义观的双重逻辑将为我们理解中国特色社会主义道路提供重要思想基础。[⑤]

道德、法律等问题研究。有学者研究了马克思恩格斯道德与法律关系的思想，认为二者关系贯穿于二人思想发展的始终。权利与义务的统一、选择与责任的连贯、自律与他律的区别、自由及其秩序的实现等命题，构成其道德与法律思想的主要内容。[⑥] 有学者专门研究了恩格斯对马克思主

---

① 侯衍社：《青年恩格斯在创立唯物史观中的重要贡献》，《教学与研究》2021年第5期。

② 王峰明：《马克思的“历史决定论”刍议》，《山西师大学报（社会科学版）》2021年第1期。

③ 杨海：《马克思社会有机体思想中的“风险治理”意涵》，《广东社会科学》2021年第1期。

④ 兰洋：《马克思恩格斯关于“东方问题”的评论及其当代价值》，《马克思主义研究》2021年第12期。

⑤ 侯衍社、张喜英：《恩格斯社会主义观的双重逻辑及其当代意义》，《思想理论教育导刊》2021年第1期。

⑥ 李志强：《马克思恩格斯道德与法律关系思想及其当代价值》，《马克思主义理论教学与研究》2021年第4期。

义道德哲学形成与发展的贡献，认为恩格斯是马克思主义经典作家中系统论述道德问题的第一人。他明确了道德研究的具体对象和实践价值指向，构建了道德研究的基本内容体系框架和独特概念范畴，创立了道德研究的方法论，对马克思主义道德哲学的形成和发展作出了杰出贡献。①

晚年恩格斯思想研究。晚年的恩格斯为马克思主要著作的再版和新版作出了重大贡献。他先后为马克思著作撰写了近20篇“序言”或“导言”，实际地形成了恩格斯对马克思学说研究和理解的一种特定的理论风范和学术品格，凝练为一种“序言”标格。它们为我们把握马克思思想精髓、领会马克思主义的科学精神和理论品质提供思想线索。② 有学者聚焦恩格斯晚年的国际观和方法论。恩格斯以历史唯物主义为哲学基石，以结构分析与动机分析为方法论原则，深刻透视了垄断资本主义时代国际关系的基本特征和根本动因，并且准确预言了大国体系走向全面崩溃和世界大战的历史结局，从而拓宽了马克思主义关于世界历史发展和国际社会变迁的基本范畴、认知逻辑和分析范式。③

列宁思想研究。在马克思主义发展史上，列宁做出了重大贡献。列宁以科学的态度对待马克思主义，坚持理论与实践相结合，坚决反对教条主义与修正主义的错误，旗帜鲜明地反对借口现实变化背离马克思主义的做法，实现坚持马克思主义和发展马克思主义的高度统一。④ 在《共产主义运动中的“左派”幼稚病》中，列宁论述了无产阶级政党纪律建设和革命策略，对中国共产党开展反对教条主义斗争、推进马克思主义中国化产生了十分重要的影响。⑤ 列宁在社会主义建设上的一系列探索也对我们的现代化建设有重要借鉴意义。有学者探讨了列宁晚年社会主义改革的思想精髓，从经济、政治和文化改革三个方面做了阐述，认为列宁的这种“三位一体”的改革探索是基于他对社会主义实质的深刻理解，对我们全面深化改革有重要意义。⑥

---

① 曹洪军、苗青：《论恩格斯对马克思主义道德哲学形成与发展的贡献》，《理论学刊》2021年第3期。

② 顾海良：《恩格斯晚年的“序言”标格及其思想智慧》，《马克思主义与现实》2021年第1期。

③ 兰洋：《恩格斯晚年的国际观及其当代启示》，《江海学刊》2021年第3期。

④ 孙来斌：《列宁对待马克思主义的科学态度》，《马克思主义理论学科研究》2021年第12期。

⑤ 陈明凡、张学森：《列宁批判“左派”幼稚病对中国共产党的深刻启迪》，《思想理论教育导刊》2021年第9期。

⑥ 房静雅：《历史视域下列宁晚年社会主义改革的思想精髓》，《学习论坛》2021年第4期。

卢森贝思想研究。在马克思主义发展史上，苏联学者也做出了重要贡献。有学者关注了苏联学者卢森贝在《政治经济学史》中的政治经济学思想，认为《政治经济学史》对政治经济学史的研究对象、研究方法和体系结构作了开拓性的探索；较为完整地阐释了政治经济学史过程和体系问题的基本观点；综合了马克思提出的经济思想史的两种形式，形成了基于马克思主义观点的政治经济学史的学术形式及基本范式。①

此外，有学者重新反思了马克思新唯物主义的世界观，分析了新唯物主义之“新”的具体体现。马克思把在“我”之外的客观世界变成了一个“我”在其中的世界，把静止的、固定化的世界变成了一个变化的、具有社会历史性的世界，把一个碎片化的世界变成了一个具有总体性的世界，把一个等着我们去认识的世界变成了一个我们可以去改变的世界。②

2. 马克思主义著作研究

研读经典文本是学习和研究马克思主义理论的基本功，其中，研读马克思恩格斯的经典文本又是重中之重。

《德法年鉴》时期著作研究。《德法年鉴》时期是马克思思想发生“两个转变”的关键时期。无产阶级是科学社会主义理论的核心范畴，有学者专门研究了该时期马克思所使用的“无产阶级”概念，认为马克思在该时期看到了黑格尔法哲学中包含的中介性要素无力消解市民社会与国家之间的利益矛盾。要寻找解决市民社会矛盾的普遍性力量，哲学的探索使他在无产阶级中找到希望。③有学者研究了该时期马克思发表的《〈黑格尔法哲学批判〉导言》，分析了马克思围绕人的解放问题从宗教、哲学和实践三个方面对黑格尔法哲学所做的批判。④

巴黎时期著作研究。1844年4月至8月，马克思流亡巴黎时期发生了其一生中最复杂的思想视角的转变，该时期留下了很多手稿，后人整理成为《巴黎手稿》。有学者研究了《巴黎手稿》中马克思所开创的把黑格尔辩证法激进化的第三种方向。马克思在劳动辩证法的基础上把辩证法的主体

---

① 顾海良：《卢森贝的〈政治经济学史〉及其经济思想史研究的意义》，《经济思想史学刊》2021年第1期。

② 陈培永：《重思马克思新唯物主义的世界观》，《马克思主义理论学科研究》2021年第5期。

③ 邹广文、王吉平：《马克思〈德法年鉴〉时期“无产阶级”概念的反思性研究》，《现代哲学》2021年第2期。

④ 纪萍萍、周琪：《〈《黑格尔法哲学批判》导言〉的三重批判及其当代意义》，《武汉理工大学学报（社会科学版）》2021年第1期。

颠倒为作为“感性主体”的人，把精神的异化颠倒为现实异化的观念反映，其扬弃私有财产的共产主义运动真正发展了黑格尔辩证法的革命性。既不同于鲍威尔在黑格尔体系内部发展辩证法的革命性，也不同于费尔巴哈走到黑格尔辩证法的对立面，确立起了把黑格尔辩证法激进化的第三种方向。① 有学者研究了《1844年经济学哲学手稿》中的实践观，认为《1844年经济学哲学手稿》不仅先于《关于费尔巴哈的提纲》构建了马克思主义实践观的思想框架，而且包含着比《关于费尔巴哈的提纲》的实践观更为丰富的内容。② 有学者专门研究了《1844年经济学哲学手稿》中的思想政治教育理念，认为该文本提出了诸如“人是特殊的个体也是总体”“人是有意识的生命活动”“共产主义是人的本质的现实生成”“理论对立本身的解决只有通过实践方式”等经典的思想政治教育论断，蕴含着深刻的思想政治教育理念，表征了思想政治教育活动的基本规律。③

《神圣家族》研究。有学者研究了该文本中马克思对社会改良主义的批判及其当代价值，认为该文本包含着他们对改良主义的第一次深刻批判，揭示改良主义基于抽象人性论和超阶级正义论提出的社会救治措施充满了矛盾和伪善，指出只有从根本上推翻私有制才能实现社会公正。④ 该学者还研究了该文本中恩格斯对思辨唯心主义的批判。⑤

《德意志意识形态》研究。《德意志意识形态》在马克思恩格斯思想发展中有标志性意义，学界持续推进该文本的理论问题研究。在该文本中，马克思恩格斯考察了个人与共同体关系所特有的历史本质和历史形式，揭示了资本主义社会二者内在矛盾的根源及其深刻影响，呈现出历史建构的逻辑进路。⑥ 有学者专门考察了该文本中蕴含的马克思主义生态思想，认为马克思恩格斯从“有生命的个人的存在”出发，把实践作为人与自然的中介和统一的基础，展现人与自然的相互作用和辩证关系，揭示资

---

① 李彬彬：《马克思〈巴黎手稿〉与黑格尔辩证法激进化的第三种方向》，《马克思主义与现实》2021年第5期。

② 林锋、毕秋：《实践观的初次表述究竟在马克思的何文中？——〈1844年经济学哲学手稿〉的实践观及其价值》，《北京行政学院学报》2021年第6期。

③ 钟启东：《〈1844年经济学哲学手稿〉中的思想政治教育理念》，《学术探索》2021年第7期。

④ 李彬彬：《马克思对社会改良主义的批判及其当代价值探析——以〈神圣家族〉为中心》，《科学社会主义》2021年第4期。

⑤ 李彬彬：《恩格斯对〈神圣家族〉中对思辨唯心主义的批判》，《理论视野》2021年第8期。

⑥ 郝立新、米乐平：《马克思恩格斯关于个人与共同体关系思想的历史建构——基于〈德意志意识形态〉的分析》，《山东社会科学》2021年第1期。

本主义生产方式下的生态异化现象，指出人与自然的整体协调发展的应然趋势，最终实现“自然的历史”和“历史的自然”的一致，达到人与自然和谐共生的价值旨归。①

《共产党宣言》研究。《共产党宣言》是马克思主义文献中国际传播最广、世界影响最大的文本，在国际共产主义运动中发挥了重大影响。该文本包含丰富的唯物史观内容，其中对世界历史思想做了完整、系统的分析，标志着马克思主义世界历史理论的科学创立。在该文本中，世界历史思想表现为三重逻辑向度：以崭新的科学历史观奠定世界历史理论的变革基础，并以此为逻辑主线贯穿《共产党宣言》始终；运用历史辩证法，以批判资产阶级社会为逻辑起点，揭示其在自我否定运动中世界历史的阶段性；社会主义新运动的蓬勃发展，共产主义世界历史的必将实现是其逻辑旨归。②

《资本论》及其手稿研究。无疑，《资本论》研究是当下中国马克思主义哲学界最炙手可热的论题之一。经过多年研究，国内学界也已形成大量的研究成果。2021年，北京高校马克思主义理论界对《资本论》及其手稿研究同样成果很多，其中不乏一些优秀青年学者的成果。马克思主义政治经济学继承了古典政治经济学的一些研究范式，但是对后者做了总体超越。有学者分析了《资本论》与《国富论》的学术关系，认为以《国富论》为学术内核的西方经济学和以《资本论》为代表的马克思主义政治经济学之间的关系不是简单的具体与抽象的关系，而是现象与本质的关系。③有学者分析了马克思政治经济学批判的研究内容、研究方法、哲学基础和价值取向，探讨了这“四重内涵”对研究新时代中国经济发展以及深化中国特色社会主义政治经济学的重要意义。④此外，学者们对一些具体问题做了深入探讨。有学者专门探讨了《资本论》中所蕴含的关于五种

① 庄忠正、陆君瑶：《马克思主义生态思想的逻辑构建——基于〈德意志意识形态〉的考察》，《思想教育研究》2021年第6期。

② 韩海涛、李珍珍：《〈共产党宣言〉世界历史思想的三重内在逻辑探析及时代启示》，《科学社会主义》2021年第3期。

③ 刘新刚、裴振磊：《〈资本论〉与〈国富论〉学术关系新论——从对商品“使用价值”与“价值”关系的重新解读谈起》，《清华大学学报（哲学社会科学版）》2021年第2期。

④ 何玉芳、张晓：《马克思政治经济学批判的四重内涵及其当代价值——基于对〈资本论〉的解读》，《思想战线》2021年第5期。

社会形态及其历史联系和嬗变规律的内在逻辑和方法论基础。[①]有学者梳理了从《德意志意识形态》到《资本论》马克思的研究进程，认为马克思推进诸如分工、价值形式、土地制度等问题的研究，形成对社会形态过渡问题的完整认识，真正把握了社会变迁的一般规律和资本主义产生的特殊条件之间的关系，同古典政治经济学区分开来。[②]有学者专门探讨了"劳动"与"工作"的关系问题，认为马克思在《资本论》及其手稿中对劳动的阐释具有技术关系和权力关系的双重视角。[③]剩余价值概念是马克思政治经济学批判的核心概念之一，有学者分析了《资本论》中"剩余价值"概念多重界定的内在逻辑，探讨了该概念具有多副"面孔"、多重内涵及其相互关系。[④]有学者对资本进行政治哲学研究，专门探讨了权力与身体的关系问题，认为马克思以政治经济学批判为路径，揭示了资本权力对工人身体的规训机制，建构了一种以身体规训为核心的政治哲学。[⑤]有学者专门辨析了国内外学界关于《政治经济学批判大纲》"机器论片断"存在的几个争议，具体回应了一些观点，如该文本是否违背马克思劳动价值论、对该文本的教条式理解以及无产阶级的无用论等。[⑥]《资本论》研究在当代社会问题的研究中不断得到重新激活、升华发展。有学者专门探讨了《资本论》对认识西方金融资本主义大萧条的方法论价值，认为《资本论》所揭示的逻辑为我们分析金融资本的本质提供方法论基础，正是金融资本本质自身的矛盾及其自我否定的必然性造成了西方金融资本主义大萧条。[⑦]

《费尔巴哈论》研究。《费尔巴哈论》是恩格斯晚年的重要著作。恩格斯结合当时世界局势变动的大背景，阐明了马克思主义哲学同德国古典

---

① 王峰明：《马克思社会形态理论的内在逻辑和方法论基础——基于〈资本论〉及其手稿的辨析》，《哲学研究》2021年第2期。

② 兰洋：《马克思思想中的"过渡问题"——从〈德意志意识形态〉到〈资本论〉》，《马克思主义理论学科研究》2021年第4期。

③ 王峰明、欧阳兰榛：《马克思混淆了"劳动"与"工作"吗？——基于〈资本论〉及其手稿对爱伦特批评的回应》，《现代哲学》2021年第3期。

④ 赵义良、田英：《〈资本论〉中"剩余价值"概念多重界定的内在逻辑及其现实启示》，《中共中央党校（国家行政学院）学报》2021年第6期。

⑤ 董彪：《资本权力与身体规训——以〈资本论〉为中心》，《学习与探索》2021年第8期。

⑥ 熊晓琳、孙希芳：《对〈政治经济学批判大纲〉"机器论片断"几个争议的辨析》，《理论视野》2021年第6期。

⑦ 宋朝龙：《〈资本论〉对认识西方金融资本主义大萧条的方法论价值》，《思想理论教育导刊》2021年第2期。

哲学之间的内在联系和本质区别，全面系统论述了马克思主义哲学特别是历史唯物主义的基本原理，指出了马克思主义哲学所引起的革命性变革。有学者认为该文本彰显了科学思想伟力，为防范化解重大风险提供思维启迪。① 有学者聚焦该文本中恩格斯对意识形态问题的探讨，认为他在意识形态产生根源、根本功能、构造规律及其本质属性等方面做出了肯定性的原理揭示和要义阐释，坚持和发展了马克思主义意识形态观。②

3. 马克思主义发展历程研究

马克思主义的内涵丰富，外延广泛，研究马克思主义的形成和发展历程能够彰显马克思主义理论的内在逻辑，又能充分展现马克思主义的实践品格。

有学者探讨了马克思主义发展的本质与形态，认为马克思主义发展是多形态的有机统一，是以理论发展形态为核心的包括条件、主题、道路、主体、阶段诸发展形态的系统。马克思主义发展的本质是理论创新，原创性发展在马克思主义理论创新中具有重要意义。③

历史分期是马克思主义发展史研究中一个重要而复杂的问题，历来存在不同看法。有学者综合考察时代特点、历史任务、时间跨度等因素，认为马克思主义发展的历史阶段可以大致分为“四个50年”。一部马克思主义发展史，就是人类解放理论主题不断展开、价值目标不断实现的历史，表现为前后相继的发展主题阶段：在科学论证人类解放的过程中创立和发展、在追求人类解放的社会革命中发展前进、在追求人类解放的社会主义建设和改革实践中曲折前进、在追求人类解放的中国式现代化强国实践推动下开拓前进。把握马克思主义发展的历史逻辑，能够帮助我们把握马克思主义哲学思辨的主题，自觉推动马克思主义发展的神圣职责。④

有学者从思想史角度考察了“马克思主义三个组成部分和三个来源”，认为恩格斯的该论断似乎具有一定的偶然性，因为它的内容已经包含在马克思、恩格斯早期的诸多文献之中。在恩格斯论断的基础上，列宁发展了马克思主义理论组成部分和理论来源的内容。苏联教科书尽管饱受诟病，

---

① 杨海：《〈费尔巴哈论〉：为防范化解重大风险提供思想启迪》，《中共中央党校（国家行政学院）学报》2021年第1期。

② 钟启东：《〈费尔巴哈论〉中意识形态批判的四个经典论断》，《湖北社会科学》2021年第1期。

③ 梁树发：《马克思主义发展的本质与形态》，《中国高校社会科学》2021年第1期。

④ 孙来斌：《马克思主义发展的历史阶段及其主题演进》，《马克思主义研究》2021年第3期。

但其价值在于让这一理论更加明晰和准确。中国的马克思主义基本原理教科书的价值在于，在一定程度上突破了原有体系，强调了马克思主义的“实践”特征，凸显了“实践唯物主义”概念。[①]

4. 马克思主义文献学研究

文本解读是把握思想的重要途径，然而由于时代的局限，马克思恩格斯的许多文本未获公开出版，比如《德意志意识形态》这部马克思恩格斯生前未曾公开面世的文本，又比如《资本论》的大量手稿。这些文献对于后世全面系统准确地把握马克思主义的核心要义有重要价值。这充分说明马克思主义文献学研究在当代具有极其重要的价值。

有学者纵观近百年文献学研究历程，对《德意志意识形态》百年文献学研究的逻辑、主题和启示做了探讨，认为《德意志意识形态》的文本经历了“建构—解构—重构”的辩证演进过程，与之相关的理论主题如编排方式、性质判定和历史定位等亦得到了深入的考察。我们不仅要批判地吸收前人的研究成果，而且要以高度的理论自觉开展深入而独立的《德意志意识形态》中国研究，从而为建设具有中国风格、中国气派、中国特色的马克思主义理论大业贡献力量。[②]有学者基于MEGA2第一部分第5卷对《德意志意识形态》中的各篇章的重新处理，探讨了编者对手稿进行编辑所围绕的重要问题，即《费尔巴哈》章“写作分担”问题，《费尔巴哈》章、《鲍威尔》章和《施蒂纳》章写作顺序问题，《费尔巴哈》章形成过程问题。该文认为这些问题建构出《费尔巴哈》章广阔的文献学研究史视野，是理解MEGA2第一部分第5卷问题意识的前提和基础。[③]

有学者结合MEGA2第一部分第5卷，分析了《共产党宣言》的作者问题。作者问题关系到理解《共产党宣言》的理论实质问题。该文推断《共产党宣言》是马克思在唯物史观指导下，吸收了多方面思想资源，特别是《德意志意识形态》以及恩格斯的《共产主义原理》而创作出来的作品，

① 田毅松、凤秀林：《“马克思主义三个组成部分和三个来源”的思想史考察》，《观察与思考》2021年第6期。

② 赵玉兰：《〈德意志意识形态〉百年文献学研究的逻辑、主题与启示》，《哲学研究》2021年第4期。

③ 王旭东：《〈费尔巴哈〉章文献学研究诸问题——MEGA2第一部分第5卷出版前的文献学研究史》，《马克思主义与现实》2021年第4期。

并非仓促之作，更不是对恩格斯《共产主义原理》的抄袭。[①]

《资本论》及其手稿的传播史是马克思主义传播史的重要组成部分。学界还专门就《资本论》在英美、德国和日本的传播历程做了专门研究，为充实国内学界相关研究做出贡献。其中，《资本论》在英美的传播与接受，不仅折射出马克思主义在英美传播的一个重要方面，也反映了19世纪后期以来资本主义社会经济文化发展现实与马克思主义理论文本之间最为激烈的碰撞和交锋。[②] 20世纪60年代后，得益于MEGA2出版工程的助力，《资本论》的各个手稿卷次不断面世，《资本论》研究有了更为充实详尽的文本依据，德国学界也掀起了“新马克思阅读”等对《资本论》文本进行重新解读的浪潮，研究视野和论域不断扩大。新世纪以来，伴随着“马克思—秋季学校”“《资本论》阅读课程”等活动的兴起，《资本论》再度受到德国社会的广泛关注，学院研究与大众阅读之间的联系得到进一步加强。[③] 日本的《资本论》研究注重从原著出发还原其本来面貌，并以多维视角诠释包括《资本论》在内的整个马克思主义理论体系。20世纪40—60年代，日本学者深入《资本论》的理论研究中，并专门围绕市民社会理论展开了大讨论。20世纪60—80年代，从经济学视角来分析和解读《资本论》成为日本学界的主流，日本学者在讨论劳动主体性问题的同时致力于将高等数学知识运用到《资本论》研究之中。20世纪80年代至2000年，《资本论》全三卷新译本出版，并在哲学、经济学等领域产生了大量研究成果。2000年以来，日本学者深度参与了MEGA2第二部分的编辑工作，在文本研究的基础上对日本社会发展和资本主义制度展开了再思考。[④]

（三）马克思主义中国化研究

2021年，北京高校关于马克思主义中国化研究，主要体现在四个方面：一是中国共产党百年与马克思主义中国化研究；二是马克思主义中国化基础理论问题研究；三是中国特色社会主义理论和实践研究；四是习近平新时代中国特色社会主义思想研究，这些研究既聚焦中国共产党成

① 王代月：《究竟谁是〈共产党宣言〉的“第一提琴手”？——来自MEGA2第一部分第5卷的启示》，《马克思主义理论学科研究》2021年第9期。
② 张秀琴、王志岸：《马克思〈资本论〉在英美的传播历程研究》，《国外理论动态》2021年第4期。
③ 王瞻：《马克思〈资本论〉在德国的传播历程研究》，《国外理论动态》2021年第4期。
④ 商紫君：《马克思〈资本论〉在日本的传播历程研究》，《国外理论动态》2021年第4期。

立百年的前沿问题，又注重马克思主义中国化研究学科的重大理论和现实问题，不仅丰富了中国化马克思主义理论的研究成果，也推动了马克思主义中国化研究的学科发展。

1. 中国共产党百年与马克思主义中国化研究

中国共产党的百年历史，就是一部不断认识和推进马克思主义中国化的历史。《中共中央关于党的百年奋斗重大成就和历史经验的决议》指出，一百年来，党坚持把马克思主义写在自己的旗帜上，不断推进马克思主义中国化时代化，用博大胸怀吸收人类创造的一切优秀文明成果，用马克思主义中国化的科学理论引领伟大实践。2021年，北京高校聚焦建党百年与马克思主义中国化研究，回顾历史、总结经验、面向未来，形成一系列研究成果。

关于中国共产党百年思想历程与马克思主义中国化，有学者认为，中国共产党是马克思主义基本原理同中国实际相结合的主导者、践行者和理论创新者。中国共产党百年思想历程，是以马克思主义中国化为主线的，马克思主义中国化的理论精粹，是以中国共产党百年历程中的理论创新和理论创造为标识的。中国社会百年来的历史性变迁，同马克思主义中国化的发展阶段及阶段性特征相契合，同中国共产党百年思想的形成、丰富和接续发展相辉映，也是在中国社会历史性变迁中，以中国社会实现两大历史任务为主旨，以中国的“实际问题为中心”，以中华民族伟大复兴为旗帜的。中国共产党百年思想不仅把马克思主义基本原理运用于中国的实际，而且还在这一过程中形成新的思想，并将其上升为马克思主义理论的新的内涵，实现中国共产党对马克思主义的理论创新和理论创造。“科学性和真理性”“人民性和实践性”“开放性和时代性”，成为马克思主义中国化过程中中国共产党思想辉煌的显著特征。[①] 也有学者回顾了建党百年马克思主义中国化的历史经验，认为马克思主义中国化的思想实质是马克思主义基本原理与中国具体实际相结合，马克思主义中国化的历史经验包括：准确把握马克思主义基本原理，真切了解中国具体实际，批判继承中华优秀传统文化，注意吸收人类文明进步成果，善于集中党和人民集体智慧。[②]

---

① 顾海良：《马克思主义中国化与中国共产党思想的百年辉煌》，《马克思主义与现实》2021年第3期。

② 陈占安：《建党百年马克思主义中国化的回顾与历史经验》，《思想理论教育》2021年第5期。

关于中国共产党百年奋斗历史与马克思主义中国化，有学者指出，创新是马克思主义的鲜明理论品质，直面时代和实践发展提出的重大问题进行理论创新，这是170多年的马克思主义发展史的一条基本经验。坚持理论创新也是中国共产党百年奋斗的重要历史经验。中国共产党百年奋斗史，就是一部不断推进马克思主义中国化的历史，就是一部马克思主义理论创新创造史。中国共产党百年理论创新的重要启示有：理论创新与理论守正相统一，理论创新与实践创新相互动，理论创新与理论借鉴相统一，理论创新与理论武装相同步。①

关于中国共产党百年道路探索与马克思主义中国化，有学者指出，中国共产党的百年道路探索贯穿新民主主义革命时期、社会主义革命和建设时期、改革开放和社会主义现代化建设新时期、中国特色社会主义新时代四个不同的历史阶段，是一个一以贯之的过程，具有统一性、连续性和整体性。中国共产党之所以能够成功开辟中国道路，主要在于中国共产党对道路探索的坚强领导，在于马克思主义为中国道路的探索指明方向，在于中国共产党紧紧依靠人民群众、发挥人民主体作用。新民主主义革命道路、社会主义革命道路、社会主义建设道路、中国特色社会主义道路引领中国革命取得胜利、实现向社会主义的转变、建设社会主义现代化强国、实现中华民族的伟大复兴，中国共产党的百年道路探索，既从理论上丰富和发展了马克思主义，也为广大发展中国家提供了另一种不同于西方的现代化样本。②也有学者认为，马克思主义中国化涉及方方面面，但核心应是中国革命、建设、改革道路的探索。中国共产党的历史既是通过革命、建设、改革而不懈奋斗的历史，也是不断推进马克思主义中国化的历史。一百年来，中国共产党把马克思主义基本原理与中国实际相结合，不断推进理论创新创造，产生了毛泽东思想、中国特色社会主义理论体系特别是习近平新时代中国特色社会主义思想，为党和人民事业发展提供了理论指导，成功开辟和发展了富有中国特色的革命、建设和改革之路，使中华民族实现了从站起来、富起来到强起来的历史性飞跃。马克思主义中国化的直接动力、核心体现、原创性成果，就蕴含于中国道路的探索与开创、形

---

① 艾四林：《坚持理论创新是中国共产党百年奋斗的重要历史经验》，《红旗文稿》2021年第24期。

② 肖贵清、车宗凯：《中国共产党百年道路探索的历史逻辑》，《中国高校社会科学》2021年第4期。

成与发展之中。对中国道路的理论阐释最能彰显中国共产党坚持解放思想与实事求是相统一、固本培元与守正创新相统一的理论品格。①

关于中国共产党百年与马克思主义中国化的“三大飞跃”，有学者指出，党的十九届六中全会通过的《中共中央关于党的百年奋斗重大成就和历史经验的决议》，不仅总结了我们党团结带领人民进行革命、建设、改革的重大成就和历史经验，而且也总结了我们党紧紧围绕实现中华民族伟大复兴这一主题，在不同历史阶段不断推进实践基础上的理论创新、实现马克思主义中国化的重大成就和历史经验。毛泽东思想是马克思主义中国化的第一次飞跃；中国特色社会主义理论体系实现了马克思主义中国化新的飞跃，即“第二次历史性飞跃”；习近平新时代中国特色社会主义思想实现了马克思主义中国化新的飞跃，是马克思主义中国化的“三大飞跃”中的一个，这种历史定位对于我们牢记“两个确立”，提高对习近平新时代中国特色社会主义思想的认识，增强贯彻这一思想的政治自觉、理论自觉、行动自觉具有重大的理论和现实意义。②

关于马克思主义在中国的百年传播，有学者指出，一百多年来，马克思主义在中国的传播取得了辉煌成就，积累了丰富经验。在中国共产党的领导下，经过几代人坚持不懈的努力，我国翻译并出版了马克思主义经典作家的全集、选集以及大量经典著作的单行本和专题文集，成为全世界马克思主义经典著作的翻译和研究大国；随着革命、建设和改革的不断发展，形成了与经典作家思想既一脉相承又与时俱进的中国化马克思主义，全民族的科学理论水平不断提高。正是在马克思主义指导下，中国的政治、经济、文化等各个方面发生了近代以来乃至数千年文明史上最深刻的变化。在新征程上，赓续马克思主义伟大精神，弘扬传播真理的宝贵经验，具有十分重要的意义。③

2. 马克思主义中国化基础理论问题研究

2021年，北京高校持续关注马克思主义中国化的基础理论问题，在马克思主义基本原理同中华优秀传统文化相结合、马克思主义中国化进程中的经验总结及其运行逻辑、马克思主义中国化史的学术学理研究，马克思

① 杨凤城：《马克思主义中国化与中国道路百年探索》，《历史研究》2021年第2期。
② 秦宣：《中国共产党百年与马克思主义中国化的“三大飞跃”》，《教学与研究》2021年第12期。
③ 杨金海、杨佳明：《马克思主义在中国百年传播的深远历史意义》，《中国青年社会科学》2021年第5期。

主义中国化历史进程中的质量互变规律，以及毛泽东思想等方面展开深入研究，形成一系列研究成果，不断夯实马克思主义中国化研究的理论根基和学科基础。

关于马克思主义基本原理同中华优秀传统文化相结合，有学者指出，习近平提出“马克思主义基本原理同中华优秀传统文化相结合”的命题，是以马克思主义中国化为背景和前提的。这一命题是从“马克思主义基本原理同中国具体实际相结合”中分化派生出来的，并与前者共同形成“两个结合”的新格局。把马克思主义基本原理同中华优秀传统文化相结合，是马克思主义中国化的应有之义，是马克思主义扎根中华大地的必然要求，也是实现中华优秀传统文化现代化的重要条件。二者之所以能够实现相结合，是由马克思主义基本原理的普世性和中华优秀传统文化的包容性等所决定的，是由双方视域、内容和方法上的契合性所决定的。在新时代的历史条件下，必须坚持马克思主义指导地位和马克思主义中国化方向，反对文化虚无主义和文化复古主义倾向，在新时代中国特色社会主义伟大实践与理论创新中推进和实现二者的结合。① 也有学者认为，坚持马克思主义同中华优秀传统文化相结合，既是对中国共产党百年历史经验的总结，也是当下和未来处理马克思主义与中华优秀传统文化关系的基本原则。从历史的角度看，中国共产党把马克思主义同中华优秀传统文化相结合，有一个从自发到自觉、从应用到创造的过程。不同时期中国共产党面临的主要任务和现实问题，党情、国情和世情的变化，推动中国共产党对这一问题的认识不断深化。②

关于马克思主义中国化进程中的经验总结及其运行逻辑，有学者认为，对历史经验的总结借鉴和赓续传承，是一个政党成熟的重要标志。高度重视和善于总结历史经验，是中国共产党百年来的优秀品质，也是我们党治国理政的显著特点和政治优势。中国共产党是在不断总结历史经验基础上持续推进马克思主义理论创新的，中共十九届六中全会通过《中共中央关于党的百年奋斗重大成就和历史经验的决议》是中国共产党在推进马克思主义中国化重要历史节点系统总结重大成就和宝贵经验的典范之作，为党的第二个百年奋斗目标的实现提供了路径旨向和宝贵镜鉴，深入推动

① 刘建军：《论马克思主义基本原理同中华优秀传统文化相结合》，《中国人民大学学报》2021年第6期。

② 欧阳军喜：《马克思主义同中华优秀传统文化相结合的百年实践》，《历史研究》2021年第6期。

了马克思主义中国化事业。[①] 也有学者指出，中国共产党百年奋斗历程波澜壮阔，在总结与汲取领导社会革命和进行自我革命的经验中不断成长壮大。中国共产党深刻认识到历史经验的重要价值，历届中央领导集体自觉地、不间断地总结党的历史经验，解决了为什么要汲取历史经验、怎么样总结与汲取历史经验、有哪些历史经验等一系列重大问题。中国共产党背靠历史、立足现实、面向未来，深刻了解过去以掌握历史规律，全面把握现在以解决现实问题，正确昭示未来以增强开拓前进的勇气与力量。坚持马克思主义中国化，坚持人民立场和群众路线，坚持全面从严治党，是党的百年历程中最重要的经验。中国共产党以科学的历史思维总结党的历史经验，牢牢把握党的历史主题和主线、主流和本质，实事求是地总结党的正反两方面经验，客观公正地评价重要事件、重要人物，在不断汲取历史经验中走向未来。[②]

关于马克思主义中国化史的学术学理研究，有学者指出，习近平"七一"讲话从多方面拓展了马克思主义中国化史学科的学术和学理研究的视域，深化了马克思主义中国化史的理论自觉和历史自觉的内在禀赋、"两个结合"的基本原则和学理依循，以及中华民族伟大复兴理论主题研究的境界。理论自觉和历史自觉不仅造就了马克思主义中国化史的特质和特征，而且还不断提升马克思主义中国化史的理论内涵和思想智慧。马克思主义中国化过程的两个"相结合"，不仅是对马克思主义中国化基本原则的科学概括，也是对马克思主义发展史学理依循的凝练。从两个"相结合"及其内在联系上，把握马克思主义中国化史的实践逻辑、历史逻辑和理论逻辑，是马克思主义中国化史学科研究的重大课题和学理要求。中国共产党百年奋进是以"中华民族伟大复兴"为"主题"的思想，对马克思主义中国化史"主题"探索有着重要的学术的和学理的启迪。在学科和学术研究中，要增强马克思主义中国化史的理论主题以及相应的思想内涵、理论创新和学术意蕴的研究。[③] 党的十九届六中全会通过的《中共中央关于党的百年奋斗重大成就和历史经验的决议》以"党的历史""马克思主

---

① 王海军：《鉴往知来接续奋斗——经验总结与马克思主义中国化的运行逻辑》，《教学与研究》2021年第12期。

② 王树荫、耿鹏丽：《中国共产党汲取百年历史经验的思想自觉》，《马克思主义理论学科研究》2021年第4期。

③ 顾海良：《马克思主义中国化史学术和学理的创新性研究》，《北京大学学报（哲学社会科学版）》2021年第5期。

义中国化的历史”和“推进理论创新、进行理论创造的历史”这三个“历史”及其内在联系为主线，对中国共产党百年奋斗经历的四个时期取得的伟大成就、对马克思主义中国化发生的三次历史性飞跃及其理论创新和理论创造作出系统阐释。①

关于马克思主义中国化历史进程中的质量互变规律，有学者认为马克思主义中国化的历史进程是一个包含理论进程、实践进程且两个进程之间交相互动的过程。马克思主义的理论特质和中国共产党坚持把马克思主义作为行动指南、坚持在实践中丰富和发展马克思主义，是在马克思主义中国化的历史进程中得以发生质量互变的原因所在。马克思主义中国化内含着理论与实践的双重属性，这意味着马克思主义中国化历史进程中的质量互变也应当是理论层面的质量互变与实践层面的质量互变的统一。不论是理论层面的质量互变还是实践层面的质量互变，都是过程的集合，具有过程性的特征。每一次质量互变的实现，都意味着推动实现质量互变的主体——中国共产党对于共产党执政规律、社会主义建设规律、人类社会发展规律的认识较之从前更加深刻，都意味着中国对世界的影响较之从前更加深远。②

关于毛泽东思想研究，有学者认为，要联系毛泽东著作的基本特点及版本修改，探讨毛泽东著作及版本研究的基本原则，推动毛泽东著作及版本的学理研究。毛泽东著作是运用马克思主义解决中国实际问题的经验总结，是毛泽东思想与生平研究的重要文献，具有鲜明独特的理论品格。新时代深化毛泽东著作及版本研究，要解决好这样几个重要问题：毛泽东著作及版本研究与党的早期领导人及同时期领导人著作研究相结合，与党的历史文献研究相结合，与马克思主义经典著作研究相结合，与毛泽东思想发展历史研究相结合。③也有学者指出了毛泽东思想研究中的整体性问题，“整体性”范畴作为贯穿整个马克思主义发展史的一条重要线索，表征着马克思主义创始人研究社会历史的基本方法和思维架构。鉴于毛泽东研究领域一个时期以来流行的“碎片化”偏向，有必要重申并贯彻唯物史

① 顾海良：《马克思主义中国化历史与理论的创新性探索》，《马克思主义理论学科研究》2021年第11期。

② 裴植：《马克思主义中国化历史进程中的质量互变规律论析》，《思想理论教育导刊》2021年第6期。

③ 肖贵清、蒋旭东：《论毛泽东著作及版本研究的几个问题》，《湘潭大学学报（哲学社会科学版）》2021年第5期。

观整体性原则，不能抽象地解读史料细节，而应当将细节置于普遍联系的历史整体之中加以考察，上升到对历史脉络、历史主流等宏观问题的把握，以及对历史本质规律的揭示。在当代毛泽东研究中重申并贯彻唯物史观整体性原则，成为毛泽东研究的一项重要议题。[①] 还有学者讨论了毛泽东的“大学校”观念，认为毛泽东既是“大学校”观念的创造者和阐释者，也是“大学校”实践的推动者。从青年毛泽东创办工人夜学时首次提出“大学校”观念这一源头出发，到全面抗战时期“我们边区是个大学校”，再到社会主义建设时期“全国正在成为毛泽东思想的大学校”的论述和运用，“大学校”成为毛泽东表达理想追求与实践期许的标识性概念。“大学校”包含了学习层面的知行合一、教育层面的塑造新人、管理层面的组织起来等多重意蕴。中国特色社会主义新时代，中国共产党在理论上丰富发展着“大学校”观念，在实现中华民族伟大复兴的征程中实践着相关思想理念，生动诠释了这一观念所具有的重要借鉴意义和参考价值。[②]

3. 中国特色社会主义理论和实践研究

2021年，在中国特色社会主义理论与实践的研究上，北京高校聚焦中华民族伟大复兴、中国特色社会主义制度、中国式现代化新道路、全面建设社会主义现代化国家、共同富裕等问题，开展扎实研究，形成丰富成果。

关于中华民族伟大复兴，一是探讨了中华民族伟大复兴主题的百年历程与逻辑进路。自近代以来，实现中华民族伟大复兴就成为中国人民和中华民族最伟大的梦想，中国共产党成立后一直以此作为奋斗的历史主题。中华民族复兴是一种伟大复兴，不是一种历史辉煌现象的简单回归，而是一种更高质量、更高价值和意义上的复兴。在中国共产党领导下，实现中华民族伟大复兴在社会主义条件下走上合目的性与合规律性相统一的发展道路，民族复兴成为一种应然。100年来，中国共产党在革命、建设、改革的伟大实践中，以实然的雄辩事实不断接近民族复兴应然的目标价值。在此过程中，党在遵循事物发展的辩证规律中，推进民族复兴的历史展开；在精准把握和抓住并有效解决不断变化的社会主要矛盾的过程中，推

① 吴璇：《整体性视域下毛泽东研究“碎片化”问题省思》，《毛泽东邓小平理论研究》2021年第11期。

② 刘洪森：《毛泽东“大学校”观念的多重意涵及其当代价值》，《思想理论教育导刊》2021年第12期。

进民族复兴不断接近目标；在锚定复兴目标，锲而不舍、久久为功地进行各种重要量变因素的长期累积中，推进民族复兴进入质变临界点，即进入不可逆转的历史进程。[①] 二是指出了中华民族伟大复兴关键阶段的风险防范问题，在中华民族伟大复兴的关键阶段，要理性把握风险的客观趋势和特点，保持警醒而自信的态度。我们面临的风险是全方位的，要抓纲带目防范重点风险，着力防范各类风险的联动。要坚持系统观念，强化底线思维，提高防控能力，“踏平坎坷成大道”，推进中华民族伟大复兴行稳致远。[②] 三是研究了实现中华民族伟大复兴不可逆转的制度保障，中国特色社会主义制度是党在领导实现中华民族伟大复兴过程中，关于制度理论和制度实践创新的成果，并且在中国革命、建设和改革的历程中日益彰显其显著优势，为实现中华民族伟大复兴各个时期历史任务的完成起到了根本保障作用。展望第二个百年的奋斗之路，更加需要我们坚持和完善党的全面领导制度、构建以人民为中心的制度体系、把制度优势转化为治理效能、持续推动中国特色社会主义制度体系的完善和创新，为实现中华民族伟大复兴提供更加健全的制度保障。[③]

关于中国特色社会主义制度，有学者系统分析了中国特色社会主义根本制度、基本制度、重要制度，认为这是支撑中国特色社会主义制度的四梁八柱。根本制度包括根本领导制度、根本政治制度、根本文化制度；基本制度包括基本政治制度、基本经济制度；重要制度包括国家治理各领域各环节的重要制度。根本制度处于中国特色社会主义制度体系的核心地位，基本制度遵循根本制度、制约和影响重要制度，重要制度必须反映根本制度、基本制度的性质，在遵循根本制度、基本制度的基础上，随着生产力的发展不断做出调整，为根本制度、基本制度的巩固和发展提供活力。[④] 也有学者深入分析了中国特色社会主义制度优势，中国特色社会主义制度凝结着党和人民的智慧，是具有深厚中华文化根基并在实践中深得人民拥护的制度体系，是科学社会主义在当代中国的制度形态，具有多个维度的显著优势。具体来说，中国特色社会主义制度在社会形态上超越了

① 贺新元：《中华民族伟大复兴主题的百年历程与逻辑进路》，《马克思主义研究》2021年第10期。

② 陶文昭：《中华民族伟大复兴关键阶段的风险防范》，《中国高校社会科学》2021年第2期。

③ 肖贵清：《实现中华民族伟大复兴不可逆转的制度保障》，《马克思主义研究》2021年第9期。

④ 肖贵清、车宗凯：《中国特色社会主义根本制度、基本制度、重要制度理析》，《政治学研究》2021年第6期。

资本主义制度，具有合乎历史发展规律的理论优势；在领导力量层面，坚持中国共产党领导，具有“集中力量办大事”的政治优势；在主体建构层面，坚持人民至上，具有保障人民利益、合乎人民认同的价值优势；在实践效能层面，创造了世所罕见的发展奇迹，能够持续推动中国发展，成功应对危机、化解危难，具有显著的治理优势；在国际影响层面，能够为其他国家的制度设计提供中国方案，具有明显的比较优势。① 还有学者讨论了中国特色社会主义制度自信，100年党史的辉煌成就铸就制度自信，坚定制度自信定能助力全面建成社会主义现代化强国，实现中华民族伟大复兴。在学理层面，中国特色社会主义制度自信存在着内在关联、相互映照的三维逻辑：马克思主义理论之真理支撑制度自信的本原逻辑、中华优秀传统文化之底蕴支撑制度自信的根基逻辑、中国发展实践之成就支撑制度自信的终极逻辑。三维逻辑协同弥合、辩证统一，共同构筑起中国特色社会主义的制度自信。②

关于中国式现代化新道路，一是梳理了中国共产党对现代化的百年探索。中国共产党百年发展的历史，是探索实现国家富强和民族复兴之路的历史，也就是探索实现现代化之路的历史。中国共产党探索实现现代化的历史过程，是一个从被动现代化走向主动现代化、从实现工业化走向实现“四个现代化”、从“中国式的现代化”走向中国特色社会主义现代化的艰辛曲折过程。中国特色社会主义现代化具有鲜明的原创性和独特性，它可以为世界现代化发展提供可借鉴的中国方案、贡献可分享的中国智慧。中国共产党探索实现现代化的过程，反映了中国共产党对现代化探索的三个维度，体现了中国共产党在世界历史进程中通过探索现代化实现中华民族伟大复兴的大视野、大胸怀、大格局。③ 二是讨论了中国式现代化新道路的历史、逻辑与特质。有学者指出，从历史向度看，党领导人民从革命为现代化创造必要前提，到工业化为现代化奠定基础，再到开创和发展中国式现代化新道路，在百年实践中不断推进中国式现代化这一贯通历史、现实和未来的并联系统工程。从逻辑向度看，民族复兴的宏伟目标、“五位一体”的总体布局和塑造新人的内生动力，三者共同体现了中国式现代

① 黄建军：《中国特色社会主义制度优势的五重意蕴》，《马克思主义研究》2021年第9期。
② 王洪波：《中国特色社会主义制度自信的三维逻辑》，《人民论坛》2021年第32期。
③ 张雷声：《从现代化走向中国特色社会主义现代化——中国共产党的百年探索》，《马克思主义理论学科研究》2021年第5期。

化新道路将现代化的一般逻辑与本国具体实际的结合。从特质向度看，中国式现代化新道路的本质性特征表现在：价值维度上的社会主义、时间维度上的接续推进、空间维度上的人类关怀。[①]三是分析了中国式现代化新道路与人类文明新形态，有学者指出，习近平“七一”讲话提出的“两个创造”重大论断，是对中国特色社会主义的世界历史性意义的新概括。中国式现代化新道路是中国共产党思想解放所形成的精神传统的逻辑结果，赋予了现代化的新内涵、新的结构功能和新的精神境界。中国特色社会主义创造了人类文明新形态，是一种总体性历史叙述，需要从总体上把握才能深刻理解。[②]

关于全面建设社会主义现代化国家，有学者分析了全面建设社会主义现代化国家新征程“新”在何处，认为这个“新征程”的新，主要体现在三个方面，即新在“新发展阶段”上，新在“新发展目标任务”上，新在“新实现途径”上。[③]也有学者对全面开启建设社会主义现代化国家的若干重点进行了解析，如以推动高质量发展为主题，以构建国内国际新的双循环为格局，以统筹发展和安全为要义，以坚持系统观念为方法。[④]还有学者阐述了从全面建成小康社会到全面建设社会主义现代化国家的伟大飞跃，指出全面建成小康社会和全面建设社会主义现代化国家是一以贯之、相互承接的历史进程，展现出21世纪马克思主义的强大生命力与我国现代化建设的历史性成就。小康社会从理想转变为现实，有着深刻的道路根源、制度根源、理论根源与文化根源，得益于中国共产党带领人民把握中国道路的内在脉络与前进方向、把握中国制度的演化逻辑与根本优势、形成中国理论的主体意识与发展特性、推动中国文化的现实转化与创新发展。在全面建设社会主义现代化国家的新征程中，美好生活实践将在个体生活层面全面展开，国家治理现代化的进程将不断推进，人类命运共同体的构建将有序进行，全面建设社会主义现代化国家的“世界历史”意义将在这一进程中得到彰显，中国共产党必将迎来实现中华民族伟大复兴的

---

① 刘洪森、李昊天：《中国式现代化新道路的历史、逻辑与特质》，《现代哲学》2021年第5期。

② 孙代尧：《论中国式现代化新道路与人类文明新形态》，《北京大学学报（哲学社会科学版）》2021年第5期。

③ 秦宣：《全面建设社会主义现代化国家新征程“新”在何处？》，《科学社会主义》2021年第1期。

④ 程恩富：《全面开启建设社会主义现代化国家的若干重点解析》，《当代经济研究》2021年第1期。

又一次伟大飞跃。[①] 还有学者讨论了全面建设社会主义现代化国家之“全面”的深刻意蕴，从广度看，体现我国建设社会主义现代化国家内容布局的系统性；从深度看，体现我国建设社会主义现代化国家发展模式的高质量性；从跨度看，体现我国建设社会主义现代化国家空间布局的协调性；从维度看，体现我国建设社会主义现代化国家推进人与自然和谐共生的和谐性；从高度看，体现我国建设社会主义现代化国家促进人的全面发展的本质性。[②]

关于共同富裕，一是阐释了共同富裕是社会主义的本质要求。共同富裕作为社会主义的本质要求，是社会主义本质理论在新时代的赓续和拓新；共同富裕作为社会主义的本质要求，是对新发展阶段社会主要矛盾发展趋势的深刻把握；共同富裕作为社会主义的本质要求，是对“中国式现代化”特征的深邃探索；共同富裕作为社会主义的本质要求，是对“人类文明新形态”内涵的深湛论证；共同富裕作为社会主义的本质要求，是对中华民族伟大复兴主题的深入探索。[③] 二是研究了新时代中国共产党共同富裕思想的伟大创新。以习近平同志为核心的党中央以对共同富裕思想的伟大创新，开创了新时代中国共产党带领全体人民走向共同富裕的新境界。在建设新时代中国特色社会主义的实践中，习近平丰富和发展了邓小平关于共同富裕与社会主义本质的内容，从社会主义本质角度把中国共产党的共同富裕思想推到了一个新的高度。习近平把共同富裕的实现与社会主义现代化相联系，集中体现了中国共产党在新时代的战略安排和对共同富裕的目标规划，创造性地把“中国共产党的领导”纳入实现共同富裕和建成社会主义现代化强国的内涵之中。以习近平同志为核心的党中央对共同富裕作出了创新性的理解，并以形成中国特色社会主义的橄榄形分配结构，丰富和发展了中国特色社会主义分配理论，将推动分配实践实现重大创新。[④] 三是讨论了共同富裕取得实质性进展的若干理论问题。当前我国提出扎实推动共同富裕不同于过去的“先富带后富”策略，而是具有新的内

---

① 项敬尧：《从全面建成小康社会到全面建设社会主义现代化国家的伟大飞跃》，《马克思主义研究》2021年第2期。

② 米亭：《全面建设社会主义现代化国家之“全面”的深刻意蕴》，《北京交通大学学报（社会科学版）》2021年第10期。

③ 顾海良：《共同富裕是社会主义的本质要求》，《红旗文稿》2021年第20期。

④ 张雷声：《新时代中国共产党共同富裕思想的伟大创新》，《当代世界与社会主义》2021年第5期。

涵：首先提出共同富裕发展要求的出发点不同，其次实现共同富裕的路径不同，再次共同富裕目标所蕴含的物质内容不同，最后衡量共同富裕的标准不同。推进全体人民共同富裕取得实质性进展，不仅要构建收入分配的橄榄形格局，也要注重财产分配的合理化和相对均等化，还要注重居民实际生活水平的同步提升。扎实推动共同富裕要正确看待三次分配之间的关系，区分主从关系、原生和衍生因素间的关系；要正确看待公有制经济的重要作用，确立政府在分配公平中的重要调节地位，在完善所有制结构和深化收入分配制度改革中进一步促进公平分配。①

4. 习近平新时代中国特色社会主义思想研究

2021年，北京高校深入开展习近平新时代中国特色社会主义思想研究，聚焦习近平新时代中国特色社会主义思想的基本理论问题、习近平生态文明思想、习近平总书记有关重要论述等方面开展研究，产生了多方面的研究成果。

关于习近平新时代中国特色社会主义思想的基本理论问题研究，一是分析了习近平新时代中国特色社会主义思想的主要特征。有学者指出，习近平新时代中国特色社会主义思想在指导中国改革和发展的过程中，彰显出其自身重要特性，主要表现为科学性、时代性、实践性、人民性和世界性。科学性体现为对“三大规律”的深刻认识、正确把握，也体现为理论体系的逻辑性、自洽性；时代性体现为顺应时代潮流、回应时代问题、引领时代走向；实践性表现为映现着活生生的社会实践，并在实践中确证其现实性和力量；人民性体现为坚持以人民为中心的主体性和价值性的统一；世界性体现为世界视野、国际正义和人类情怀。② 也有学者认为，习近平新时代中国特色社会主义思想具有鲜明的理论特色，也体现出鲜明的价值旨归：坚持唯物主义，科学谋划发展战略；笃定战略目标，凝聚民族复兴伟力；坚持以人民为中心，促进人的全面发展；强化斗争精神，不断以自我革命引领社会革命；构建人类命运共同体，促进世界和平共同发展。③二是探讨了习近平新时代中国特色社会主义思想的方法论。习近

① 侯为民：《共同富裕取得实质性进展的若干理论问题》，《当代经济研究》2021年第12期。
② 徐斌、冯楠楠：《习近平新时代中国特色社会主义思想的主要特征论析》，《思想理论教育导刊》2021年第4期。
③ 李宏伟：《习近平新时代中国特色社会主义思想的理论特质及价值旨归》，《思想理论教育导刊》2021年第11期。

平新时代中国特色社会主义思想作为马克思主义中国化的最新理论成果，既是科学的世界观，又是科学的方法论。习近平总书记在治国理政过程中多次强调思想方法和工作方法的重要价值和作用。科学的思想方法和工作方法是习近平新时代中国特色社会主义思想的重要内容，高度重视并善于运用科学思想方法和工作方法是习近平新时代中国特色社会主义思想的鲜明特色。习近平新时代中国特色社会主义思想的方法论体系包括思想方法和工作方法两个方面。习近平新时代中国特色社会主义思想的方法论是党和国家各项方针政策得以顺利贯彻执行和落到实处的重要保证。[①]三是梳理了习近平新时代中国特色社会主义思想研究的前沿问题，包括习近平新时代中国特色社会主义思想的科学体系、原创性贡献、鲜明品格、世界意义等重大理论问题研究，习近平五大重要思想研究：习近平强军思想、习近平新时代中国特色社会主义经济思想、习近平生态文明思想、习近平外交思想、习近平法治思想，对《习近平谈治国理政》第三卷的研究，世界百年未有之大变局研究，国家治理与中国特色社会主义制度研究，决胜全面建成小康社会的成就和意义研究，习近平新时代中国特色社会主义思想的海外研究与传播等。[②]

关于习近平生态文明思想研究，有学者分析了习近平生态文明思想的体系样态、核心概念和基本命题，认为习近平生态文明思想是一个拥有明确的理论议题回应、理论知识架构和理论构建逻辑的系统性政策话语和理论话语体系。“十八大报告”“十九大报告”和“在全国生态环境保护大会上的重要讲话”这三部最权威文献，从“为什么、什么样和如何做”三个层面体系化阐述了以习近平同志为核心的当代中国共产党人对我国生态文明及其建设的重大意义、理论意蕴、未来愿景与重大战略部署以及任务总要求的主要观点和政策主张。贯穿这三个体系样态的是“社会主义生态文明建设”等十个核心概念和“生态兴则文明兴、生态衰则文明衰”等八个基本命题，而正是这些核心概念与基本命题清晰地展示了这一思想本身的内在逻辑联系或架构。[③]也有学者探讨了习近平社会主义生态文明观的

---

① 韩文乾：《习近平新时代中国特色社会主义思想的方法论探析》，《马克思主义研究》2021年第7期。

② 任洁：《习近平新时代中国特色社会主义思想十大前沿问题研究》，《马克思主义研究》2021年第4期。

③ 郇庆治：《习近平生态文明思想的体系样态、核心概念和基本命题》，《学术月刊》2021年第9期。

意蕴和贡献，认为习近平生态文明思想是社会主义生态文明观的科学结晶和科学范式。在思想观念的层面，按照马克思主义立场、观点和方法，集中阐明了生态文明建设的原则，形成了21世纪马克思主义生态文明思想。在政治规定方面，进一步明确了党的领导、人民当家作主、社会主义制度对于生态文明的规范和规定作用，形成了以社会主义政治文明方式建设生态文明的系统观点。在未来理想上，根据社会发展规律，科学指明只有社会主义代表着生态文明的发展方向，只有人道主义和自然主义相统一的共产主义理想代表着生态文明的未来方向，形成了对生态文明未来社会愿景的科学观点。①

关于习近平总书记有关重要论述研究，一是研究了习近平总书记关于“讲好中国故事”的重要论述，指出习近平总书记关于“讲好中国故事”的重要论述具有深厚的历史逻辑、理论逻辑和实践逻辑。其历史逻辑在于：讲好中国故事是解决“挨骂”这一历史问题的重要举措，是中国共产党的优良传统，新中国成立70余年的伟大成就是讲好中国故事的最大底气。其理论逻辑在于：讲好中国故事是让世界更好了解中国的迫切需要，是树立大国形象的必然要求，是中国为世界提供思想资源的重要渠道。其实践逻辑在于：树立大宣传格局，提升国际传播能力；增强阵地意识，突出讲好中国故事的功能性；构建讲好中国故事的平台，创新对外话语表达方式；掌握讲好中国故事的原则和方法论，提升讲好中国故事的技能和本领。② 二是探讨了习近平关于全人类共同价值重要论述的国际传播问题。中国倡导的“全人类共同价值”不同于西方“普世价值”的政治偏执，它是现代国家普遍接受、共同承认的价值观，是人类社会共同努力的方向，是构建人类命运共同体的最重要思想内核和价值引领。进一步做好全人类共同价值的国际传播十分必要：要从理论上讲清讲透全人类共同价值的科学内涵，其决不是另一种“普世价值”；要积极主动参与全球治理重大议题，在实践中进一步高举起全人类共同价值的旗帜；要组织民主党派、海外华人华侨组织和走向世界的中国企业一起努力讲好全人类共同价值的故事，并进一步实践好、努力建设好国际统一战线；要做到“中国故事，国际表达”，要在海外各个国家、地区因地制宜讲好全人类共同价值的故

---

① 张云飞：《习近平社会主义生态文明观的三重意蕴和贡献》，《中国人民大学学报》2021年第2期。

② 孙雪凡：《习近平总书记关于“讲好中国故事”重要论述的三重逻辑》，《马克思主义研究》2021年第6期。

事；科学把握国际传播领域移动化、社交化、可视化的趋势，拓展全人类共同价值国际传播的平台，不断提升对外传播效果。[①]三是探讨了习近平破解全球发展赤字的理念方法，习近平用发展赤字来形容国家间日益扩大的发展差距，并从新发展理念的维度提出了以创新发展激发全球发展动能、协调发展铸就全球发展合力、绿色发展确保全球发展永续、开放发展推动全球发展联动、共享发展促进全球共同发展为核心内容的破解全球发展赤字的中国方案，为破解全球发展赤字贡献了中国智慧。[②]

总体来看，2021年北京高校的马克思主义中国化研究围绕马克思主义中国化、中国特色社会主义、习近平新时代中国特色社会主义思想等重大理论和现实问题，开展扎实有效研究，形成丰富研究成果，为学科发展奠定坚实基础。一是聚焦前沿，将中国共产党的百年历史视为一部不断认识和推进马克思主义中国化的历史，从中国共产党百年思想历程、百年奋斗历史、百年道路探索等多视角深入探讨马克思主义中国化问题；二是视域广阔，对马克思主义中国化的基本问题、中国特色社会主义的重大问题、习近平新时代中国特色社会主义思想等展开全方位研究，既有重大理论问题，也有重大现实问题，既有学科基础问题，也有学科前沿问题；三是深入研究阐释习近平新时代中国特色社会主义思想，习近平新时代中国特色社会主义思想实现了马克思主义中国化新的飞跃，深入研究阐释习近平新时代中国特色社会主义思想是马克思主义中国化研究的重大课题，北京高校积极开展相关研究，在增强习近平新时代中国特色社会主义思想研究的系统性、学理性上取得显著成效，有力推进了马克思主义中国化研究的发展。

（四）国外马克思主义研究

2021年北京地区高校的国外马克思主义研究，在研究成果的数量上较往年有一定程度的下降。在研究的核心问题上，也能明显感觉到在经典学者和经典问题上的探讨较往年有下降的趋势，但是对西方左翼、生态问题以及政治哲学的研究仍然是关注的热点问题。

---

① 朱继东、刘爱彤：《习近平关于全人类共同价值重要论述的国际传播》，《中南民族大学学报（人文社会科学版）》2021年第10期。

② 刘武根、马尚诚：《习近平破解全球发展赤字的理念方法探析》，《思想教育研究》2021年第12期。

1. 西方马克思主义的整体性研究

西方马克思主义研究历经多年，已实现了由点到面、由面到体的提升，学界多年的积淀为从整体上把握西方马克思主义的理论内涵、发展脉络、发展特征等提供了思想基础。有学者认为，西方马克思主义研究在当前中文语境中的马克思主义基础理论研究，无论是马克思主义思想史研究、文本文献研究还是基本原理研究中，无疑都占据着一定的且有影响力的话语空间。透过西方马克思主义在中国传播与接受史的视角，特别是以其在马克思主义哲学等教材中的呈现为例，对西方马克思主义的由来、定义、发展及理论特征等进行一个思想史梳理，将有助于呈现当代中国马克思主义理论，特别是马克思主义哲学史视域下的西方马克思主义的理论路径和研究境况。①

2. 国外马克思主义学者的思想研究

多年来，卢卡奇的思想研究特别是其思想体系中较重要的概念之一即“物化”一直是学界关注的重点问题。有学者专门探讨了卢卡奇的法律物化思想。法律物化旨在揭示随着商品经济逐渐成为社会中占支配地位的经济形式，物化结构、物化逻辑由经济生产结构扩展到上层建筑领域的必然趋势。该学者认为，卢卡奇在《历史与阶级意识》一书中从物化问题是现代资本主义社会的结构性事实这一基本观点出发，对上层建筑领域中的法律物化及其表现形式立法物化、司法物化等问题，作了独到而又深刻的考察。与卢卡奇的物化理论是对资产阶级社会的物化结构和资产阶级经济学的双重批判一样，其法律物化思想也表现为对资产阶级社会的法律物化和资产阶级法学的双重批判。该学者认为，卢卡奇的法律物化思想对于理解、批判和扬弃法律现代性的影响，创建文明有序的社会主义市场经济有启示和借鉴意义。②

在法兰克福学派早期的诸多代表人物中，弗洛姆是其中比较特别的一位理论家。有学者认为，虽然弗洛姆被很多人认为批判性不足、建设性有余，然而实际上，恰恰是弗洛姆在建设性方面的贡献发展了马克思主义和社会主义的新面向，并把法兰克福学派推向了一个新的发展阶段，其中，以人性为规范的人道主义伦理学成为“二战”后马克思主义伦理学系统化

① 张秀琴：《马克思主义哲学史视域下的西方马克思主义》，《学术界》2021年第4期。
② 刘敬东、郭军炜：《法律物化：卢卡奇物化理论的一个透视》，《马克思主义与现实》2021年第2期。

发展的重要组成部分。该学者认为，弗洛姆在弗洛伊德精神分析学说和马克思社会批判理论的基础上，揭示了“社会内在伦理学”与“普遍的伦理学”之间的巨大差异，批判资本主义社会的异化现实，从而对人性的道德以及现实中人的自由境况做出了伦理剖析。一方面，弗洛姆把人性的道德寄托于精神健康的个人与健全的社会之间辩证的实践关系之中，认为人的性格与社会性格之间存在固有关联；另一方面，弗洛姆将爱的实践视为现实的道德实践，将人性的道德寄托于爱的艺术，从而以爱为出发点来辩证地探寻人道主义社会的可能性。该学者认为，弗洛姆将实现普遍的伦理学的希望寄托于社会主义，难免蒙上一种形而上学的乌托邦色彩。①

3. 国外左翼学者思想研究

在对当代资本主义社会进行反思和批判的国外学者中，左翼学者是不可忽视的一个群体，他们的研究为我们反思和批判当代资本主义社会，更深入地把握马克思主义思想精髓，把握科学社会主义的科学性和真理性提供了重要参考。

新的时代条件必然会孕育新的思想状况，有学者专门探讨了新冠肺炎疫情全球大流行的时代背景下西方左翼学者对资本主义的全面批判。该学者从经济、政治、社会以及生态等方面做了具体探讨。就经济方面而言，新自由主义的利润导向和私有化趋势导致抗疫失败，并因此加剧了金融资本主义固有的内在危机；就政治方面而言，个人与社会、自由与责任相悖的制度矛盾导致疫情中政府职能缺位和对社会结构性暴力的放任；就社会方面而言，疫情加剧马克思主义经典作家所批判的阶级分化与剥削，并激化了结构性种族不平等与社会撕裂；就生态方面而言，疫情映射出全球资本主义增殖体系造成的自然界新陈代谢的断裂，资本主义经济危机、流行病危机与生态危机相互交织。西方左翼学者将疫情视作批判和替代资本主义、重建社会共同体的契机，并呼吁开展社会变革，朝一个平等、共享、团结、绿色的社会主义共同体迈进。②

有学者专门梳理了21世纪以来西方左翼学者关于世界体系理论的研究。通过梳理发现，在世界体系理论与现代化理论的关系上，西方左翼学者形成了普遍共识，即认为世界体系理论超越了现代化理论仅从国家内部

① 晏扩明：《弗洛姆人道主义伦理学探究：人性、规范与社会主义》，《齐鲁学刊》2021年第2期。
② 李旸、王卓群：《新冠肺炎疫情背景下西方左翼思想家对资本主义的全面批判》，《当代世界与社会主义》2021年第6期。

分析欠发达国家落后原因的研究视角、所有国家的发展道路具有同一性的研究观点及其非历史性的研究特点。在现代世界体系与资本主义的关系上，西方左翼学者探究了现代世界体系与资本主义世界的起源、“中心”与“外围”概念的重新界定以及经济全球化对世界体系理论的挑战。在世界体系理论与马克思主义阶级理论的关系上，一些左翼学者认为，世界体系理论背离了马克思主义阶级理论，也有一些认为世界体系理论扩展了马克思主义阶级理论。①

有学者分析了以内格里、维尔诺、巴迪欧、齐泽克、阿甘本为代表的激进左翼学者对现存资本主义的批判及其重构共产主义的方案，指出，他们虽然提出了“资本的共产主义”“共有的共产主义”“假设的共产主义”“弥赛亚的共产主义”等后现代路径，但是这些形形色色的“新共产主义”均抛弃了唯物史观的理论基础和政治经济学批判的理论界域，割裂社会主义与共产主义的内在关联，用“诸众”“无分者”“被排除者”等充当共产主义的政治主体，要么强调资本与共产主义的耦合，要么排斥“经济主义”，因此无法在资本逻辑与劳动逻辑的博弈中消灭私有制，通达“自由人联合体”。②

针对具体的西方左翼学者，学界也做了较多深入研究。有学者研究了内格里对马克思活劳动概念的重新解读。通过反思在资本主义生产方式发生转变的时代条件下革命主体何以可能的问题，内格里重新解读了马克思《1857—1858年经济学手稿》，从生产关系的视角出发，揭示了活劳动所具有的反抗性和生产性的双重维度，并立足所处时代，引申出活劳动的生命政治生产内涵，论证了革命主体由社会工人向诸众的转变。③有学者基于阿甘本的理论转向，探讨了当代西方国家治理的视域转换与停滞的困境。该学者认为，阿甘本揭示了当代西方国家治理中隐伏的主权政治维度和经济治理维度，并进一步指明其必然会导向政治发展的停滞局面，这些创见实质上蕴含着阿甘本艰难的理论转向。从立足晚期福柯的“生命政治学”来洞悉西方国家治理中的主权政治维度，转向理论西方政治中的“经

① 郑吉伟、宋鑫：《21世纪以来西方左翼学者关于世界体系理论的研究》，《新视野》2021年4期。
② 巩永丹：《对激进左翼“新共产主义”的批驳与回应》，《马克思主义研究》2021年第4期。
③ 王代月：《反抗与生产：内格里对马克思活劳动概念的重新解读》，《马克思主义与现实》2021年第3期。

济神学”范畴，进而触及西方国家的经济治理维度。[①] 也有学者研究了当代西方激进思想家阵营中的重要成员之一斯蒂格勒的无产阶级化理论。斯蒂格勒将马克思恩格斯视为考察无产阶级化的第一代思想家，并认为马克思恩格斯首次提出了无产阶级化的论断，即机器大生产带来的知识外化终将造成知识的全面丧失。由于斯蒂格勒将批判理论停留在“技术—人”关系的探讨上，学界认为斯蒂格勒与马克思恩格斯对知识外化的论述在理论逻辑上存在本质差别。但是值得肯定的是，斯蒂格勒依据马克思主义学说进行的再创造为当代资本主义批判提供了一个全新的研究视角，同时，在对当代资本主义的把握上，也为进一步的社会研究提供重要参照。[②]

4. 生态问题研究

生态学马克思主义在近年学界研究中一直受持续关注。随着国内学界对生态理论、生态主义和生态学马克思主义研究的逐步深入，研究的问题也越发具体、深入。有学者专门探讨了本·阿格尔“人的满足最终在于生产活动而不在于消费活动”理论。该学者认为，本·阿格尔继承了马克思的劳动解放思想，提出该理论，希望通过对马克思主义理论形态的重构，引导西方新社会运动转向社会主义变革，最终实现人与自然的双重解放。他认为，阿格尔“人的满足最终在于生产活动而不在于消费活动”理论弘扬了马克思的劳动解放思想，给沉迷于异化消费的国人敲响警钟。由于阿格尔提出的分散化、小规模的技术和“零增长”的经济模式背离了唯物史观的基本原则，其所希冀的引导西方新社会运动转向社会主义变革终将陷入乌托邦。[③]

5. 政治哲学相关问题研究

近二十年来，国内学界持续关注西方政治哲学的研究进展，在马克思主义理论界，将政治问题研究与马克思主义研究相结合，丰富和发展了马克思主义政治哲学研究路向。

有学者聚焦马克思与正义的关系问题，研究艾伦·布坎南在马克思主义正义观上的理论见解。该学者指出，布坎南以“正义无用论”为逻辑内

---

① 闫培宇：《当代西方国家治理的视域转换与停滞困境——基于阿甘本理论转向的诊断与省思》，《哲学动态》2021年第11期。

② 陈文旭、徐天意：《技术存在造成知识丧失——论斯蒂格勒的无产阶级化》，《山东社会科学》2021年第9期。

③ 赵卯生：《阿格尔“人的满足最终在于生产活动而不在于消费活动”理论评析》，《学术界》2021年第7期。

核，以“内在批判说”“革命动力说”和“外在批判说”为外层框架，重构了马克思的正义观。该学者认为，虽然这种重构有某种新意，但是也存在明显的误读倾向：其“正义无用论”存在理论错误，“内在批判说”需要进行重新审视，“革命动力说”曲解了马克思的观点，“外在批判说”也不符合历史唯物主义。从根本上说，布坎南站在自由主义的理论立场上，试图先重构马克思的正义观，然后指认这就是马克思的正义观，再对此进行批驳来凸显抽象权利和正义观念的价值，实质上这是恩格斯所批判的杜林的立场和方法，实际上已经彻底背离了历史唯物主义和辩证法。①

有学者研究了科恩的社会主义平等观，认为科恩从社会主义的价值立场出发，在批判以罗尔斯为代表的自由主义平等主义和以诺齐克为代表的自由至上主义的基础上，形成和建构社会主义平等理论，从规范维度实现了对自由主义正义理论的超越，极大地增强了马克思主义在当代政治哲学领域的影响力和话语权，对构建中国式正义论具有重要的参考价值。②

有学者聚焦历史唯物主义视域下的正义观念，指出“伍德难题”的核心在于“正义即与生产方式相一致”，认为这不仅会推导出“任何现存制度都是正义的”这个荒谬的结论，而且会剥离正义的规范性，并因此消解建构马克思主义正义理论的必要性和可能性。该学者认为，要回应“伍德难题”，既需要从文本和逻辑上对其论证进行归谬反驳，还需要在历史唯物主义视域下澄明正义观念生成的辩证机制。通过研究，该学者认为，伍德失误的症结在于，马克思并不将道德观念的产生笼统地归于生产方式，而是着眼于以生产关系为核心的物质关系的复杂性和矛盾性来阐明生产方式、阶级与正义观念的具体联结。生产方式并非铁板一块，在现存的物质关系中，既有希望保存当前生产方式的保守因素，也有旨在变革它的进步因素，进而生成与生产方式相一致或不一致的不同正义观念。③

6. 后马克思主义研究

作为融汇西方后工业社会变迁以及由此衍生的文化解读范式和激进政治学的后现代主义思潮，“后马克思主义”试图改造、颠覆传统马克思主

① 张红霞、葛连山：《驳艾伦·布坎南对马克思正义观的误读》，《北京行政学院学报》2021年第6期。

② 易佳乐：《科恩的社会主义平等观及其当代启示》，《科学社会主义》2021年第6期。

③ 李旸：《历史唯物主义视域下的正义观念——兼评艾伦·伍德对马克思正义思想的根本性误解》，《国外理论动态》2021年第6期。

义的核心理论，以牺牲对政治经济策略和物质利益的深刻解读来批判资本主义。这种思潮在实践中走向一种似是而非的中间路线，滑向自由主义及民粹主义。以拉克劳和墨菲为代表的后马克思主义者以资本主义新变化断言马克思主义的社会基础崩塌，将马克思主义看成是本质主义、普遍主义、基础主义的产物，认为认同政治与民主革命必然取代阶级斗争模式从而走向微观斗争。其在理论上不弃辩证法、拒斥历史唯物主义，在实践中采取激进的多元民主模式，赋予政治本体论地位，脱离经济基础和工人阶级革命主体，最终掏空所有真正期待。①

（五）思想政治教育研究

思想政治教育是马克思主义理论的重要组成部分。近年来，习近平总书记反复强调思想政治工作的重要性，要求要高度重视思想政治工作，尤其是高度重视对青年一代的思想政治工作，完善思想政治工作体系，不断创新思想政治工作内容和形式。为了更好地发挥思想政治教育学科优势，有力提供对新时代思想政治工作，特别是“大思政”工作的扎实理论支撑，2021年学者们学习贯彻习近平总书记的系列重要讲话精神，围绕思想政治教育中存在的现实问题，从思想政治教育基本理论研究、中国共产党百年与思想政治教育研究、网络思想政治教育研究、高校思想政治教育研究、社会核心价值观等方面进行有针对性的探索，形成了一系列优秀成果。

1. 思想政治教育基本理论研究

随着思想政治教育学科的发展，在党中央的高度重视下，学者们越来越注重思想政治教育基本理论的研究，尤其是近年来思想政治教育学原理框架体系和知识结构日臻成熟，学术研究更加聚焦学科核心问题，密切关注现实，对思想政治教育实践发挥着越来越重要的指导作用。2021年学者们从多维度探讨思想政治教育内在规律，形成了一定的研究成果。

关于新发展阶段思想政治教育研究。高质量发展成为新发展阶段的根本要求，对于思想政治教育学科来说亦如此。中国人民大学刘建军等认为，思想政治教育的高质量发展包含三层理论内涵，即思想政治教育不仅要“简单再生产”还要实现“扩大再生产”；既要关注发展的规模和数量，也要注重发展的质量和效益；还应在保证质量要求的基础上有更高的

---

① 沈江平：《“后马克思主义”：一种马克思主义的检视》，《南京社会科学》2021年第9期。

质量追求。对此，要增强高质量发展意识，推动思想政治教育各要素质量提升，保证思想政治教育系统高质量运行，最大限度提升思想政治教育的实效性。[①] 北京师范大学杨增崇则认为，构建共同推进思想政治工作的大格局，要直面思想政治工作瓶颈，抓住关键问题，协同各方面力量，优化体制机制，汇集优质资源，激活并加强主体建设，科学规范实施考评。[②] 北京师范大学冯刚等则从现代视域中的思想政治教育治理角度提出，思想政治教育治理对推进国家治理现代化具有如下基本价值：为各领域的改革奠定制度自信的人心基础；为各领域制度体系的改革和完善发挥价值导向和政治保证作用；通过培育时代新人、现代公民为各领域改革发展提供源源不断的人才支撑，助推中国之制的优势转为中国之治的成就。[③]

关于思想政治教育原理研究。一是思想政治教育方法论的研究。首都师范大学李基礼认为，从方法论层面反思思想政治教育环境研究具有基础性意义。思想政治教育生态分析法的引入正是思想政治教育环境研究的深化与拓展，但仍然是系统分析法的内在超越。这种超越有其自身界限：它虽然抓住了思想政治教育中复杂的客观因果关系，但没有切中思想政治教育沟通与理解的主观层面的内容。因此，完整的思想政治教育环境分析必须把内在的主观理解方法与外在的客观因果分析法结合起来。[④] 中国人民大学刘建军等提出坚持问题导向的思想方法和工作方法。坚持问题导向内在地包含以问题为中心、以发现问题为起点、以分析问题为支撑、以解决问题为目标的意蕴。在实践中坚持这一思想方法和工作方法，包含承认问题而不能否认问题，发现问题而不能忽视问题，直面问题而不能回避问题，研究问题而不能搁置问题，解决问题而不能放过问题等基本要求。[⑤] 二是思想政治教育要素论研究。北京大学张夏蕊从无形要素和虚体要素的角度出发，探究思想政治教育的构成要素，提出思想政治教育要素主要包含政治要素、思想要素、经济要素和文化要素。[⑥] 北京师范大学郎琦认

---

① 刘建军等：《论新时代思想政治教育的高质量发展》，《思想教育研究》2021年第4期。

② 杨增崇：《构建共同推进思想政治工作大格局的科学蕴意》，《中国青年社会科学》2021年第6期。

③ 冯刚等：《现代性视域中思想政治教育治理的生成逻辑、基本内涵及时代价值》，《教学与研究》2021年第5期。

④ 李基礼：《思想政治教育环境系统分析的内在超越及限度》，《思想教育研究》2021年第6期。

⑤ 刘建军等：《论坚持问题导向的思想方法和工作方法》，《马克思主义理论与现实》2021年第7期。

⑥ 张夏蕊：《思想政治教育要素论》，《思想政治教育研究》2021年第6期。

为，需要、动机（狭义）、兴趣即是思想政治教育接受中不可或缺的动机因素。在激发与培育受教育者动机因素上，教育者应做到：坚定理论自信，展现真理魅力；重视人格作用，身教重于言传；根据需要灌输，促成动机升华。①

关于思想政治教育与经典文本研究。近年来研读马克思主义经典文本、党的经典文献，从历史文献中汲取学科发展营养，进一步推动了思想政治教育的基本理论发展。北京大学钟启东深入分析《关于费尔巴哈的提纲》中蕴含的丰富而深刻的思想政治教育理念，主要包括：思想政治教育在本质上是实践的，应当在实践中证明“自己思维的现实性和力量”；思想政治教育把“人的活动本身理解为对象性的活动”，把人的本质把握为“一切社会关系的总和”；思想政治教育把“人类社会”作为基本立足点，把“改变世界”作为历史使命。② 中国人民大学张智等分析毛泽东的《人的正确思想是从哪里来的》，认为其中蕴含着丰富的思想政治教育论断，主要有：人的正确思想，只能从社会实践中来；代表先进阶级的正确思想，一旦被群众掌握，就会变成改造社会、改造世界的物质力量；对我们的同志，应当进行辩证唯物论的认识论的教育；无产阶级认识世界，只是为了改造世界。③ 对外经济贸易大学张世飞等认为，习近平总书记关于思想政治教育的重要论述根植于马克思主义基本原理的理论精髓，继承和发展了中国共产党关于思想政治教育的思想理论和实践经验，汲取了中华优秀传统文化的养分。习近平总书记关于思想政治教育的重要论述形成于世界百年未有之大变局之际、我国社会转型的关键时期、全面从严治党的重要阶段，其核心思想主要表现在思想政治教育的目标、任务、内容、原则、方法等五个方面。④ 北京大学史楠基于经典文献的隐喻分析，认为马克思主义经典文献中可见多种隐喻修辞，其生动鲜明的象征意义不仅可充分有效地表情达意，还具有丰富的思想政治教育方法论价值。⑤

① 郎琦：《论思想政治教育接受中的动机因素》，《黑龙江高教研究》2021年第2期。
② 钟启东：《〈关于费尔巴哈的提纲〉中的思想政治教育理念》，《社科纵横》2021年第10期。
③ 张智等：《〈人的正确思想是从哪里来的〉中的思想政治教育论断及其启示》，《毛泽东研究》2021年第6期。
④ 张世飞等：《习近平关于思想政治教育的重要论述研究》，《新疆师范大学学报（哲学版）》2021年第7期。
⑤ 史楠：《马克思主义理论教育路径新探》，《马克思主义研究》2021年第6期。

2. 中国共产党百年与思想政治教育研究

2021年迎来中国共产党成立100周年。思想政治工作作为党的优良传统、鲜明特色和突出政治优势，与党的历史密不可分。中国共产党百年奋斗历程蕴含着丰富的思想精华和经验智慧，展现了丰厚的历史底蕴，是全党全社会研究总结、学习借鉴的重要宝库。学者们以庆祝中国共产党成立100周年为契机，做了大量经验总结研究，形成了一定的成果。

关于中国共产党百年思想政治教育基本经验研究。北京师范大学王树荫认为，中国共产党百年思想政治教育具有光荣传统和优良作风，同样需要梳理历史进程，探索客观规律，总结基本经验，服务现实需要。党的领导与指导思想与时俱进、实践探索与理论创新良性互动、组织机构与队伍建设协调推进、教育对象与内容方法辩证统一、服务大局与人的发展同向同行，是中国共产党百年思想政治教育的基本经验，具有普遍性与规律性，对加强和改进新时代思想政治教育具有重要的借鉴作用。① 中国人民大学刘建军等认为，总结党的思想政治教育基本经验，必须要遵循整体性原则、普遍性原则、基础性原则、科学性原则和时代性原则。通过全面梳理，党的思想政治教育基本经验主要有：坚持以马克思主义为指导、为党的中心工作服务、以人民为中心的思想以及坚持与时俱进的创新精神。② 洪向华等认为，在百年的建党历史中，思想政治教育在党的领导下，从孕育、发展到定型、成熟，大致历经了五个阶段，其“生命线”的工作定位更加明晰，并最终形成了独具特色的体系架构。其中的启示有：以马克思主义的旗帜引领未来；遵循规律，实现科学发展；以党员干部与青年学生为重点，实现工作全面推进；坚持以人为本的工作导向，守卫为民初心。③

关于思想政治工作“生命线”研究。在中国共产党成立100周年之际，中共中央、国务院印发了《关于新时代加强和改进思想政治工作的意见》，对新时代思想政治工作进行了系统谋划、作出了战略部署，是新时代加强和改进思想政治工作的重要遵循。对此，中国人民大学王易认为，

---

① 王树荫：《中国共产党百年思想政治教育基本经验》，《教学与研究》2021年第5期。

② 刘建军等：《中国共产党百年思想政治教育基本经验》，《西北大学学报（哲学版）》2021年第5期。

③ 洪向华等：《中国共产党成立一百年以来思想政治教育的历程、经验和启示》，《北京联合大学学报（人文社科版）》2021年第1期。

把思想政治工作作为治党治国的重要方式，首要的是要守护与发展好思想政治工作这条“生命线”，从中华民族伟大复兴的历史坐标、世界百年未有之大变局的国际比较和提升工作质量水平的时代要求中明晰新时代思想政治工作的现实境遇。关键是要把思想政治工作贯穿党的建设和国家治理各领域各方面各环节，强化党委（党组）主体责任，把思想政治工作贯穿党的建设始终，并与经济建设和其他各项工作结合起来，打通基层思想政治工作的“最后一公里”；还要通过稳根基、扬优势、补短板、强弱项，在加强和改进新时代思想政治工作中落实治党治国的重要使命。[①] 中国人民大学张智在治理视域下审视中国共产党思想政治工作，认为它在治党治国中发挥着显著的社会动员优势、政治引领优势、思想教育优势、文明培育优势和自我革命优势。新时代要把思想政治工作贯穿党的建设全过程、国家治理各领域和基层工作各方面，将思想政治工作治理优势更好转化为治理效能，为全面建设社会主义现代化国家提供坚强政治保证和强大精神动力。[②]

关于以百年党史推进思想政治教育研究。北京师范大学冯刚认为，百年党史既是指导思想政治工作深入开展的宝贵财富，也是思想政治教育学科研究的重要宝藏。对于思想政治教育学科来说，深入发掘百年党史的丰厚底蕴将推动学科内容进一步深化、研究方法进一步创新、学科评价进一步系统化，强化思想政治教育学科建设的历史思维、辩证思维、创新思维、对象思维，从而引领思想政治教育学科的高质量发展。[③] 首都师范大学杨希燕认为，党史学习教育是最好的爱国主义教育，是最好的理想信念教育，也是振奋民族精神的有效途径，还是防范历史虚无主义的有力举措。要把握“学史明理、学史增信、学史崇德、学史力行”的基本要求，发挥思政课主渠道作用，架构课程思政体系，开展专题教育活动，开辟研学实践大课堂，并且形成长效机制，把党史教育贯穿大学生思想政治工作全过程。[④]

---

① 王易：《把思想政治工作作为治党治国的重要方式》，《学校党建与思想教育》2021年第8期。
② 张智：《论思想政治工作是治党治国的重要方式》，《思想理论教育》2021年第10期。
③ 冯刚：《以百年党史丰厚底蕴引领思想政治教育学科高质量发展》，《思想政治教育研究》2021年第10期。
④ 杨希燕：《以党史教育促进大学生思想政治工作质量有效提升》，《学校党建与思想教育》2021年第12期。

3. 网络思想政治教育研究

习近平总书记指出，网络空间已经成为人们生产生活的新空间，那就也应该成为我们党凝聚共识的新空间。近年来，随着信息时代的不断发展，网络思想政治教育已经成为学者们关注的重要内容，形成了一定的成果。

关于网络思想政治教育原理研究。清华大学张瑜以生态的理论视角和分析方法考察思想政治教育的网络环境，认为在思想政治教育活动中，人和网络环境相互联系和作用而构成一个生态系统。网络文明建设是思想政治教育的重要价值目标；虚拟与现实构成的整体环境拓展了网络思想政治教育的内涵，网络交往生态涵养了思想政治教育主客体关系；在教育实践中，应基于生态类型理论，建构基于不同类型媒介生态的思想政治教育模式。① 北京邮电大学赵玉枝等分析了网络思想政治教育范式转换：内涵、成因及意义，提出网络思想政治教育共同体成员在理论和实践中共同信念和规范的转变，既体现为教育内容、教育方法、教育主客体及其关系的转变，又表现在研究意识、研究内容、研究程度的转变。伴随着旧范式的退场和新范式的出场，网络思想政治教育创新了教育模式，走向了主体间性的网络思想政治教育，迎来了全新的网络育人局面。② 北京师范大学冯刚分析大数据应用于思想政治教育的局限与突破，一方面要立足大数据技术特征，客观认识、冷静看待大数据本身在数据产生、数据处理和数据结论运用等方面的局限性；另一方面要在冷静思考的基础上寻求突破，不断注重数据的鉴别和筛选，提高大数据来源的可靠性；逐步精细数据的加工和挖掘，提高大数据处理的可行性；持续优化数据的解读和分析，提高大数据结论的可用性。③ 北京师范大学刘燕等认为，新媒体时代思想政治教育话语表达呈现出话语表达主体日益走向多元协作、内容既有统一性要求又有多样性选择、媒介迭代升级优化融合、语境复杂多变、利弊共存等新特点，因而思想政治教育必须充分把握和积极运用新媒体，不断提升思想政治教育的感染力、吸引力、亲和力和针对性。④

关于网络思想政治教育的实践研究。近年来，网络时代青年文化形式

---

① 张瑜：《论思想政治教育网络环境的生态观》，《教学与研究》2021年第8期。

② 赵玉枝等：《网络思想政治教育范式转换：内涵、成因及意义》，《思想教育研究》2021年第6期。

③ 冯刚：《大数据应用于思想政治教育的局限与突破》，《重庆大学学报（社科版）》2021年第2期。

④ 刘燕等：《新媒体时代思想政治教育话语表达研究》，《学校党建与思想教育》2021年第9期。

越来越多样化，“快闪”等短视频也成为网络文化的新特点。对此，学者们从思想政治教育的角度进行研究探索。清华大学张瑜等认为，“快闪”拓展了网络社会条件下思想政治教育的情境营造，促进了思想政治教育载体的创新发展，为思想政治教育内容的有效传递提供了新方法。要进一步发挥“快闪”在思想政治教育中的作用，需要在把握青年文化特点的基础上，坚持社会主义核心价值观引领，注重意义性与生活性相结合，发挥主流媒体的主导作用。① 北京师范大学杨增岽等基于《我和我的祖国》网络“快闪”的分析，提出网络“快闪”被赋予了教育意义，成为融合线上线下实现家国情怀的确认、创新思想政治强化教育活动的新形式，启示青年思想政治教育活动既要适应和运用互联网思维，同时又不拘囿于互联网的意识形态属性。② 北京交通大学吴琼等认为，从短视频时代始思想政治教育话语面临着话语权威地位降低、话语逻辑思维弱化、话语传播内容遭漠视、话语价值认同淡化等多重挑战，对此，思想政治教育话语应在议题、理念、内容、方式上勇于突破寻求进路，让短视频语境为思想政治教育话语创新赋能。③

4. 高校思想政治教育研究

立德树人是教育的根本任务，也是高校的立身之本。要把立德树人融入思想道德教育、文化知识教育、社会实践教育各环节。对此，学者们从不同的角度深入探讨高校思想政治教育研究。

关于高校思想政治工作创新研究。首都师范大学李有增等从人类命运共同体理念出发，认为高校应充分认识人类命运共同体思想的深刻内涵，不断创新思想政治教育工作的理念和方法；以高等教育国际化为契机，围绕立德树人的根本任务，使人类命运共同体思想深植于高校思想政治教育工作的理论和实践中。④ 北京中医药大学胡耀尹等分析后疫情时代高校思想政治教育面临的挑战，提出高校思想政治教育应因事而化、因时而进、因势而新，进而优化高校思想政治教育方式和丰富高校思想政治教育

---

① 张瑜等：《“快闪”的青年文化特征及其思想政治教育运用》，《中国青年社会科学》2021年第1期。

② 杨增岽等：《从适应到超越：“互联网+”时代思想政治教育活动的创新》，《中国青年社会科学》2021年第1期。

③ 吴琼等：《短视频时代思想政治教育话语面临的挑战与进路》，《思想理论教育》2021年第10期。

④ 李有增等：《创新高校思政工作的理念和方法》，《中国高等教育》2021年第3期。

内容，切实提升高校思想政治教育的质量和水平。[①] 北京师范大学冯刚认为，新时代背景下，高校思想政治教育范畴研究应着力理论思维与实践导向，立足思想政治教育范畴研究的基本论域，契合思想政治教育实践，遵循现代社会科学研究规律，推动多学科视野融合，聚焦学科改革创新需求，不断提升范畴研究的时代性、规范性、系统性和科学性。[②] 因而，新时代高校思想政治工作要在守正创新中改进和加强，包括牢牢把握立德树人的根本任务，更加注重理论与实践的创新融合，坚持畅通课堂教育主渠道，更加注重以文化人、以文育人，更加注重质量评价等方面。[③] 其中，新时代高校思想政治教育工作质量的评价指标优化应注重适用性、科学性、先进性、系统性，以助推高校思想政治教育治理体系现代化建设。[④]

关于大学生思想政治教育研究。大学生始终是高校思想政治教育的主要群体，随着“00后”进入大学，高校思想政治工作也需要适应大学生的思想特点和行动规律做出相应的引导策略。一是针对“00后”大学生行为特点提出建议。北京交通大学李敏等通过对2100余名“00后”大学生思想特点和行为规律的调查分析，提出“00后”大学生思想政治教育引导策略。[⑤] 北京第二外国语学院张严等对29所高校“00后”大学生的基本情况信息、思想状况、行为特征的调研数据的分析，总结其思想和行为在社会层面、集体层面、个体层面的特征，提出从理想信念培育、价值观引导和个体实践养成三个层面构建全方位、立体化的教育引导体系。[⑥] 北京林业大学魏洪斌等，以北京林业大学为例，将大学生网络思想政治教育作为出发点，了解大学生面对网络热点时的具体行为特征，勾画出新时代背景下大学生网络行为画像。[⑦] 二是针对大学生思想政治教育的获得感。北京建

---

① 胡耀尹等：《新时代高校思想政治教育面临的挑战及对策》，《北京教育（高教版）》2021年第10期。

② 冯刚：《深化高校思想政治教育范畴研究》，《马克思主义理论学科研究》2021年第9期。

③ 冯刚：《论新时代高校思想政治工作守正创新》，《上海交通大学学报（哲社版）》2021年第10期。

④ 冯刚等：《新时代高校思想政治教育工作质量评价指标体系设计的实证研究》，《思想教育研究》2021年第4期。

⑤ 李敏等：《“00后”大学生思想行为与教育对策研究》，《华北电力大学学报（社科版）》2021年第6期。

⑥ 张严等：《“00后”大学生思想和行为特点与引导策略研究》，《北京教育（高教版）》2021年第1期。

⑦ 魏洪斌等：《新时代网络热点下的大学生行为研究》，《北京教育（高教版）》2021年第2期。

筑大学张守连等认为，提升大学生思想政治教育获得感，需要培育认同心理，纠正认知偏差，引导大学生消解对思想政治教育的固化印象；需要满足心理需求，引导大学生通过思想政治教育不断达成对未来预期的自我实现；需要激发执着心理，强化社会助长效应，引导大学生自觉接受思想政治教育；需要发挥榜样示范效应，观照从众模仿心理，引导大学生悦纳思想政治教育。[①] 北京师范大学朱宏强认为，大学生思想政治教育获得感要抓住学生参与这个行动前提，构建教育要素准备与学生接受获得的结合机制，发挥评价的导向作用，贯通提升获得感的有效路径。[②] 三是针对大学生思想政治教育的实践。北京航空航天大学赵罡等提出以“学习日”制度来强化师生思想政治引领。[③] 对外经贸大学黄戈林等认为辅导员对大学生的思想政治教育话语具有独特性，辅导员要始终坚持“对标党和国家要求”与“贴近学生需求”的统一，努力实现“话语自觉—话语能力—话语优势”的跃升，着力提升在中外融通语境中讲好中国故事的本领。[④]

5. 思想政治教育专题研究

紧跟时代需求、坚持问题意识是科学研究的基本要求。学界主要围绕新时代爱国主义教育、理想信念问题等开展研究。

关于爱国主义教育研究。2019年11月，中共中央印发《新时代爱国主义教育实施纲要》，为爱国主义教育研究的持续深化提供了方向。北京师范大学温静从起点、过程、评价三个维度阐明爱国主义教育的个体价值，并提出要通过动之以情、晓之以理、授之以道、导之以行，爱国主义教育从升华情感境界、建构身份认同、形塑价值观念、引导成长实践四个方面推动个体成长发展。实现爱国主义教育的个体价值要刺激需求侧以提升个体的内驱力，改革供给侧以增强爱国主义教育的针对性。[⑤] 中国人民大学张苗苗认为，国家象征具有标识作用、承载作用、激励作用和约束作用，是建立国家认知的重要媒介、培育爱国情感的重要载体、激发爱国理想的重要资源、规范爱国行为的重要抓手，应高度重视并切实发挥国家象征的

---

① 张守连等：《大学生思想政治教育获得感的心理机制和提升路径探析》，《学校党建与思想教育》2021年第7期。

② 朱宏强：《大学生思想政治教育获得感提升研究》，《思想政治教育研究》2021年第2期。

③ 赵罡等：《以“学习日”制度强化师生思想政治引领》，《北京教育（高教版）》2021年第6期。

④ 黄戈林等：《高校辅导员思想政治教育话语特征、运行逻辑及优化进路》，《思想教育研究》2021年第10期。

⑤ 温静：《论爱国主义教育的个体价值》，《教学与研究》2021年第2期。

作用，以推进新时代爱国主义教育的法治化、仪式化、生活化发展。[①] 北京科技大学张娜等探讨爱国主义教育在大中小学思想政治理论课一体化教学中的目标构建，提出中华民族精神、马克思主义、中国共产党的爱国主义实践是理论基础，立德树人和党的领导是时代特点，大中小学诸学段有不同的教学目标规律，依托教学主阵地、营造氛围和师资融合是教学目标实现的路径。[②] 中国人民大学张智认为“四史”教育是新时代爱国主义教育的必修课，是深刻认识和理解中国共产党为什么能、社会主义为什么好、马克思主义为什么行的坚实根基，对深刻理解和把握爱国与爱党、爱社会主义相统一的爱国主义本质至关重要。[③] 同时还提出新时代爱国主义教育要培育大国国民心态，坚持思想引领，筑牢思想根基；坚持政府主导，实现社会共建；加强国民教育，提升国民素质；做好舆论引导，营造优良氛围。[④]

关于理想信念教育研究。“信仰”贯穿于中国共产党百年奋斗历程，在庆祝中国共产党成立100周年之际，学者们就理想信念展开研究。中国人民大学刘建军就中国共产党人“信仰”概念进行历史考察，提出在不同时期和特定语境下，这一概念有不同含义和用法。它经过长期演化，逐步淘汰了社会威信意义上的用法，淡化了宗教信奉意义上的用法，增强了其理性理论的特征，而越来越集中于指称科学的信仰即中国共产党人的理想信念。[⑤] 中国人民大学马卿誉梳理中国共产党百年信念教育史，认为在每一发展阶段，党的信念教育都各有其特点和优势，其中的基本经验包括，紧紧围绕党的中心工作组织实施信念教育，以马克思主义作为最基本的特质，在教育方法上贵在坚持“三贴近”原则，要始终坚守学校这一主战场。[⑥]

此外，新时代我国发展进入各种风险挑战不断积累甚至集中显露的时期，经济、政治、社会风险甚至生态环境风险影响人们的交往方式和思想

---

① 张苗苗：《论国家象征在爱国主义教育中的作用》，《教学与研究》2021年第4期。

② 张娜等：《爱国主义教育在大中小学思想政治理论课一体化教学中的目标构建初探》，《思想教育研究》2021年第12期。

③ 张智：《“四史”教育：新时代爱国主义教育的必修课》，《社会主义核心价值观研究》2021年第3期。

④ 张智等：《新时代爱国主义教育培育大国国民心态论》，《学校党建与思想教育》2021年第2期。

⑤ 刘建军：《中国共产党人“信仰”概念的历史考察》，《思想教育研究》2021年第4期。

⑥ 马卿誉：《中国共产党信念教育的历史考察》，《思想教育研究》2021年第4期。

行为，使思想政治教育更具复杂性。学者们对此也进行探索。比如，北京理工大学张毅翔认为，思想政治教育应立足时代前沿和战略全局，统筹思想政治教育与其他系统之间的关系，构建有效应对重大风险的预见性思想政治教育，遵循思想政治教育过程中的两类规律，增强其全局性、前瞻性和科学性。[①] 中国地质大学杨峻岭等认为，墨家劳动价值观中的“赖其力者生，不赖其力者不生”“俭节则昌，淫佚则亡”“以劳殿赏”“量功而分禄”等思想的精华，对新时代倡导尊重劳动、敬畏劳动和崇尚劳动的社会主义劳动价值理念等具有重要的启示意义。[②]

6. 社会主义核心价值观研究

随着对社会主义核心价值观研究的不断深入，近年来学者们更关注社会主义核心价值观与新时代、新阶段的历史方位的相互关系，更加注重社会主义核心价值观的传播及其更广的外延研究。

关于新发展阶段社会主义核心价值观研究。清华大学吴潜涛立足新时代、新阶段的历史方位，厘清社会主义核心价值观形成的历史脉络，提出大力弘扬社会主义核心价值观要增强做中国人的骨气和底气；要注重学习党史与价值观研究的统一；要深化价值观的基础理论研究。[③] 中国人民大学刘建军等认为，我国进入了全面建设社会主义现代化国家、向第二个百年奋斗目标进军的新发展阶段。这为培育和弘扬社会主义核心价值观提供了新的有利条件，并提出了更高要求。在新发展阶段，在新的起点上，培育和弘扬社会主义核心价值观的现实条件更加有利、群众基础更加坚实、社会主义属性更加彰显、世界意义更加深远，因而要求也更高，要努力实现社会主义核心价值观教育的高质量发展。[④] 北京师范大学史宏月认为，随着时代的发展愈显深厚，夯实着集体主义的根基，也延伸着集体主义的未来，从不同维度形塑出新时代集体主义的文化内涵。新时代的集体主义在推动中国特色社会主义现代化发展的进程中，具有凝心聚力、引领航向、稳定大局、有效协调集体与个人利益关系等不可替代的价值功能。[⑤]

---

① 张毅翔：《重大风险防控视域下思想政治教育的实践属性与发展要求》，《思想教育研究》2021年第1期。

② 杨峻岭等：《先秦墨家劳动价值观及其当代价值》，《社会主义核心价值观研究》2021年第6期。

③ 吴潜涛：《培育和践行社会主义核心价值观的时代反思》，《北京社会科学》2021年第6期。

④ 刘建军等：《新发展阶段培育和弘扬社会主义核心价值观的新形势与新要求》，《社会主义核心价值观研究》2021年第8期。

⑤ 史宏月：《集体主义的文化基因与时代发展》，《思想教育研究》2021年第3期。

关于大学生社会主义核心价值观教育研究。北京师范大学宋烨认为，高校加强中华优秀传统文化教育可以有效提升大学生的文化自信。高校要准确把握加强中华优秀传统文化教育的紧迫性和重要性，使中华优秀传统文化成为加强民族向心力、文化认同感以及文明自豪感的重要精神力量。在课程内容上，应当充分整理和纳入箴言警句，以形成强烈的价值感召和引领。① 北京师范大学隋露露等认为，高校要根据大学生社会主义核心价值观认同的特点，着力构建行之有效的理论解读机制、利益引导机制、实践转化机制和心理固化机制，使其真正实现对社会主义核心价值观的认同。② 此外，还有的学者认为应该通过其他融入教育来实现大学生社会主义核心价值观教育。比如，北京体育大学李红霞等认为，中华体育精神融入社会主义核心价值观是提升体育文化软实力、增强体育文化自信的需要，其合理性是由二者之间个别与一般、个性与共性的本质关系决定的，可以通过思政课程与课程思政横向协同与大中小一体化纵向协同，实现体育思政功能价值的最大化，为中华体育精神融入社会主义核心价值观提供抓手。③ 北京工业大学陈艳飞提出，在具体的教学实践中，“基础”课讲清社会主义核心价值观需要走向深度教学、介入学生个体的意义世界、建构和优化学生的思维系统。④

除此，还有学者从其他角度探讨社会主义核心价值观研究。比如，北京邮电大学周晔等从智能算法技术视域研究社会主义核心价值观的传播问题，认为要避免其带来的一些负面影响，需要进一步从行为主体维度、观念体系维度、实践方式维度、法治治理维度和比较借鉴维度等提出相关措施与机制。⑤ 北京林业大学苏静等从全面实施乡村振兴战略的背景下探讨优秀传统文化的价值，提出在实施乡村振兴战略的过程中，要深入挖掘乡村优秀传统文化的经济价值、生态价值和教化价值，进而服务于乡

---

① 宋烨：《以中华优秀传统文化教育提升大学生文化自信》，《中国高等教育》2021年第10期。
② 隋露露等：《论大学生社会主义核心价值观认同机制》，《北京教育（德育版）》2021年第2期。
③ 李红霞等：《中华体育精神融入社会主义核心价值观的实现路径》，《北京体育大学学报》2021年第6期。
④ 陈艳飞：《“基础”课讲清社会主义核心价值观的逻辑构思及实践路向》，《湖北社会科学》2021年第4期。
⑤ 周晔等：《智能算法技术视域下社会主义核心价值观有效传播研究》，《高教研究》2021年第6期。

村振兴战略的实施。①

总的来说，首先，学者们始终坚持问题导向、及时跟进党中央指示精神和现实需求，对思想政治教育理论与实践中的难点、热点问题开展深入的研究，许多研究具有连续性；其次，与上一年度相比，中青年学者成为研究的主力军，特别是许多在读博士生发表了高质量的研究成果；最后，学者们仍然强调学术研究与教学实践相结合，主张以学术支持教学，许多的理论研究都与思想政治理论教学相结合，研究纵深持续深入。不过有些研究方向的新成果相对匮乏，比如教师群体思想政治教育、青年人思想政治教育等。因而，未来许多新问题、新领域亟待学者们作进一步深入挖掘和探索。

（六）中国近现代史基本问题研究

2021年，北京高校“中国近现代史基本问题研究”在关注基础理论问题的同时，围绕重要历史事件、重要会议以及重要纪念活动展开，形成了丰硕的研究成果，主要体现为中国共产党成立100周年研究、“四史”学习教育研究、辛亥革命爆发110周年研究、伟大建党精神研究、全面建成小康社会研究五个方面。

1. 中国共产党成立100周年研究

党的百年奋斗历史意义研究。有专家从历史逻辑、理论逻辑、实践逻辑的角度，解读了中国共产党百年奋斗的历史意义。中国共产党之所以能团结带领人民取得一个又一个胜利，中华民族伟大复兴展现出前所未有的光明前景，一个重要原因就是我们党能够科学分析历史形势、把握历史机遇、掌握历史主动。中国共产党勇于结合新的实践不断推进理论创新、善于运用新的理论指导新的实践，从而使马克思主义在中国大地上展现出更强大、更有说服力的真理力量。党在百年奋斗中始终坚持从我国国情出发，探索并形成符合中国实际的正确道路。②有专家认为中国共产党百年奋斗从根本上改变了中国人民的前途命运，这主要体现为三个方面：从被辱为“东亚病夫”到站起来再到日益走近世界舞台中央；从封建专制到人民当家作主再到全过程人民民主；从一穷二白到经济独立自主再到全面建

① 苏静等：《乡村振兴战略下乡村优秀传统文化的价值再认识》，《社会主义核心价值观研究》2021年第10期。

② 王炳林：《深刻领会党百年奋斗的历史意义》，《人民日报》2021年12月23日第9版。

成小康社会。[①] 有专家阐释了中国共产党百年奋斗对人类社会发展的重大贡献，这主要体现在：深化了对人类社会发展规律的认识；丰富和拓展了人类走向现代化的道路；在推动中国自身发展的同时，为解决人类社会发展难题贡献了中国智慧和中国方案。[②]

中国共产党历史决议研究。有专家认为《中共中央关于党的百年奋斗重大成就和历史经验的决议》在系统回顾和总结党的百年奋斗历程的重大成就及历史经验的同时，深刻回答了中国共产党是什么、要干什么这个根本问题。由建党之初的50多人发展壮大到今天世界第一大执政党，中国共产党用自己所创造的“地球上最大的政治奇迹”不断践行自己的初心使命。百年奋斗成就昭示，办好中国的事情，关键在党。[③] 有专家认为党的十九届六中全会重要文献强调与阐发了坚持唯物史观和正确党史观，明确了党在百年奋斗不同历史阶段所面临的根本任务；明确了党在百年奋斗不同历史阶段所处的宏阔时代背景和我国具体国情；对党在各个历史时期取得的伟大成就做了高度概括；深刻揭示了重大成就来之不易。党的十九届六中全会重要文献对十个方面历史经验的总结，贯穿着唯物史观和正确党史观，是必须倍加珍惜、长期坚持并在新时代实践中不断丰富和发展的无价瑰宝，凸显了历经百年奋斗的中国共产党所具有的使命担当和勇毅前行的品格。[④]

党的百年奋斗重大成就和历史经验总体研究。有专家以实现民族复兴为主题阐释了党的历史与成就，中国共产党历经百年磨砺，已经成为一个具有丰富历史经验、治国理政经验，具有高度自信、战略定力和战略远见，拥有9600多万名党员的世界上最大的马克思主义政党。中国共产党带领全国人民历经百年奋斗终于找到了民族复兴的正确道路，中国特色社会主义制度为民族复兴提供稳定保障，综合国力为民族复兴奠定坚实物质基

---

① 杨凤城：《党的百年奋斗从根本上改变了中国人民的前途命运》，《红旗文稿》2021年第23期。

② 孙代尧、李健：《中国共产党的百年奋斗对人类社会发展的重大贡献》，《党的文献》2021年第3期。

③ 肖贵清：《〈决议〉深刻回答了中国共产党是什么、要干什么这个根本问题》，《当代世界与社会主义》2021年第6期。

④ 仝华：《从党的十九届六中全会重要文献中体悟坚持唯物史观和正确党史观》，《毛泽东邓小平理论研究》2021年第12期。

础，中国共产党为民族复兴提供坚强领导核心。[①] 有专家认为百年来中国共产党坚持运用底线思维，成功应对风险挑战，妥善化解矛盾危机。在军事斗争中保存实力、争取胜利；政治建设中方向不偏、立场不移；经济建设中保持底色、稳中求进；作风建设中刀刃向内、自我革命，为推进国家治理体系和治理能力现代化提供了历史启迪和精神滋养。百年来中国共产党坚持运用历史思维，探索革命和建设道路，加强党的建设，不仅取得了重大成就，积累了丰富经验，而且形成了党在不同时期运用历史思维的鲜明特色。[②] 有专家认为中国共产党百年奋斗历程波澜壮阔，在总结与汲取领导社会革命和进行自我革命的经验中不断成长壮大。坚持马克思主义中国化，坚持人民立场和群众路线，坚持全面从严治党，是党的百年历程中最重要的经验。中国共产党以科学的历史思维总结党的历史经验，牢牢把握党的历史主题和主线、主流和本质，实事求是地总结党的正反两方面经验，客观公正地评价重要事件、重要人物，在不断汲取历史经验中走向未来。[③]

党的思想建设历史经验研究。有专家认为党的思想路线经历了在革命斗争实践中产生、在建设年代的曲折中坚持、在改革开放后恢复和发展、在新时代上升到哲学层面的再认识等阶段，这一历程的时代启示主要有：必须坚持一切从实际出发，坚持实践检验并发展真理，坚持理论与实际紧密地结合，坚持解放思想、与时俱进、求真务实。[④] 有专家认为中国共产党百年思想建党的历程，积累了丰富的经验：思想建党要围绕思想上的统一展开，要与理论创新和制度创新相结合，要有特定的载体，要通过丰富学习教育形式进行推动。[⑤]

党的作风建设历史经验研究。有专家认为中国共产党在推进作风建

---

① 杨凤城：《以实现民族复兴为主题深刻认识党的历史与成就》，《马克思主义理论学科研究》2021年第7期；杨凤城：《从中共党史看实现中华民族复兴进入不可逆转的历史进程》，《教学与研究》2021年第11期。

② 王炳林、周凯：《中国共产党运用底线思维的百年考察》，《马克思主义理论学科研究》2021年第2期；王炳林、余坤：《中国共产党运用历史思维的百年考察》，《党史研究与教学》2021年第2期。

③ 王树荫、耿鹏丽：《中国共产党汲取百年历史经验的思想自觉》，《马克思主义理论学科研究》2021年第4期。

④ 杨德山、莫东林：《党的思想路线建设的百年历程和启示》，《中国特色社会主义研究》2021年第5期。

⑤ 赵朝峰、刘向东：《中国共产党百年思想建党的历史经验及其特征》，《齐鲁学刊》2021年第3期。

设实践中不断深化对作风建设规律的认识，形成了以密切联系群众为核心内容，紧紧围绕党的中心任务进行，注重发挥领导干部以上率下的作用，坚持长效机制和专项治理相结合，以及思想教育和制度建设相结合等经验。①

党推进国家现代化的历程及经验研究。有专家梳理了百年来中国共产党国家建设目标探索的历程及经验，中国共产党以马克思主义理论为指导，根据具体国情，围绕“建设一个什么样的国家”的核心议题，先后确定了把中国建设成为：一个新民主主义国家、一个社会主义国家、一个社会主义现代化国家、一个社会主义现代化强国等目标。这一目标的进程始终沿着共产主义革命方向向前发展，始终坚持党的领导是国家建设和发展目标的根本保证。这一目标的历史进程反复说明了马克思主义的无产阶级革命、国家建设、现代化理论必须与我国的具体国情紧密结合，实践才能取得成就，理论才能得到发展。② 有专家认为中国共产党百年发展的历史，是探索实现国家富强和民族复兴之路的历史，也就是探索实现现代化之路的历史。中国共产党探索实现现代化的历史过程，是一个从被动现代化走向主动现代化、从实现工业化走向实现“四个现代化”、从“中国式的现代化”走向中国特色社会主义现代化的艰辛曲折过程。中国特色社会主义现代化具有鲜明的原创性和独特性，它可以为世界现代化发展提供可借鉴的中国方案、贡献可分享的中国智慧。③

中国共产党理论创新的历史经验研究。有专家从坚持理论创新的角度阐释了中国共产党百年奋斗的历史经验，中国共产党百年奋斗史，就是一部不断推进马克思主义中国化的历史，就是一部马克思主义理论创新创造史；必须坚持理论创新与理论守正相统一、理论创新与实践创新相互动、理论创新与理论借鉴相统一、理论创新与理论武装相同步。④ 有专家认为中国共产党自成立以来，始终坚持思想建党、理论强党，不断开辟马克思主义中国化新境界，持续推进实践基础上的理论创新，党的理论形象逐步在广大人民心中形成、确立。百年来，科学的、人民的、实践的、开放的

① 周良书、李强：《中国共产党百年作风建设的基本经验》，《马克思主义理论学科研究》2021年第6期。
② 杨德山：《百年来中国共产党国家建设目标探索的历程及经验》，《教学与研究》2021年第6期。
③ 张雷声：《从现代化走向中国特色社会主义现代化——中国共产党的百年探索》，《马克思主义理论学科研究》2021年第5期。
④ 艾四林：《坚持理论创新是中国共产党百年奋斗的重要历史经验》，《红旗文稿》2021年第24期。

理论作为中国共产党理论发展进程中一直遵循、始终呈现的突出特点，被广大人民深刻记忆从而转化为中国共产党理论形象的基本特质。①

党领导统一战线建设的历程及当代价值研究。有专家认为伴随着中国的革命、建设、改革进程，中国共产党领导的统一战线建设发展历经了百年变迁，在地位、性质和组织形式上都有了巨大变化。统一战线的地位实现了从革命策略向治国方略的转变；统一战线的性质实现了从革命统一战线向爱国统一战线的转变；统一战线的形式实现了从党内合作向政治协商的转变。总结和回顾中国共产党统一战线的百年变迁，有利于确立统一战线的治国方略地位，协调统战目标一致性和对象多样性的统一，加快构建大统战工作格局，为新时代党的统一战线建设发展提供重要历史借鉴。②

党对公平正义的历史追求及时代担当研究。有专家认为百年来中国共产党根据新民主主义革命、社会主义革命和建设、改革开放和现代化建设、新时代中国特色社会主义等不同时期所面临的形势和任务，积极探索并大力推进党的公平正义观，形成了以马克思主义公平正义理论与中国实际相结合、体现中国特色社会主义制度的本质要求、体现依法治国和以德治国相结合的价值引导，坚持兼顾效率与注重公平相统一的基本要求等为核心要义的公平正义观。新时代，以习近平同志为核心的党中央通过制度建设、价值强化、深化改革、高水平对外开放和推动构建人类命运共同体等，丰富发展并升华了党的公平正义观。③

2. “四史”学习教育研究

党史学习教育研究。有专家认为党史教育教学要准确把握百年党史的主题主线主流，唯物辩证地看待历史问题；要运用大历史观把握百年党史的继承性与发展性，总结和评价不同阶段的特征与贡献，可以用“新革命、新中国、新时期、新时代”命名不同历史阶段，用“苦难辉煌、艰辛探索、凯歌行进、实现复兴”概括不同历史阶段的内涵与特征；要从国际的宽视野看党的百年奋斗及其价值，使人们深刻理解中国共产党为什么能、马克思主义为什么行、中国特色社会主义为什么好。④ 有专家认为党

---

① 冯刚：《论中国共产党的百年理论形象》，《思想理论教育导刊》2021年第2期。

② 林绪武、张玉杰：《中国共产党统一战线建设的百年变迁及当代价值》，《马克思主义与现实》2021年第2期。

③ 夏文斌：《中国共产党对公平正义的历史追求和时代担当》，《马克思主义与现实》2021年第5期。

④ 杨凤城：《以大历史观统领中共党史教育与教学》，《思想理论教育导刊》2021年第4期。

史学习教育要坚持辩证唯物主义和历史唯物主义，坚持大历史观，科学把握主题和主线的历史连贯性，客观认识党史发展的主流和本质。正确看待党史发展过程中出现的失误曲折，科学总结其起因、性质、教训，从具体历史时空出发，对历史事件和历史人物作出实事求是的客观分析和全面公正的理性评价。加强思想引导和理论辨析，充分认识历史虚无主义的虚无客观性和虚无价值判断，旗帜鲜明地反对历史虚无主义，做到正本清源、固本培元。[①] 有专家认为国民革命期间，中国共产党通过刊物专栏"寸铁"这一独特的发声渠道，传播国民革命知识，阐述其革命思想，为国民革命顺利推进构建思想舆论环境。对于反革命者，"寸铁"持续与之进行舆论斗争，以扩大国民革命的影响；对于阵营内部的同盟者，"寸铁"则发挥规训作用，以达到"减轻右派的反动力量"的目的。虽然国民革命未获成功，但中共关于革命宣传动员的历史记忆和"寸铁"的话语传统却得以保留，这为此后中共的革命实践提供了宝贵的思想资源。[②]

新中国史学习教育研究。有专家认为在学习新中国史中做到"学史明理、学史增信、学史崇德、学史力行"，就是要以理论清醒确保政治坚定，以理想信念增强行动自觉，以崇高精神激励立德树人，以历史智慧提高实践本领。学习好"国史"，关键是要用正确的历史观来把握新中国历史发展的主题和主线、主流和本质、基本趋势、基本规律、基本经验、基本结论。要正确认识中国共产党在新中国历史中形成的核心领导地位，正确认识基本理论、基本路线、基本方略在治国理政中的关键作用，正确认识新中国史中的成功与失误，正确认识改革开放前后两个历史时期的关系。[③] 有专家探究了新中国初期《人民日报》的舆论反腐，通过报纸动员党员干部和人民群众参与反腐运动，是新中国成立初期反腐方略的重要内容。《人民日报》响应党中央反腐倡廉的号召和战略部署，开设"读者来信"栏目，开展批评与自我批评，表扬好人好事，揭露坏人坏事，大胆揭露违法乱纪的案件，指导全国党报开展反腐舆论监督，为当代中国舆论反腐提供了一个样本，可供当代反腐倡廉建设借鉴，以期推进新时代反腐倡

① 黄延敏、刘新月：《中共党史学习教育要树立科学的历史观和方法论》，《思想理论教育导刊》2021年第3期。

② 周良书、袁超乘：《"寸铁"与中共对国民革命的宣传动员》，《历史研究》2021年第3期。

③ 李捷：《在学"国史"中做到"学史明理、学史增信、学史崇德、学史力行"》，《思想理论教育导刊》2021年第4期。

廉建设工作。[①]

改革开放史学习教育研究。有专家梳理了改革开放初期中国共产党纪律检查机构的恢复重建，为了进一步恢复党组织的正常秩序、更好地整顿党风、审查和复查堆积的大量案件，中国共产党恢复建立了党的中央纪律检查委员会、中央一级党和国家机关的纪律检查机构以及地方各级纪律检查机构。在得到恢复重建后，党的各级纪律检查机构认真开展工作，有力地保证了党的团结统一，维护了党的纯洁性和先进性，使党的组织更加坚强有力，为党领导人民推进改革开放和社会主义现代化建设的伟大事业提供了重要保障。[②]

社会主义发展史学习教育研究。有专家认为社会主义理论和实践发展史，总体上经历了从空想到科学、从运动变为制度现实、从一国实践到多国实践、从单一模式走向多样化发展、从低潮走向振兴的过程。社会主义是人类文明发展大道上的产物，社会主义的发展推动了人类文明的发展，这是贯穿社会主义发展史的主题。在社会主义发展史教学中，要以唯物史观引导学生确立正确的社会主义史观，在“四史”的总体上把握社会主义发展史，重点讲清楚社会主义从空想到科学的发展、社会主义变为制度现实和苏联模式的推行、科学社会主义在中国的新飞跃。[③]

3. 辛亥革命爆发110周年研究

辛亥革命历史意义研究。有专家认为正确评价辛亥革命的历史功绩和历史意义，是中国共产党继承和发展辛亥革命事业的重要前提之一，而实事求是认识和阐发辛亥革命发生的深刻历史背景，则是正确评价辛亥革命不可回避的带有根本性的问题。百年来中国共产党不断推进马克思主义中国化的理论创新和实践创新，始终不渝践行初心使命，继承并极大发展了辛亥革命事业。辛亥革命以及中国共产党对辛亥革命事业的继承和发展都启示我们，只有在中国共产党的坚强领导下，中国人民和中华民族才能凝聚起磅礴力量。[④] 有专家认为辛亥革命拉开了中国完全意义上的近代民族

---

① 王传利：《推动、响应、督导：新中国初期〈人民日报〉的舆论反腐》，《毛泽东邓小平理论研究》2021年第10期。

② 张甲哲、肖贵清：《改革开放初期中国共产党纪律检查机构的恢复重建》，《党的文献》2021年第4期。

③ 孙代尧：《人类文明发展进程中的社会主义——讲授社会主义发展史的大思路》，《思想理论教育导刊》2021年第5期。

④ 仝华：《中国共产党对辛亥革命事业的继承和发展》，《思想理论教育导刊》2021年第11期。

民主革命的序幕，为中国共产党诞生创造了历史条件，为中国早期现代化起到了推动作用，为中华民族共同体意识铸牢了基础，为中华民族思想自觉提供了强大动力，为推动亚洲其他国家地区民族解放运动的发展作出了巨大贡献。[①]

辛亥革命阶级分析研究。有专家论述了早期中国共产党人关于辛亥革命的阶级分析。在中国共产党人阶级分析的早期实践中，关于辛亥革命的研讨是最为重要的内容之一，它起源于陈独秀、瞿秋白等人对中国资产阶级特性的思考。国共合作和国民革命开始后，中共更自觉地以阶级观点来分析辛亥革命的性质与起因、参与者构成、结局与得失等问题，形成了具有创造性的思想成果，为新民主主义理论的最终形成作出了基础性贡献，也对日后辛亥革命的学术研究产生了深远影响。虽然这些分析具有鲜明的政治斗争特性，出现了对辛亥革命性质认知的前后转变、对反帝内涵的过度强调以及对辛亥革命“失败论”的一度偏执等现象，但它们仍具有政治思维革命性变革发端的标志性意义。[②]

4. 全面建成小康社会研究

党的领导与全面建成小康社会研究。有专家认为让人民丰衣足食是中国共产党的奋斗目标，以毛泽东为代表的中国共产党人为全面建成小康社会奠定了制度与工业基础，以邓小平为代表的中国共产党人提出并实现了在世纪之交达到小康水平的目标。党的十六大开启了全面建设小康社会的新征程。党的十八大之后全面建成小康社会逐步进入决胜期。2020年如期全面建成小康社会，是中华民族历史、中国共产党历史、新中国历史上的里程碑。历史表明，中国共产党的领导和中国特色社会主义制度是全面建成小康社会的根本保障。[③]

制度优势与全面建成小康社会研究。有专家认为在脱贫攻坚中，党的领导和社会主义制度优势得到充分彰显。党的领导确保对所办大事有统一、长远规划，坚持全国一盘棋，做到一张好的蓝图一干到底。改革开放以来，我们党始终紧紧抓住“脱贫困、奔小康”这个奋斗目标，一棒接着

---

① 康沛竹、尚娜娜：《辛亥革命：中华民族伟大复兴征程上的里程碑》，《中国社会科学报》2021年10月28日第3版。

② 刘辉：《早期中国共产党人关于辛亥革命的阶级分析》，《中共党史研究》2021年第6期。

③ 杨凤城、朱金鹏：《中国共产党的百年奋斗与全面建成小康社会》，《陕西师范大学学报（哲学社会科学版）》2021年第1期。

一棒跑。党的十八大以来，党中央统一领导、统一部署，在全国范围内充分调动各种资源，动员全社会力量，加强东西部扶贫协作，深化结对帮扶，充分发挥了社会主义制度可以集中力量办大事的政治优势。①

（七）党的建设研究

本年度党的建设研究主要集中于建党百年研究、伟大建党精神研究、党内法规制度体系研究、党的建设学科建设研究以及党的建设其他相关研究。学者们围绕建党百年历程与经验以及党的十九届六中全会审议通过的《中共中央关于党的百年奋斗重大成就和历史经验的决议》形成一系列具有时代性和理论价值的研究成果。

1. 建党百年研究

本年度正值中国共产党成立100周年，围绕百年来中国共产党各方面的历程和经验以及建党基础理论，北京高校马克思主义理论学科的专家学者进行了广泛而具有深度的讨论，形成了一系列有益的科学成果。

建党百年历程与经验研究。中国共产党的百年是党在思想、制度、纪律、作风等方面不断探索，不断成长的百年，正是在不断探索的过程中，积累了丰富的历史经验。

在思想建设方面，有学者认为思想建设是无产阶级政党的基础性建设，也是新时代全面从严治党的首要任务。马克思最早对无产阶级政党的思想建设作出科学阐释，初步确立了无产阶级政党的建党原则。回顾中国共产党100年来领导中国人民进行革命、建设和改革的历史，党的思想建设不断发展完善，确保了不同时期党的路线方针政策的贯彻执行，成为党的百年奋斗历程的显著特点。总结百年党的思想建设的基本经验，要把思想建设始终作为党的建设的基础工作，把坚定理想信念作为党的思想建设的首要任务，把理论创新作为党的思想建设的根本任务，把自我革命作为党的思想建设的主要方法，把实事求是作为党的思想建设的基本路线。②

在组织体系方面，有学者认为重视党的组织体系建设，是马克思主义建党学说的一条重要原则，也是作为马克思主义政党的中国共产党的优势

---

① 艾四林：《脱贫攻坚：体现中国特色社会主义的制度优势》，《中国社会科学报》2021年1月28日第3版。

② 尤国珍、杨凤城：《中国共产党百年思想建设的探索历程与基本经验》，《北京社会科学》2021年第10期。

所在、力量所在。严密的组织体系是百年大党永葆青春的组织密码，也是百年大党再出发的必然要求。在百年党史中，党的组织体系历经初建雏形期、曲折发展期、基本定型期和创新强化期四个既一脉相承又与时俱进的发展阶段。百年党的组织体系建设积累了丰富、宝贵的经验：必须以党的政治建设为统领，确保正确的政治方向；恪守民主集中制的组织原则，维护党中央权威；重视党的基层组织建设，夯实党的组织根基；建设高素质的党员干部队伍，纯洁党的组织。①

在制度建设方面，有学者认为加强制度建设是中国共产党领导中国人民取得伟大成就的政治密码。接续推进党的制度建设是马克思主义政党的内在要求，是党的建设的优良传统和经验总结，是我们党完成执政使命的逻辑使然。党的制度建设历经初步探索与重点突破、全面恢复与创新发展、日渐成熟与不断定型三个历史阶段，在党的领导制度、组织制度、作风制度以及党内法规制度建设等方面取得了显著成就，夯实了中华民族从站起来、富起来到强起来的制度"基座"，并积累了宝贵的经验，这就是要坚持党的政治建设统领党的制度建设，以修订党章与健全民主集中制为主线，注重围绕党的政治路线推进制度创新，坚持思想建党、理论强党与制度治党相统一，并切实保证党的各项制度的有效实施。②

在纪律建设方面，有学者认为高度重视纪律建设是中国共产党的优良传统，加强纪律建设是全面从严治党的治本之策。中国共产党成立100年以来，始终把纪律建设视为永葆党的先进性、纯洁性、战斗性的根本保障，在领导中国革命、社会主义建设、改革开放和实现民族复兴的伟大历程中，围绕纪律建设进行了卓有成效的实践探索、理论创新、制度构建，积累了丰富的经验和成果。加强纪律建设是马克思主义政党的本质要求和生命线，必须把严明政治纪律放在首位，维护党的团结统一，服务党的中心工作，不断完善党的纪律体系，加强体制机制和纪检队伍建设。总结并运用这些经验，可以为新时代推进党的纪律建设提供有价值的启示和借鉴，推进全面从严治党向纵深发展。③

① 孙照红：《中国共产党组织体系建设的百年历程和基本经验》，《马克思主义研究》2021年第9期。

② 刘锋：《中国共产党制度建设的探索历程及经验启示》，《学习论坛》2021年第5期。

③ 孙红培、韩晓蕾、张润枝等：《中国共产党建党100年来纪律建设的经验与启示》，《北京师范大学学报（社会科学版）》2021年第4期。

在作风建设方面，有学者认为作风是党的形象的外化表现，作风的好坏直接影响党的执政之基。百年来，中国共产党在推进作风建设实践中不断深化对作风建设规律的认识，总结并形成以密切联系群众为核心内容，紧紧围绕党的中心任务进行，注重发挥领导干部以上率下的作用，坚持长效机制和专项治理相结合，以及思想教育和制度建设相结合等经验。系统回顾与整理这些经验，不仅可为新时代坚持全面从严治党，加强党的作风建设提供借鉴和参考，而且对于推进党的建设新的“伟大工程”，实现党的“两个一百年”奋斗目标，也具有重要的现实意义。①

在政治建设方面，有学者认为党的政治建设是党的根本性建设。在中国共产党成立100周年之际，挖掘党的百年政治建设实践的经验启示具有重要意义。可以从以下五个维度总结中国共产党百年政治建设基本经验：一是必须不断完善党的领导制度与领导体系，巩固党中央的权威和党的团结统一；二是必须在准确分析矛盾的基础上制定并坚决执行正确的政治路线；三是必须加强党内教育，提升党员干部能力素质；四是必须植根人民，始终保持党同人民群众的血肉联系；五是必须牢记初心使命，发扬斗争精神，永葆马克思主义政党本色。②

在法治建设方面，有学者认为法治建设是衡量一个国家治理水平和政治文明程度的重要标志。一百年来，一代又一代中国共产党人为推进我国法治建设奋斗不止、探索不息。新民主主义革命时期，中国共产党对革命法治进行了积极探索；新中国成立后，社会主义法治立梁架柱，在维护新生政权和保障社会主义建设的伟大实践中继续前行；改革开放以来，我国逐步确立起依法治国的基本方略，中国特色社会主义法治体系建设奏响新篇章；中国特色社会主义进入新时代，法治建设在理论与实践的创新发展中日趋完善。中国共产党在百年法治建设进程中积累了宝贵的经验，即始终坚持党对法治建设的领导、始终坚持立足中国国情推进法治建设、始终坚持围绕党的中心任务开展法治建设、始终坚持依规治党与依法治国统筹推进。③

---

① 周良书、李强：《中国共产党百年作风建设的基本经验》，《马克思主义理论学科研究》2021年第6期。

② 吕晟、孙秀民：《中国共产党百年政治建设的基本经验》，《新视野》2021年第1期。

③ 王炳林、张甜甜：《中国共产党法治建设的百年历程与基本经验》，《中国社会科学院研究生院学报》2021年第6期。

建党百年基础理论研究。党的百年奋斗具有深刻的历史意义和现实意义，从不同层面深入分析党的百年奋斗的重大意义是本年度学界研究热点。

有学者结合党的十九届六中全会精神认为“党的百年奋斗从根本上改变了中国人民的前途命运”。集中体现在“中国人民彻底摆脱了被欺负、被压迫、被奴役的命运，成为国家、社会和自己命运的主人，人民民主不断发展，十四亿多人口实现全面小康，中国人民对美好生活的向往不断变为现实”。有学者认为要以大历史观认识党百年奋斗的历史意义。建基于历史唯物论的大历史观，是党史学习教育必不可少的方法论。从大历史观出发认识党百年奋斗的历史意义，需要准确地理解和阐释百年党史的主题、主线、主流。运用大历史观看百年党史的演进、成就和地位。[①] 有学者深入分析了建党百年与现代化建设，认为把中国建设成为一个社会主义现代化强国是一百年来中国共产党领导人民努力奋斗的宏伟目标，是它的“初心”“使命”的集中体现。新民主主义革命时期，党怀着使中国“由农业国转变为工业国”的憧憬，领导人民推翻了反动统治，建立了人民民主专政政权，为这一憧憬的实现创造基本条件。社会主义革命和建设时期，党领导人民进行的“工业化”“四个现代化”建设，为后来的现代化建设提供了宝贵经验、理论准备、物质基础。改革开放新时期，党成功开辟出一条崭新的中国特色社会主义现代化道路，取得了一系列重要历史性成就。进入中国特色社会主义新时代，以习近平同志为核心的党中央，科学总结我国现代化建设的理论与实践经验，奋勇拼搏，锐意创新，推动了中国特色社会主义现代化建设迈上新的台阶，通向更为宽广开阔的新征程。[②]

2. 伟大建党精神研究

习近平总书记在庆祝中国共产党成立100周年大会上指出：“一百年前，中国共产党的先驱们创建了中国共产党，形成了坚持真理、坚守理想，践行初心、担当使命，不怕牺牲、英勇斗争，对党忠诚、不负人民的伟大建党精神，这是中国共产党的精神之源。”本年度围绕伟大建党精神的内涵、价值与意义，与思政课融合方式等方面，北京高校马克思主义理论学科专家学者形成一系列有益成果。

---

① 杨凤城：《从大历史观看中国共产党的百年奋斗》，《北京社会科学》2021年第6期。

② 杨德山、葛雯：《百年来中国共产党关于现代化建设目标的探索》，《马克思主义理论学科研究》2021年第6期。

关于伟大建党精神的内涵方面的研究。有学者认为伟大建党精神是中国共产党人的精神之源，既是对中国共产党人百年前建党立业的精神回望，也是对中国共产党人百年来开拓进取、砥砺前行的精神总括。伟大建党精神的形成有马克思主义科学理论的指引和中华优秀传统文化的涵养，在党领导人民实现中华民族伟大复兴的斗争实践之中赓续发展。坚持真理、坚守理想，践行初心、担当使命，不怕牺牲、英勇斗争，对党忠诚、不负人民，是对伟大建党精神科学内涵的高度凝练，诠释了我们党百年奋进的旗帜与信仰、主题与本色、党性与品质。新时代下传承与弘扬伟大建党精神，可以为加强党的建设、推进治国理政、培育时代新人指引发展方向、提供精神滋养。① 有学者认为不怕牺牲、英勇斗争作为伟大建党精神的重要组成部分，始终是中国共产党人及其领导的中国人民不断前行的强大精神支撑和巨大精神动力，是百年来共产党人奋斗历程的主基调，是指引党员干部守初心担使命、冲锋在前的红色基因，体现了中国共产党人对理想信念的执着坚守和对党忠诚、人民至上的政治品格，贯穿于党引领中华民族伟大复兴的全过程，是伟大建党精神之基，是实现中华民族伟大复兴的动力源。② 有学者认为对党忠诚、不负人民，是伟大建党精神的重要组成部分，同时也是伟大建党精神之根。它是建立在党的创立时期，中国先进分子对共产党科学认识基础之上的革命精神；是建立在对为人民谋利益科学认识基础之上的革命精神。中国共产党成立百年来的一大批革命先烈和英模，在这方面为我们树立了光辉榜样。在新征程上我们要弘扬对党忠诚、不负人民的伟大精神，努力推进全面建成社会主义现代化强国的伟大事业。③

伟大建党精神的内在特质研究。有专家认为伟大建党精神传承了中国近代革命、国际共产主义运动、中华优秀传统文化的精神内核，具有延续性；规定了马克思主义政党的指导思想、理想信念、责任使命、革命本色、组织原则、政治立场等本质特征，具有本源性；在实践中形成，内含着实践要求，在实践中弘扬并衍生中国共产党人的精神谱系，具有实践

① 王树荫、耿鹏丽：《论伟大建党精神的历史定位、科学内涵与时代价值》，《人民教育》2021年第Z3期。

② 陈洪玲：《不怕牺牲、英勇斗争是伟大建党精神之基》，《思想教育研究》2021年第7期。

③ 仝华：《对党忠诚、不负人民是伟大建党精神之根》，《思想教育研究》2021年第7期。

性；自身构成、结构功能和围绕的主题主流等完整统一，具有整体性。[①]

伟大建党精神的内在逻辑研究。有专家认为伟大建党精神科学内涵的四个方面的内容相互联系，有机统一。坚持真理、坚守理想，属于信仰层面的内容，是伟大建党精神的灵魂；践行初心、担当使命，属于行为遵循层面的内容，是伟大建党精神的根本；不怕牺牲、英勇斗争，属于精神风貌层面的内容，是伟大建党精神的核心要义；对党忠诚、不负人民，属于情怀层面的内容，是伟大建党精神的道德底蕴。[②]

伟大建党精神与中国共产党精神谱系的关系研究。有专家认为伟大建党精神是中国共产党人精神谱系的活水源头，是贯穿中国共产党人精神谱系的一根红线，也是中国共产党人精神谱系的鲜亮底色。要正确处理伟大建党精神与红船精神的关系，既要看到前者是更高地位、更高程度的概念，又要注意发挥红船精神作为伟大建党精神的重要体现所具有的象征作用。[③]

关于伟大建党精神的价值与意义的研究。有学者认为伟大建党精神传承了中国近代革命、国际共产主义运动、中华优秀传统文化的精神内核，具有延续性；规定了马克思主义政党的指导思想、理想信念、责任使命、革命本色、组织原则、政治立场等本质特征，具有本源性；在实践中形成，内含着实践要求，在实践中弘扬并衍生中国共产党人的精神谱系，具有实践性；自身构成、结构功能和围绕的主题主流等完整统一，具有整体性。这些内在特质是伟大建党精神成为中国共产党精神之源、中国共产党人精神谱系之根魂的基因密码。[④]有学者认为伟大建党精神是中国共产党的精神之源，贯穿于中国共产党百年奋斗历程之中。坚持真理、坚守理想是中国共产党的旗帜和灵魂，践行初心、担当使命是中国共产党奋斗的主题和主线，不怕牺牲、英勇斗争是中国共产党的顽强意志和英雄本色，对党忠诚、不负人民是中国共产党的政治品格和政治优势。[⑤]

关于伟大建党精神传承的研究。有学者深入分析了伟大建党精神的传承机制，认为习近平总书记在庆祝中国共产党成立100周年大会上的讲话

① 高正礼：《论伟大建党精神的内在特质》，《中国特色社会主义研究》2021年第5期。
② 吴潜涛：《永远继承发扬伟大建党精神》，《中国教育报》2021年07月08日第6版。
③ 刘建军：《伟大建党精神的理论解读》，《思想理论教育》2021年第8期。
④ 高正礼：《论伟大建党精神的内在特质》，《中国特色社会主义研究》2021年第5期。
⑤ 王炳林、张雨：《伟大建党精神是中国共产党的精神之源》，《中国高等教育》2021年第Z3期。

中集中概括了伟大建党精神，并指出这是中国共产党的精神之源。伟大建党精神何以能够跨越百年时空历久弥新、不断发扬光大，是因为中国共产党形成了建党精神传承的良好机制，这一机制集中体现为：坚持真理、坚守理想铸就了建党精神百年传承的政治品格；践行初心、担当使命形成了建党精神百年传承的价值遵循；不怕牺牲、英勇斗争锻造了建党精神百年传承的坚强意志；对党忠诚、不负人民凝聚起建党精神百年传承的强大力量；解放思想、实事求是、与时俱进构建了建党精神百年传承的思想灵魂；伟大的民族品格塑造了建党精神百年传承的文化根脉。这些宝贵经验，从精神层面科学回答了“中国共产党为什么能”这一时代之问，对中国共产党继续走向成功也具有指导意义。①

有学者从伟大建党精神与思政课的融合方面认为伟大建党精神对于大学生思想政治教育具有积极的启发意义。从现实价值来看，大力弘扬伟大建党精神有利于坚定大学生的理想信念、强化大学生的责任担当、提升大学生的精神风貌、培育大学生的崇高情怀。从理论逻辑来看，伟大建党精神是增强大学生思政课程实效性的重要因素、提高大学生社会实践效果的重要依托、提升大学生校园文化品质的重要载体。新时代实现伟大建党精神对大学生思想政治教育的课堂融入、实践融入、文化融入具有现实的必要性和紧迫性。②

3. 党内法规制度体系研究

党内法规制度建设是中国共产党实现政党治理现代化的重要基础，党内法规制度建设的水平和质量，决定着政党治理现代化的水平和质量。本年度学者们的研究集中在关于党内法规的整体研究以及关于党内法规的具体研究。

关于党内法规建设的整体研究。在党内法规的整体研究方面，学者们从理论和实践层面进行了深入的探讨。从理论释义的角度，有学者认为作为中国共产党法治思想的重要外化形式，党内法规话语为党用法治思维管党治党、治国理政提供了独特的阐释方式与强大的话语力量。从语义学角度来看，党内法规话语由词群、概念与话语演绎发展而来:“党规”“党的法规”“党内法规”“党内法规体系”等党内法规词群，构成了党内法

---

① 韩强：《论中国共产党建党精神的传承机制》，《探索》2021年第5期。

② 刘萍：《伟大建党精神融入大学生思想政治教育的现实考量》，《学校党建与思想教育》2021年第19期。

规的话语语言与符号；多学科视角分析、语言要素分解、外延概念辨析中不断清晰的“党内法规”内涵与外延，明确了党内法规的话语内容与范围；“法”话语主题、“依规治党”话语范式和“依规治党与依法治国一体建设”话语目标，构建起党内法规话语的基本表达逻辑并形成了独特的话语价值。新时代党内法规话语应不断拓展其话语阐释的丰富性和有效性，为形成有效、高效、长效的党内法规体系提供重要的话语技术与理论保障。① 从重要性的角度看，有学者认为重视法规制度建设是中国共产党管党治党的优良传统和宝贵经验，贯穿党的政治建设、思想建设、纪律和作风建设等方方面面。加强党的法规制度建设，能够促进党的科学领导、保证党的领导地位和强化党的领导制度，不断夯实党执政的合法性根基；能够在推进反腐倡廉常态化和规范党内政治生活中促进纯洁性的保持；能够在保证党的先进性建设和推进党的执政能力建设中推进先进性的坚守。纵深推进全面从严治党，内在要求一以贯之地贯穿并强化党的法规制度建设，要在法规制度建设中筑牢党执政的合法性根基，在法规制度建设中保持党的纯洁性，在法规制度建设中确保党的先进性。夯实全面从严治党的制度基石，就要着眼于党内法规制度的构建与优化，确保法规制度构建的正确政治方向、突出问题导向，重视可操作性，实现有规可依；切实将党内法规制度落到实处，使制度执行严起来，确保党内法规制度执行的常态化，强化法规制度执行监督，做到有规必依；坚定政治立场，加强法规制度文化建设，培育法规制度认同，确保有规要依。② 有学者深入分析了提升党内法规制度质量的政治逻辑，认为党的十八大以来，随着中国共产党党内法规制度建设进程的不断推进，党内法规制度质量也被不断关注和挖掘。作为中国共产党制度治党过程中的元问题，党内法规制度质量本身所带有的制度效用和效能指向，可以通过法理基础、法理内容和法理技术三个维度呈现，进而把党内法规制度中的合法性、正当性原则更为清晰地反映出来，以达到迅速回应和调节党内关系的效果。新时代条件下，要提升党内法规制度质量，需要树立科学的质量观、优化配套立规技术、在落实中提升执行质量。③

① 赵娜、李春华：《对“党内法规”的语义学解析》，《理论探索》2021年第1期。

② 杨礼荣、马振清：《逻辑管窥与理路建构：以党的法规制度驱动全面从严治党纵深发展》，《广西社会科学》2021年第10期。

③ 胡柳娟：《新时代中国共产党提升党内法规制度质量的政治逻辑》，《理论导刊》2021年第4期。

关于党内法规的具体方面的研究。有学者认为“1+4”体系是对党内法规制度体系的集中概括，也是传统性、权威性认识，具有一定的科学性，在指导推进党内法规制度建设中发挥了重要作用，但是，随着近年来党内法规制度实践展开和研究深化，党内法规制度“1+4”体系存在的不足日益显现出来，完善这一体系显得愈加重要和紧迫。目前看，这一体系并未全面反映党内法规制度建设的总体情况，难以对党内法规制度作出准确分类，存在交叉重复问题。为此，应该建构起一个新的党内法规制度“1+1+3”体系，其中第一个“1”是指党章，第二个“1”是指一个中央党内法规制定工作五年规划，“3”是指“综合性党内法规制度”“党的领导法规制度”和“党的自身建设法规制度”。这一体系呈现为三个层次，具有逻辑和结构上的科学性和严密性。新体系突出了党内法规制度制定工作规划的地位作用，一定程度上解决了党内法规制度传统分类中存在的交叉重叠问题，更加重视发挥综合性党内法规制度的地位作用，有利于促进党内法规制度理论研究的深化。[①] 有学者深入研究了请示报告制度，认为请示报告制度是党的重要组织纪律，是执行民主集中制的有效工作机制。中国共产党请示报告制度是对马克思主义经典作家关于中央权威思想和无产阶级政党报告制的继承发展。百年来中国共产党请示报告制度经历了初步创建、正式确立、调整完善、深化发展和成熟定型的过程，为党在不同历史时期领导全国人民取得新民主主义革命胜利、社会主义建设和改革开放的巨大成就提供了重要制度保障。中国共产党请示报告制度百年历程和实践成效启示我们，坚持维护党中央权威和集中统一领导是根本目的，坚持请示报告与守土有责有机结合是基本原则，坚持制度建设与实践发展同频共振是动力源泉。[②]

4. 党的建设学科建设研究

学科是专门化、系统化的知识体系，是规律性认识的集中体现，党的建设要更好地指导实践，必须不断加强学科体系建设，提高党建理论的科学化、系统化、规范化水平。本年度党的学科建设方面的研究涉及学科建设发展历程、中共党史学科的建设与定位方面。

有学者对党的建设学科的发展进行了调研，并认为在高校设置独立的党的建设学科，是培养专业化党建人才队伍、提升党建教学与研究质量、

① 韩强：《党内法规制度“1+4”体系之我见》，《理论探索》2021年第1期。

② 李娟、吴甜甜：《中国共产党请示报告制度的百年历程与基本经验》，《新视野》2021年第2期。

推进新时代党的建设新的伟大工程的必要举措。近四年来，高校党建学科在研讨学科发展、制定培养方案、招录研究生、扩充师资队伍、推动党建研究等方面已取得积极进展，但党建研究的整体质量和党建学科的发展思路有待进一步优化。要凸显高校办学特色，加强党建专业的基础性研究和规范化建设，形成马克思主义理论所属学科的集群优势和互补效应，促进思想政治理论课教学，从而更好地发挥高校党的建设学科的政治功能和学术价值。[①] 有学者对党的建设学科的发展进行了系统梳理，认为党的建设是一门专门研究中国共产党领导和自身发展壮大规律的学科，建党以来党的建设的学科化发展经历了四个阶段，即民主革命时期对党的建设学科的初步探索，社会主义革命和建设时期党的建设学科的逐步形成，改革开放以来党的建设学科的日益完善，党的十八大以来党的建设学科步入独立化发展新阶段。党的建设学科发展为党的建设作出了重大理论贡献，它继承马克思主义党建理论，立足中国实际，科学回答了建设一个什么样的党的问题；促进了马克思主义党建理论与中国实际的结合，解决了如何建设党的问题；实现了坚持党的领导与加强党的建设的有机统一，创新了党的领导和建设理论；形成了中国共产党坚持党的领导、加强自身建设的科学学科体系、学术体系和话语体系。[②]

有学者深入分析了中共党史学科的建设与定位，并从三个方面提出了一些想法。一是对党史学科性质的探讨进行了历史回顾，系统梳理了从延安时期、新中国成立后、20世纪80年代、20世纪90年代末、2005年以来党史科学的发展历程以及研究队伍的发展。二是如何提高时代站位，从中国特色社会主义新时代出发审视中共党史学科及其建设提出了三点想法。首先，中共党史在中国特色社会主义新时代应该居于何种地位、发挥何种作用。其次，进入新世纪以来，构建具有中国特色中国风格中国气派的哲学社会科学逐渐成为学界共识，尤其在党的十八大之后更成为讨论热点。最后，习近平新时代中国特色社会主义思想尤其是其中围绕中国共产党和中共党史展开的重要论述，是我们思考和定位新时代中共党史及其相关学科建设的根本遵循。三是关于中共党史学科性质与学科体系建构方

① 杨德山、张冬冬：《新时代高校党的建设学科发展现状调查及展望》《上海交通大学学报（哲学社会科学版）》2021年第1期。

② 韩强、李剑：《建党以来党的建设的学科化发展及其理论贡献》，《北京联合大学学报（人文社会科学版）》2021年第1期。

面，其中涉及一级学科名称、二级学科设置以及公共课和专业课的中共党史课程问题。①

5. 党的建设其他相关研究

本年度北京高校马克思主义理论专家围绕高校党建、基层党建等方面形成一系列有益的研究成果。其中既涉及理论与文本研究也涉及实证研究，为新时代推进党的建设相关研究提供了参考和借鉴。

高校党建研究。有学者分析了高校党建的百年历程，认为从1921年中国共产党创建，到1949年新中国成立，高校党建走过了一条异常曲折的道路，这既体现中共党建的特殊性，也反映中国革命的曲折性。至1978年，党又度过并不平凡的29年。在此期间，中国共产党曾取得辉煌成就，但也遭受了严重挫折，这些都给高校党建打上深深的历史印记。改革开放以来，高校党建大致经历四个阶段，体现拨乱反正与曲折发展、重新布局与着力推进、创新发展与全面加强、全面升级与全新布局等不同特点。在这三大历史时期，中国共产党积累了丰富的历史经验，一是明确高校党的建设目标，二是把握高校意识形态主导权，三是完善高校党的领导体制，四是构建高校党建制度体系，五是加强高校基层党组织建设。②有学者分析了学生党建工作，认为高校学生党建工作是把大学生培养成为中国特色社会主义事业建设者和坚定共产主义者的基础工程。新时代，高校学生党建工作承担着新的历史使命与历史责任，面临着新的挑战。在充分把握新时代高校学生党建工作的重要意义和深入分析高校学生党建工作存在问题的基础上，可以通过加强思想建设、提高队伍质量、规范党员培养与推进活动创新等举措，促进高校学生党建工作的创新性发展。③

基层党建研究。有学者认为中国共产党成立一百年来，始终高度重视基层党组织建设。基层党组织的功能经历了从强调核心功能到强化整体功能的转变；在核心功能的界定上，不同时期各有侧重；在功能发挥的路径上，从基层党建到基层治理，配套制定了系列相关法规。新时代的基层党组织功能应更加注重整体性和针对性，从系统构建上完善功能发挥机制，

① 杨凤城：《关于中共党史学科定位与建设的若干思考》，《中共党史研究》2021年第1期。

② 周良书：《中共高校党的建设百年历程与经验》，《兰州大学学报（社会科学版）》2021年第2期。

③ 王春来、赵子明：《加强新时代高校学生党建工作刍议》，《学校党建与思想教育》2021年第12期。

从精准施策上提高功能发挥的有效性。[①] 有学者认为党建引领是新时代基层社会治理的政治纲领，党不断改变和创新组织社会的技术，应对基层社会变迁带来的系统性压力。文章从组织技术创新的视角出发，透视党建引领基层治理的丰富实践，从基层党组织的领导力和基层党建的开放性两个维度，将党建引领的组织技术创新归纳为“衍生”“激活”“渗透”和“联合”四种模式。组织技术创新模式对应一定的基层党组织建设和社会建设基础，且不同的组织技术模式对基层党组织的领导力和基层党建的开放性也发挥了不同的效果。[②]

综上，2021年北京高校党的建设研究方面取得了丰富的研究成果，呈现出如下特点：一是问题意识鲜明，紧密结合重大理论和现实问题，对建党百年来党在思想、政治、作风等各方面的发展历程与经验以及伟大建党精神进行了深入研究，产生了丰富的研究成果；二是具有较强的传承性，无论是关于党的建设学科建设的研究还是党内法规制度体系建设的研究都承接往年的研究成果，并在新的时代背景下不断推进，为指导新时代学科建设提供了可供借鉴的方向；三是具有系统性，既涉及对党的建设具体层面的研究，也涉及从宏观层面认识党的建设的研究，呈现出宏观与微观、理论与实践、文本与现实相结合的特点，具有鲜明的问题导向与学科意识。

（八）高校思想政治理论课教育教学研究

新时代中国特色社会主义事业的发展，对高校思想政治理论课教育教学提出新的更高要求。学界围绕习近平总书记关于思政课建设的重要论述，就加强思政课教学改革创新、提升思政课教学质量和实效等重点问题进行了较为深入和全面的研究。

1. 关于思想政治理论课教学改革创新方面的研究

中国人民大学张雷声指出，教学话语的变革是思政课建设守正创新中的一个不可或缺的问题。首先是将学术话语与政治话语相统一，即对马克思主义理论的研究既不是纯学理的也不是纯政治化的；其次是将已经统一

① 王炳林、朱静：《基层党组织功能的百年考察——基于中国共产党党章的质性分析》，《中南民族大学学报（人文社会科学版）》2021年第5期。

② 王杨：《组织技术创新：新时代党如何领导基层——基于焦点团体访谈的多案例分析》，《中共福建省委党校（福建行政学院）学报》2021年第4期。

起来的话语结合大学生的思想实际、社会经济发展的实际等，实现与生活话语、网络话语的再统一。[①] 清华大学刘书林认为，习近平总书记在主持召开学校思想政治理论课教师座谈会上提出了“八个统一”的方法论，这是在理论与实践的结合上指导思政课提升实效性的系统方法论，也是对几十年来思政课和思想政治教育实践的全面概括，最终要落到把思政课讲得更有亲和力和感染力、更有针对性和实效性上来。[②] 中国人民大学刘建军等认为，作为落实立德树人根本任务的关键课程，思政课教学需要具备鲜明的问题意识，思政课教师需要直面学生的思想困惑，不回避现实中的尖锐问题和重大问题，深入研究、深层解答重点难点问题，最后引导学生提升独立提出与解决问题的能力。[③] 北京师范大学杨增岽等认为，思政课改革创新与具体教学存在“难”与“易”、“显”与“隐”、“虚”与“实”、“刚”与“柔”、“变”与“不变”五对实践辩证关系，并共同统一于思政课教育教学全过程。准确把握并正确处理好这五对辩证关系，对于推进新时代思政课改革创新、提升思政课程建设质量、落实立德树人根本任务具有重要意义。[④] 北京理工大学刘新刚认为，基于新时代高校思政课教学改革创新的现实需求，针对传统教学表达方式单一化的问题，虚拟仿真技术融入思政课教学改革能够进一步贯彻落实“八个统一”的要求，切实增强高校思政课的亲和力、针对性和实效性。[⑤] 北京邮电大学莫茜认为，实践教学是高校思政课的必要和重要组成部分，推动新时代高校思政课实践教学改革创新，要在资源、理念、内容、形式、评价机制等方面探索新思路、新方法、新途径。[⑥] 中央财经大学王静认为，推进高校思政课深度教学改革创新要在“透”上下功夫，紧扣现实问题，加强教学研究，解决好理论深度问题；在“情”上下功夫，加强情感投入，实现同频共振，解决好价值深度问题；在“活”上下功夫，改进教学方式，创建生动画面，解决好参与深度问题；在“实”上下功夫，加强需求关照，激发

---

① 张雷声：《思想政治理论课建设的“守正”与“创新”》，《理论与改革》2021年第1期。

② 刘书林：《高质量思政课建设的四个突出问题》，《马克思主义与现实》2021年第3期。

③ 刘建军、梁祯婕：《论思想政治理论课教学的问题意识》，《马克思主义理论学科研究》2021年第1期。

④ 杨增岽、赵月：《论思想政治理论课教学实践中的“五对”辩证关系》，《学校党建与思想教育》2021年第15期。

⑤ 刘新刚：《高校思想政治理论课虚拟仿真体验教学改革创新若干问题探讨》，《思想教育研究》2021年第12期。

⑥ 莫茜：《抓好新时代高校思政课实践教学创新》，《中国高等教育》2021年第2期。

深层动机，解决好获得深度问题。[①] 华北电力大学吴宁宁指出，要促进现代信息技术与思政课教学的立体互融，使信息技术成为思政课教学的“最佳配角”，并以信息技术促进思政课传统教学方式的改革创新。[②]

2. 关于提升思政课教学质量和实效方面的研究

清华大学艾四林指出，要善用“大思政课”推动思政课往心走，一是要用好课堂教学，在理论和实际相结合上下功夫；二是要用好新媒体新技术，在线下与线上相结合上下功夫；三是要用好各种社会资源，在思政小课堂与社会大课堂相结合上下功夫。[③] 中国人民大学齐鹏飞认为，要跟现实结合起来讲好“大思政课”，一是需要把办好思政课放到中华民族伟大复兴战略全局和世界百年未有之大变局中来把握落实，放到党和国家事业发展全局中来把握落实，从坚持和发展中国特色社会主义、全面建设社会主义现代化国家、实现中华民族伟大复兴的高度来把握落实；二是既要做到历史与现实有机结合，又要做到理论与实践有机结合；三是发挥教师的积极性、主动性、创造性。[④] 中央财经大学冯秀军认为，深刻理解“大思政课”之“大”，善用历史资源以彰显大思政课深厚底蕴，善用国际比较以彰显“大思政课”宽广视野，善用社会资源以彰显大思政课实践品格，是当前善用“大思政课”、上好思政大课的必然要求。[⑤] 清华大学肖贵清指出，要以高水准教材为遵循，以高标准教学质量为支撑，以高素质的思政课教师队伍为关键，形成科学合理有效的思政课建设制度体系，全面提升思政课的质量和水平。[⑥] 中国人民大学王易认为，要提升思政课教学实效，从教学内容来看，要着力增强思政课的思想性、理论性和亲和力、针对性，实现知、情、意、行相统一；从教学方式来看，要倡导多样化教学方法，推动和引导现代信息技术在教育教学中的应用，实现线上线下优势互补。[⑦] 北京师范大学冯刚等认为，实践教学是提升高校思政课教学质量和实效的重要途径。加强高校思政课实践教学改革，推进高校思政课实践教学建设，对于促进大学生深化对思想理论的认识、切实做到内化于心

---

① 王静：《以深度教学推进新时代高校思政课改革》，《社会主义核心价值观研究》2021年第5期。
② 吴宁宁：《推进信息技术与思想政治理论课深度融合的思考》，《思想理论教育》2021年第8期。
③ 艾四林：《善用“大思政课”推动思政课往心走》，《光明日报》2021年12月28日。
④ 齐鹏飞：《善用“大思政课”》，《人民日报》2021年3月19日。
⑤ 冯秀军：《善用“大思政课”的三个维度》，《思想理论教育导刊》2021年第8期。
⑥ 肖贵清：《论新时代思想政治理论课的制度化建设》，《思想理论教育导刊》2021年第4期。
⑦ 王易：《推动新时代马克思主义学院高质量发展》，《红旗文稿》2021年第22期。

外化于行具有重要意义。[①] 中国人民大学汪亭友、北京科技大学李艳艳认为，思政课要想讲得更有亲和力和感染力、更有针对性和实效性，就要在促进师生情感交流中提升思政课的亲和力，在真信和真情中不断增强思政课的感染力，在直面和分析问题中提高思政课的针对性，在创新教学内容方式中增强思政课的实效性。[②] 北京印刷学院周亚茹认为，提升新时代高校思政课教学质量，要从小康叙事的内容维度、他者叙事的主体维度、仪式叙事的方法维度三方面科学把握思政课的叙事维度。[③]

3. 关于思政课教学内容方面的研究

北京大学顾海良指出，党的十九届六中全会审议通过的《中共中央关于党的百年奋斗重大成就和历史经验的决议》作为一篇马克思主义的纲领性文献，为高校思政课教学内容的丰富和拓新提供了深湛的理论精粹和思想富源。[④] 清华大学吴潜涛指出，充分发挥学校思政课的功能和作用，把伟大抗疫精神融入国民教育的全过程，是弘扬伟大抗疫精神的基本路径和必然要求，也是学校思政课教师的责任担当。[⑤] 清华大学刘书林指出，习近平总书记“七一”讲话为高校思政课教学提供了新的理论资源，形成了教学新要点。[⑥] 北京大学孙熙国指出，习近平总书记“七一”重要讲话精神融入“原理”课教学的核心问题就是要说明马克思主义为什么“行”。通过马克思主义“行”，来说明中国共产党“能”、中国特色社会主义“好”。[⑦] 清华大学肖贵清指出，习近平总书记“七一”重要讲话精神与“概论”课教材内容衔接要突出实现中华民族伟大复兴这一主题，突出坚持和发展中国特色社会主义的伟大意义，讲好中国共产党百年理论

---

① 冯刚、陈梦霖：《高校思政课实践教学的内涵、价值及其实现》，《学校党建与思想教育》2021年第18期。

② 汪亭友、李艳艳：《上好思政课要打好“组合拳”——深入学习习近平总书记“3·18”讲话》，《思想理论教育导刊》2021年第1期。

③ 周亚茹：《新时代高校思想政治理论课叙事维度探析》，《北京教育（德育）》2021年第12期。

④ 顾海良：《理论的创新与创新的理论——十九届六中全会〈决议〉对高校思政课教学内容的拓新》，《思想理论教育导刊》2021年第12期。

⑤ 吴潜涛：《理解伟大抗疫精神深刻内涵的四重维度》，《中国高等教育》2021年第Z3期。

⑥ 刘书林：《习近平总书记“七一”重要讲话与高校思政课教学新要点》，《马克思主义研究》2021年第9期。

⑦ 孙熙国：《习近平总书记“七一”重要讲话精神融入“原理”课的基本思路》，《北京教育（德育）》2021年第Z1期。

创新的故事。[①] 中国人民大学杨凤城指出，习近平总书记“七一”重要讲话精神融入“纲要”课时，要抓住中国共产党百年奋斗的历史主题是“实现中华民族伟大复兴”，要明确“七一”讲话是以民族复兴为主线，按照四个时期回顾和总结党的百年历史和成就，创新了党史阶段划分和成就总结。[②] 北京师范大学王树荫认为，要将“七一”重要讲话精神融入“思想道德与法治”课，可以从坚定理想信念、弘扬中国精神、新时代爱国主义、培育时代新人四个重点内容入手。[③] 北京师范大学王炳林等指出，“四史”融入思政课，要在“四史”学习中坚持大历史观、正确党史观和整体性原则等基本原则；要处理好讲道理与讲故事、历史知识与历史规律、课堂讲授与实践教学、历史性与现实性之间的关系。[④] 北京邮电大学李全喜认为，将习近平生态文明思想融入“原理”课需要紧密结合习近平生态文明思想的内涵与“原理”课程的基本属性，基于马克思主义基本立场、观点、方法，讲清楚习近平生态文明思想的辩证唯物主义、历史唯物主义、政治经济学、科学社会主义等四个方面的意蕴。[⑤] 北京外国语大学韩雪青认为，将党的伟大精神融入思政课教学，深入挖掘“融入”的史学价值、时代价值、教学创新价值，并从实践教育、情景教育、仪式教育三方面探寻党的伟大精神融入思政课教学的切实路径，明晰其融入思政课教学的目标主旨，既是对党的伟大精神的传承和发展，又有益于实现思政课教学内容形式创新。[⑥]

4. 关于思政课教学方式方法方面的研究

北京师范大学张润枝等提出，思政课混合式教学是彰显时代性、把握规律性、凸显针对性、注重实效性的教学实践尝试，具有优质资源共享、教学时空灵活、教学过程可数据化等优点。构建与思政课教学特点相适应

---

① 肖贵清：《习近平总书记“七一”重要讲话精神融入“概论”课的基本思路》，《北京教育（德育）》2021年第Z1期。

② 杨凤城：《习近平总书记“七一”重要讲话精神融入“纲要”课的基本思路》，《北京教育（德育）》2021年第Z1期。

③ 王树荫：《习近平总书记“七一”重要讲话精神融入“思想道德与法治”课的基本思路》，《北京教育（德育）》2021年第Z1期。

④ 王炳林、刘奎：《关于“四史”融入思想政治理论课的思考》，《思想教育研究》2021年第8期。

⑤ 李全喜：《习近平生态文明思想融入“马克思主义基本原理概论”课路径探析》，《北京教育（德育）》2021年第2期。

⑥ 韩雪青：《党的伟大精神融入思想政治理论课教学的逻辑理路》，《思想教育研究》2021年第9期。

的混合式教学模式，是实现思政课与现代信息技术深度融合的最优解。[①]首都经济贸易大学韩宪洲认为，思政课要实现推动习近平新时代中国特色社会主义思想进头脑这个目标，就必须深刻把握思想政治工作规律、教书育人规律和学生成长规律，加大对学生认知规律和接受特点的研究，针对不同授课对象和具体问题，创新教学方法，积极采用案例式教学、探究式教学、分众式教学、体验式教学、互动式教学、专题式教学等，综合运用现代信息技术等手段提升思政课的“抬头率”。[②]清华大学朱效梅等认为，大学思政课堂的“合作探究式”教学围绕真实的、复杂的、学生感兴趣的问题或情境，引导学习者积极参与和协同探究，分析和解决问题，从而达成预期学习目标，是统筹大中小学思政课一体化建设的积极探索，也是贯彻新时代党的教育方针的有益尝试。[③]中国农业大学张月昕等认为，构建高校线上线下混合式思政课，是新时代大学思政课“坚持在改进中加强”的创新做法，也是结合高校实际对传统思政课进行的旨在实现思政课内涵式发展的有益改造，特别是在新冠肺炎疫情防控进入常态化阶段，思政课实行线上线下混合式教学是高校应对疫情且保障思政课教学效果的常见教学方式。[④]北京科技大学潘红涛认为，主旋律短视频融入高校思政课，能够创新传统教学模式，增强思政课教学过程的亲和力和吸引力。[⑤]北京理工大学杨才林等提出，北京理工大学将思政课教学传统优势与现代信息技术深度融合，通过创建思政课智慧教育平台、研发“重走长征路”等系列VR体验课程以及建设思政课智慧教室等做法，打造了“课内与课外互通、线上与线下互联、虚拟与现实互补”的教学模式。[⑥]中央财经大学卢迎春提出，中央财经大学近年来持续推进基于问题链教学创新的思政课综合改革，从教学实践效果来看，问题链教学从课前设计、课堂教学实践和课后延伸探索等方面为提升思政课生命力做出了有益的探索，积累了

---

① 张润枝、梁瑶：《关于推进思想政治理论课混合式教学的若干思考》，《思想理论教育》2021年第1期。

② 韩宪洲：《改革创新是思政课建设的活力源泉》，《中国高等教育》2021年第5期。

③ 朱效梅、李青林：《一体化视域的思政课“合作探究”教学》，《思想政治课教学》2021年第6期。

④ 张月昕、李明：《高校线上线下混合式思想政治理论课建设路径》，《北京教育（德育）》2021年第10期。

⑤ 潘红涛：《主旋律短视频融入高校思政课教学方式初探》，《思想理论教育导刊》2021年第3期。

⑥ 杨才林、李林英、王立群：《运用现代信息技术推进高校思政课改革创新》，《北京教育（德育）》2021年第1期。

丰富的经验。[①] 北京信息科技大学朱晓艳指出，党史学习教育融入“形势与政策”课教学，可以充分挖掘线上第二课堂平台资源，不断探索多种“互联网+”模式。一是利用学习通、“雨课堂”、“课堂派”等平台开展线上教学；二是利用微信、钉钉等平台，在公众号、微信群或者钉钉群里定时发布一些党史学习教育相关的历史故事；三是在教学中充分利用新技术。[②] 中国戏曲学院梁建明指出，中国戏曲学院紧密结合学校学科专业特色和艺术学生思想特点，因材施教，通过挖掘戏曲艺术蕴含的德育资源，着力构建课堂教学有特色、艺术名家团队领读经典有新意和教学实践有实效的“三位一体”教学育人模式。[③]

5. 关于思政课教师队伍建设方面的研究

北京大学陈占安指出，从新时代新征程的高度看，思政课教师队伍的总体状况还存在着诸多不适应的情况，打造一支信仰坚定、理论功底扎实、数量充足、结构合理的思想政治理论课教师队伍，还是一个必须下大气力解决的大问题。[④] 中国人民大学秦宣认为，搞好“习近平新时代中国特色社会主义思想概论”课的教育教学，教师起着十分重要的作用。这就要求广大教师在以下几个方面作出努力。第一，一定要具有扎实的理论功底；第二，一定要熟悉马克思主义理论经典原著和党的文献；第三，要有宽广的国际视野；第四，要有深厚的历史视野；第五，要不断提高科研能力与水平，注重加强课程中重点难点热点问题的研究，以科研促教学。[⑤] 北京化工大学刘贵芹指出，着力配齐建强一支高质素专业化的高校思政课教师队伍，一是要专兼结构优起来；二是要常态化自我提高练“内功”；三是要全战线多层次全覆盖培训轮训；四是要培养造就名师大家。[⑥] 中国人民大学何虎生等认为，发挥好思政课教师的关键作用，实现新时代思政

---

① 卢迎春：《运用问题链教学激活思想政治理论课生命力的探索与实践》，《北京教育（德育）》2021年第10期。

② 朱晓艳：《党史学习教育融入“形势与政策”课教学的思考》，《北京教育（德育）》2021年第Z1期。

③ 梁建明：《守正创新　以文化人　打造戏曲融入思政课的育人模式》，《北京教育（德育）》2021年第1期。

④ 陈占安：《关于扎实推动高校马克思主义学院内涵式发展的思考》，《学校党建与思想教育》2021年第19期。

⑤ 秦宣：《“习近平新时代中国特色社会主义思想概论”课程建设的思考》，《思想理论教育导刊》2021年第6期。

⑥ 刘贵芹：《打造深化高校思想政治理论课改革创新“升级版”》，《思想教育研究》2021年第11期。

课高质量发展，一是要求思政课教师在教学中增强信心，做到真认同、有荣誉；二是要求思政课教师在教学中提高素养，努力达成“六点要求”；三是要求思政课教师在教学中注重创新，坚持实现“八个相统一”。[①] 清华大学李蕉等指出，当前思政课教师队伍后备人才的供给面临多而不强、多而不优的现实困境，也反映出培养过程中制度建设的一些短板。对此，需要深刻认识当前形势下思政课改革创新所处的历史方位，统筹设计后备人才培养和发展的体系化制度方案，激发思政课教师群体创新的内在动力，从而实现思政课教师队伍后备人才培养从高速发展向高质量发展的升级，激活思政课在新阶段的改革创新。[②] 北京工商大学赵春丽等认为，面对当前网络空间意识形态斗争的严峻形势，高校思政课教师必须自觉主动担当作为，做到敢于发声、善于发声、常态发声，提升网络发声本领与能力，引领青年学生，维护高校意识形态安全。[③]

6. 关于课程思政与思政课程协同共进方面的研究

中国人民大学靳诺指出，要把大思政课放到中华民族伟大复兴战略全局和世界百年未有之大变局中来把握，放到党和国家事业发展全局中来落实，将党带领人民进行的伟大实践作为生动教材，画好思政课程与课程思政的“同心圆”。[④] 对外经济贸易大学李景瑜等指出，思政课程与课程思政不是文字游戏，是具有内在统一性的新教育理念产物。思政课改革创新要与高校课程思政建设相统筹，同时，思政课还要加强辐射性和渗透性，主动挖掘世界观和人生观素材，为课程思政提供价值支撑。[⑤] 首都师范大学刘丁鑫认为，思政课程是高校“三全育人”的主渠道，以显性教育的方式呈现出来，在与课程思政的互动关系中占据主导地位，并对课程思政发挥统领作用。而课程思政则是以隐性教育的方式呈现出来，旨在潜移默化地育人。高校课程思政课堂育人只有遵循显隐结合原则，才能真正发挥课

① 何虎生、张林：《发挥思政课教师关键作用的时代意蕴、实践要求与保障机制——学习习近平总书记关于思政课教师的重要论述》，《北京教育学院学报》2021年第4期。

② 李蕉、王博伟：《完善思想政治理论课教师队伍后备人才培养制度的新思考》，《思想理论教育导刊》2021年第11期。

③ 赵春丽、张婉卿：《高校思想政治理论课教师网络发声能力探析》，《北京教育（德育）》2021年第4期。

④ 靳诺：《用党的光辉历史照亮青年学子成长之路》，《红旗文稿》2021年第10期。

⑤ 李景瑜、黄文林：《新时代思政课要善于为青年成长引路》，《人民论坛》2021年第34期。

程思政与思政课程同向同行的协同效应。[①] 首都师范大学刘新月等认为，充分发挥北京红色文化资源的思政教育教学功能，需要找准红色资源与高校思想政治教育的最佳切入点和着力点，推动思政课程与课程思政有机结合，使红色文化真正进课堂、进教材、进头脑。[②] 中国矿业大学（北京）曾祥明等认为，要在应用型高校思政课教学中提升党史学习融入质量，就要发挥好课程思政适配作用，使课程思政与思政课程同向同行。具体而言，就是要将思政教育与党史党建学习活动、课程建设、学习教育、师生思想引领等相融合，拓展课程思政实践的新路径和新内容，探索其在应用型高校各学科领域的创新发展。[③] 北京联合大学陈旻指出，要在继续抓好高校思政课程与课程思政建设的基础上，从“同心聚力、同向发力、同行助力”三个方面切实推进思政课程与课程思政相结合，使之互动互促、相得益彰，以更好形成育人的协同效应，不断发挥两者的更大作用。[④]

三、主要问题及对策建议

2021年，我国马克思主义理论学科发展迎来了新的发展阶段。2021年9月中共中央办公厅印发的《关于加强新时代马克思主义学院建设的意见》中明确指出，加强马克思主义理论学科建设，把准学科定位方向，充分发挥马克思主义理论学科引领作用。此为新时代推进马克思主义理论学科建设，实现学科优先发展、优势发展、优质发展指明方向。习近平总书记高度重视思想政治教育工作，曾先后主持召开了全国高校思想政治工作会议和学校思想政治理论课教师座谈会并发表重要讲话，为新时代思想政治教育提供了根本遵循。为贯彻落实习近平总书记讲话精神，进一步把立德树人和思想政治教育落到实处，一直以来，在党中央、国务院的统一领导下，各级主管部门厉行一系列改革措施，针对高校思政课教学重点难点

① 刘丁鑫：《论高校课程思政课堂育人效果提升的主要原则》，《思想理论教育导刊》2021年第10期。

② 刘新月、黄延敏：《北京红色文化资源融入高校思想政治教育的路径》，《北京教育（德育）》2021年第Z1期。

③ 曾祥明、胡元：《应用型高校党史学习融入思政教育探究》，《中学政治教学参考》2021年第48期。

④ 陈旻：《“三同三力”推进高校思政课程与课程思政相结合析论》，《思想教育研究》2021年第5期。

问题、教师队伍建设、教学方法改革创新等进行深入研究，全面提高思政课质量和水平，为我国马克思主义理论学科营造了良好的发展环境。

基于此，全国马克思主义理论学科科研取得新进展。不论是从数量、质量还是影响力等方面来看，2021年的科研成果都较往年有了较大的突破。2021年，本学科共发表CSSCI来源期刊论文5607篇，比2020年的CSSCI来源期刊论文5725篇要少118篇，与2019年343所高校共发表CSSCI和CSCD来源期刊论文5203篇相比，新增了404篇，增幅为7.76%。与此同时，2021年，本学科研究成果被党政机构采纳的次数增多，学术成果逐渐“走出书斋，走向社会”，社会影响力较往年有较大的提升。北京高校同样在成果数量质量方面继续走在全国前列，在全国发挥着学术引领带动作用。但也必须注意到，在新的时代背景下，我国马克思主义理论学科在科研创新发展方面还存在不足，一些问题可能长期存在，但就目前的发展形势而言，这些问题已经有所改观，主要表现在广大科研工作者们的学术规范意识、学术自觉和学术自信不断增强。

（一）继续强化政策供给与支撑，持续促进学科可持续发展

不同地区之间的科研水平保持在相对稳定的状态对一个学科的健康发展具有举足轻重的作用，从2021年的调研数据来看，全国高校马克思主义理论学科研究实力分布变化不大，基本维持以往格局。主要表现为全国马克思主义理论学科区域之间、校际和二级学科的科研实力差距仍然存在。一级学科博士点、一流大学建设高校、一流学科建设高校仍然是马克思主义理论学科科研的重要阵地，在学科研究和发展中发挥中坚力量，而非知名院校、非博士点的综合科研实力距离前者仍有较大差距，存在很大发展空间。从调研数据也可以发现，就地域而言，平均年度发表论文总数在100篇以上的高校以北京的高校居多，这说明北京众高校马克思主义理论学科在论文发表方面存在较强实力。所以，针对校际、地域间科研实力不平衡发展现状，需要作出调整促进科研水平协调发展。

2021年的数据显示，整个2021年发表的CSSCI来源期刊论文大部分来源于一级学科博士点和一级学科硕士点。不仅一级学科博士点在全年发表的最大值（298）远超过其他单位，在平均值方面，一级学科博士点（38.99）也遥遥领先，展现了一级学科博士点雄厚的科研实力。根据统计数据可以看出，本学科有影响的高水平成果，包括国家级科研项目、省

部级科研奖励、高被引学术著作和论文，主要集中在这些一级学科博士点和双一流高校上。主要得益于这类单位拥有雄厚的师资队伍，学科平台全、科研基础好，整体综合实力较强。而其他马克思主义理论学科点研究成果的绝对量虽然也不少，但是高水平的论文、著作、科研课题获批和科研成果奖励等方面相对从人均数上看明显偏少，高质量成果比重有待提高。从地域上看，高质量科研成果的地域分布不均衡。科研获奖主要集中在华北、华东、华南地区的一线大城市，如北京、上海、广州等地，这些地区的高校马克思主义理论学科点与其他地域的单位相比科研实力明显更强。在博士点的分布上，以上地区的一级学科博士点和二级学科博士点明显更多。虽然近年来教育主管部门通过政策手段调整博士点的分布，东北、西北、西南等地区的一级学科博士点、二级学科博士点数量有较大的增长，但仍然与一线地区的学科点分布有差距，这是学科发展的客观事实。从马克思主义理论二级学科的发展来看，科研成果的学科点分布也不太均匀。目前，马克思主义基本原理、思想政治教育、马克思主义中国化等二级学科研究得较多，而中国近现代史基本问题、马克思主义发展史、国外马克思主义研究得较少。这主要表现在科研成果方面，即科研人员追求学术热点，就导致科研成果集中到少数几个热门的学科之中，一段时间内的研究成果自然而然属于某一或两个二级学科。需要注意的是，这种情况并不利于马克思主义理论一级学科的整体发展。此外，调研数据也显示了一些其他方面存在的问题，比如有些学科点研究成果产出率相对较低，某些硕士点教师全年没有出版著作或发表论文；而有的学科点研究成果数量多，但是质量上不去，所发表科研成果被转载、引用和采纳的较少，这就造成成果社会影响力较小，发挥不出科研的真正作用；有的行业高校本可结合自身发展优势打造特色学科和特色品牌，但是大多数的行业高校尤其是在理工农医艺类高校的学科点，马克思主义理论学科建设状况不佳，发展相对乏力。

科研成果的“增量”与“存量”是研判一门学科科研实力的重要指标，但是相对于“质量”而言，前者更应向后者转变。“质量”是学科发展的重要动力，只有不断追求“高质量”，走学科内涵式发展道路，才能不断促进本学科科研的健康发展。就现阶段发展局面而言，各个学科点发展规模已初步定型，未来应该坚持引导本学科内涵式发展，坚持以科研成果质量为核心，适度与深度双向契合发展。目前来看，华北、华东地区的高校已集中较多的一级学科博士点和二级学科博士点；东北、西北、西南地区的高校，二级学科博士点也增长较快。现在，博士点基本覆盖了除西藏、宁夏、青海等省区外的全国大部分省区市。学科点布局状况在一定程度上也是该地区本学科科研实力整体水平的反映。对于科研实力下一阶段的发展任务来说，重点应该放在推动这些学科间的内涵式发展上。比如，从高校而言，针对中西部部分高校和理工农医艺等高校相对科研实力弱的现实，应该加大精准合作帮扶的力度，让一些科研实力雄厚的学校精准对接弱校，通过精准帮扶实现精准发力，进而整体提升其科研实力。从教育部门而言，教育行政主管部门可适时向中西部高校加大马克思主义理论学科科研经费投入和课题立项，这也是帮助这些地区高校迅速提升科研实力的有效途径。除此之外，从国家层面而言，应发挥督查作用，加强对学科点的督查，适时组织相关专家检查学科点建设和发展状况，发挥外部倒逼机制作用，也可以定期组织一般学科点的学科带头人、业务骨干、青年教师等进行培训，建立和完善马克思主义理论学科科研规范，保障学科点在正确轨道范围内发展。所以，积极引导学科内涵式发展，规范化建设学科，是促进地区科研水平平衡发展的重要举措。

（二）坚持学术创新，持续扩大本学科学术视野和学术影响力

高校马克思主义理论学科是研究阐释马克思主义的人才队伍、研究平台和学术思想成果的系统性构成，既是马克思主义知识体系的结晶体，也是马克思主义人才队伍的思想共同体。党的十八大以来，以习近平同志为核心的党中央将哲学社会科学工作放在党和国家全局工作中的重要位置。建设具有中国特色、中国风格、中国气派的哲学社会科学学科体系、学术体系和话语体系，坚持马克思主义在我国哲学社会科学领域的指导地位，离不开马克思主义理论学科话语体系的构建，必须深化马克思主义理论学科的建设，发挥其对中国特色哲学社会科学学科体系、学术体系和话语体系的方向引领、价值引领、思想引领与实践引领作用，而如何实现马克思主义自身的发展创新并充分发挥其引领功能，就成为马克思主义理论学科建设的应有之义。就目前高校马克思主义理论学科教学和研究的现状来看，学科话语体系的系统建构仍然处于发展之中，本学科应具备的优势与现实状况相比还有一定的差距。如何加强马克思主义学科话语体系的建设，如何紧紧围绕党和国家事业发展关注的重大理论和现实问题，如何以

马克思主义理论学科的基本概念、范畴和表达为核心，打造学科体系、学术体系、话语体系，避免简单粗暴地用其他理论表达和相关术语来研究马克思主义理论学科关注的问题，都是需要马克思主义理论学科各位同仁认真思考和解决的问题。

本次调研数据显示，2021年参与调研高校被SSCI和A&HCI收录的论文共计260篇，比2020年的701篇少441篇，同比2019年的170篇增加了90篇，与全年发表的论文篇数相比，被SSCI和A&HCI收录的论文总数仅占全部论文总数的1.30%，与2020年的3.95%相比显著降低。同时，相较于高校马克思主义理论学科在引领哲学社会科学发展方向、推进党和国家主流意识形态建设、支撑高校思政课教育教学等方面不可替代的重要作用而言，学科应有的优势同现实情况相比还有一定差异。首先，在2021年的统计数据中，全年所发表的论文发表在中文核心期刊上的比例为34.32%。由此可知，目前本学科有影响力的研究成果仍然较少。其次，很多研究成果都存在研究主题扎堆，研究质量较低、水平不高、创新性不强等问题。就统计的数据显示，很多研究成果名字相似，其中论证逻辑、结构安排和核心论证内容相差不大；有的文章泛泛而谈，缺乏实质性和创新性，这些研究成果的质量有待提升。另外，还存在以下几个问题：参考文献并非来自一手文献，并且很少参考引用外文文献；一些论文选题、著作标题、课题名称等相近或相同；同一课题变换名字重新申报，换汤不换药；一些文章发表之后下载率、引用率较低；能够从整体上反映本学科最新研究的权威论著缺乏，能成为本学科经典文献的还偏少。总的来说，本学科科研方面存在的主要问题是，科研成果的创新性、时代性、思想性还不足，具有标志性意义的研究成果较少。习近平总书记在哲学社会科学工作座谈会上提出的问题现象依然存在："有一些同志对马克思主义理解不深、理解不透，在运用马克思主义立场、观点、方法上功力不足、高水平成果不多，在建设以马克思主义为指导的学科体系、学术体系、话语体系上功力不足、高水平成果不多。"①

在中国新时代和世界大变局相互交织的历史背景下，中国越来越接近世界舞台的中央，增强话语权，拓宽学术视野，提升学术影响力成为中国学术界现阶段需要解决的重要问题。一直以来，马克思主义理论学科都是

① 习近平：《在哲学社会科学工作座谈会上的讲话》，人民出版社2016年版，第10页。

优势学科，具备学科优势，这是由本学科的学科性质天然决定的。因为没有哪个学科能够像马克思主义理论学科这样系统地研究中国问题和中国的成功经验，不断观察时代、解读时代。因此，马克思主义理论学科是讲好中国故事、传播中国声音、中国理论、中国思想，提升中国学术话语权、让世界认识“学术中的中国”的重要学科，本学科理应积极发挥学科优势，在各位同仁的共同努力之下打造学术精品，使其走出国门，走向世界，将更多具有中国特色的学术成果推广传播到世界各个知名大学，传播中国文化、中国主张和中国价值观，让世界更加了解发展中的中国，这是本学科学术研究应该承担的责任与使命。马克思主义理论学科的研究既要守正，又要创新，在坚持理论与实践相结合的基础之上，勇于实现学术创新，这要求科研工作者在紧抓社会实际的前提下，不断拓宽学术视野，虚心学习外来先进学术成果，合理借鉴前人和同时代人优秀思想成果，努力建立现代化的实践创新机制，在学术领域内创造更多现实价值，从而不断提升本学科的学术影响力。

（三）关注党和国家的重要问题，加强重大理论和现实前沿问题研究，着力发挥科研成果咨政育人作用

众所周知，马克思主义理论学科关注现实问题，强烈的问题意识是马克思主义理论学科的鲜明品格，故本学科从不是“书斋中的学问”。当前面临复杂多变的国内外环境，各种新情况新问题层出不穷，非马克思主义、形形色色的反马克思主义等思潮时有出现，这些都对意识形态的安全提出挑战和冲击。在此现实背景之下，马克思主义理论学科的发展应该牢牢把握人民群众思想脉搏，努力使研究着眼于群众的困惑，把学问写进人民群众的心中，研究出经得起人民和历史检验的成果，这是马克思主义理论学科不断发展的应有之义。习近平总书记也指出：“哲学社会科学事业是党和人民的重要事业，哲学社会科学战线是党和人民的重要战线。”① 从数据来看，2021年，北京马克思主义理论学科的绝大部分论著论文和科研项目的选题都能够紧紧围绕本学科领域内的理论和现实问题展开，在满足服务中国特色社会主义伟大事业的时代要求，积极宣传贯彻落实党和政府的重大方针政策，解答人民群众普遍关心的社会热点、难点问题和深化

① 习近平：《在哲学社会科学工作座谈会上的讲话》，人民出版社2016年版，第29页。

学科基础理论等方面，发挥了重要作用。特别是在一些拥有一级学科博士点的科研单位，许多专家的研究贡献非常明显。在取得不少成绩的同时，也要注意存在的问题，从全国马克思主义理论学科的平均水平而言，现阶段已有的研究成果对我国当前面临的时代问题和未来亟须解决的现实问题缺乏正面、有效的回应，这不符合马克思主义理论学科的功能定位，也不能更好发挥马克思主义在政治生活中的指导作用。

马克思主义理论是我们党的旗帜和灵魂，新时代背景下，马克思主义理论学科研究成果是马克思主义中国化、大众化、时代化的理论阐述和总结，对社会前进和发展具有关键作用。从本年度被党委和政府部门所采纳，进而为党委和政府制定政策提供咨询和建议的报告来看，虽然较往年的数量有较大幅度的提升（2021年全国高校马克思主义理论学科被采纳的报告总数为659项，相较于2020年的467项，增加了192项，增幅为41.11%），但实际上被中央和国家部委采纳的较少。这主要是两方面原因造成的，一方面，本学科领域的专家学者通过参与中央文件起草、国家标准制定和编写的比例依然较少；另一方面，一些研究成果存在教条化和实用化两个极端：有的教条化的学者在进行马克思主义理论研究的时候，往往将其与社会发展进程中存在的现实问题割裂，将学术研究的重点仅限于某一文献或者是对领导人的讲话以及中央政策的解读之上，忽略了马克思主义理论与现实相结合从而进行深入探索，提出有思想性的见解；而实用化的学者为了满足眼前的需要和利益，机械割裂某个原理与其他原理的内在联系，从而导致原理绝对化、机械化，这种实用化的错误做法往往背离马克思主义。此外，调研数据还显示，在马克思主义理论学科的部分研究成果中，还存在一些现实问题，比如，学科边际不清晰、论证逻辑有缺漏、个别观点有待商榷等，面对现实问题和发展需要，这些研究成果能发挥的作用少之又少。同时，有的研究成果在打学科边界擦边球，不具有明显的马克思主义理论学科属性，这就导致同一成果既可以在本学科领域内申报课题和奖项，又可以在政治学、哲学、教育学等其他学科内申报奖项。而有的研究成果逻辑论证不严密，仅注重阐述相关观点，缺乏必要的支撑材料和论证过程；有的研究成果多以研究者个人的经验构成主体，缺少实证研究，而有的实证研究又存在可信度低等问题，甚至有的研究成果存在明显的观点错误。针对以上罗列的问题，马克思主义理论研究者们必须引以为戒，进行科学、深入的调查研究，唯有如此，才能真正将研究方向和研究重点聚焦到研究我国发展、我们党执政面临的重大理论和实践问题上来，从而提出正确的解决措施。

实践性是马克思主义理论学科的显著特征之一，这就决定本学科的科研必须聚焦社会热点和难点问题，主动掌握社会需要，提升科研服务教学、社会的水平和绩效。这是不断增强马克思主义理论学科关注现实、解决现实问题能力的有力之举，能够在很大程度上提升本学科研究成果的质量和水平，从而扩大其影响力。聚焦社会现实问题，其一，需要科研工作者紧扣党和国家方针政策的变化，围绕中央全面深化改革的总要求，树立创新意识，培养创新思维，针对我国发展过程中面临的重大问题，提出建设性意见。其二，科研工作者的研究要走近群众、深入群众，了解群众的需要和关注的重点，通过研究成果为群众释疑解惑、阐明道理，服务于人民群众精神和物质需要。研究成果只有与党和国家的重大战略和方针政策相结合、与人民群众的热切期盼相结合、与中国特色社会主义事业发展要求相结合，才是高质量、高水平、有广泛影响力的成果。

（四）完善学术研究梯队，鼓励学术对话与学术争鸣

队伍建设是学科建设的核心与关键。一流的学科是由一流的人才队伍支撑和建设起来的。北京马克思主义理论学科经过十多年的建设与发展，研究队伍来源广、专业背景复杂化的局面已经得到了根本改善，但是科研队伍的相关建设情况仍然不容乐观，这主要表现在由马克思主义理论学科自主培养的高质量人才还远不能满足学科建设发展的需要。

良好的科研队伍，既离不开德高望重的领头人，也离不开厚积薄发的中层骨干，更需要朝气蓬勃的青年人。就现状而言，很多高校马克思主义理论学科的学科队伍人员配比存在不合理现象。比如，在有的高校中老一辈的著名学者随着年龄渐长逐渐退休，而年轻的学术骨干还未完全成长起来，不足以支撑学科队伍的继续发展，这样就会出现“后继乏人”现象；而对于刚设立马克思主义理论学科学位点的高校而言，新进年轻教师构成学科队伍主力军，而他们尚不成熟，缺乏学术带头人和学术骨干进行引导，队伍核心凝聚力不强。针对这些存在的问题，需要积极探索行之有效的途径对优秀青年骨干人才加以培养，通过引进、选聘、培养等多种途径提升青年骨干科研实力，促进科研队伍建设，从而完善学术研究梯队。与此同时，应该通过多种形式，不仅限于学术会议、课题探讨等，促进青年

教师快速融入学科建设过程中，从而形成各年龄段研究人员年龄互补、知识体系互补的科学队伍建设格局。比如，高校可以国家社会科学基金课题、学校项目课题为桥梁，促使科研队伍集体攻关开展课题研究，从而使青年教师在研究研讨过程中不断提升自身科研水平，从而不断稳固学术研究梯队，为马克思主义理论学科的可持续发展提供动力。

纵观当今学术界，各个学科交叉、交融趋势日益明显，学科之间研究方法的交流互鉴也较以往更加频繁。在此背景下，马克思主义理论学科的研究者必须打破禁锢，破除限制，以海纳百川的胸襟和气魄不断拓宽自身学术视野，积极主动与其他相关学科进行学术合作，学习借鉴其他学科优秀理论成果和科学研究方法，从而提升学术素养，进一步推动本学科不断创新发展。所以，学术研究中出现意见分歧并不是一件坏事，我们要做的是鼓励学者相互之间进行探讨，其他学科如此，马克思主义理论学科更应该如此。因为本学科面临和探讨的都是“大问题”，首先，本学科研究的主要对象包括共产党执政规律、社会主义建设规律、人类社会发展规律，这三大规律哪一个都不小；其次，本学科不论是在思想层面还是价值观层面都具有引领性，也只有“大问题”才能真正对这些层面发挥引领作用。而一些不成体系、经验介绍的选题很难实现这一现实要求。为了真正把握客观世界的本质及其规律，在学术研究中学者之间要善于进行学术对话与学术争鸣，不能故步自封。所以，要真正提升学者的科研水平与研究成果的质量，最关键的还在于学术共同体的自觉、自信、自强，从而推动学科本身的创新发展。

总的来说，党的十八大以来，中国特色社会主义进入新时代，在新的时代背景之下，高校马克思主义理论学科学术研究也进入了平稳发展阶段，本学科科研状况呈现良好发展趋向，特别是学术生态在各界努力之下不断优化。虽然学科建设工作并不是一朝一夕就能完成的事业，但是只要尊重学科建设规律，积极发挥主观能动性促进人才培养，不断创新科研管理体制机制，马克思主义理论学科必然会在不久的未来实现更好发展。

第四章 人才培养

2021年3月6日，习近平看望参加全国政协会议的医药卫生界、教育界委员时指出，“‘大思政课’我们要善用之，一定要跟现实结合起来。上思政课不能拿着文件宣读，没有生命、干巴巴的”。北京高校认真学习贯彻习近平总书记关于“大思政课”的重要论述，运用丰富的资源上好思想政治理论课，同时在人才培养中也贯彻这一理念，努力培养更加全面的马克思主义理论学科研究生和本科生。

一、数据展示与解读

北京具有马克思主义理论学科点的高校共计37所，其中一流大学建设高校 8 所、一流学科建设高校24所、非双一流建设高校5所。按学科点类别统计，一级学科博士点高校15所，其中12所通过申请—审核制（或称“申请—考核制”）选拔博士生。一级学科硕士点高校21所，二级学科硕士点高校1所。开设马克思主义理论类本科专业的高校共有8所，其中4所开设马克思主义理论专业（中国人民大学亦开设中共党史专业），5所开设思想政治教育专业。以上37所高校参加了人才培养方面的调研。

（一）实际招收的博士研究生基本情况

参加调研的北京高校2021年实际招收博士研究生355人，比2020年增招22人。增招的博士研究生主要来自面向中小学思政课教师的思政课骨干教师提升计划教育博士项目，该项目于2019年首次招生。

1. 来源

参加调研的各学科点高校实际招收的博士研究生的来源情况如图4-1所示。

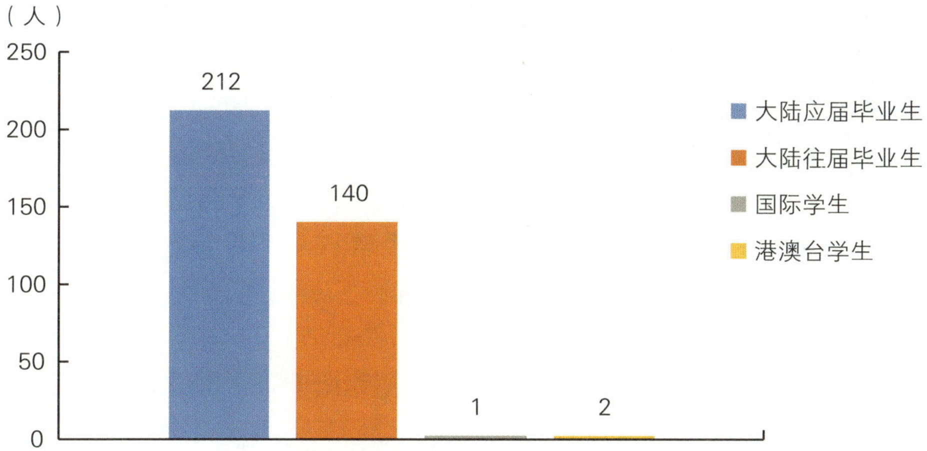

图4-1　各学科点高校实际招收博士研究生的来源分布

调查显示：参加调研的一级学科博士点高校实际招收博士研究生355人。其中大陆应届毕业生212人，占59.72%；大陆往届毕业生140人，占39.44%；国际学生1人，占0.28%；港澳台学生2人，占0.56%。

2. 类别

参加调研的一级学科博士点高校实际招收博士研究生的类别情况如图4-2所示。

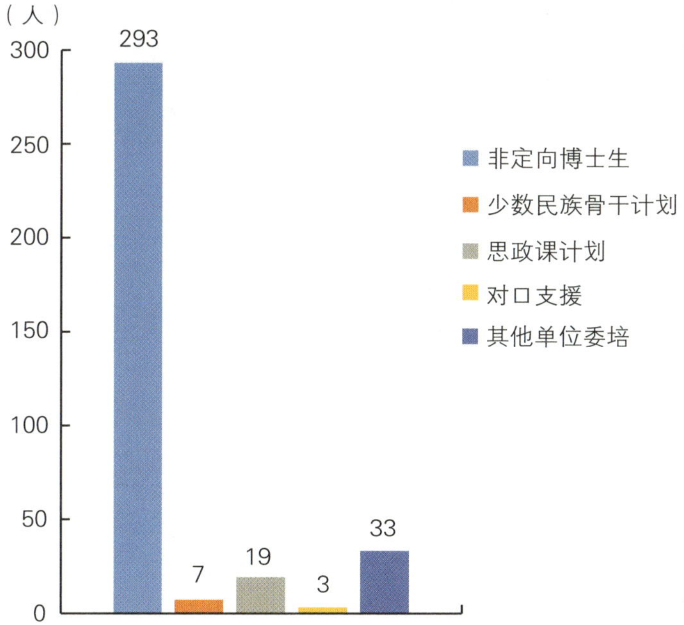

图4-2　一级学科博士点高校实际招收博士研究生的类别分布

调查显示，参加调研的一级学科博士点高校实际招收博士研究生355人，其中非定向博士生293人，占82.54%；定向博士生62人，占11.46%。定向博士生中，少数民族骨干计划7人，占一级学科博士点高校实际招收博士研究生总数的1.97%；思政课计划19人，占一级学科博士点高校实际招收博士研究生总数的5.35%；对口支援3人，占一级学科博士点高校实际招收博士研究生总数的0.85%；其他单位委培33人，占一级学科博士点高校实际招收博士研究生总数的9.30%。

3. 硕士专业

参加调研的一级学科博士点高校实际招收博士研究生的硕士专业情况如图4–3所示。

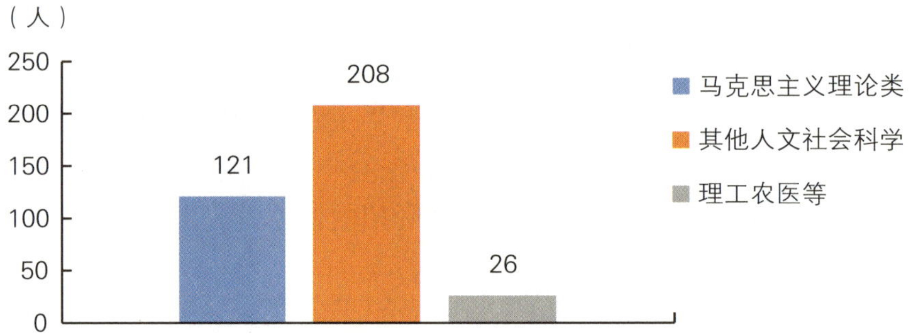

图4–3　一级学科博士点高校实际招收博士研究生的硕士专业分布

调查显示：参加调研的一级学科博士点高校实际招收博士研究生355人，从硕士专业来看马克思主义理论类121人，占34.08%；其他人文社会科学208人，占58.59%；理工农医等26人，占7.32%。

4. 大学专业

参加调研的一级学科博士点高校实际招收博士研究生的本科专业情况如图4–4所示。

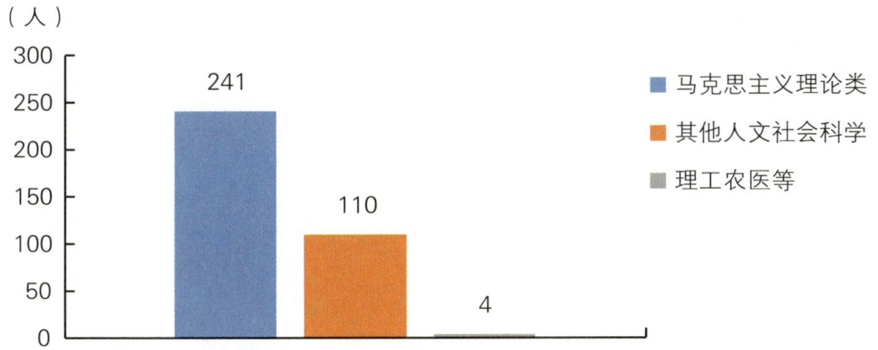

图4-4　一级学科博士点高校实际招收博士研究生的本科专业分布

调查显示：参加调研的一级学科博士点高校实际招收博士研究生355人，从本科专业来看马克思主义理论类241人，占67.89%；其他人文社会科学110人，占30.99%；理工农医等4人，占1.13%。

5. 硕士毕业院校

参加调研的一级学科博士点高校实际招收博士研究生的硕士毕业院校情况如图4-5所示。

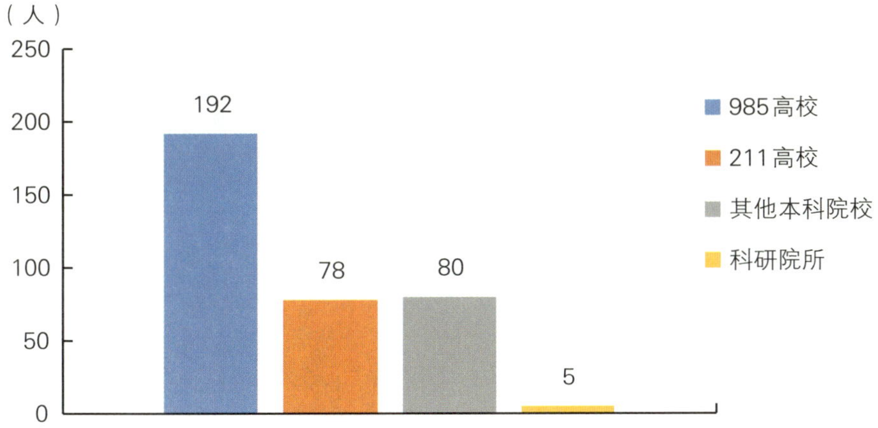

图4-5　一级学科博士点高校实际招收博士研究生的硕士毕业院校分布

调查显示：参加调研的一级学科博士点高校实际招收博士研究生355人，从硕士毕业院校来看985高校192人，占54.08%；211高校78人，占21.97%；其他本科院校80人，占22.54%；科研院所5人，占1.41%。

6. 大学毕业院校

参加调研的一级学科博士点高校实际招收的博士研究生大学毕业院校情况如图4-6所示。

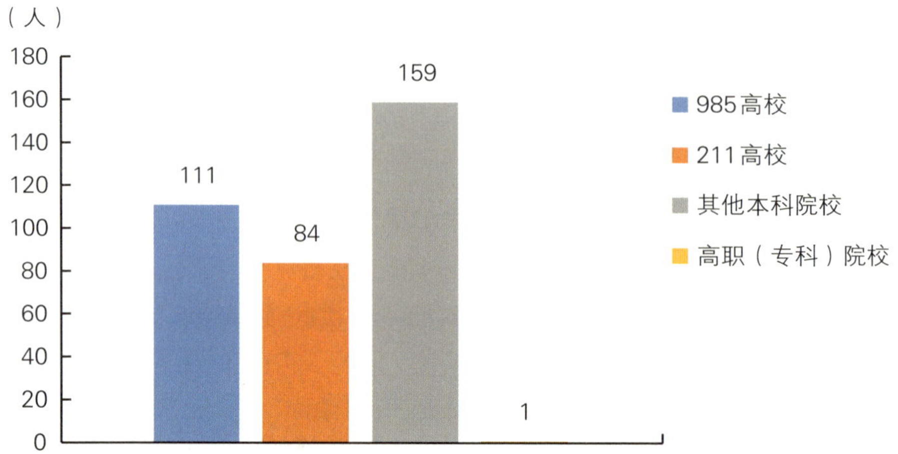

图4-6 一级学科博士点高校实际招收博士研究生的大学毕业院校分布

调查显示：参加调研的一级学科博士点高校实际招收博士研究生355人，从大学毕业院校来看985高校111人，占31.27%；211高校84人，占23.66%；其他本科院校159人，占44.79%；高职（专科）院校1人，占0.28%。

（二）实际招收的硕士研究生基本情况

据统计，参加调研的北京高校2021年实际招收硕士研究生1100人，比2020年增招102人。其来源、类别、专业背景、大学毕业院校的基本情况如下。

1. 来源

参加调研的各学科点高校实际招收硕士研究生的来源情况如图4-7所示。

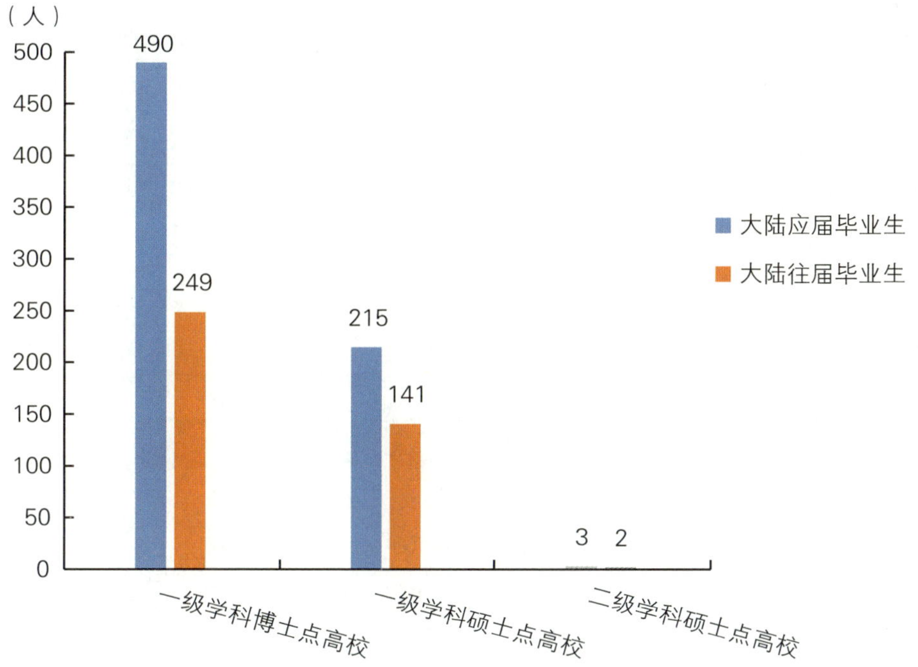

图4-7 各学科点高校实际招收硕士研究生的来源分布

调查显示：参加调研一级学科博士点高校实际招收硕士研究生739人，其中大陆应届毕业生490人，占66.31%，大陆往届毕业生249人，占33.69%。

参加调研一级学科硕士点高校实际招收硕士研究生356人，其中大陆应届毕业生215人，占76.16%，大陆往届毕业生141人，占23.84%。

参加调研二级学科硕士点高校实际招收硕士研究生5人，其中大陆应届毕业生3人，占75.00%，大陆往届毕业生2人，占25.00%。

2. 类别

参加调研的各学科点高校实际招收硕士研究生的类别情况如图4-8所示。

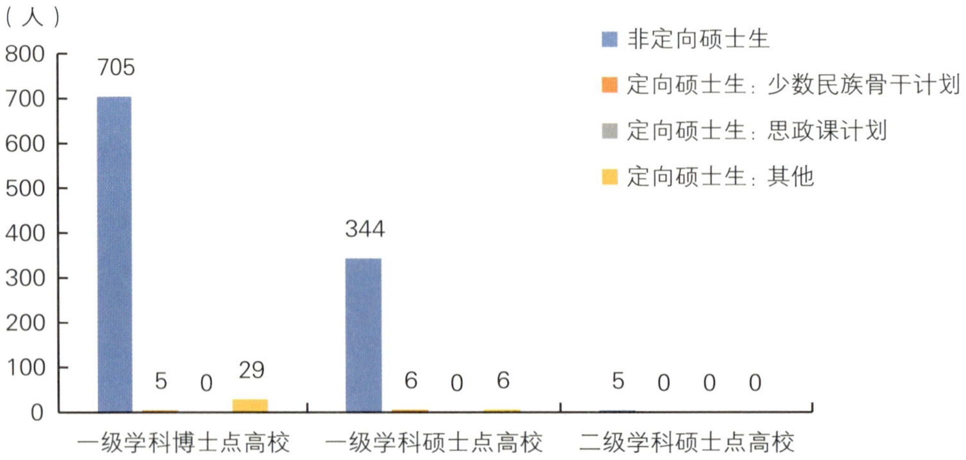

图4-8　各学科点高校实际招收硕士研究生的类别分布

调查显示：参加调研的一级学科博士点高校实际招收硕士研究生739人，其中非定向硕士生705人，占95.40%。定向硕士生中的少数民族骨干计划5人，占硕士生总数的0.68%；其他29人，占硕士生总数3.92%。

参加调研的一级学科硕士点高校实际招收硕士研究生356人，其中非定向硕士生344人，占96.63%；少数民族骨干计划6人，占1.69%；其他6人，占1.69%。

参加调研的二级学科硕士点高校实际招收硕士研究生5人，全为非定向硕士生，占100.00%。

3. 专业背景

参加调研的各学科点高校实际招收硕士研究生的大学专业情况如图4-9所示。

调查显示：参加调研的一级学科博士点高校实际招收硕士研究生739人，从大学专业来看马克思主义理论类296人，占40.05%；其他人文社会科学388人，占52.50%；理工农医等55人，占7.44%。

参加调研的一级学科硕士点高校实际招收硕士研究生356人，从大学专业来看马克思主义理论类113人，占31.74%；其他人文社会科学202人，占56.74%；理工农医等41人，占11.52%。

参加调研的二级学科硕士点高校实际招收硕士研究生5人，从大学专业来看马克思主义理论类4人，占80%；理工农医等1人，占20.00%。

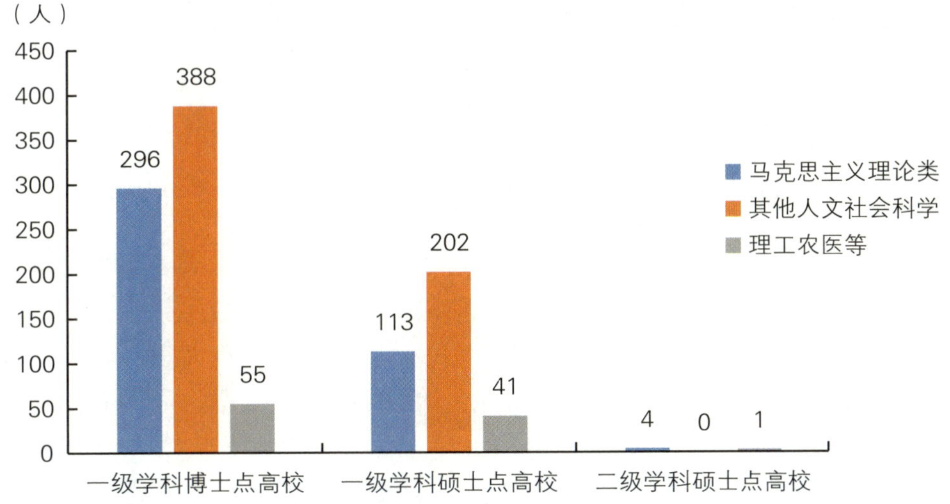

图4-9 各学科点高校实际招收硕士研究生的大学专业分布

4. 大学毕业院校

参加调研的各学科点高校实际招收硕士研究生的大学毕业院校情况如图4-10所示。

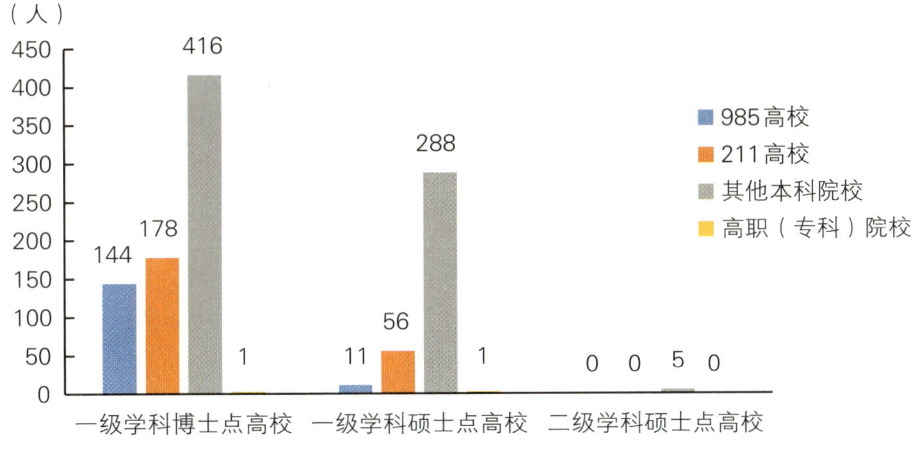

图4-10 各学科点高校实际招收硕士研究生的大学毕业院校分布

调查显示：参加调研的一级学科博士点高校实际招收硕士研究生739人，从大学毕业院校来看985高校144人，占19.49%；211高校178人，占24.09%；其他本科院校416人，占56.29%；高职（专科）院校1人，占0.14%。

参加调研的一级学科硕士点高校实际招收硕士研究生356人，从大学毕业院校来看985高校11人，占3.09%；211高校56人，占15.73%；其他本科院校288人，占80.90%，高职（专科）院校1人，占0.28%。

参加调研的二级学科硕士点高校实际招收硕士研究生5人，全为其他本科院校，占100.00%。

（三）实际招收的本科生基本情况

调查显示：参加调研的北京高校具有马克思主义理论类（包括马克思主义理论专业和思想政治教育专业、中共党史专业）本科生招生资格的高校共有8所，分别为北京大学、中国人民大学、北京师范大学、首都师范大学、对外经济贸易大学、北京体育大学、中国政法大学、中国石油大学（北京）。其中，北京大学、中国人民大学、首都师范大学和北京体育大学这4所高校招收马克思主义理论专业本科生；北京师范大学、首都师范大学、对外经济贸易大学、中国政法大学、中国石油大学（北京）这5所高校招收思想政治教育专业本科生。这8所高校2021年共招收马克思主义理论类本科生429人，大陆学生428人，港澳台学生1人。其中，马克思主义理论本科专业招收了113人，北京大学20人，为自主招生；首都师范大学24人，为提前批次招生；北京体育大学29人，为大类招生；马克思主义理论类专业40人，均为中国人民大学以提前批次招生，学生在大学二年级时将分成马克思主义理论和中共党史两个专业。思想政治教育专业招收了316人，其中，北京师范大学123人，为提前批次招生；首都师范大学85人，为提前批次招生；对外经贸大学17人，为自主招生；中国政法大学30人，为大类招生；中国石油大学61人，为其他。

（四）学制

1. 博士研究生学制

（1）普通博士研究生标准学制

参加调研的一级学科博士点高校普通博士研究生标准学制情况如图4-11所示。

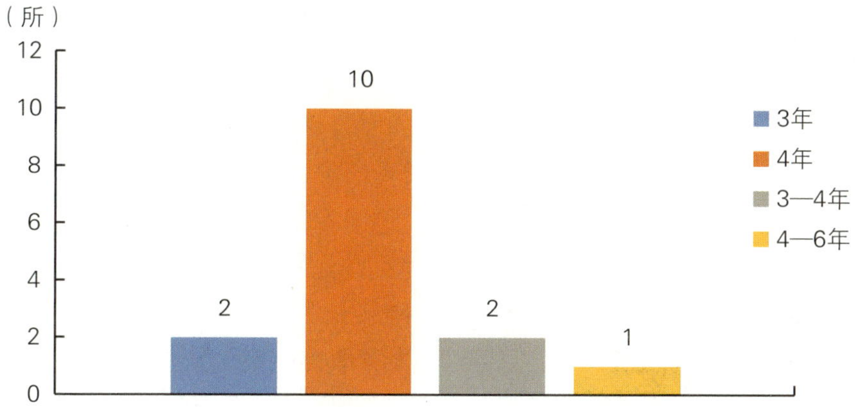

图4-11　一级学科博士点高校普通博士研究生标准学制

参加调研的一级学科博士点高校共15所，其中普通博士研究生标准学制为3年的有2所，4年的有10所，3—4年的2所，还有1所为4—6年。

（2）直博研究生标准学制

参加调研的一级学科博士点高校直博研究生标准学制情况如图4-12所示。

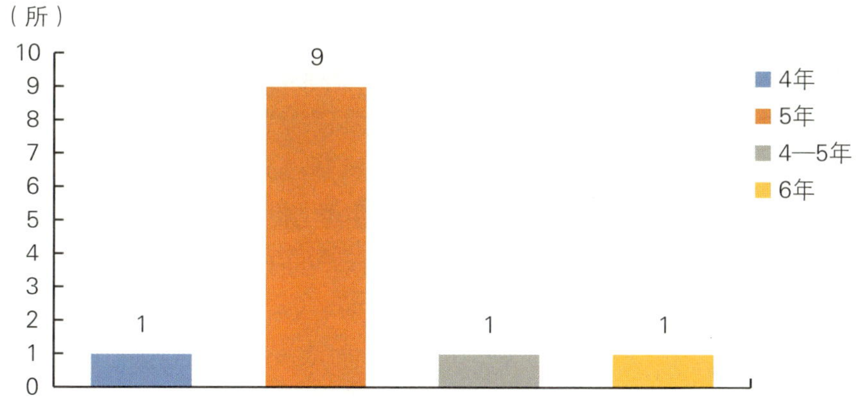

图4-12　一级学科博士点高校直博研究生标准学制

参加调研的一级学科博士点高校共15所，其中12所高校设有直博研究生，直博研究生的标准学制为5年的有9所，4年的为1所，6年的为1所，4—5年的为1所。

2. 硕士研究生学制

参加调研的各学科点高校硕士研究生标准学制情况如图4-13所示。

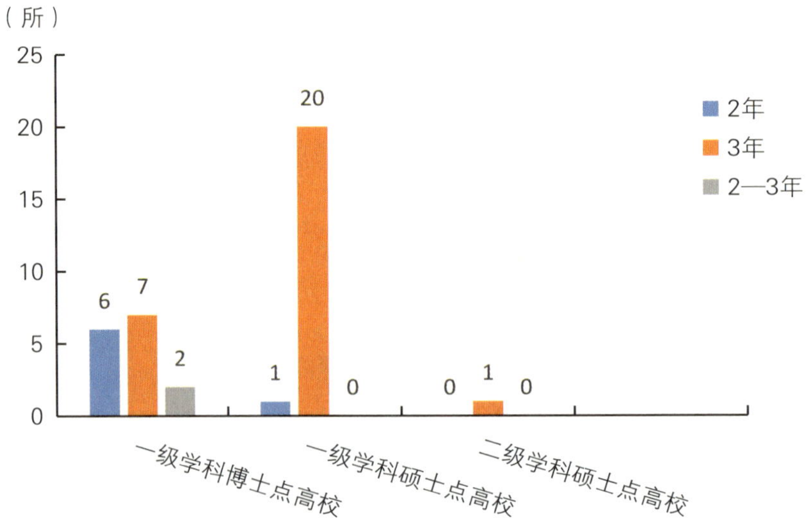

图4-13　各学科点高校硕士研究生标准学制

（1）博士点高校硕士研究生学制

参加调研的一级学科博士点高校共15所，其中硕士研究生标准学制为2年的有6所，3年的有7所，还有2所为2—3年。

（2）硕士点高校硕士研究生学制

参加调研的一级学科硕士点高校共21所，硕士研究生标准学制为2年的有1所，3年的为20所。参加调研的二级学科硕士点高校共1所，硕士研究生标准学制为3年。

3. 本科生学制

参加调研高校马克思主义理论类本科生学制一般为4年。

（五）研究生导师

1. 博士研究生导师专兼职人数

参加调研的一级学科博士点高校共15所，共有博士生导师228人。其中专职博士生导师206人，占90.35%；兼职博士生导师22人，占9.65%。具体情况如图4-14所示。

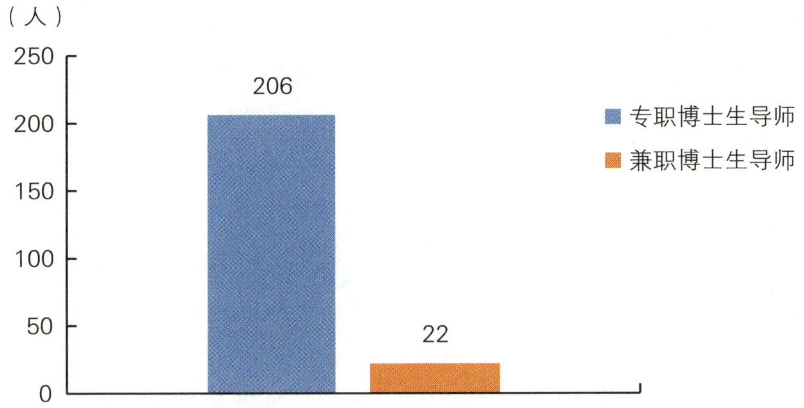

图4-14 一级学科博士点高校2021年博士生导师专兼职人数

2. 硕士研究生导师专兼职人数

2021年，参加调研的15所博士点高校和22所硕士点高校共有硕士生导师842名，包括805名专职硕士生导师和37名兼职硕士生导师。具体情况如图4-15所示。

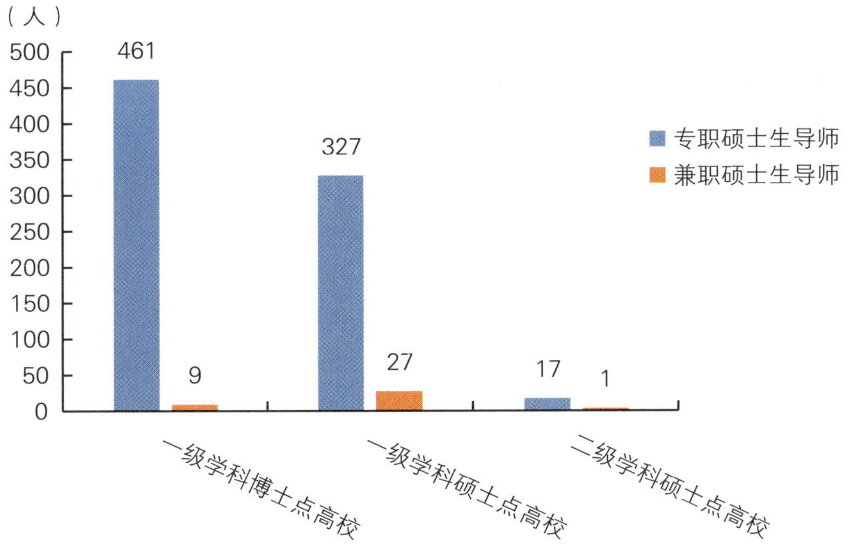

图4-15 各学科点高校2021年硕士生导师专兼职人数

参加调研的一级学科博士点高校共15所，共有硕士生导师470人。其中专职硕士生导师461人，占98.09%；兼职硕士生导师9人，占1.91%。

参加调研的一级学科硕士点高校共21所，共有硕士生导师354人。其中专职硕士生导师327人，占92.37%；兼职硕士生导师27人，占7.63%。

参加调研的二级学科硕士点高校共1所，共有硕士生导师18人。其中专职硕士生导师17人，占95.45%；兼职硕士生导师1人，占4.55%。

（六）科学研究

1. 2021年毕业的博士研究生在读期间发表论文

根据统计，参加调研的一级学科博士点高校2021年毕业的博士研究生160人在读期间发表学术论文总计455篇。其中核心期刊论文131篇，占28.73%；CSSCI来源期刊论文168篇，占36.84%；非CSSCI来源非核心期刊论文216篇，占33.12%。参加调研的一级学科博士点高校2021年毕业的博士研究生在读期间发表论文情况如图4-16所示。

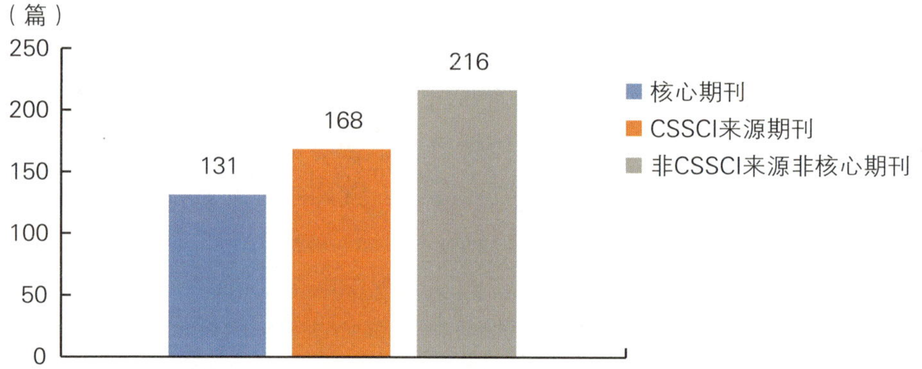

图4-16　一级学科博士点高校2021年毕业的博士研究生在读期间发表论文分布

2. 2021年毕业的硕士研究生在读期间发表论文

根据统计，北京高校2021年毕业的硕士研究生共757人。本年度毕业的硕士研究生在读期间共发表论文676篇，其中核心期刊篇数为52；CSSCI来源期刊篇数为40；非CSSCI来源非核心期刊篇数为584。

参加调研的各学科点高校2021年毕业的硕士研究生在读期间发表论文情况如图4-17所示。

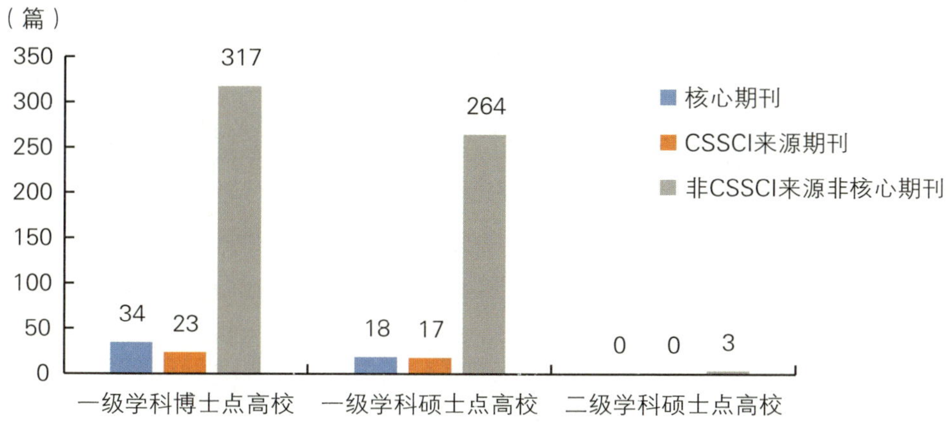

图4-17 各学科点高校2021年毕业的硕士研究生在读期间发表论文分布

调查显示：参加调研的一级学科博士点高校2021年毕业的硕士研究生在读期间发表论文374篇。其中核心期刊论文34篇，占19.09%；CSSCI来源期刊论文23篇，占6.15%；非CSSCI来源非核心期刊论文317篇，占84.76%。

参加调研的一级学科硕士点高校2021年毕业的硕士研究生在读期间发表论文299篇，其中核心期刊论文18篇，占6.02%；CSSCI来源期刊论文17篇，占5.69%；非CSSCI来源非核心期刊论文264篇，占88.29%。

参加调研的二级学科硕士点高校2021年毕业的硕士研究生在读期间发表的论文3篇，均为非CSSCI来源非核心期刊论文。

（七）毕业去向

1. 博士研究生就业去向

调查显示：2021年参加调研的北京高校马克思主义理论专业博士毕业生总人数为160人，参与就业统计的有157人。其中在高等院校就业的有116人，占参与就业统计人数的73.89%；在科研院所就业的有3人，占参与就业统计人数的1.91%；在党政机关就业的有14人，占参与就业统计人数的8.92%；在企事业单位就业的有19人，占参与就业统计人数的12.10%；自主创业的有1人，占参与就业统计人数的0.64%；未就业的有4人，占参与就业统计人数的2.55%。参加调研的北京高校2021年毕业的博士研究生就业去向（不含肄业生）如图4-18所示。

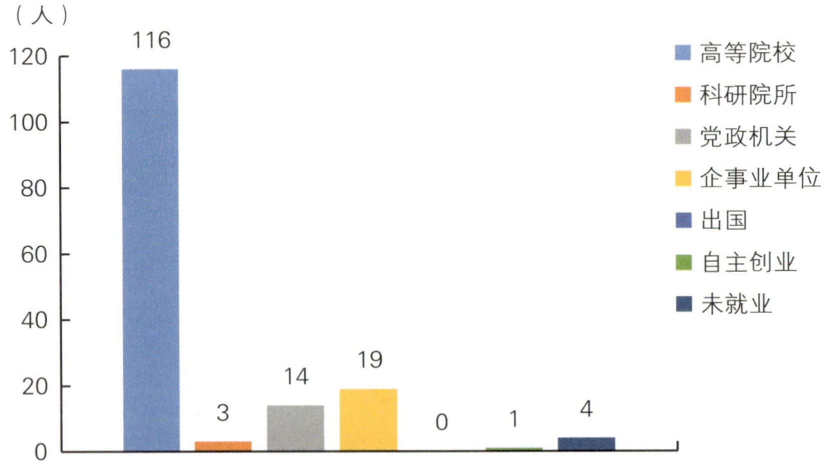

图4-18　北京高校2021年博士毕业生就业去向分布（不含肄业生）

2. 硕士研究生就业去向

调查显示：2021年参加调研的北京高校马克思主义理论专业硕士毕业生总人数为 757人，参与就业统计的有645人（其中4所高校所填写的数据无效，因此，不计算在内）。其中在高等院校就业的有189人，占29.30%；在科研院所就业的有7人，占1.09%；在党政机关就业的有129人，占20.00%；在企事业单位就业的有290人，占44.96%；自主创业的有8人，占1.24%；未就业的有22人，占3.41%（见图4–19）。

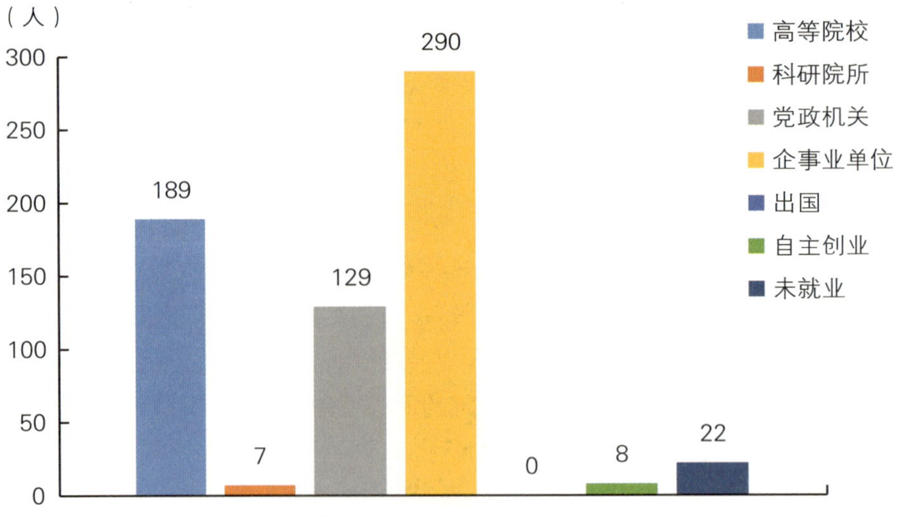

图4-19　北京高校2021年硕士毕业生就业去向分布（不含肄业生）

二、主要成绩

北京高校高度重视马克思主义理论学科人才培养，在招生规模、科研能力、服务社会、就业质量等方面取得了较好成绩。

（一）招生规模进一步扩大

北京各高校通过扩大本科生规模、创新招生项目等方式，确保马克思主义理论专业学生的规模稳步提升。

1. 本科招生规模进一步扩大

北京高校马克思主义理论本科生和思想政治教育本科生招生规模进一步扩大，见图4-20。北京大学马克思主义学院在马克思主义理论大钊本科项目班和校内转专业工作的基础上，首次通过高考提前批次招收20名马克思主义理论专业本科生。目前，共有北京大学、首都师范大学、北京体育大学3所高校招收马克思主义理论本科专业，共计113人；中国人民大学招收马克思主义理论类本科专业，共计40人。北京师范大学、首都师范大学、对外经济贸易大学、中国政法大学、中国石油大学（北京）5所高校招收思想政治教育专业本科生，共计316人。

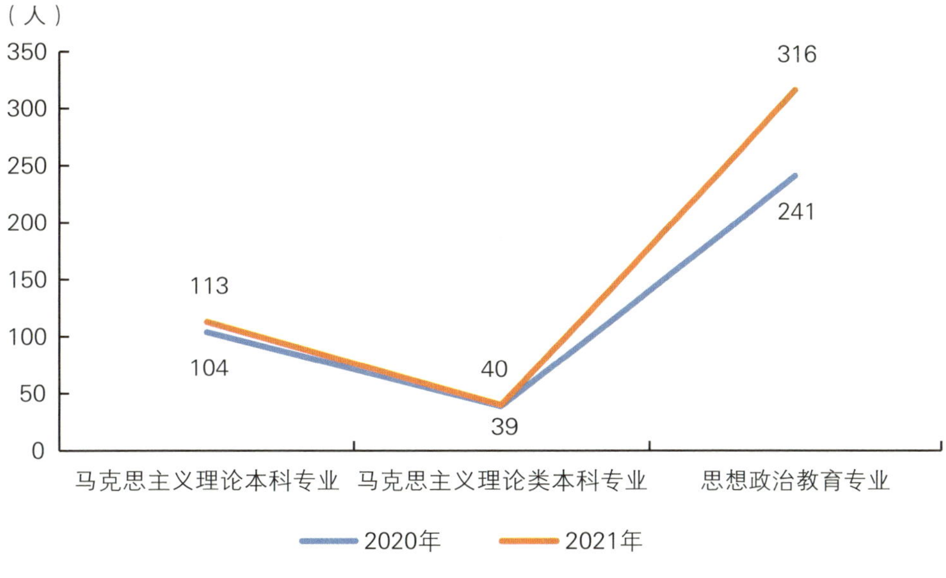

图4-20　2020年和2021年马克思主义理论类本科生招生数量趋势图

2. 继续实施思政课骨干提升计划教育博士项目

为培养一批政治强、情怀深、思维新、视野广、自律严、人格正，具有较强研究能力的中小学思想政治理论课骨干教师，清华大学2019年首次开设思政课骨干提升计划教育博士项目，面向中小学思想政治理论课程一线优秀教师招收攻读教育博士专业学位研究生。清华大学思政课骨干提升计划教育博士项目（2022年）招生实行“申请—审核”制，符合简章中申请条件者提交相关材料，依据申请材料的综合评价结果，差额确定综合考核名单，经综合考核后择优推荐拟录取。

（二）科研能力进一步提高

北京各高校通过设立研究生科研项目、多种形式的导师指导、朋辈交流、读书会等，进一步提高研究生科研能力。北京化工大学马克思主义学院2021年度评定研究生科研创新基金立项共20项，其中重点项目12项，一般项目8项。清华大学组织“导学早餐”系列活动，邀请各专业的导师开放全院研究生针对学术、科研等问题答疑解惑。北京科技大学举办论文写作、发表学术互助小组系列讲座，邀请专家学者，旨在帮助师生突破高水平论文读写瓶颈，提升高水平论文的关注度和参与度。

（三）服务社会能力进一步增强

北京各高校注重培养学生理论联系实际的能力，坚持把论文写在祖国大地上，通过丰富多彩的实践活动和理论宣讲，服务社会能力进一步增强。

1. 开展丰富多彩的社会实践活动

2021年寒、暑假，清华大学马克思主义学院积极组织开展研究生社会实践工作。113名马院学子走出校门，分赴20余个省市开展社会实践，展现新时代青年学子风貌，得到《人民日报》、澎湃新闻、今日头条等多家省市级媒体的报道。学院获评2021年清华大学研究生社会实践“优秀组织奖”；华润党建实践支队荣获2021年清华大学博士生必修环节社会实践金奖；马克思主义学院赴山东能源集团物资有限公司社会实践队、“清马在路上，青马勠力行”赴开化实践支队荣获2021年清华大学研究生社会实践银奖；马克思主义学院赴黑龙江省佳木斯市桦南县实践支队、北京市东城区中学思政课专项调研实践支队荣获2021年清华大学研究生社会实践铜奖；邓喆老师荣获2021年清华大学研究生社会实践优秀指导教师称号。

2. 围绕党最新理论成果和重大宣传任务开展宣讲

围绕党的十九届六中全会精神宣讲。由中国人民大学马克思主义学院、中国人民大学党委学生工作部（处）主办，中国人民大学马克思主义学院博士生宣讲团、中国人民大学学生党建促进会、中国人民大学青年求是研究社承办的“奋斗百年路，启航新征程”学习贯彻党的十九届六中全会精神主题宣讲活动，联合全国11所高校宣讲团共学共话党的十九届六中全会精神，设立中国人民大学、武汉大学和兰州大学等多个会场，全国总计1000余名师生线下参与、10万余人线上观看了本活动。北京大学马克思主义学院研究生讲师团联合马克思主义学院2020级博士生2班党支部，化学与分子工程学院2019级研究生第一、第二党支部，共同开展学习党的十九届六中全会精神首场宣讲暨“永远跟党走”主题党团日活动。中国人民大学马克思主义学院博士生宣讲团受邀赴中国建设银行北京分行参加“从十九届六中全会看绿色金融”主题青年沙龙与理论宣讲活动。

围绕党史学习教育开展宣讲。党史学习教育开展以来，清华大学博士生讲师团联合42所高校积极组织专题备课，发布了《高校党史接力宣讲倡议书》，发起成立了全国高校青年宣讲联盟。清华大学举行“从石库门到天安门：弘扬伟大建党精神”全国高校党史接力宣讲活动，清华大学博士生讲师团、北京大学马克思主义学院研究生讲师团、中国人民大学马克思主义学院博士生宣讲团、复旦大学博士生讲师团、上海交通大学国情研习理论宣讲团成员，清华大学“立言计划”第四期（秋季学期）学员，清华大学校内党团班集体现场参与，全国高校青年宣讲联盟成员线上参与，宣讲活动同步在清华大学官方微博、微信平台进行直播，累计吸引6.1万余人次观看。中国人民大学马克思主义学院博士生宣讲团联合复旦大学、武汉大学、浙江大学、兰州大学、郑州大学、中国政法大学、中央财经大学、中央民族大学等高校理论宣讲团开展全国高校党史接力宣讲（第十场）联合宣讲会。主场宣讲会以“民族复兴：中国共产党的历史使命”为主题，从不同视角阐释中国共产党在引领中华民族伟大复兴壮阔征程中的使命担当，激励当代青年肩负时代使命与责任，坚持学史明理、学史增信、学史崇德、学史力行，坚定不移听党话、跟党走，在全面建设社会主义现代化国家的伟大实践中贡献青春力量。

（四）就业质量进一步提高

北京各高校通过就业工作座谈会、就业动员会、就业指导会等多种形式更加深入地了解毕业生当前就业现状、服务需求与困难困惑，为师生共同探讨毕业生就业问题搭建服务平台，进一步推动马克思主义学院就业创业工作，提高就业质量。

北京各高校根据毕业生就业方向，分行业进行精准指导。北京师范大学马克思主义学院针对有志从事中学思政课教师职业的硕士生举办了线上就业指导会，邀请北师大昌平附属学校党总支书记、校长王鹏飞老师，以及山东省临沂实验中学思政课教师、学院校友理事会理事、2011级校友王鑫老师主讲。清华大学马克思主义学院研究生团总支联合清华大学电子工程系研究生团总支主办“职面人生·启航沙龙”选调生一二·九专场分享会。北京理工大学马克思主义学院以“精准定位　分类指导”为原则，邀请了中国言实出版社张天杨、即将入职的集美大学思政课教师潘怡沁、山西大学辅导员董杰、忻州市委组织部梁晨和即将进入浙江大学读博深造的凡萌玮五位在不同领域就业的同学从自身职业选择、求职背景、求职过程、求职心理等多个方面，分享了不同就业方向的主要工作内容和各自的求职经验与求职技巧。按照高校教师、高校辅导员、公务员系统、企事业单位、读博深造五个就业方向组建了自由交流小组。同学们积极踊跃地提出自己在当下求职过程中所面临的问题和困境，并根据个人的具体状况逐步深入提问。五位朋辈导师根据同学们各自的问题，“一对一”解答了学生们的疑惑并给出有针对性的建议与解决方案。

（五）研究生学术交流进一步增加

经过多年探索，北京高校马克思主义理论学科在研究生培养方面逐步形成一系列具有鲜明特色的学术品牌，主要包括已连续举办多届的“未名论坛暨全国马克思主义理论及相关学科博士研究生高级研讨班”“‘清北人师’四校马克思主义学院博士生学术论坛”“首都五所高校马克思主义学院研究生学术论坛”“全国高校马克思主义理论学科研究生学术论坛”等，还首次举行了“清华大学中国特色社会主义政治经济学博士生论坛”“全国马克思主义理论学科学生《资本论》论坛”等，研究生学术交流进一步增加。2021年的系列重要学术活动主要有：

1. 第十二届未名论坛暨全国马克思主义理论及相关学科博士研究生高级研讨班

2021年1月10—12日，北京大学第十二届未名论坛暨全国马克思主义理论及相关学科博士研究生高级研讨班举行。本届未名论坛的主题是“百年中国共产党与21世纪马克思主义”。按照疫情防控工作的要求，论坛全程以线上方式举行并对外开放。线上报名听众超过3000人，累计参会达1万多人次。

本届论坛通过“以文入会”的方式，面向全国高校马克思主义理论及相关学科博士生征文，共收到投稿600多篇。经过专家评审，共有来自50所高校的100位博士生成为正式学员，还有20余所高校的50名优秀硕士生、本科生入选硕士生和本科生专题论坛。本届论坛共邀请了41位学者参与发言和点评，发言学生人数共计150人。论坛共有1场马中西高端对话会、3场专题论坛、1场专题讲座、1场党的十九届六中全会特别论坛、1场期刊编辑对话会、11场学员论坛，加上开幕式、闭幕式，共有20场活动。

2. 中国人民大学马克思主义学院第42届博士生论坛

2021年1月13日上午，由中国人民大学马克思主义学院党委主办、马克思主义学院研究生会承办的中国人民大学马克思主义学院第42届博士生论坛于线上举行。校内外200余名研究生参加论坛。本届论坛主题为“中国共产党百年历程与新时代马克思主义发展研究”，旨在于中国共产党成立一百周年之际，鼓励马克思主义理论学科青年学子深入学习党史、新中国史、改革开放史、社会主义发展史，促进马克思主义理论学科青年学子的相互交流和学习，增强青年学子的时代使命感和学科责任感。自2020年12月2日发布征稿通知以来，本届论坛共征得学术论文228篇。经有关专家严格评审，来自中国人民大学、北京大学、清华大学、北京师范大学、华东师范大学等院校研究生的30篇论文在本届论坛中获奖。

3. 清华大学第641期博士生学术论坛暨2021年马克思主义学院研究生学术论坛

2021年5月22—23日，清华大学第641期博士生学术论坛暨2021年马克思主义学院研究生学术论坛在清华大学FIT楼举行。本次论坛以“百年大党与全面建设社会主义现代化国家”为主题，下设三个分论坛。本届论坛中，共有88位马克思主义学院研究生踊跃投稿，65位研究生申请在论坛上作口头报告。

论坛包括两轮评审环节，第一轮评审由评审团对论文进行评分，以此选出41篇论文在论坛中进行汇报。第二轮评审在同学完成汇报后进行，由评审团对同学们的报告进行提问，分为评委老师评审评议、朋辈评议人点评和汇报人回应三个部分。在第二轮评审结束后，由各个分论坛评委老师综合考虑论文选题、论文内容、口头报告、现场问答等情况进行综合打分，并在各个分论坛分别评出一等奖、二等奖和三等奖。

4. 第二十二届"北师大、清华、北大、人大"马克思主义学院博士生学术论坛

2021年6月20日，第二十二届"北师大、清华、北大、人大"马克思主义学院博士生学术论坛在北京师范大学京师大厦举办。本届论坛的主题为"中国共产党百年历程和中华民族伟大复兴"。本届学术论坛由北京师范大学、清华大学、北京大学、中国人民大学主办，北京师范大学马克思主义学院承办，旨在加强马克思主义理论学科青年学者的相互交流，提升研究生培养质量与学术水平，以实际行动庆祝中国共产党百年华诞。

论坛采用线上线下相结合的方式进行，会议全程通过腾讯会议直播。来自北京师范大学、清华大学、北京大学、中国人民大学的研究生代表共40余人参加现场会议。本届论坛，北京师范大学、清华大学、北京大学、中国人民大学四校广大博士生、硕士生积极参与，并得到四校马克思主义学院的大力支持，共收到论文93篇，经四校老师匿名交叉评审，评出一等奖论文4篇，二等奖论文8篇，三等奖论文12篇。

5. 第五届"社会主义生态文明与社会生态转型"博士生论坛

2021年6月25日至27日，由北京大学马克思主义学院、北京大学研究生教育创新计划和德国罗莎·卢森堡基金会共同举办的第五届"社会主义生态文明与社会生态转型"博士生论坛在北京锡华商务酒店举行。来自北京大学、中国人民大学、复旦大学、南京大学、武汉大学、南开大学、北京航空航天大学、东南大学、中央财经大学、上海财经大学、中国农业大学、中国石油大学（北京）、北京第二外国语学院、福建师范大学、上海师范大学、华东理工大学、南京信息工程大学、西南科技大学、南京林业大学、福建农林大学、黑龙江大学、北方工业大学、山东师范大学、哈尔滨师范大学、中共重庆市委党校、常州铁道高等职业技术学校等高校和研究机构的60多位学者围绕"社会主义生态文明与社会生态转型"进行了深入探讨和交流。

6. 首届清华大学中国特色社会主义政治经济学博士生论坛

2021年10月30日至31日，首届清华大学中国特色社会主义政治经济学博士生论坛在清华大学法律图书馆B122教室举行。本届论坛由清华大学党委研究生工作部、马克思主义学院、公共管理学院与社会科学学院经济所共同举办，共遴选出20篇论文进行汇报，邀请到6位老师担任评委嘉宾，共有来自各院系的40余位同学参与了本届论坛。在论文汇报环节，共有20名同学针对自己的研究成果进行汇报，内容涵盖区域协调发展、数字经济、货币制度、大数据、中美贸易摩擦、金融化、国际分工、技术垄断等社会热点问题。也有同学对马克思—斯拉法体系、后凯恩斯主义增长理论、比较优势原理等政治经济学经典理论进行梳理和总结。师生踊跃参与，深入交流，论坛气氛活跃。

7. 第四届全国高校马克思主义理论学科研究生学术论坛顺利举办

2021年11月20日，由中国人民大学马克思主义学院主办、马克思主义学院研究生会承办的第四届全国高校马克思主义理论学科研究生学术论坛在线上顺利举行，本届论坛的主题为“百年党史探索与马克思主义理论创新”，校内外300余名研究生参加论坛。

全国高校马克思主义理论学科研究生学术论坛是中国人民大学马克思主义学院组织筹办的重要学术论坛，迄今已成功举办四届。论坛旨在进一步深入贯彻落实党史学习教育动员大会、庆祝中国共产党成立100周年大会、党的十九届六中全会等重要会议精神，促进马克思主义理论学科青年学子之间的学术交流，提升马克思主义理论研究的学术水平，进一步推动马克思主义理论学科的建设、改革与发展。全国高校马克思主义理论学科研究生学术论坛一贯秉持中国人民大学尊崇学术的优良传统，为推动学风建设、提高研究生的学术能力和创新意识搭建了一个广阔的学术交流平台。

8. 第九届首都高校马克思主义学院研究生“五马论坛”暨学生理论社团学术研讨会

2021年11月27日，第九届首都高校马克思主义学院研究生“五马论坛”暨学生理论社团学术研讨会在中国青年政治学院召开。来自清华大学、北京大学、中国人民大学、北京师范大学、中国青年政治学院等98所高校的马克思主义学院研究生围绕“建党百年与青年使命”主题共探学术、深入交流。

本届论坛采用线上和线下相结合的形式举办。主旨报告共分为两个阶段，分别由马克思主义学院高炜副教授和王大良教授主持。首都师范大学马克思主义学院副院长沈永福、中国青年政治学院马克思主义学院李伟教授、北京师范大学马克思主义学院副院长杨增岽和中国青年政治学院马克思主义学院邓阳博士分别以《中国共产党百年辉煌的道德密码》《谈谈强国战略中的制度因素》《作别“经验主义”里的中国——百年中国共产党创造人类文明新形态的重大意义》和《深刻理解扎实推进共同富裕的核心要义》为题作深入阐释，引发了同学们热烈讨论。在优秀论文代表分享交流环节，14位同学围绕党的百年历史、中国共产党人的精神谱系、共青团改革发展与青年工作等议题进行了发言。

本届论坛由中国青年政治学院马克思主义学院、研究生部、科研与智库工作部、《中国青年社会科学》杂志社主办，马克思主义学院研究生会、青年马克思主义者理论研究会与青年评论家杂志社承办，本届论坛共收到投稿论文246篇。

9. 首届“全国马克思主义理论学科学生《资本论》论坛”

2021年12月18日，首届“全国马克思主义理论学科学生《资本论》论坛”召开。本届论坛由北京大学马克思主义学院与中国高等教育学会马克思主义研究分会、中国《资本论》研究会联合主办，北京理工大学马克思主义学院承办，《毛泽东邓小平理论研究》编辑部、《当代经济研究》编辑部、《政治经济学研究》编辑部、《海派经济学》编辑部、《北京理工大学学报（社会科学版）》编辑部协办。本届论坛的主题是“《资本论》与马克思主义理论学科的整体性”。论坛以线上会议的形式举行。马克思主义理论学界师生以极大的热情高度关注、积极参加会议，全天线上参会人数累计达2000人次。

本届论坛以《资本论》的文本和理论研究为依托，深度聚焦马克思主义理论学科基础性、前沿性、重大性问题，积极引导在整体性的研究视野下解读阐释《资本论》中蕴含的重要理论、观点和方法。论坛的成功举办，进一步深化了马研会和北大马院举办的《资本论》公益暑期学校的教学成果，有效增进了青年学子之间的交流沟通，有利于推动形成《资本论》学习研究的良好氛围，助力马克思主义理论学科建设与人才培养。

（六）继续评选研究生“双百奖学金”

为深入学习贯彻习近平总书记关于教育的重要论述特别是在学校思想政治理论课教师座谈会上的重要讲话精神，深入推进北京高校思政课“质量提升年”任务部署，不断提高马克思主义理论专业人才培养质量，加强北京高校思政课教师后备人才储备，市委教育工委、市教委开展2021年度北京高校马克思主义理论专业研究生新生奖学金、学术奖学金评审工作。“新生奖学金”面向学院2021级全日制优秀研究生新生申报。“学术奖学金”面向学院具有正式学籍、在基本学制年限内、全日制、有较强理论功底、学术成果突出的二年级及以上优秀研究生申报。

（七）本科生培养体系进一步完善

北京高校重视马克思主义理论及相关专业本科生培养，通过为新生聘任成长导师、举办新生研讨课等，进一步完善本科生培养体系，提高学生的理论和实践能力。

北京大学马克思主义学院高度重视本科生招生培养工作，学院多次召开会议研讨、完善本科生培养方案。2021级本科生入学前后，学院举办了形式多样、内容丰富的新生教育活动和课程，建立“第二班主任”制度，帮助同学们尽快适应北大生活。

中国人民大学马克思主义学院为每名2021级本科新生配置成长导师，包括学校领导、中层干部、任课教师、管理干部、离退休教工等参与学生辅导工作，围绕入学适应、学业发展、校园生活等方面，与学生“面对面”交流、“心贴心”互动、“手拉手”进步。中国人民大学马克思主义学院还举办了2021级本科新生系列研讨课，帮助新生尽快熟悉学业、适应大学生活。

三、主要问题和对策建议

调查发现，尽管北京高校马克思主义理论人才培养不断取得佳绩，但也仍然存在一些问题，需要进一步提高生源质量，加强学科教材建设以及建设专业就业信息服务平台。

（一）进一步提高生源质量

在“研究生招生中存在的问题”方面，共设计“招生指标偏少”“报考人数不多”“生源质量不高”3个选项，可多选并排序。根据调查结果，参加调研的15所博士点北京高校有8所将“生源质量不高”排在首位，另有4所将该选项排在第二位。参加调研的22所硕士点北京高校有10所将“生源质量不高”排在首位，另有7所将该选项排在第二位。

首先，增设马克思主义理论本科专业。目前，已经有北京大学、中国人民大学、北京师范大学等8所高校招收马克思主义理论本科专业学生，一些学校探索建立马克思主义理论学科本科、硕士、博士一体化人才培养体系，但是目前所招收的本科生数量还是偏少。与马克思主义理论相关的思想政治教育、中共党史、科学社会主义三个本科专业招生人数也不多。就“提高马克思主义理论专业研究生培养质量的意见建议”，共设11个选项，可多选并排序。15所博士点高校中，有9所将“增设马克思主义理论本科专业”排在9个选项的首位。北京的22所硕士点高校有6所选择将“增设马克思主义理论本科专业”排在首位，另有1所将该选项排在第二位。应该鼓励更多具备条件的高校申请增设马克思主义理论本科专业，同时增加马克思主义理论类本科生招生数量。

其次，本科生的生源质量也需要进一步提高。北京的8所招收马克思主义理论类本科生的高校中，3所高校认为本科生培养方面存在的主要问题是“一志愿报考人数不多”。因此，需要在招生环节更全面地宣传马克思主义理论专业，在招生方式上采取提前招生、大类招生等方式。

最后，还需要进一步提高马克思主义理论类硕士研究生的培养质量，为博士研究生招生储备优秀生源。

（二）加强学科教材建设

就“提高马克思主义理论专业研究生培养质量的意见建议”，共设计7个选项，可多选并排序。参加调研的15所博士学位点的北京高校有6所将“规范的研究生教材偏少”排在首位，另有1所将该选项排在第二位；参加调研的22所硕士学位点的北京高校有8所将“规范的研究生教材偏少”排在首位，另有5所将该选项排在第二位。可见，随着招生规模的扩大，尤其是本科生逐渐增加，建设本硕博分层次系列化的规范性马克思主义理论教材体系成为人才培养的迫切需要。有关部门应加强教材规划与立项，组织知名专家学者编写本学科规范教材以满足人才培养的需求。

（三）建设专业就业信息服务平台

随着马克思主义理论学科研究生招生数量的增加，每年的毕业生也在增加，就业问题受到较多关注。根据调查结果，参加调研的15所博士点的北京高校有6所将“缺乏全国性的统一就业信息平台”排在“就业中存在的问题”的首位，另有3所将该选项排在第二位；有8所将“就业面窄”排在首位。参加调研的22所硕士点的北京高校有9所将“缺乏全国性的统一就业信息平台”排在首位，另有3所将该选项排在第二位；有8所将“就业面窄”排在首位，另有4所将该选项排在第二位。解决研究生就业面窄的问题，需要帮助学生做好职业规划，增强职业技能训练，提高学生的专业素养和综合素质。

针对马克思主义理论学科特点和主要就业方向，建设马克思主义理论学科的就业信息服务平台，引导学生提早做好职业规划，普及就业知识和技能，及时发布就业信息。

第五章

教学方法改革

2021年是中国共产党成立百年的思政大年，也是北京市高校思想政治理论课建设质量年。继在创抗击疫情、脱贫攻坚两大奇迹之后，中国共产党迎来了百年华诞。全党通过回顾党的百年光辉历程，深刻总结历史经验，发表了党的第三个历史决议，不仅丰富了党的文献，也丰富了高校思想政治理论课教学内容，同时对思想政治理论课教学方法改革提出了更高的要求。北京市高校在北京市教委和教育工作委员会的领导下，坚持首善标准，推动思想政治理论课教学质量保障工程建设不断深入。本报告在对北京57所高校调研的基础上，梳理北京高校思想政治理论课课堂教学方法改革的成就和不足，以期为进一步深化思想政治理论课课堂教学改革创新提出改进建议。

一、数据展示与解读

（一）教学方法采用情况

教学方法改革旨在解决如何教、如何学的问题，辩证处理教法与学法的关系，是提升教学效果的关键。在教与学的矛盾运动中，教学双方的地位不是一成不变的，随着教学理念的变化，教学双方的角色、地位会发生转换。然而最终的教学目标是不变的，不仅是知识的增长和能力的提高，更主要的是情感态度、价值观的确立和养成，因此，好的教法和学法应该通过相互匹配做到“有的放矢”，释放二者对于教学目标的达成空间，而不应从一个极端走向另一个极端。教学主体（教师）选择教法时，应尊重思想政治教育规律和青年大学生的成长规律，设计符合教学客体（学生）需求的学法，否则会因缺乏针对性和可行性而降低教学目标的达成度。因此，好的教法不是单一固定的，而应是灵活多样的。适度多样的教学方法可避免教学过程中的枯燥和单调，增加学生对课程的喜爱，但只是起到吸引学生目光，增添学习兴趣的作用，只是提高教学效果的第一步，最终效果要看学生的获得感。实践表明，学生的参与度越高，互动性越强，越能调动学生学习的积极性，增强学生的获得感。因此教师应从学生的学习特点出发，通过实施多样化的、参与互动性强的教学方法和手段，调动学生的主体性。

按照学生在教学活动中参与互动的程度及其主体性发挥的程度，可从低到高将教学方法划分为6类，依次为传统讲授式（教师讲、学生听为主，又称灌输式）、案例式、问题专题式、参与互动式（如讨论、演讲、辩论等）、情境体验式（如情景模拟、角色扮演、游戏法等）、研究式。调查显示：2021年，在北京57所高校中，约33%的高校采用过上述全部教学方法，比2020年降低了近十个百分点；17.55%的高校采用了5类教学方法，比2020年降低5.26%；33.33%的高校采用了4类教学方法，比2020年提高了8.77%；14.04%的高校采用了3类教学方法，比2020年增加5.27%；1.75%的高校采用了2类教学方法，与2020年持平。同2020年相比，采用3类、4类教学法的高校多了，采用5类、6类教学法的高校少了，采用2类教学方法的高校占比基本不变。如图5-1所示。

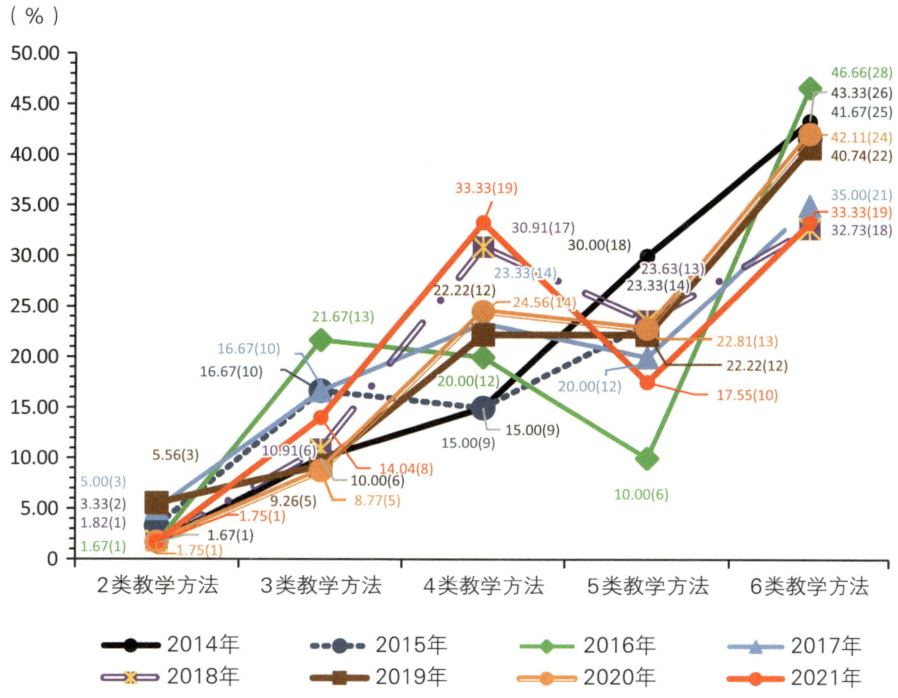

图5-1　2014—2021年北京高校采用多样化教学方法的比例

注：括号内数值代表高校数量（所），下同。

图5-2证明了2021年北京高校教学方法多样化的程度较2020年有所降

低。2021年采用3类及以上教学方法的高校为56所，占比98.25%，与2020年持平；采用4类及以上教学方法的高校占84.21%，比2020年降低5.26%；采用5类及以上教学方法的高校比2020年减少了14.03%；采用6类及以上教学方法的高校比2020年降低8.78%。

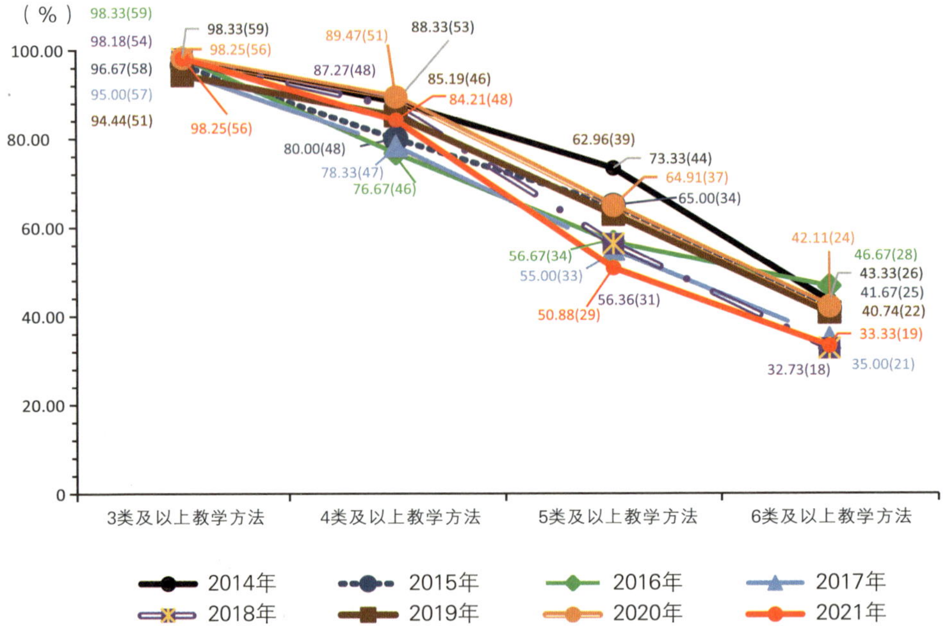

图5-2 2014—2021年北京高校教学方法多样化程度对比情况

在6类教学方法中，各高校较常采用的教学方法连续几年基本相同，但在排序上发生明显变化。2021年各教学方法使用的频率依次是问题专题式、参与互动式、传统讲授式、案例式，上述四类教学法的选择系数均大于1。其中问题专题式教学法从2014年的第四位逐渐超过案例式和传统讲授式，于2021年跃居第一。参与互动式教学方法在2020年以前一直位居首位，但在2021年采用这一方法的高校数量有所下降，居第二位。传统讲授式教学法在2014—2017年一直位居第二位，2018年开始降为第四位，位于案例式、问题专题式教学法之后，2019—2021年又升至第三位。采用案例式的高校数量在2021年有所增加，提高了约5个百分点，基数较大。见表5-1。

表5-1　2014—2021年北京高校较常使用的教学方法

（2014—2017：n=60，2018：n=55，2019：n=54，2020—2021：n=57）

采用的教学方法	采用该教学方法的高校数量（所）2014/2015/2016/2017/2018/2019/2020/2021	占总样本量的百分比（%）2014/2015/2016/2017/2018/2019/2020/2021	选择系数* 2014/2015/2016/2017/2018/2019/2020/2021
参与互动式	59/57/58/56/53/54/57/54	98.33/95.00/96.67/93.33/96.36/100/100/94.74	1.17/1.23/1.21/1.20/1.22/1.24/1.23/1.22
问题专题式	52/57/51/53/52/50/56/55	86.67/95.00/85.00/88.30/94.54/92.59/98.25/96.49	1.03/1.12/1.07/1.14/1.20/1.14/1.21/1.24
传统讲授式	57/55/53/53/46/48/53/51	95.00/91.67/88.30/88.30/83.64/88.89/92.98/89.47	1.13/1.19/1.11/1.14/1.06/1.10/1.14/1.15
案例式	55/54/50/51/48/45/47/50	91.67/90.00/83.30/85.00/87.27/83.33/82.46/87.72	1.09/1.17/1.05/1.10/1.10/1.03/1.01/1.13
情境体验式	38/38/37/32/32/32/35/31	63.33/63.33/61.70/53.33/58.18/59.26/61.40/54.39	0.75/0.82/0.77/0.69/0.74/0.73/0.76/0.70
研究式	41/22/38/35/30/33/30/25	68.33/36.67/63.30/58.33/54.44/61.11/52.63/43.86	0.81/0.47/0.79/0.75/0.69/0.76/0.65/0.56

注：*选择系数是每项选择次数和平均选择次数的比，平均选择次数为各项总选择次数除以选项总数，选择系数大于1，表示属于使用较多的教学方法。下同。

北京高校最常使用的教学方法同往年一样，依次是传统讲授式、问题专题式、案例式。其中73.68%的高校最常使用的教学方法是传统讲授式，比2020年增加12.28%；14.04%的高校最常使用的教学方法是问题专题式，一直稳居第二，但占比较2020年降低了17.54个百分点；最常使用案例式的高校比例与去年相比有所增加，增长比例为3.51%；最常使用参与互动式这一教学方法的高校数量与2020年持平；最常采用情境体验式的高校数量为1，占比1.75%。见表5-2。可见多数高校最常使用的教学方法仍旧是传统讲授式，少数高校经常使用问题专题式的教学模式，最常使用案例式教学法的高校有所增加，发挥学生主体性的参与互动式更是极个别高校最常用的教学方法。

表5-2　2015—2021年北京高校最常采用的教学方法

（2015—2017：n=60，2018：n=55，2019：n=54，2020—2021：n=57）

最常使用的教学方法	采用该教学方法的高校数量（所）2015/2016/2017/2018/2019/2020/2021	占总样本量的百分比（%）2015/2016/2017/2018/2019/2020/2021
传统讲授式	37/35/30/35/32/35/42	61.67/58.33/50.00/63.64/59.26/61.40/73.68
问题专题式	12/17/15/14/11/18/8	20.00/28.33/25.00/25.45/20.37/31.58/14.04
参与互动式	7/4/8/1/1/2/2	11.67/6.67/13.33/1.82/1.85/3.51/3.51
案例式	3/3/6/5/9/2/4	5.00/5.00/10.00/9.09/16.67/3.51/7.02
研究式	1/1/1/0/0/0/0	1.67/1.67/1.67/0/0/0/0
情境体验式	0/0/0/0/1/0/1	0/0/0/0/1.85/0/1.75
合计	60/60/60/55/54/57/57	100/100/100/100/100/100/100

（二）教学手段运用情况

教学手段是教师为实现预期教学目标，开展教学活动，完成教学任务所使用的媒体或设备等工具。多样化的教学手段可以避免教学过程中的枯燥和单调，先进的教学手段还能提高教学方法的使用效果。报告将目前较为常见的现代化教学手段按信息化程度分为11种：运用多媒体技术进行形象化教学（如在课堂上播放音频视频等）、公共邮箱、QQ群、思政网站、网络教学平台（如Black Board）、微信平台、微课、手机互动软件、MOOC（大规模开放网络在线课程）、网络直播公开课、VR（虚拟现实技术）。图5-3显示，2021年各高校采用多样化教学手段的比例曲线继续出现明显下降趋势，使用5种、6种、7种、9种现代化教学手段的高校比例比2020年少了，运用2种、3种、4种、8种现代化教学手段的学校比例多了。其中运用4种现代化教学手段的高校比例比2020年增加了10.53%，而采用6种现代化教学手段的高校数量与2020年相比大幅减少，降低了约10个百分点，表明2021年北京高校采用多样化教学手段的比例总体上比2020年有一定程度的下降。

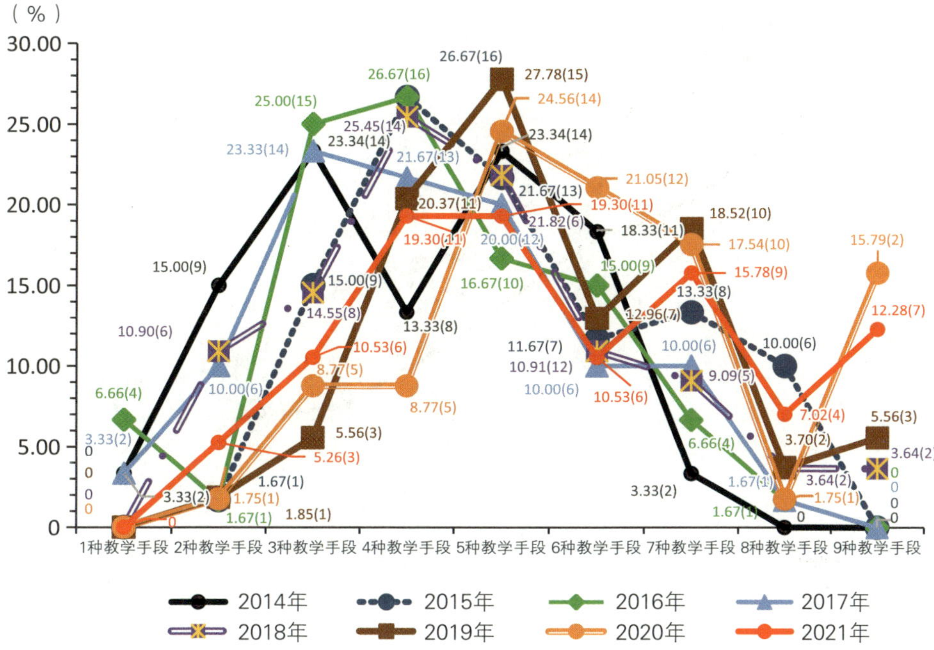

图5-3 2014—2021年各高校采用多样化教学手段的比例

图5-4进一步证明了2021年北京高校采用多样化教学手段的程度比2020年有降低的趋势。其中采用3种及以上现代化教学手段的高校比2020年降低3.51%；采用4种及以上现代化教学手段的高校比2020年下降5.26%；采用5种及以上现代化教学手段的高校比2020年下降15.79%；采用6种及以上现代化教学手段的高校比2020年下降8.78%；采用7种及以上现代化教学手段的高校数量与2020年相同；采用8种及以上现代化教学手段的高校比2020年略有提升，增加了1.76%；采用9种及以上现代化教学手段的高校比2020年增长3.51%。可见采用多种现代化教学手段的高校比例在2021年有所下降。

2021年北京高校使用较多的教学手段比往年增多，依次为多媒体技术形象化教学、微信、慕课、手机互动软件、微课、网络直播公开课，共6种，选择系数均大于1。其中使用多媒体技术进行教学的手段一直以来都位居第一，2021年使用这一教学手段的高校增加了1所，占比为96.49%，与2020年相比增加了1.75%。公共邮箱自2020年起退出较常使用的教学手段行列，微课、思政网站和网络直播公开课逐步成为广大思政课教师的新宠。其中网络直播平台在2019年以前几乎没有高校使用，受新冠肺炎疫

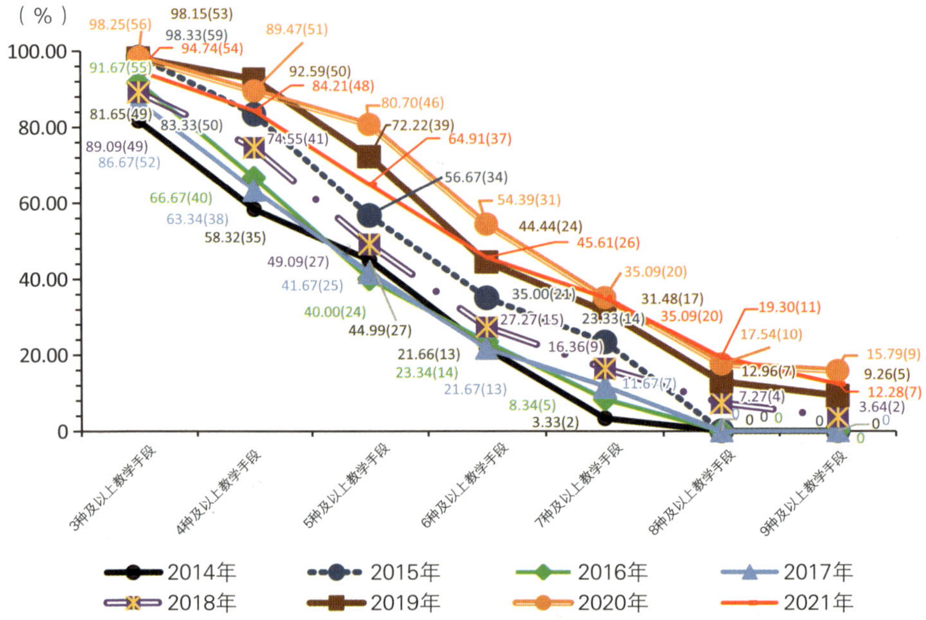

图5-4　2014—2021年北京高校教学手段多样化程度对比情况

情的影响，微课和网络直播公开课这两种教学方式从2020年开始被广泛应用，成为北京高校较常使用的教学手段。2021年使用微课的高校数量为31所，占比54.39%，比2020年下降7.01个百分点；使用网络直播公开课的高校占52.63%，比2020年下降近2个百分点；购买或制作MOOC（大规模网络在线课程）的高校数量逐年递增，2021年较常使用这一教学手段的高校为35所，占比61.40%，较2020年增加了1.75个百分点；使用VR（虚拟现实技术）的高校也增加了4所，较2020年提高了7.01个百分点。表明现代化信息技术手段与思政课教学方法深度融合的速度加快，成效显著。运用微信平台、手机互动软件、公共邮箱、思政网站、微课、网络教学平台、QQ群、网络直播公开课作为教学手段的高校比例有所下降。使用QQ群的高校比例比2020年继续下降10.53个百分点；手机互动软件的应用较2020年降低8.78个百分点；使用思政网站进行教学的高校为47.37%，较2020年降低7.02个百分点；使用网络教学平台的高校比2020年降低8.78个百分点。见表5-3。

表5-3　2014—2021年北京高校较常使用的教学手段

（2014—2017：n=60，2018：n=55，2019：n=54，2020—2021：n=57）

教学手段	采用该教学手段的高校数量（所）2014/2015/2016/2017/2018/2019/2020/2021	占总样本量的百分比（%）2014/2015/2016/2017/2018/2019/2020/2021	选择系数 2014/2015/2016/2017/2018/2019/2020/2021
多媒体形象化教学	54/54/57/56/53/54/54/55	90.00/90.00/95.00/93.33/96.36/100.00/94.74/96.49	1.77/1.99/2.03/1.76/1.63/1.88/1.74/1.88
微信	37/38/48/54/48/50/49/48	61.67/63.33/80.00/90.00/81.71/87.27/85.96/84.21	1.21/1.40/1.71/1.69/1.48/1.74/1.58/1.64
手机互动软件	0/0/5/40/27/35/38/33	0/0/8.33/66.67/49.09/64.81/66.67/57.89	0/0/0.18/1.25/0.83/1.22/1.22/1.13
微课	9/18/22/22/25/21/35/31	15.00/30.00/36.67/36.67/45.45/38.89/61.40/54.39	0.30/0.66/0.78/0.70/0.77/0.73/1.13/1.06
慕课	7/7/11/15/21/30/34/35	11.67/11.67/18.33/25.00/38.18/55.56/59.65/61.40	0.26/0.26/0.39/0.47/0.65/1.04/1.09/1.20
思政网站	33/32/27/25/24/25/31/27	55.00/53.33/45.00/41.67/43.64/46.30/54.39/47.37	1.08/1.18/0.96/0.78/0.74/0.87/1.00/0.93
网络直播公开课	0/0/0/0/0/22/31/30	0/0/0/0/0/40.74/54.39/52.63	0/0/0/0/0/0.77/1.00/1.03
公共邮箱	49/45/41/39/31/39/26/25	81.67/75.00/68.33/65.00/56.36/72.22/45.61/43.86	1.61/0.86/1.66/1.46/1.22/1.36/0.84/0.86
QQ群	32/24/22/19/12/20/19/13	53.33/40.00/36.67/31.67/21.82/37.04/33.34/22.81	1.05/0.89/0.78/0.60/0.37/0.70/0.61/0.45
网络教学平台	23/25/20/17/17/15/19/14	38.33/41.67/33.33/28.33/30.91/27.78/33.34/24.56	0.75/0.92/0.71/0.53/0.52/0.52/0.61/0.48
VR	0/0/0/0/0/5/6/10	0/0/0/0/0/9.26/10.53/17.54	0/0/0/0/0/0.17/0.19/0.34

利用多媒体技术进行形象化教学依然是大多数高校最常使用的教学手段，占70.19%，比2020年增加7.03个百分点；最常使用思政网站和微信进行教学的高校都比2020年增加了3.51个百分点；2021年，最常利用微课和虚拟现实技术进行思政课教学的高校均增加1所，比例为1.75%；最常使用公共邮箱的高校比例逐年降低，比2020年减少5.27个百分点，呈现逐渐淘汰趋势；QQ群、网络教学平台在2021年并未被高校选为最常使用的教学手段。见表5-4。

表5-4 2015—2021年北京高校教学最常使用的教学手段
（2015—2017：n=60，2018：n=55，2019：n=54，2020—2021：n=57）

教学手段	采用该教学手段的高校数量（所）2015/2016/2017/2018/2019/2020/2021	占总样本量的百分比（%）2015/2016/2017/2018/2019/2020/2021
多媒体技术形象化教学	32/29/29/42/37/36/40	53.33/48.33/48.33/76.36/68.52/63.16/70.19
手机互动软件	0/0/1/2/2/7/1	0/0/1.67/3.63/3.70/12.28/1.75
公共邮箱	6/7/5/4/2/4/1	10.00/11.67/8.33/7.27/3.70/7.02/1.75
慕课	1/1/3/2/3/3/4	1.67/1.67/5.00/3.63/5.56/5.27/7.03
网络教学平台	10/11/5/2/2/2/0	16.67/18.33/8.33/3.63/3.70/3.51/0
网络直播公开课	0/0/0/0/3/2/3	0/0/0/0/5.56/3.51/5.26
微信	3/3/10/0/3/1/3	5.00/5.00/16.67/0/5.56/1.75/5.26
QQ群	0/0/1/0/0/1/0	0/0/1.67/0/0/1.75/0
微课	0/0/0/0/0/0/1	0/0/0/0/0/0/1.75
VR	0/0/0/0/0/0/1	0/0/0/0/0/0/1.75
思政网站	8/8/6/2/2/1/3	13.33/13.33/10.00/3.63/3.70/1.75/5.26
合计	60/60/60/55/54/57/57	100/100/100/100/100/100/100

（三）考核方式改革情况

考核方式是考察教学成果的重要环节，具有导向、检验、总结、激励等功能。调查将大学课堂较常使用的考核方式分为7种：根据课堂表现评定学生学习成绩（包括出勤情况和发言情况）；完成课程作业（包括结合所学专业的创作作品、调查报告和课程论文等）；开卷考试；随堂测试；闭卷考试（机考）；闭卷考试（纸考）；以及结合大学期间的表现进行综合考察。2021年北京高校的考核评价方法比2020年更加灵活多样。使用1种、3种、4种、6种考核方式的高校少了，2017年、2018年和2020年采用4种考核方式的高校数量最多，2015年、2016年、2019年、2021年采用5种考核方式的高校最多，且在2021年达到最高值42.11%，比2020年增加了19.31%。采用6种考核方式的高校比2020年减少了5个百分点，采用上述7种考核方式的高校在2021年有所增加，达到最高水平，占8.77%（见图5-5）。

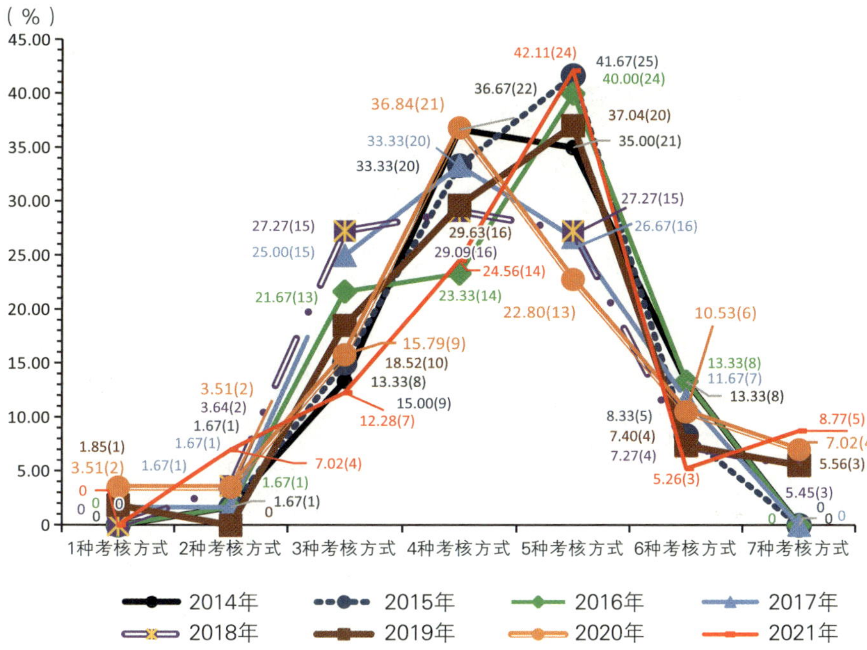

图5-5　2014—2021年北京高校采用多样化考核方式的比例

图5-6进一步证明2021年考核方式的多样化程度总体得到了提高。由于疫情防控的相关要求，部分考核方式可能会受到限制。绝大部分高校（92.98%）都采用了3种及以上的考核方式，与2020年比例持平。采用4种及以上考核方式的高校比2020年提高了3.51%，采用5种及以上考核方式的高校也比2020年增加了15.79%，而采用6种及以上考核方式的高校比2020年减少了3.5%。

表5-5显示，2021年较常使用的考核方式依次是完成课程作业情况、课堂表现、闭卷考试（纸考）、随堂测试四种，选择系数均大于等于1，与2020年相差不大。其中完成课程作业情况、随堂测试这两种考核方式所占比例明显上升，分别上升了5.26个百分点、12.28个百分点，达到100%和73.68%，结合专业的创作作品、调查报告、课程论文等的课程作业在2021年成为被调查的所有高校广泛使用的考察方式；闭卷考试（纸考）所占比例上升了3.51个百分点，达到78.95%；课堂平时考察比例有所下降，但仍是主要考核方式。采用闭卷考试（机考）的高校比例逐年上升，2021年较去年又提高了近2个百分点，占24.56%，越来越多的高校将闭卷考试（机考）作为考核学生的方式之一，无纸化考试既符合信息化发展的趋

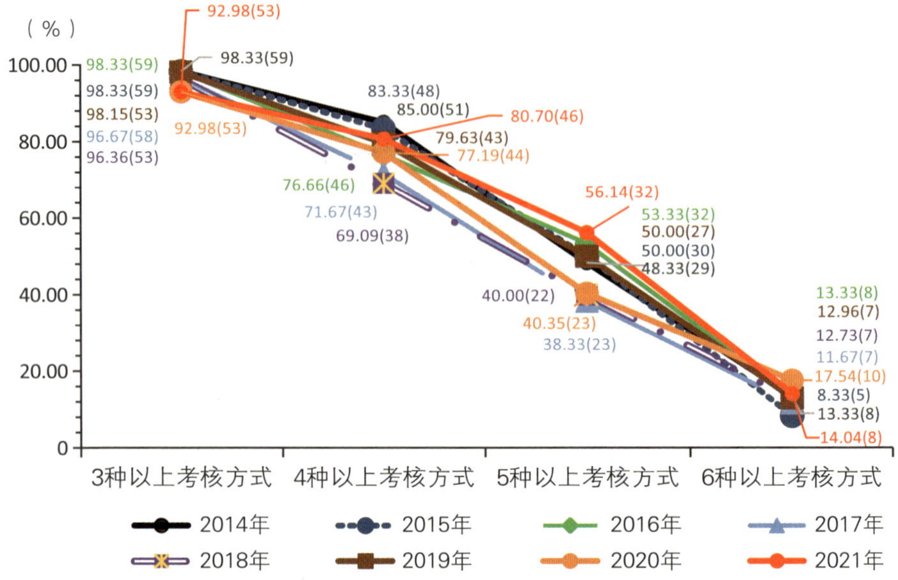

图5-6 2014—2021年北京高校考核方式多样化程度对比情况

势，又符合节约型社会倡导的绿色发展理念，还减少了人力物力的投入，解放了教师的劳动，保证了考核方式的公平有效，受到了高校教师和学生的欢迎，线上考试的方式也适应了新冠肺炎疫情防范的政策要求。

表5-5 2014—2021年北京高校较常采用的考核方式
（2014—2017:n=60，2018:n=55，2019:n=54，2020—2021:n=57）

采用的考核方式	采用该考核方式的高校数量（所）2014/2015/2016/2017/2018/2019/2020/2021	占总样本量的百分比（%）2014/2015/2016/2017/2018/2019/2020/2021	选择系数 2014/2015/2016/2017/2018/2019/2020/2021
根据完成课程作业情况进行考核	59/58/58/58/53/53/54/57	98.33/96.67/96.67/96.67/96.36/98.15/94.74/100	1.33/1.53/1.47/1.59/1.59/1.56/1.55/1.55
根据课堂表现进行考核	59/59/58/56/50/50/52/51	98.33/99.33/96.67/93.3/90.91/92.59/91.23/89.47	1.33/1.55/1.47/1.54/1.50/1.47/1.49/1.38
闭卷考试（纸考）	40/37/45/36/40/39/43/45	66.67/61.67/75.00/60.00/72.73/72.22/75.44/78.95	0.90/0.97/1.14/0.99/1.20/1.15/1.23/1.22
随堂测试	45/41/46/41/38/38/35/42	75.00/68.33/76.67/68.33/69.09/70.37/61.40/73.68	1.02/1.08/1.17/1.13/1.14/1.12/1.00/1.14
开卷考试	49/47/49/48/26/31/30/31	81.67/78.33/81.67/80.00/47.27/57.41/52.63/54.39	1.02/1.24/1.24/1.32/0.78/0.91/0.86/0.84
结合大学期间的表现进行综合考察	14/19/18/12/15/15/17/18	23.33/31.67/30.00/20.00/27.27/27.78/29.82/31.58	0.32/0.50/0.46/0.33/0.46/0.44/0.49/0.49
闭卷考试（机考）	0/2/2/4/11/12/13/14	0.00/3.33/3.33/6.67/20/22.22/22.81/24.56	0/0.05/0.05/0.11/0.34/0.35/0.37/0.38

2021年，半数的高校最常采用的考核方式是闭卷考试（纸考）（50.88%），最常使用根据完成课程作业情况进行考核的高校与2020年相比增加了1.76个百分点，达到26.32%，居第二位；最常使用开卷考试、闭卷考试（机考）的高校比例均有所下降，分别比2020年减少了1.76个百分点、1.75个百分点，为14.03%、3.51%；根据课堂表现进行考核的高校数量与2020年持平，占比5.26%（见表5-6）。

表5-6 2015—2021年北京高校最常采用的考核方式

（2015—2017:n=60，2018:n=55，2019:n=54，2020—2021:n=57）

最常使用的考核方式	采用该考试方式的高校数量（所）2015/2016/2017/2018/2019/2020/2021	占总样本量的百分比（%）2015/2016/2017/2018/2019/2020/2021
闭卷考试（纸考）	15/12/15/17/23/27/29	25.00/20.00/25.00/30.91/42.59/47.37/50.88
根据完成课程作业情况进行考核	18/18/19/20/16/14/15	30.00/30.00/31.67/36.36/29.63/24.56/26.32
开卷考试	23/25/23/8/7/9/8	38.33/41.67/38.33/14.55/12.96/15.79/14.03
根据课堂表现进行考核	3/4/1/4/4/3/3	5.00/6.67/1.67/7.27/7.41/5.26/5.26
闭卷考试（机考）	0/0/0/5/4/3/2	0/0/0/9.09/7.41/5.26/3.51
结合大学期间的表现进行综合考察	1/1/0/1/0/1/0	1.67/1.67/0.00/1.82/0/1.75/0
随堂测试	0/0/2/0/0/0/0	0/0/3.33/0/0/0/0
合计	60/60/60/55/54/57/57	100.00/100.00/100.00/100.00/100.00/100.00/100.00

二、主要成绩

2021年1月19日，北京市教育工作委员会印发了《关于推进北京高校思政课质量保障工程的若干措施》，强调树立重视教学质量的鲜明导向。上半年全面推开“一师一档”建设，为个性化教学诊断奠定了基础。同时通过大规模的巡视暗访，了解了北京部分高校思想政治理论课课堂教学的现状。秋季学期于9月26日召开了北京高校思想政治理论课质量提升工作推进会，打出了质量提升组合拳。

（一）聚焦百年党史教学主题，回应历史三问思想困惑

2021年是我国政治大年，中国共产党迎来百年华诞。习近平总书记在党史学习教育动员大会上发表了重要讲话，强调历史是最好的老师，是最好的营养剂，重温党的百年历史，能够受到党的初心使命、性质宗旨、理想信念的生动教育，为的是明理增信崇德力行。在庆祝中国共产党成立100周年大会上，习近平总书记回顾了中国共产党光辉的百年历程，凝练阐述了建党精神深刻内涵，要求百年大党以史为鉴，继续开创未来。党的十九届六中全会公报和《中共中央关于党的百年奋斗重大成就和历史经验的决议》，提出了“习近平新时代中国特色社会主义思想实现了马克思主义中国化新的飞跃”“两个明确”等重要思想。为贯彻落实党的十九届六中全会精神和习近平总书记上述重要讲话精神，全国上下开展了丰富多彩的“党史学习教育活动”。教育部党组要求教育系统要牢牢掌握党史学习教育的目标导向，通过强化理论武装统一思想，通过传承红色基因统一意志，通过厚植人民情怀统一行动。牢牢把握党史学习教育的实践取向，发挥学校教学主渠道作用，推进党史教育入脑入心。3月29日，北京市教育系统召开“永远跟党走”主题教育活动动员推进大会，全面推进覆盖首都全体师生、贯穿全年的主题教育，组织学生参观“不忘初心、牢记使命”大型主题展览，部署党史学习教育的“大思政课”。以“学”“唱”“讲”“做”四个板块、贯穿全年的17项活动，号召首都师生“学起来”“唱起来”“讲起来”“做起来”，传承红色基因、赓续红色血脉，矢志不渝听党话、跟党走。

首都高校思政课聚焦党史学习教育主题。一是全面开设习近平新时代中国特色社会主义思想概论思想政治理论必修课，将党史学习设计为重点专题和实践主题。北京高校思想政治理论课高精尖创新中心在北京市委教育工委、市教委的大力支持与直接领导下，为全面推开该课程提供了及时周到的工作保障，为授课教师提供了丰富的教学资源。二是将百年党史融入其他各门思政必修课程。各高校思政课教师坚持集体备课制度，集体备课内容聚焦百年党史融入思政课主题，讨论百年党史与各门思想政治理论课教学内容的结合点。特别是在中国近现代史纲要中，充分利用《觉醒年代》等百年党史视频资料进行形象化教学，围绕百年党史主题开展实践教学，布置课程作业。三是通过“四史”类选择性必修课开展党史学习教

育。中国人民大学开设了“中国共产党100年”“社会主义500年”“中华优秀传统文化概论”等关于“四史”教育的思想政治理论选择性必修课，引导全校学生知史爱党、知史爱国，努力成长为担当民族复兴大任的时代新人。四是组建师生党史宣讲团队服务社会，作为党史学习教育的延伸课堂、实践环节。清华大学马克思主义学院成立了“百年百讲”党史学习教育专题宣讲团，集中马克思主义学院优质研究生讲师力量，围绕“百年坚守”“百年探索”“百年传承”“百年奋斗”“百年创新”等专题展开备课，打造精品党史课程，以满足校内外的宣讲需求，服务党史学习教育工作，献礼党的百年华诞。中国人民大学组建了“延河讲师团”，广泛吸纳全校各专业各年级同学参与，贯穿“大中小一体化”，把学党史、悟党史、讲党史、用党史深度融入教育教学主渠道、课内课外全频道、社会服务大熔炉；博士生宣讲团发起了“弘扬时代理论，迎接建党百年”系列宣讲实践活动。

采用问题专题式、案例式教学法解答百年党史困惑。在北京高校思政课教学较常使用的教学方法中，问题专题式教学法2014年以来一直是北京高校思想政治理论课较常使用的教学方法，使用该教学方法的高校七年来平均比例超90%，2014年选择系数排在第四位，2017年以后随着思政课教师问题意识的不断增强开始备受重视，逐渐超过案例式、传统讲授式跃至第二位，2021年超过参与互动式首次跃居第一位。采用案例式的高校数量也有所增加，比2020年提高约5个百分点，是近三分之一高校最常使用的教学方法。在2021年9月26日召开的北京高校思想政治理论课质量提升工作推进会上，四名优秀教师进行了经验交流，分享了自己在教学改革探索中的成功经验。中央财经大学马克思主义学院冯秀军教授分享了问题链教学改革成果，认为问题是讲好思政课的法宝，是挖掘理论深度的契机，顺着问题探索答案，能够让思政课从告知结论的思想灌输升华为价值引导，告别独白式、演讲式、填鸭式、散打式、盲打式、剧透式。问题链教学法需要坚持三个导向：目标导向，要聚焦主题和重点；问题导向，解答问题是教学线索；过程导向，抓住问题逻辑开展教学。那么，2021年作为党史学习教育的大年，思政课百年党史主题要解答的思想困惑主要围绕三个“为什么”，即“中国共产党为什么能？”“社会主义为什么好？”“马克思主义为什么行？”通过问题式、案例式教学法的应用，思政课教师引导大学生从百年党史中找到了清醒的答案，正如习近平总书记回答的那样："中国共产党为什么能，中国特色社会主义为什么好，归根到底是因为马克思主义行！"①马克思主义之所以行，是因为它秉承"为全人类彻底解放"的初心，胸怀"人的自由全面发展"的使命，追求自由人联合体的共产主义理想，而且找到了践行马克思主义学说初心、使命和理想的实现路径，那就是马克思和恩格斯共同创立的新唯物主义哲学，也就是两位经典作家在《德意志意识形态》中称为实践唯物主义的辩证唯物主义。

（二）用京华大地生动实践打开"大思政课"，拉近理论现实距离

"大思政课"改革是扩展思想政治理论课的教学效果空间的重要抓手。2021年3月，习近平总书记看望参加全国政协会议的医药卫生界、教育界委员时，对讲好抗疫等"大思政课"表示高度赞许，强调"思政课不仅应该在课堂上讲，也应该在社会生活中来讲"，"'大思政课'我们要善用之，一定要跟现实结合起来。上思政课不能拿着文件宣读，没有生命、干巴巴的"。建设"大思政课"，调动各种资源用于思想政治理论课建设，把思政小课堂与社会大课堂相结合，突出实践教学，把生动鲜活的事件引入课堂教学，将课堂设在生产劳动和社会劳动一线，也是2021年高等学校思想政治理论课建设新标准的一个重要指标。

北京发挥首都资源优势，善用可视化教材上好党史学习教育"大思政课"。北京市高精尖思想政治理论课创新中心提供了多种"习近平新时代中国特色社会主义思想"在京华大地的生动实践教学案例，为各高校思想政治理论课教师提供了教学手册、视频资料，采用参与互动式教学法组织学生分组讨论，走上讲台分享对首善之区建设成就的认识，为首都建设出谋划策，并在京华大地生动实践案例的启发下，结合行业院校的实际问题自行设计丰富多彩的实践主题。青年大学生主题诗咏会、大剧院里的思政课、电影中的党史大课等"光影思政课"上得有声有色；亲人讲"四史"、校史中的党史、学科中的党史上得有形有效，使党史学出了专业性和时尚感。

首都教育系统与社会联动，支持鼓励学生参与"服务保障庆祝建党100周年重大活动"和"北京冬奥会、冬残奥会志愿服务"等社会大课堂。3万余名师生直接参与庆祝大会、文艺演出、"七一勋章"颁授仪式

① 习近平：《在庆祝中国共产党成立100周年大会上的讲话》，《人民日报》2021年7月2日，第2版。

等庆祝中国共产党成立100周年的一系列活动，在服务保障中上了一堂最生动的“大思政课”，感受到了直接的激励鞭策，接受到了深刻的教育洗礼，收获了丰硕的精神财富。北京师范大学为了把红色资源利用好、把红色传统发扬好、把红色基因传承好，组织了“辅导员开讲啦”、清明红色祭扫、“百人诵百年”朗读者等活动，引导大学生担起新时代教育强国的历史使命。北京体育大学在香山革命纪念馆挂牌开辟了第五块红色教育实践基地和党员干部党史学习教育基地，组织马克思主义理论专业学生参加志愿讲解员培训活动。中国农业大学以决胜脱贫攻坚战的生动故事讲好“大思政课”，通过精心部署、丰富内涵、媒体宣传，确保脱贫攻坚“大思政课”的深度、厚度、高度和广度。

随着“大思政课”的多样化探索，考核方式也发生了相应变化。采用4种及以上考核方式的高校比2020年提高了3.51%，采用5种及以上考核方式的高校也比2020年增加了15.79%。完成课程作业情况、随堂测试这两种考核方式所占比例明显上升，分别上升了5.26个百分点、12.28个百分点，达到100%和73.68%，结合专业的创作作品、调查报告、课程论文等的课程作业在2021年成为被调查的所有高校广泛使用的考核方式；受疫情影响，采用闭卷考试（机考）的高校比例逐年上升，2021年较去年又提高了近2个百分点，占24.56%，闭卷考试（纸考）所占比例也上升近4个百分点，达到78.95%。

（三）用现代化信息技术助力思政大课，释放传播规模效应

在教学手段改革方面，连续8年的调查数据显示，北京高校思想政治理论课的信息化水平发展十分迅猛。8年来采用多媒体技术进行形象化教学的高校一直位居第一（占90%以上），2021年使用这一教学手段的高校达到96.49%，比2020年增加1.75%，依然是大多数高校最常使用的教学手段（占70.19%），比2020年增加7个百分点。更为可喜的是，使用VR（虚拟现实技术）的高校增加4所，也比2020年提高7个百分点。使用微信的高校比8年前上升了近30个百分点，最常使用微信的高校也比2020年增加了3.51%。使用手机互动教学软件的高校从8年前的0提高到57.89%。采用网络直播公开课的高校仍保持在半数以上。采用闭卷考试（机考）考核方式的高校也保持在五分之一水平。北京市委教育工作委员会精心组织的“名师大家讲党史”“百万师生同上一堂党史课”“百万师生网络歌咏比赛”等线上思政

课和思政活动上得有滋有味，累计播放总量超过180万人次，打通了课程主渠道、思想宣传主阵地、网络空间主平台，发挥了思政传播的规模效应。

三、主要问题和对策

（一）推进思政课质量提升工程，打赢思政课质量攻坚战

在2021年9月26日召开的北京高校思政课质量提升工作推进会上，北京市委教育工作委员会领导播放了现场巡视暗访的视频，指出了课堂教学中存在的问题，例如教师简单画重点、学生讲思政课流于形式、课堂规范管理不够严格等个别现象。本年度问卷调查发现存在的问题有以下几个方面：一是教学方法多样化程度有所降低。采用4类及以上教学方法的高校比2020年降低5个百分点，采用5类及以上教学方法的高校比2020年减少14.03%；采用6类及以上教学方法的高校比2020年降低8.78%。二是使用教学主体性强的教学方法的高校比例有所回落。采用学生讨论、辩论、参与互动式教学方法的高校比例从第一位降为第二位。73.68%的高校最常使用的教学方法是传统讲授式，比2020年增加12.28%；14.04%的高校最常使用的教学方法是问题专题式，以往一直稳居第二位，但2021年比2020年降低了17个百分点。在教学方法改革面临的问题中，最大的问题仍是学生的参与度有待提高，互动性有待增强（占77.19%），尽管与其他五年相比有所降低，但仍是绝大多数高校面临的问题，参与互动式仅是极个别高校最常用的教学方法，一方面与师生比大、课堂规模大有关，另一方面还与未充分应用手机互动软件有关。三是使用现代化教学手段的多样化程度有明显下降趋势。使用5种及以上现代化教学手段的高校比例比2020年少了，运用4种以下现代化教学手段的学校比例多了。使用微课的高校比2020年下降7个百分点，使用网络教学平台、手机互动软件的高校比例分别下降8.78%、8.78%。38.60%的高校认为现代化信息技术利用得不够充分是教学方法改革面临的问题，比2020年增加7个百分点。尽管新冠肺炎疫情推动线上教学飞跃式发展，使面临这一问题的高校比例呈现下降趋势，但仍是超过三分之一的高校未解决的问题。其中运用思政课网站的高校还未过半（占47.37%），使用网络教学平台的高校仅占24.56%，师生上课使用手机进行参与互动的高校占57.89%，仍有大约40%的高校采取既不收手机，也不用手机上课的状态，这为上课玩手机提供了机会。四是教学内容和考核

方式与学生的专业背景和兴趣爱好结合得不够紧密。64.91%的高校认为这是教学方法改革面临的主要问题。这与思政课教师不够了解教学对象的行业特点、专业特点有关，也和缺少结合行业专业实际开发的案例库有关。此外，仍有近四分之一的高校尚未形成具有本校特色的完整的思政课教学模式或教学方法体系，尚未探索出更加公平有效客观的考核方式，是思政课改革面临的主要问题（见图5-7）。

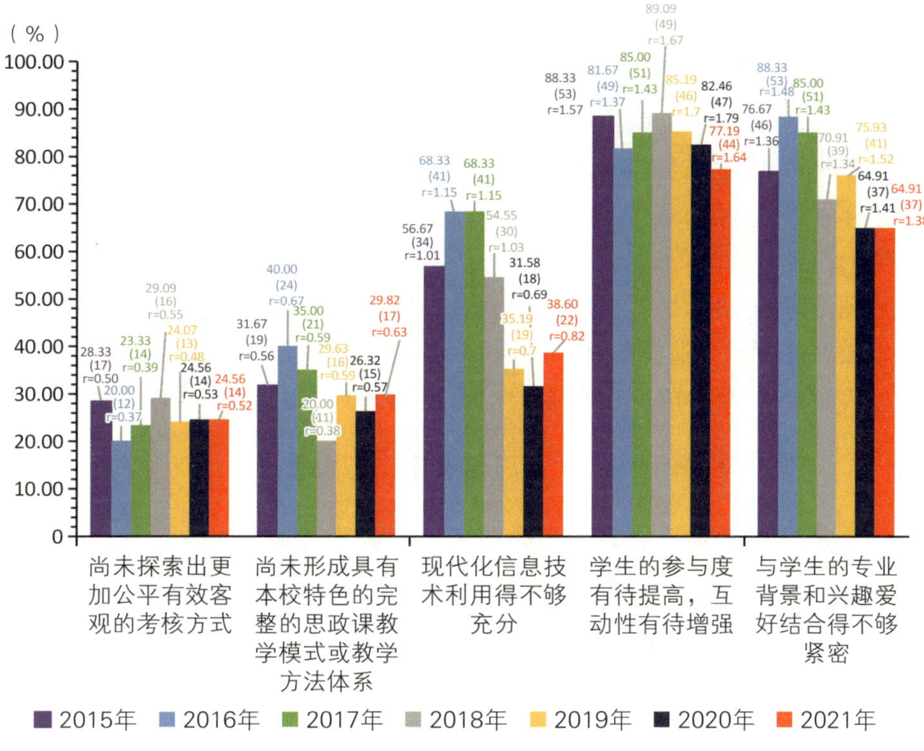

图5-7 北京高校思想政治理论课教学方法手段有待改进的问题

注：r为选择系数，即每项选择次数和平均选择次数的比，平均选择次数为各项总选择次数除以选项总数，选择系数大于1表示该项是较为普遍的问题。

上述问题直接导致思想政治理论课针对性、亲和力的下降，是阻碍思想政治理论课的教学质量提升的瓶颈问题。不符合教育部2021年11月30日印发的《高等学校思想政治理论课建设标准（2021年本）》的要求。文件要求要坚持“八个相统一”，深化思想政治理论课改革创新，积极探索教学方法改革、优化教学手段，不断增强思想政治理论课的思想性、理论性和亲和力、针对性。在2021年秋季召开的北京高校思政课质量提升工作推进会上，北京市委教育工委领导强调，2021年北京高校思想政治理论课建设将进入质量提升阶段，要求各高校把思想政治理论课的改革重心转移到质量提升上来，用首善标准守好铸魂育人主渠道，加强思想政治理论课教师的政治素养、教学能力的培养，加强思想政治理论课案例库、问题库建设，完善思想政治理论课教学评价体系，引导教师讲出思想政治理论课的理论性，调动大学生的主体性，提升思想政治理论课的价值引领能力。各高校应召开学校思想政治理论课质量保障推进会，根据教育教学质量监控规律制定思想政治理论课质量保障工程的实施方案，落实“一师一档”制度，打赢思想政治理论课质量攻坚战。要提高思想政治理论课的亲和力，必须告别传统讲授式教学法，提高教学方法多样化程度，用活案例式教学法，采用参与互动式等主体性强的教学方法；运用图片、视频等形象化教学资料、虚拟仿真等现代化信息技术活灵活现地呈现思政内容。要提高思想政治理论课的针对性，就要把思政课程和专业思政、课程思政结合起来，加强思政课教师和专业课教师的沟通联系，通过学习借鉴和团队同向同行，让思政课程讲出专业情，让专业课程讲出思政味儿，实现横向协同育人。

（二）用好历史鲜活素材，让思政课讲出历史智慧

历史是孕育文明、积淀文化的温床，蕴藏着未来发展的智慧，是思想政治理论课以文化人、以史育人的重要教学资源，值得深入挖掘充分利用。高校思想政治理论课对这一教学主题的挖掘还处于初步阶段，存在研究不全面不透彻、利用不充分的问题，对于中国共产党为什么能，社会主义为什么好，马克思主义为什么行，历史三问的回答还缺乏说服力。特别是中国共产党带领中国人民进行的百年奋斗历史，蕴藏着马克思主义政党成功的各种经验密码，包括思想密码、制度密码、组织密码、实践密码、文化密码、作风密码、情感密码、意志密码等，思政课教师关于这些历史之问尚未完全破解。对于党的百年历史在各自行业、专业方面的体现缺乏梳理和反思，党领导下的特色行业史、专业发展史还是思想政治理论课教育资源范围中的盲区或盲点。对这些历史课题不进行一番深入的研究，得不到有说服力的解答，直接影响思想政治理论课的思想性、理论性、亲和力和针对性。

要用好历史鲜活素材，讲好思想政治理论课。首先要正确认识党史学

习教育对于思想政治理论课的长远意义，不能把党史学习教育看作一过性的活动或运动，而要看作常态化、制度化的集体备课内容，把百年党史作为思想政治理论课的宝贵资源进行深挖掘、深加工。其次要加强理论研究，提供课题立项支持，正确解答中国共产党为什么能，社会主义为什么好，马克思主义为什么行，并将研究成果快速转化到思想政治理论课教学中，提升思想政治理论课的思想性、理论性、针对性。最后要在开设“四史”选择性必修课的基础上，梳理党领导各条战线的行业发展史、专业发展史。特色行业史和专业发展史是体现党的领导百年历程的一个透视窗口，是提高思想政治理论课针对性和亲和力的重要抓手。各高等院校应结合学校、学院的行业、专业实际，开设行业文化史、专业发展史，引导大学生了解自身行业文化史、专业发展史，了解党领导各项事业取得的伟大成就，增强永远跟党走的信任和信心，树立行业精神、专业精神，坚定行业理想和专业理想，真正达到学史明理、学史增信、学史崇德力行的目的。

（三）用好现实教科书，让“大思政课”更接地气

尽管北京高校的“大思政课”改革取得较大成绩，但毕竟处于开局阶段、探索初期，大思政格局尚未全面打开。从教育学、传播学的理论看，主要存在以下不足：一是“大思政课”的场域尚未完全打开，社会实践大课堂利用得不够充分。以往的思想政治理论课实践教学大多囿于教室小课堂，以实践报告展示为主，而所谓的实践报告可能只是通过上网查资料完成的，学生根本没有走出思政小课堂，来到田间地头、工厂车间、社区街道等广阔的社会实践一线，来到丰富多彩的社会生活中间。这道多年来一直挡在思想政治理论课实践教学面前，让高校师生走不出去的屏障，是多方面原因造成的，既有经费预算的困难，也有人身安全的顾虑，还有人数规模过大组织困难的问题，2020年以后又存在疫情防控政策的限制，此外，一些博物馆、档案馆、爱国主义教育基地大中小学生免费开放度不高，校外协同联动复杂性高、难度大，相关部门配合支持不够给力，也是一个重要原因。二是“大思政课”的教学主体还比较单一，导致传播过程的信源不够多元。很多思政内容如果邀请案例的主人公、当事人、旁观者、参与者亲口讲授，感染力更强。一些思政课教师在授课过程中提及的某些领域的教学案例，不如行业专家亲口讲授更有说服力、吸引力。三是“大思政课”的呈现方式和传播手段不够现代，造成传播过程的信道老化

和狭窄。新媒体时代抖音、快手、B站、今日头条等网络平台已成为现代人离不开的精神快餐获取途径，但多以衣食住行内容为主，思想政治理论课并未充分利用这些现代化信息技术。上述问题导致“大思政课”仍未彻底解决思想政治理论教育和实践两张皮的尴尬现象，难免给人以干瘪枯燥的印象。上述问题限制了思想政治理论课的亲和力、针对性，从而影响了思想政治理论课的实效性。

思想政治理论课要增强亲和力和针对性，必须结合现实，密切联系社会生活实际开展教学。2018年以来的经验表明，党庆、国庆等重要纪念活动，改革开放40周年、抗击疫情、脱贫攻坚等重大历史事件，以及举办奥运会等重大服务活动，都为思想政治理论课提供了丰富的实践资源，能够起到纸质教科书和理论说教做不到的教学效果。用好社会生活大课堂和现实这本大教材，是理论联系实际的要求，是开展案例式教学、加强实践教学的需要。2021年中国共产党百年华诞，2022年北京冬奥会备战服务，作为习近平新时代中国特色社会主义思想在祖国大地和京华大地上的生动实践，是思想政治理论课最有力的教学资源，各高校应抓住上述历史时机对大学生开展生动的“大思政课”教学。思想政治理论课教师要备好现实这本大教科书，引导大学生关心首都“四个中心”功能建设，在火热的实践大课堂中做认真的倾听者和积极的主人公，在身边的实践中厘清中国共产党领导革命建立新中国、建设中国特色社会主义的实践逻辑，检验马克思主义的真理性、中国特色社会主义理论的正确性、制度优越性和道路的正确性，培养家国情怀和报国志向。

各高校要加大“大思政课”的改革力度，大胆探索具有鲜明学校特色、行业特色的“大思政课”模式，以习近平新时代中国特色社会主义思想概论为范本，打造“大思政课”精品，是今后高校思想政治理论课改革创新的重点任务。一要拓展“大思政课”教学主体。组建以思想政治理论课教师为主、社会广泛参与的“大思政课”团队，建立“大思政课”教学师资库，邀请国家党政机关干部、地方领导、学校党政干部、行业精英、社会楷模、学术大师等优秀人才走进“大思政课”讲堂，加入“大思政课”师资队伍。二要拓展“大思政课”场域。打造“大思政课”教育中心，作为“大思政课”建设的平台和载体，成为引导大学生“听党话跟党走”的教育基地、大学生党员受教育受洗礼的精神家园、习近平新时代中国特色社会主义思想研究和宣传的权威阵地、“大思政课”创新的示范高地。结合校史和专业特色开设“大思政课”展览，全方位、全景展示党领导下的教育事业和行业发展伟大历程。将思想政治理论课堂从线下扩展到云端，从教室小课堂扩展到社会实践大课堂，把“大思政课”课堂搬到田间地头、工厂车间、服务窗口、训练场上、博物馆里、展览馆中，组织好习近平新时代中国特色社会主义思想在中华大地特别是在行业领域的生动实践。三要创新“大思政课”呈现方式。主讲人在演播室或者实践教学现场以串讲直播为主要方式，通过讲授、讨论、访谈、互动等多种形式，展现与主题相对应的细节故事、历史照片、实物画面、旁证采访等内容，做到以故事感人、以情动人、以理服人。四要加快“大思政课”传播速度。开辟“大思政课”网络频道，运用新媒体技术，将“大思政课”精彩片段制作成抖音、快手、B站、今日头条等作品，或翻译成英文字幕推送到国外网络平台。讲好中国共产党百年光辉历史，揭示中国共产党为什么能，社会主义为什么好，马克思主义为什么行。

第六章

社会实践

思政课实践教学是高校立德树人的重要途径，它坚持理论性和实践性相统一的原则，兼具课程育人和实践育人的双重功能，充分体现了“思政课程”和“课程思政”的同向同行，因而成为高等院校必须积极探索的思政育人模式。

2021年全国“两会”期间，习近平总书记在看望参加全国政协会议的医药卫生界、教育界委员时指出：“思政课不仅应该在课堂上讲，也应该在社会生活中来讲。”“‘大思政课’我们要善用之，一定要跟现实结合起来。”这为我们进一步推动思政课改革创新指明了方向。马克思主义认识论认为，实践是检验真理的唯一标准。党的二十大报告也指出，“实践告诉我们，中国共产党为什么能，中国特色社会主义为什么好，归根到底是马克思主义行，是中国化时代化的马克思主义行。拥有马克思主义科学理论指导是我们党坚定信仰信念、把握历史主动的根本所在”。要把思政小课堂同社会大课堂结合起来，不断探索思想政治理论课实践育人的长效机制，推动实践教学往深里走、往实里走、往心里走。一方面，实践教学要进行深入的调研，向学生生动展示当前形势下的世情、国情、党情，帮助学生深入理解马克思主义基本原理与马克思主义中国化的最新理论成果，引导青年学生立足“两个大局”，胸怀“国之大者”，坚定捍卫“两个确立”，坚决做到“两个维护”；另一方面，实践教学要促进学生的全面发展，让青年学生在亲身参与中锤炼品格、增长才干、奉献社会，成长为德智体美劳全面发展的社会主义合格建设者和可靠接班人。

本报告集中梳理总结了2021年度北京高校思政课社会实践的开展情况，需要说明的是，本报告中作为研究对象的“社会实践”，指的是按照教育部相关文件设置的、有正式学时和学分要求的、作为思政课教学有机组成部分的学生社会实践。本报告所依据的数据和资料，主要来自课题组对包括部属高校、市属本科高校及高职（专科）院校在内的北京市57所高校所进行的调查问卷、部分院校2021年度思政课社会实践工作情况介绍和中共北京市委教育工作委员会相关文件、通知等。

一、数据展示与解读

（一）本科生社会实践

在调研取样的57所高校中，一流大学建设高校8所、一流学科建设高校24所、非双一流建设高校25所。57所参加调研高校中有马克思主义理论学科点高校共计37所，其中马克思主义理论一级学科博士点高校15所、一级学科硕士点高校21所、二级学科硕士点高校1所，无学科点高校20所。其中，双一流建设高校开展本科生思政课社会实践的有29所，占比90.63%，非双一流建设高校开展本科生思政课社会实践的有22所，占比88.00%。如图6-1和图6-2所示。

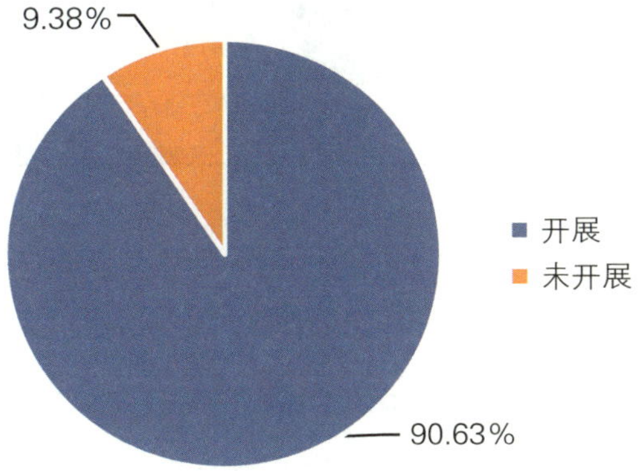

图6-1　双一流建设高校开展本科生思政课社会实践的分布情况

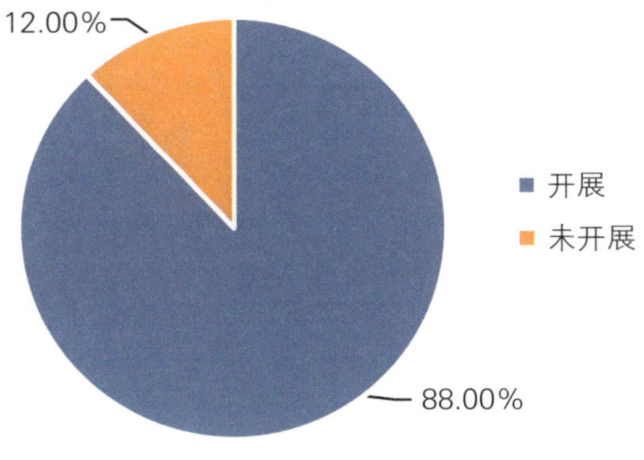

图6-2　非双一流建设高校开展本科生思政课社会实践的分布情况

1. 本科生社会实践的学分、学时

开展本科生思政课社会实践的高校中，社会实践学分的设定情况不一。其中，规定学分最高的为36学分，2学分的居多，也有部分高校没有规定相应学分。具体学分设置情况如图6-3所示。

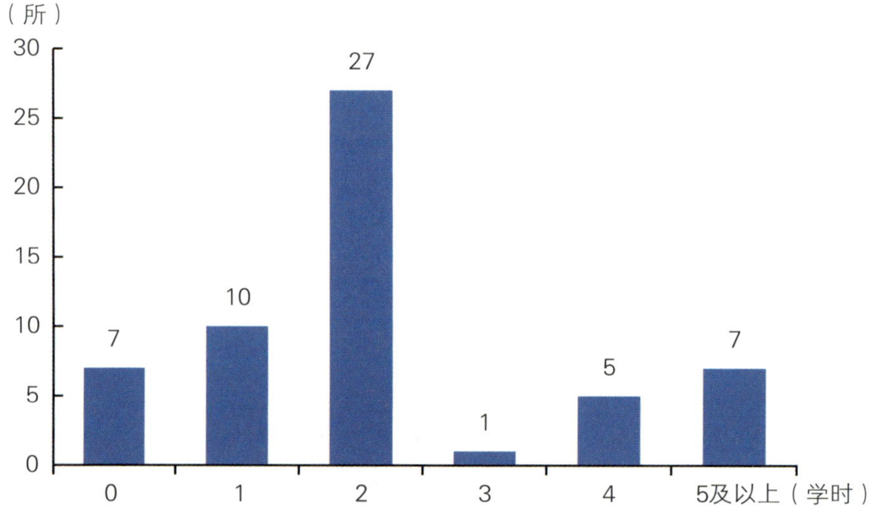

图6-3 各高校开展本科生思政课社会实践学分情况

在思政课社会实践学时设置方面，实际学时为0—35学时的高校有41所，36—71学时的高校有12所，72—107学时的高校有1所，108学时及以上有3所。如图6-4所示。

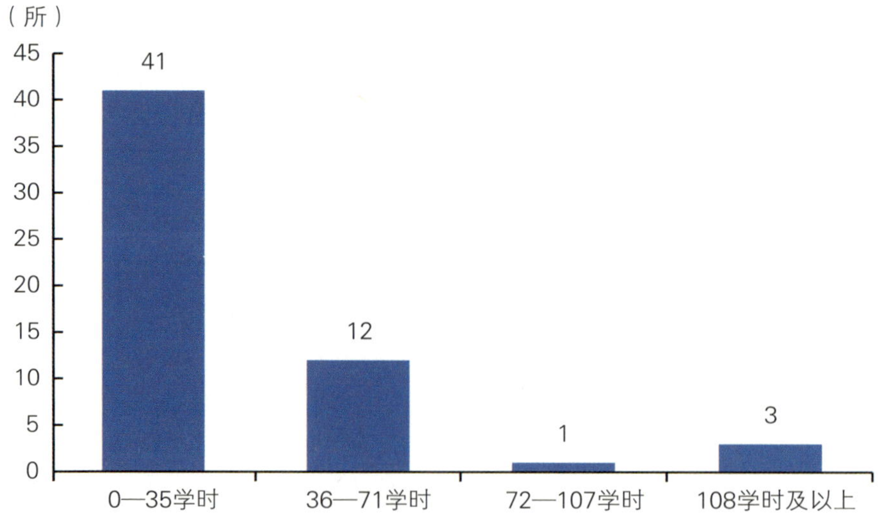

图6-4 各高校开展本科生思政课社会实践学时情况

教育部印发的《高等学校思想政治理论课建设标准》以及《新时代高校思想政治理论课教学工作基本要求》中明确规定，思想政治理论课的实践教学占2学分比重。通过此次调研发现，绝大多数高校能够按照相关要求，保障社会实践的学分和学时，但也存在个别高校没有设置学分或学分、学时不足的情况，需要进一步按照文件要求改进课程实施方案。

2. 本科生社会实践的时间

在参与调研的高校中，开展本科生思政课社会实践的时间不尽相同。38所高校安排在暑假进行，22所高校安排在寒假进行，安排在学期内业余时间的有45所。如图6–5所示。其中，9所高校选择单一固定时间段（暑假）来开展社会实践活动，46所高校则会在寒暑假以及学期内的业余时间持续开展社会实践活动，时间比较灵活。

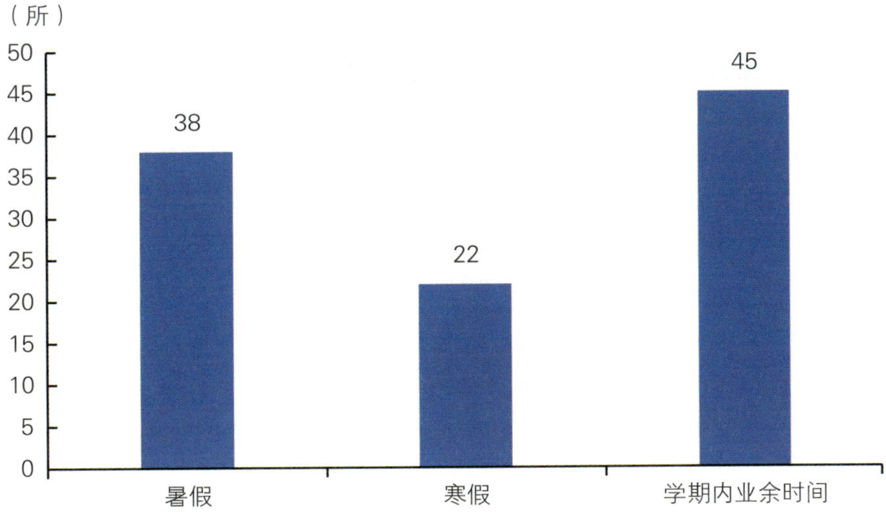

图6–5　各高校开展本科生思政课社会实践的时间安排情况

3. 本科生社会实践的活动形式

在参与调研的高校中，本科生思政课社会实践开展的形式丰富多彩。总体而言，选择社会考察/调查形式的最多，有54所，选择志愿服务形式的有36所，选择支教形式的有19所，其他形式的有11所。如图6–6所示。究其原因，之所以选择社会考察/调查形式的最多，笔者认为这与高校思政课社会实践强调的预期成果有关。高校思政课社会实践的开设目的更多是希望学生通过亲身实践，围绕某一问题得出较为深刻的理论分析成果，撰写出一份理论和实践相结合的调研报告，这与传统的体验式、志愿服务式社会实践不同。此外，受疫情因素的影响，本年度社会实践开展方式灵活多样，部分高校灵活采用“专题文献综述研究”“经典著作研读”“大学生讲思政课展示活动”的形式进行。

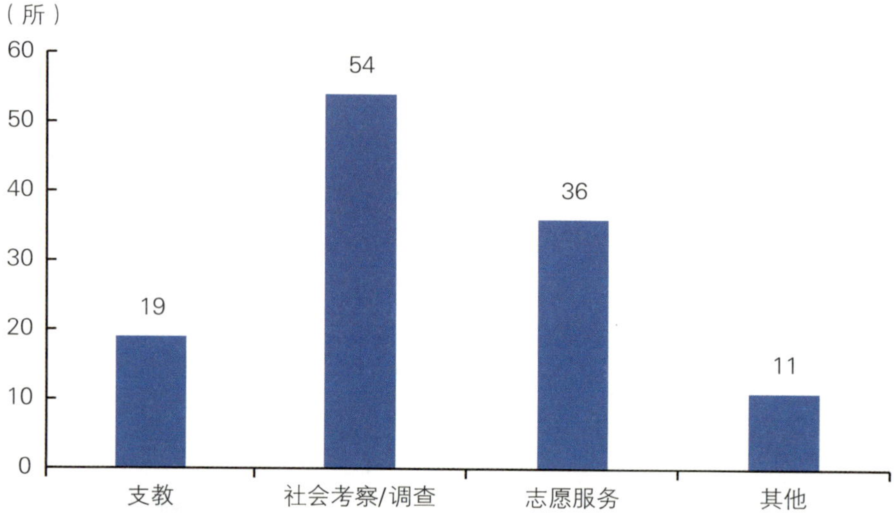

图6-6　各高校开展本科生思政课社会实践的形式情况

以上主要是校外实践，思政课社会实践也有一些是采取助教、助研、助管方式在校内展开的。通过调查发现，校内实践活动中，参与助教的人数最多，占比46.63%；其次是助管，占比46.53%；最少的是助研，占比6.84%。如图6-7所示。

设置思想政治理论课“三助”岗位，一方面有助于学生更为直接和具体地了解思政课教学科研情况；另一方面也能借此获取一部分生活补助。由于现在各高校思政课专任教师普遍存在数量不足的情况，因此，为更好地完成教学、科研任务，设置一些“三助”岗位，成为各高校普遍采用的一种做法。

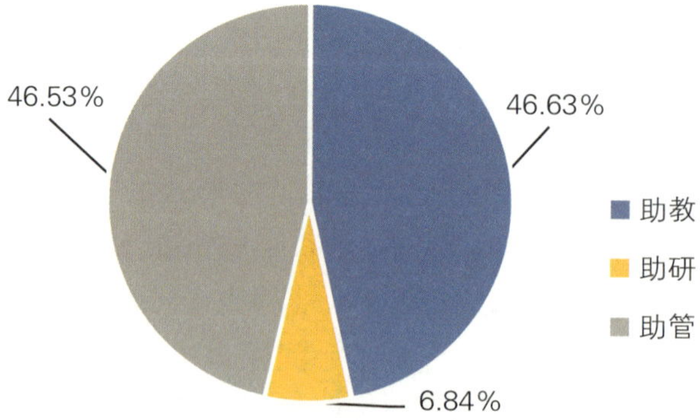

图6-7　本科生“三助”的分布情况

4. 本科生社会实践的组织方式

调查显示，在本科生思政课社会实践组织形式方面，多数高校采取的是集体组织与自主实践相结合的方式，占比78.95%，单一选择集体组织的占比12.28%，单一选择自主实践的占比8.77%。如图6-8所示。与2020年相比，单一采取集体组织的比例有所上升，单一选择自主实践的比例有所下降（2020年，高校单一选择集体组织的占比9.81%，单一选择自主实践的占比11.76%），这说明高校思政课社会实践的专业化、组织化程度和学校给予的支持和保障力度都有所提升。

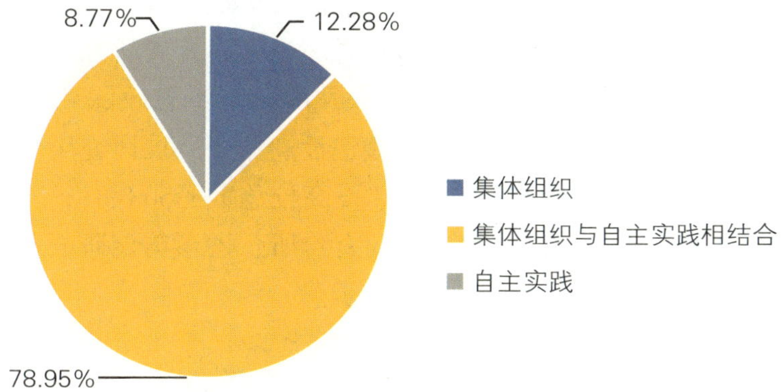

图6-8 各高校开展本科生思政课社会实践的组织形式分布情况

5. 本科生社会实践的参与人数

从本科生四门思政课社会实践参与人数来看，人数由高到低分别为“概论”“基础”“纲要”“原理”课程，人数分别为88649人、74209人、70849人、67672人，占比分别为29.41%、24.62%、23.51%、22.45%。如图6-9所示。之所以呈现出这种分布状态，与课程内容直接相关。“基

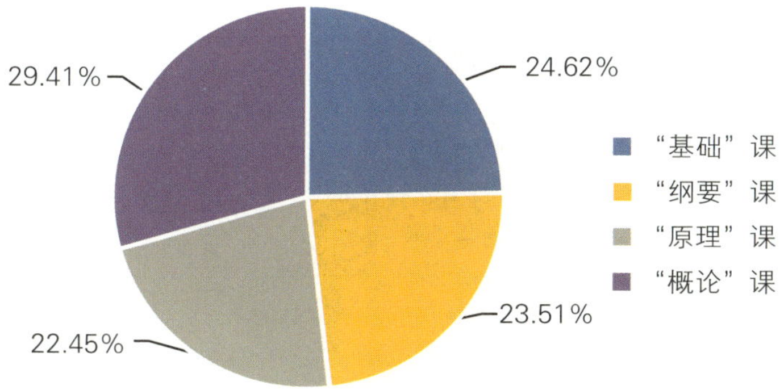

图6-9 各高校本科生思政课各门课程社会实践参与人数分布情况

础”课、“概论”课讲授内容更加贴近学生实际和当下社会发展实际；“原理”课侧重于马克思主义的基本理论，“纲要”课主要是通过讲授中国近现代历史进而揭示历史发展和选择的必然性，这两门课程与学生日常生活和社会发展现实稍有距离。因此，各学校在设置思想政治理论课课程实践教学环节时，更倾向于在“基础”和“概论”课程中配合课堂教学来进行课外延伸。

（二）研究生社会实践

相比高校开展的本科生思政课社会实践而言，研究生思政课社会实践的开展稍显不足。在所抽样的57所高校中，开展研究生思政课社会实践的高校仅有27所，占比47.37%；未开展研究生思政课社会实践的高校有30所，占比52.63%。其中，双一流建设高校中开展研究生思政课社会实践的有16所，占参与调研的双一流建设高校总数的50.00%；非双一流建设高校中开展研究生思政课社会实践的有11所，占参与调研的北京市属高校总数的44.00%。如图6-10和图6-11所示。

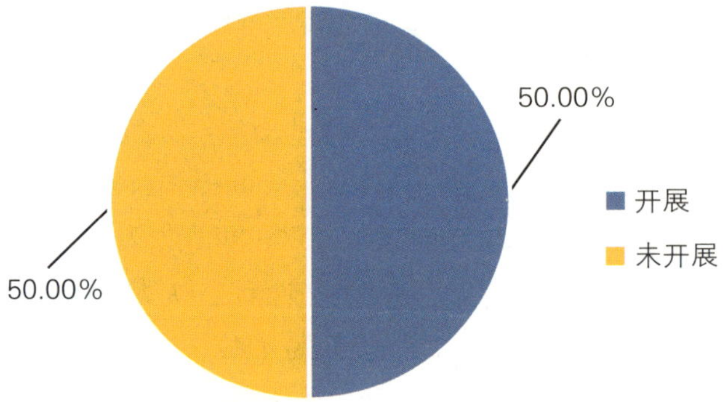

图6-10　双一流建设高校开展研究生思政课社会实践的分布情况

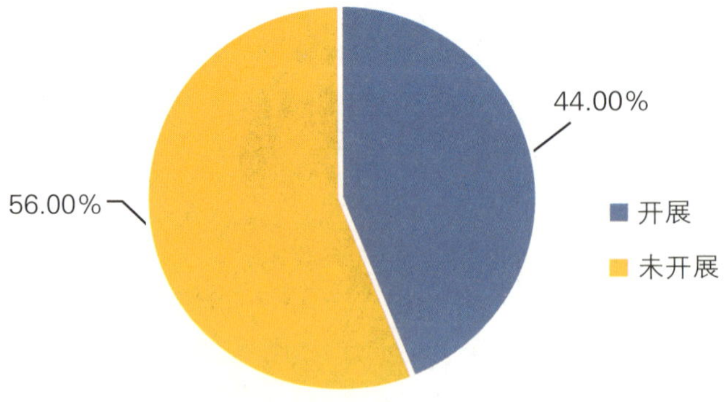

图6-11　非双一流建设高校开展研究生思政课社会实践的分布情况

1. 研究生社会实践的学分、学时

调查显示，在27所开展研究生思政课社会实践的高校中，规定学分的有12所，其中规定2学分及以上的有4所，规定1学分的有8所，另外15所高校没有学分规定。如图6-12所示。

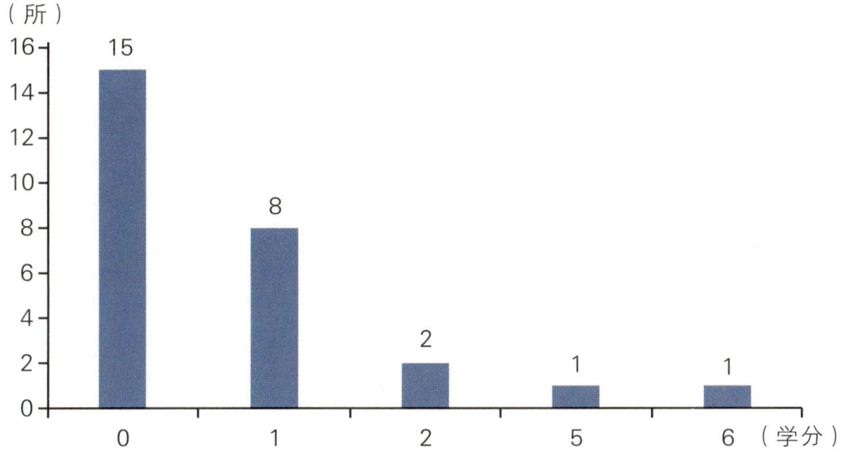

图6-12 各高校开展研究生思政课社会实践学分情况

在学时设置方面，设置计划学时最高的高校为96学时，最少的为1学时；实际学时最高的为96学时，最少的为1学时。如图6-13所示。无论在学分还是学时的设置上，研究生思政课社会实践与本科生思政课社会实践的开展情况都存在较大的差距，各个高校之间的差异也十分明显，这说明

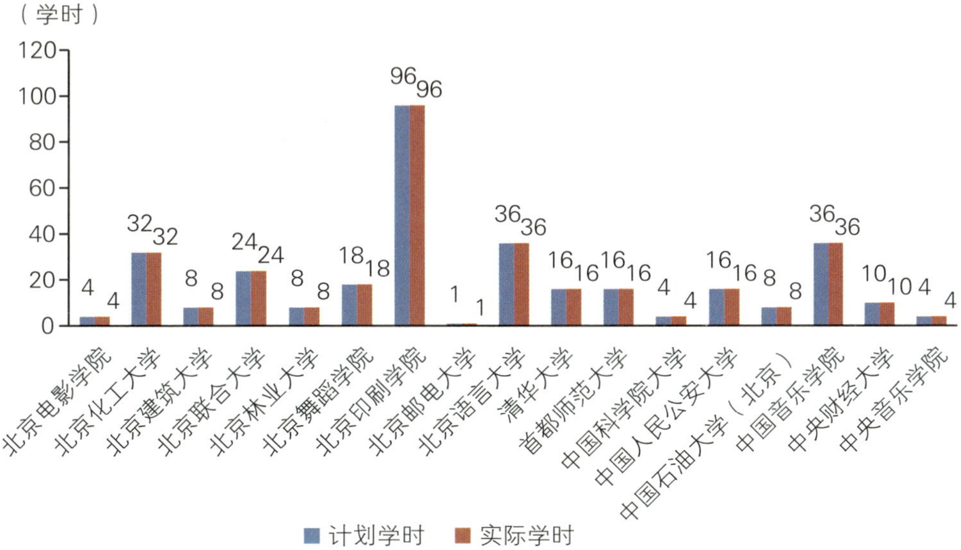

图6-13 各高校开展研究生思政课社会实践学时情况

部分高校虽然开展了研究生思政课社会实践，但并没有相应的学分与足够的学时来保障落实。

2. 研究生社会实践的时间

调查显示，在开展研究生思政课社会实践的27所高校中，寒假开展思政课社会实践活动的有7所，暑假开展思政课社会实践活动的有13所，学期内业余时间开展思政课社会实践活动的有23所。其中，4所高校选择单一的暑假时间段开展社会实践活动，19所高校则选择在寒暑假以及学期内的业余时间等多个时间段开展社会实践活动。与本科生思政课社会实践时间选择不同，高校更多将研究生社会实践安排在学期内业余时间而不是固定时间段进行。笔者认为，这与研究生阶段的学习特点有关，相对于本科生而言，高校对于研究生理论研究的要求更高，在此情况下，研究生需要花更大量并且更集中的时间在理论研究上，从而高校开展研究生思政课实践活动的时间总量相对较少、难以安排固定的时间段。如图6-14所示。

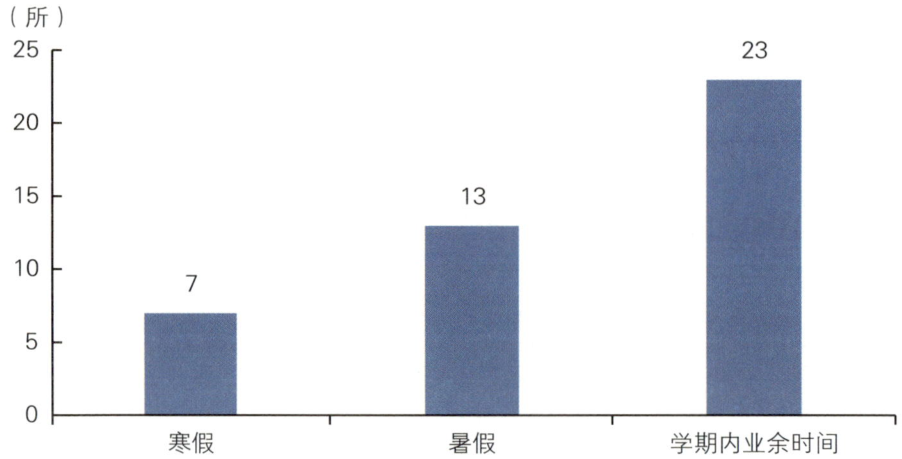

图6-14　各高校开展研究生思政课社会实践的时间安排情况

3. 研究生社会实践的活动形式

调查显示，在开展研究生思政课社会实践的27所高校中，有18所高校采取的是多种社会实践形式相结合的方式，占比66.67%，有9所高校采取的是单一实践形式，占比33.33%。其中，开展了研究生思政课社会实践的27所高校全部都采取了社会考察/调查形式。另外，分别有16所高校采取了志愿服务形式，8所高校采取了支教形式，3所高校采取了其他形式。这同样与研究生思政课社会实践所强调的预期成果密不可分。如图6-15所示。

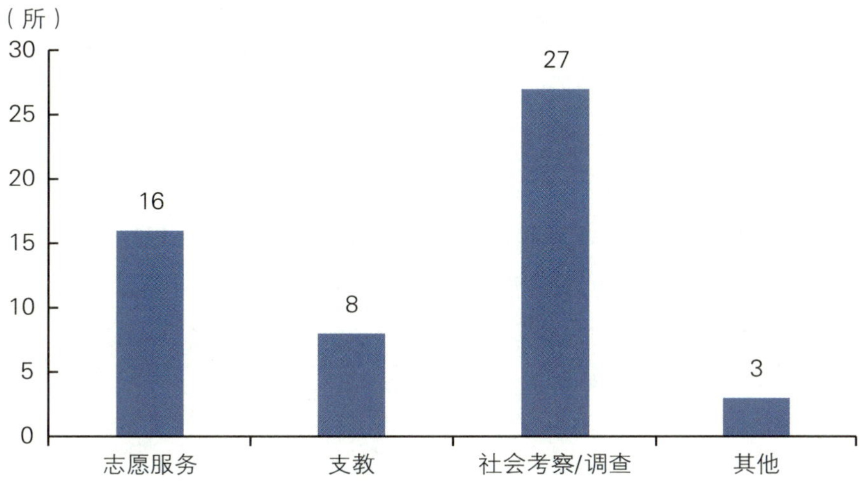

图6-15　各高校开展研究生思政课社会实践的形式情况

除了在校外开展的社会实践活动以外，研究生校内实践的主要形式也是担任助教、助管、助研。调查结果显示，2021年研究生思政课校内实践活动中，参与助研的人数最多，占89.96%；其次是助管，占5.28%；最少的是助教，占4.76%。如图6–16所示。研究生助研和助管人数高于助教，笔者认为，这与学校在设置“三助”岗位时对招募对象的要求有直接关系。一般经过本科四年学习后的研究生，具备了一定的知识储备，也具备了一定的生活阅历和经验，因此学校更愿意招募研究生担任项目助研和课程助教工作。而对知识储备相对要求较低的助管工作，则更多由本科生来承担。助研比例高于助教，一方面反映了近年来研究生培养模式的转变和

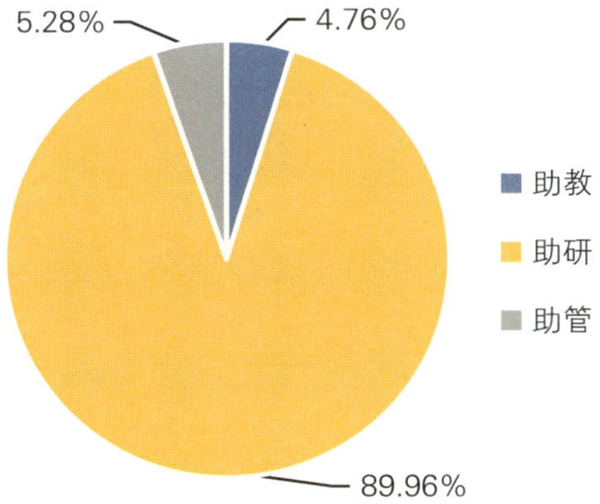

图6-16　研究生“三助”的分布情况

培养质量的提高，研究生指导教师让学生通过参与课题的方式培养和锻炼其研究能力的意识逐渐形成，使研究生的研究能力有了一定的提升；另一方面也在一定程度上反映了研究生指导教师对于研究生课堂教学和课堂管理能力的重视程度稍有不足。

4. 研究生社会实践的组织方式

调查显示，18所高校采取的是集体组织与自主实践相结合的方式，占比66.67%；5所高校选择集体组织，占比18.51%；4所高校选择自主实践，占比14.81%。这同样说明高校对于研究生思政课社会实践的重视程度与日俱增。如图6-17所示。

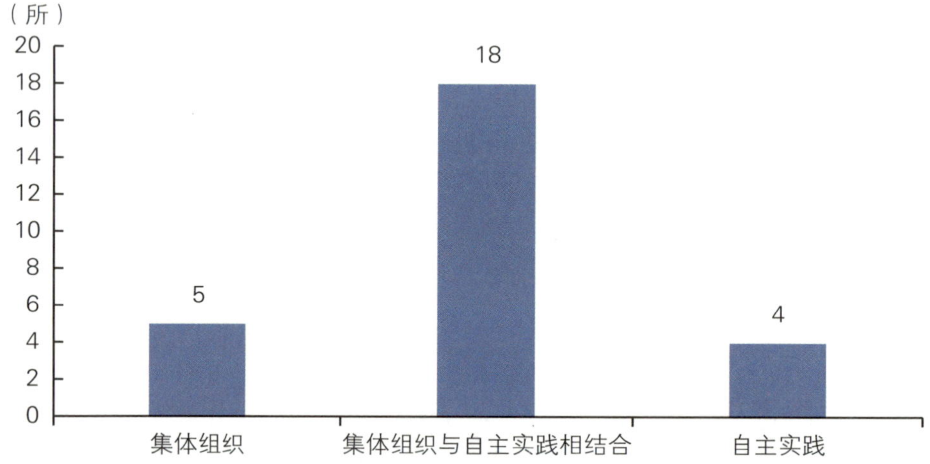

图6-17 各高校开展研究生思政课社会实践的组织形式

5. 研究生社会实践的参与人数

调查显示，23所高校的18761名硕士研究生参与了“中国特色社会主义理论与实践”课程的社会实践，其中人数最少的为3人，最多的为3100人；13所高校的7749名博士研究生参与了“中国马克思主义与当代”课程的社会实践，其中人数最少的为8人，最多的为4700人。相较于2020年的调查数据，2021年研究生参与思政课社会实践的总人数略有下降。此外，硕士生参与社会实践人数要显著高于博士研究生，各高校研究生参与社会实践的人数存在较大差异。部分高校研究生思政课各门课程社会实践参与人数分布情况如图6-18所示。

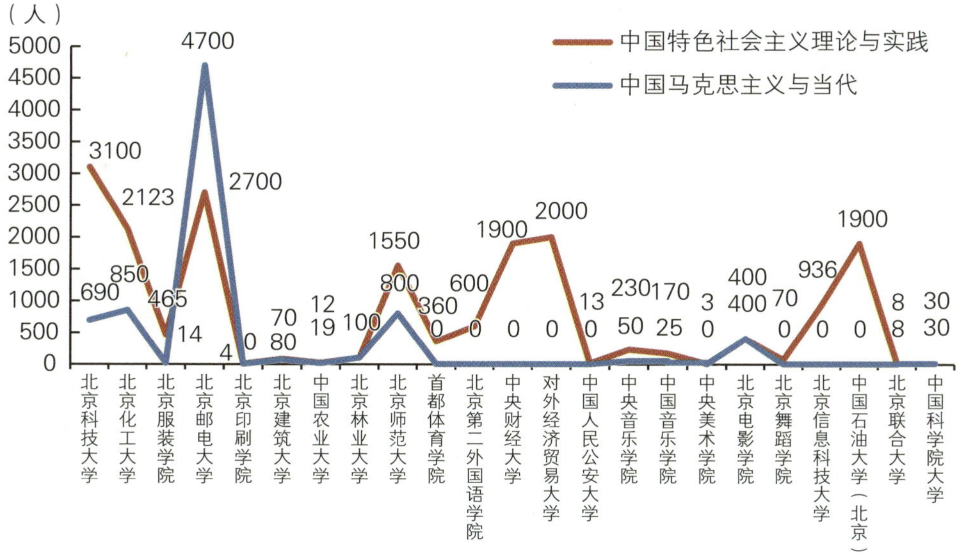

图6-18　部分高校研究生思政课各门课程社会实践参与人数分布情况

二、主要进展与成就

马克思指出："全部社会生活在本质上是实践的。凡是把理论引向神秘主义的神秘东西，都能在人的实践中以及对这个实践的理解中得到合理的解决。"中国特色社会主义的教育，要解决培养什么样的人、如何培养人、为谁培养人这些根本问题，就是要让青年学生坚定跟党走中国特色社会主义道路、为实现中华民族伟大复兴而奋斗的理想信念，而在实践中培养和树立起来的信仰才具有坚定性、持久性。习近平指出，"高校学生支教、送知识下乡、志愿者行动等活动，都展现了学生的风貌和服务社会、报效国家的情怀。许多学生正是在这样的社会实践和社会活动中树立了对人民的感情、对社会的责任、对国家的忠诚"。因此，思想政治理论课的实践教学环节要得到落实，就必须找到、找准具体的实现载体，高校广泛开展的社会实践活动无疑是最重要的渠道之一。

我们的思想政治理论课教育教学向来强调理论与实践的统一。社会实践是提高高校思想政治理论课教学实效的必要环节，是培养大学生创新精神、提升综合素质的重要途径，也是践行马克思主义理论联系实际原则的根本要求。思想政治理论课社会实践既是一门显性的思政育人课程，是"课程思政"的重要组成部分，也是一项有明确实践目标、丰富实践内容、多种实践形式、广阔实践平台的活动育人实践，是思政小课堂和社会大课堂的有机统一。

与2020年相比，2021年北京市各高校思政课实践教学成果颇丰，形式多样；从实践规模上看，开展思政课社会实践的北京高校数量有所增加，参与思政课社会实践的人数也有所增长；从实践效果上看，许多北京高校在不断推进、深化和完善2020年的相关改革方案和创新措施，不断调整，与时俱进，从而进一步激发大学生学习思想政治理论课的积极性、主动性，越来越多的大学生走出了“象牙塔”，走进了生活的“试验田”。这有助于青年学生用科学真理滋养信仰、用辩证思维剖析现实、用伟大实践夯实自信、用责任担当砥砺梦想，引导他们在回望历史、体悟真理、观察社会、参与实践中立大志、明大德、成大才、担大任。

（一）顶层设计不断完善，社会实践常态化长效化

习近平总书记在学校思想政治理论课教师座谈会上指出，党中央十分重视教育工作，尤其对高校思想政治工作高度重视，始终坚持马克思主义的指导地位，大力推进中国特色社会主义学科体系建设，为思政课建设提供根本保证。

2021年11月，教育部印发《高等学校思想政治理论课建设标准》，明确要求将实践教学纳入教学计划，统筹思想政治理论课各门课的实践教学，落实学分（本科2学分，专科1学分）、教学内容、指导教师和专项经费；指出实践教学应覆盖全体学生，建立相对稳定的校外实践教学基地；强调建设“大思政课”，调动各种资源用于思想政治理论课建设，把思政小课堂与社会大课堂相结合，突出实践教学，将生动鲜活的实践引入课堂教学中，将课堂设在生产劳动和社会实践一线，全面提升育人效果。在顶层政策设计的推动下，北京市各高校注重统筹联动，整合优化资源，建立健全“大实践”工作体系，建立高校、地方、企业、社会相互联动的实践统筹机制，形成纵向贯通、横向联通、点面直通、前后融通的育人格局。

2021年，围绕服务国家“十四五”规划和北京市委、市政府工作大局，北京市各高校坚持假期集中实践与日常实践相结合，在做好假期集中社会实践组织的基础上，设计了贯穿全年的工作载体，推动了高校思想政治理论课社会实践的常态化、规模化、集群化开展，在时间维度上实现了阶段性与长期性的结合。北京团市委联合北京市委教育工委、北京市委宣传部、首都文明办、北京市教委、北京市学联，积极探索疫情防控常态化

形势下开展社会实践活动的有效途径，组织开展2021年“青年服务国家”首都大学生社会实践活动，立足首都，面向全国，引领和帮助广大首都青年学生上好与现实相结合的“大思政课”，使广大学生在基层治理体系的亲身参与中受教育、长才干、做贡献，在扎根中国大地的生动实践中学党史、强信念、跟党走，努力成为担当民族复兴大任的时代新人。活动覆盖首都93所大中专院校，组建实践团队1.3万支，参与青年学生近20万名，足迹遍布全国32个省区市，5234名学者和青年教师参与指导实践，取得了丰硕的实践成果。北京各级团组织还继续深化开展大学生“返家乡”社会实践，进一步探索常态化、长效化的实践育人新机制，建立在外高校学子与家乡联系的制度化渠道，组织大学生积极投身首都“四个中心”功能建设，帮助大学生上好“行走的思政课”。

在北京，思政课从学科育人走向了课程育人、活动育人，牢牢抓住课堂主渠道的育人功能，加强革命传统教育和爱国主义教育的同时，思政教育已从课堂走向了广阔的社会实践。越来越多的高校将德育内容细化落实到各学科课程教学目标中，融入教育教学全过程中。

（二）社会实践途径丰富，学生积极性提高

教育部《高校思想政治工作质量提升工程实施纲要》明确指示，要丰富实践内容，创新实践形式，广泛开展社会调查、生产劳动、社会公益、志愿服务、科技发明、勤工助学等社会实践活动。2021年，北京市各高校紧紧围绕教育部相关要求，不断深入推进思想政治理论课实践教学改革，结合高校特色和北京发展实际谋划推动实践育人体系建设，探索构建志愿服务、社会调查、理论宣讲、创新创业、职业见习等有机结合的“大实践”格局，积极融入国家“大思政”体系，体现了学校、专业、课程与学生的特点，形式多样，效果显著。

1. 开展志愿服务活动，厚植学生爱国奉献情怀

2021年，北京市各高校引导学生通过志愿服务等形式积极参与到建党百年庆祝活动等各类党和国家大事中，积极探索服务保障中国特色社会主义大党大国典礼中的实践价值，不断提升为党育人、为国育才的能力和水平。在中国共产党成立100周年庆祝活动中，全市8.9万余名青年志愿者全情投入其中，圆满完成了千人献词团、广场合唱团、文艺晚会演出等多项任务，通过更加身临其境、更为生动具体的方式，引导学生更自觉地把青

春奋斗融入党和人民的事业之中。同时，聚焦新时代文明实践，以垃圾分类等“关键小事”为抓手，组织学生前往社区一线上岗服务。抓住文明社区建设和美丽乡村建设两条线，借鉴科技创新领域“揭榜挂帅”模式，推动学生依托思政课社会实践和高校院系一级团组织与街道、乡村、社区结对共建，建立以社会实践为抓手，以社区志愿服务项目为重点，以社区青年汇为阵地的校地合作模式，覆盖全市81个农村和社区，引导学生为首都文明城市建设贡献青春力量。

2. 搭建社会实践新平台，引导学生关注现实问题

习近平总书记在纪念五四运动100周年大会上的讲话中指出，“要坚持关心厚爱和严格要求相统一、尊重规律和积极引领相统一，教育引导青年正确认识世界，全面了解国情，把握时代大势”。社会实践是青年大学生学习理论、认知国情、砥砺情怀的重要载体。为了进一步把思想政治理论课社会实践建设成为对青年学生进行国情教育的重要载体，围绕服务国家“十四五”规划和北京市委、市政府工作大局，2021年北京各高校根据自身实际、历史传承、专业特色选择契合时代主题的实践方向，面向重点领域实施“深学实悟，红色百年铸魂”“深耕厚植，乡村振兴助力”“深融共迎，北京冬奥宣讲”三大专题行动，引导青年学生紧密围绕党和国家的中心工作和首都及家乡的经济社会发展实际设置选题、发现问题、破解难题，自觉聚焦热点、着力疏通难点、注重打造亮点，特别是突出乡村振兴、疫情防控和经济社会发展、京津冀一体化、北京冬奥会等新时代文明实践，切实为党和国家的事业和首都“四个中心”建设汇聚青春智慧，贡献蓬勃力量。同时，绷紧常态化疫情防控要求这根弦，在实施手段上探索开展网络“云实践”，拓宽了社会实践活动实施维度。

围绕首都发展，聚焦首都建设需要，北京市推出首都大学生政务实习“志行”计划、首都大学生基层治理体验“笃行”计划、首都大学生就业实习“力行”计划，以区域化团建为依托推动校地对接、校社协同、校企联动，在空间维度上实现覆盖全国与聚焦首都的结合。突出为政治中心建设培养后备人才这个点，依托北京市青年马克思主义者培养工程，组织高校班学员前往街乡团组织兼职，岗位涵盖全市14个区86个乡镇，为学生搭建了在基层一线干事创业、强筋壮骨的平台。

3. 发挥文化育人功能，提升思想政治教育亲和力

习近平总书记在教育文化卫生体育领域专家代表座谈会上强调，要加

强和改进学校体育美育工作，促进学生德智体美劳全面发展，培养学生爱国情怀、社会责任感、创新精神、实践能力。面对信息技术的高速发展，处在百年未有之大变局中，高校思政工作的挑战与机遇并存。以“网生代”为主要对象的大学生群体，高校思政工作更加需要重视实践育人的功能，不断创新方式，拓宽路径，完善体系。

2021年，清华大学原创话剧《马兰花开》庆祝中国共产党成立100周年专场连演五场，以清华人特有的方式献礼党的百年华诞。这是《马兰花开》第18轮正式公演，也是新生入学教育的重要组成部分，“两弹一星”元勋邓稼先的感人事迹也通过这种方式在青年学子灵魂深处引发强烈震撼和共鸣。北京大学积极开展师生艺术创作，推出《初心》《风华正茂》《我们依然在路上》《北大红》等原创歌曲，致敬百年征程，讴歌家国情怀。中国人民大学则在全国各地掀起学习贯彻党的十九届六中全会精神热潮之际，推出党史校史主题原创歌曲《这条路》礼赞新时代、礼赞中国共产党、礼赞中国特色社会主义道路。这些实践活动令学校美育工作全面加强和改进的同时取得了巨大的社会效益，繁荣校园文化的同时育人成效显著。

（三）社会实践成果丰硕，育人成效显著

调查数据表明，在北京市参加调研的57所高校中，共设立社会实践项目9329项，形成的调研成果共有97987篇（部），总体上比2020年有大幅度的增加。其中，著作30部，占比0.03%；实践报告/总结65351篇，占比66.69%；实践论文32606篇，占比33.28%。如图6-19和图6-20所示。

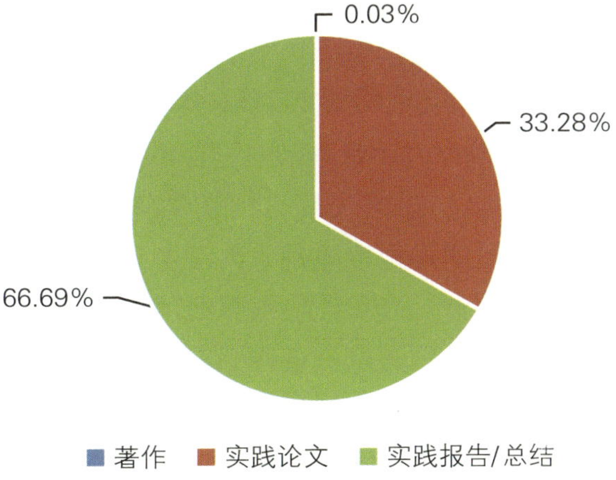

图6-19　高校各类社会实践成果分布情况

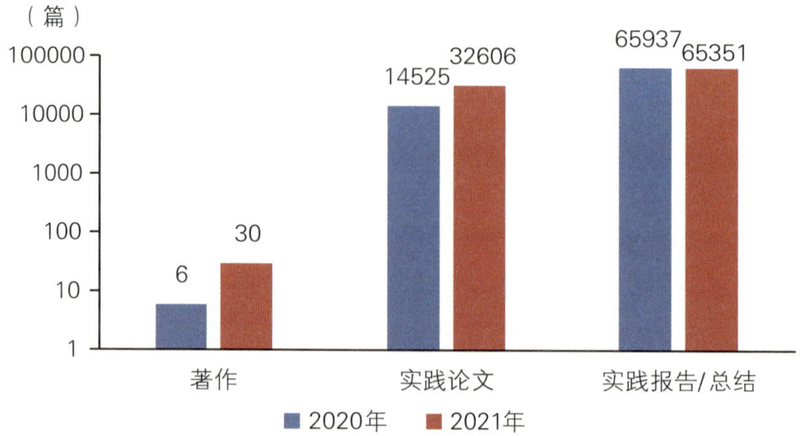

图6-20　2020年和2021年社会实践成果比较情况

社会实践是大学生向实践学习、向人民群众学习的最佳途径，而在实践的基础上经过研究分析，撰写有分量的总结报告，则有助于提升认识，形成更具规律性的分析与思考。初期成果在展现形式、内容深度、社会影响等方面仍处于“量”这一层级，不能直接代表社会实践的本质，具有较大的可挖掘空间。通过开展实践成果的转化和巩固，对初期成果进行总结归纳，可以进一步完善成果内容，丰富成果形式，提升成果内涵，用最直接、最生动的形式和途径表现最核心、最具有代表性的社会实践成果，提高传播力和影响力。

社会实践的成果转化与巩固，是大学生由实践向认识升华的过程。在这一过程中，学生需要从纷繁杂乱的经历以及材料中凝练出最精华的优质成果，可充分锻炼学生的创新思维、探索意识以及实践能力，能使大学生把所学的理论内化为自身智慧，形成自身的理论思维，逐步实现从思想、政治、道德认识到行为的转变，切实发挥社会实践的育人功能。这种育人模式将传统的以教师为主体、学生为客体的灌输式教学，转变为以教师为主导、学生为主体的体验、感悟式教学，是学生运用所学的理论知识发现、分析与解决实际问题的过程，能提升大学生“学会做事、学会共处、学会生存”的能力。

社会实践的成果转化与巩固是一个内涵非常丰富的概念，分为学术型和活动型两类。学术型实践成果的转化，就是将社会实践的思想成果加以总结并在更大的范围内交流的工作。最常见的学术型实践成果的转化方式有发表论文、参加竞赛和申请专利三种。活动型实践成果的转化、巩固与运用，形式丰富并且灵活多样。比较常见的有通过基地建设实现社会实践项目的长效化，组织活动成果的汇编、展览、宣讲、反馈等。

此外，在涌现的一批优秀社会成果中，北京大学的一项成果、中国传媒大学的五项成果被相关党政机关所采纳（见表6-1），这表明该成果具有较强的真实性、价值性、准确性和创新性。

表6-1 2021年思政课社会实践成果被相关单位采纳情况

学校名称	成果名称	采纳单位
北京大学	《把青春华章写在祖国大地上》	中央网信办、教育部、共青团中央
中国传媒大学	《当前我国社会心态分析报告》	《求是》杂志社总编室内参编辑部
中国传媒大学	《警惕软性历史虚无主义的渗透》	《求是》杂志社总编室内参编辑部
中国传媒大学	《传递社会正能量：北京丰台有这样一群社区新闻发声人》	《光明日报》社北京记者站
中国传媒大学	《在历史前进的逻辑进程中理解和把握〈决议的精神实质〉》	教育部社会科学司
中国传媒大学	《2021年三季度意识形态领域基本情况分析》	《求是》杂志社总编室内参编辑部

（四）抓住建党百年重要节点，打造党史学习教育实践体系

习近平总书记强调，“广大青年要爱国爱民，从党史学习中激发信仰、获得启发、汲取力量”。2021年正值中国共产党成立100周年之际，习近平总书记对广大青年加强党史学习、矢志跟党奋斗提出了重要要求。为热烈庆祝中国共产党成立100周年、深入开展党史学习教育，各大高校纷纷推出党史学习系列实践活动，打造兼具政治性、教育性、普及性、互动性和原创性的党史学习教育实践体系，把党史学习教育嵌入大学生社会实践活动中，力图发挥实践育人优势，使广大学生在思想政治理论课实践中了解中国共产党百年奋斗的光辉历程、重大成就、伟大精神和历史经验，进一步依托社会实践提升理想信念教育实效。

清华大学马克思主义学院在清华大学党委的统一指导和部署下，把握建党百年重大契机，面向研究生组织开展“百年百讲·百年百课”党史学习教育专题宣讲，其中，“百年百讲”党史学习教育专题宣讲团依托244门党史课程先后开展326场线下党史宣讲，“百年百课”则以百集微慕课的形式将党史呈现在线上云端。据统计，专题宣讲团累计开展党史宣讲326场，宣讲时长超过17300分钟，覆盖受众超过25500人次，日均宣讲1.25

场。专题宣讲团深入校内党团班集体开展宣讲225场，同时入国企、进机关、下基层，开展校外宣讲101场。由于其丰富的内容、活泼的表现形式和良好的教育效果，“百年百课”系列微课被《人民日报》、《光明日报》客户端、教育部“微言教育”公众号、央视新闻、清华大学微信公众号及新闻网多次宣传报道。

北京大学推出“初心薪火相传 使命永担在肩”主题展览，全方位、立体式、多角度地展现了百年来北京大学与中国共产党同心同向同行的光辉历程，在兼顾历史叙事主线的同时，引入8K视频、画屏等多媒体技术，增添主题观影售票机、新青年立体相框等互动元素，还通过扫码延伸阅读、VR虚拟展厅等方式将展览引入线上，将党史学习教育的要求落实贯彻到祖国大江南北，充分发挥“触手可及”的宣传阵地作用，供给“高质量”的思政教学活动，推动“有深度”的实践行，培育“有温度”的大课堂。

北京工业大学组织师生结合北京本土红色文化资源，走出课堂，到李大钊烈士陵园、中国人民抗日战争纪念馆等地开展实践教学，围绕“北京在建党中的地位与作用”主题，先后录制了6期“讲红色京华故事，忆百年辉煌党史”系列微课，讲述了北京作为中国共产党重要孕育地的党史人物故事及精神风范，努力做到以故事打动人、以道理影响人、以信仰感染人。北京建筑大学以党史学习教育为契机，结合建党百年庆祝活动，开展“永远跟党走青春献祖国”毕业季主题教育活动，通过组织党委书记讲党史学习教育专题党课、毕业生合唱颂歌致敬建党百年、知名教授讲授思政课等，为毕业生打造立体丰富的思政课堂，厚植爱党爱国情怀，激发奋斗进取力量。

三、相应问题与对策

社会实践是青年大学生学习理论、认知国情、砥砺情怀的重要载体。加强和改进新时代大学生社会实践工作是高校“立德树人”的重要途径，也是共青团组织引领青年思想、服务青年成长、组织青年建功立业的具体举措，在推动创新型人才培养、提升大学生思想政治工作质量、促进理论与实际有效结合等方面具有重要作用。学思用贯通，知信行统一。引导学生成长成才，守初心、担使命，深入探讨不同形式的实践方式在“三全育人”中的重要作用，总结经验，分析当下实践育人中仍存在哪些问题，制定相应改进措施，对于回答“为谁培养人、培养什么样的人、怎样培养人”这些问题具有重要的理论价值和现实意义。

（一）加强资源统筹，健全齐抓共管育人格局

目前多数高校还停留在重理论轻实践的传统观念，社会实践教学没有形成统一的组织领导，没有制定规范的教学大纲，只能由教师根据自己的能力、条件和责任心等来自行决定，从而停留在比较随意和即兴的水平，这也在一定程度上影响了实践教学的效果。调查表明，北京各高校主管思政课社会实践的部门和方式主要体现如下：马克思主义学院/思政课教研部、团委、学生工作部、教务处及其他部门单独负责，或者多个部门共同负责。

根据本次调研，参与思政课社会实践的部门当中参与最多、最重要的是马克思主义学院/思政课教研部，所有57所高校的马克思主义学院/思政课教研部全部参与配合了思政课社会实践活动的开展；其次是团委，共有47所高校的团委参与配合了思政课社会实践活动的开展，占比82.45%；再次是学生工作部，共有46所高校的学生工作部参与配合了思政课社会实践活动的开展，占比80.70%；此外，有35所高校的教务处参与配合了思政课社会实践活动的开展，占比61.40%；也有个别学校的党委宣传部、组织部或二级学院参与组织了思政课社会实践活动。如图6–21所示。

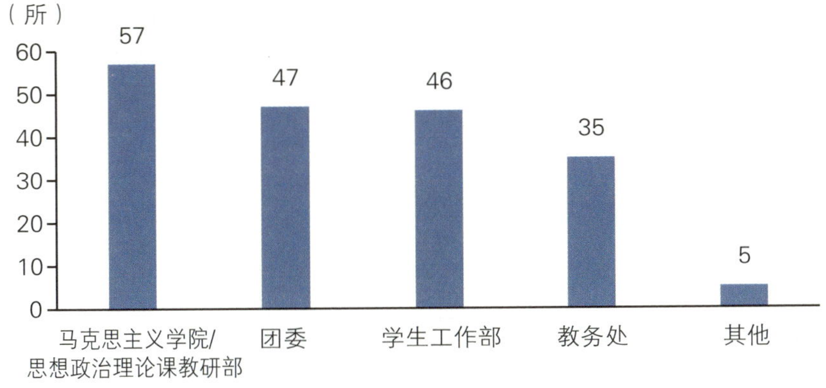

图6–21 各高校配合社会实践的部门情况

高校要将深化社会实践育人作为高校思想政治工作的重要平台和载体，改革学校内部管理机制。建立由校党委统筹、多部门参与、学院联合推动的工作机制，成立社会实践工作小组和指导团队，加强工作主体、实践内容和实践资源的协同，形成资源共享、多元开放、齐抓共管的社会实

践育人格局，从而为大学生开展社会实践活动创造条件、搭建平台。

（二）完善评价机制，强化过程监督与评价考核

考核评价是保障思想政治理论课社会实践育人效果的一个重要环节，它将对学生参与社会实践的积极性、实践过程中的专注度和努力度起导向作用，从而最终影响实践教学的效果。调查表明，北京高校思想政治理论课社会实践评定方式主要包括“等级评定”“分数评定”和“综合评定”三种。参与调研的57所高校中，有17所采取“等级评定”，占比29.82%；有21所采取“分数评定”，占比36.84%；有32所采取“综合评定”，占比56.14%。考核评定后，将社会实践成绩计入各门思想政治理论课程总成绩的有33所，占比57.89%，将社会实践成绩单独计入社会实践成绩的有24所，占比42.11%。如图6–22、图6–23所示。

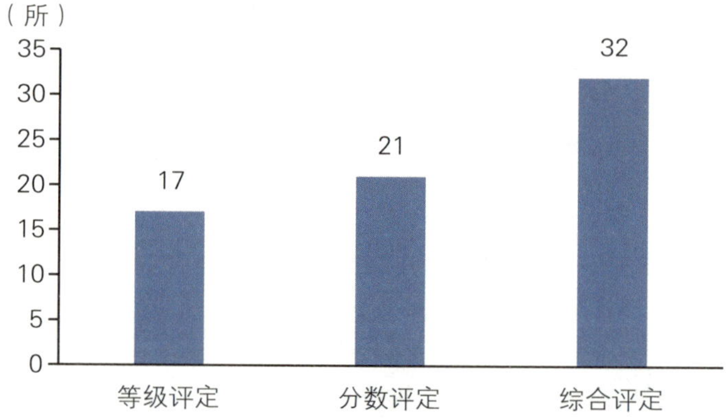

图6–22 高校思想政治理论课社会实践评定形式

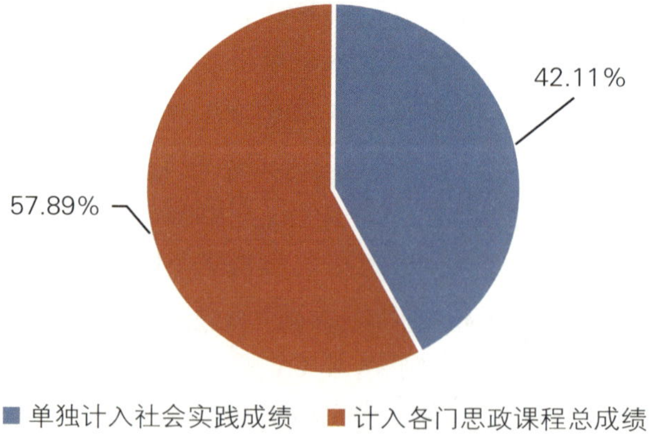

图6–23 高校社会实践成绩与思想政治理论课成绩的关系

目前来看，在思想政治理论课社会实践的考核评价上，主要存在三个问题：

一是考核评价忽视学生主体地位。在实践教学中，应是以教师为主导，学生为主体。学生既是受教育者，也是自我教育者和自我学习者。同时，实践教学活动是依据学校制订的教学管理计划开展，由学校进行统一管理的。因此，教师、个人、学校、小组成员及同学都是实践教学的主体。但在当前的考核评价中，对于学生的评价考核主要是教师对学生的评价，学生仅有较少的自评和互评的机会，结论性的考核结果往往来自教师评价。而思政课教师每学期面对的学生往往是两三百人，在管理和考评上难以全面兼顾到每一位学生具体的学习情况。单一的考核评价主体因不能客观准确地对学生进行评价而无法调动学生参与实践教学的积极性，也在无形中对教师的教学工作造成了困扰，导致实践教学目的无法更好地实现。

二是考核评价内容不够全面。思想政治理论课社会实践具有其学科的特殊性，与其他学科的考核评价有一定的区别。思想政治理论课的考核评价内容不仅是对理论知识的掌握，还应该包括知识能力、专业技能、道德水平和个人修养。但是在最终考核中却往往只依据实践报告进行评分，没有对实践教学进行总结。这样的考核内容难以全面体现学生在实践教学中的实际收获，片面的考核既不能考查学生能力及素养的变化，教师也不能全面掌握学生的思想状况变化。

三是考核评价方法偏重于结果，忽视过程。在目前大多数高校的实践考核体系中，对学生进行实践教学考核评价时，考查的重点仍然是学生撰写的实践报告，将实践报告等同于学生在整个实践活动中的全部收获。这就会导致仅注重结果，而忽视了学生在实践中处理问题的能力、道德素养等方面的系统考核。这种评价方式不足以客观公正地反映学生的真实学习状况，难以成为判断学生在教学实践活动中收获的依据。这就导致了一些学生在实践过程中不够认真，简单应付，而将学习重心都放在了撰写实践报告上。忽视过程的结论性评价既不利于实践教学质量的提高，更会错失通过社会实践活动培养锻炼学生实践能力、提升学生道德修养的良机。

鉴于此，构建较为科学合理的思想政治理论课社会实践考核评价体系可从以下几个方面着手：构建包含学校、教师、学生的多元化评价主体，充分调动学生参与实践教学的积极主动性，提高实践教学的实效性；构建知识、能力、素质相结合的考核内容体系；坚持过程性评价和终结性评价相结合；坚持定性评价与定量评价相结合、规范考核的标准体系，使实践教学的评价更具客观性和全面性。

（三）健全配套机制，强化思政课实践育人保障

如图6-24所示，在分析思政课社会实践存在的困难和问题时，有35所高校选择“社会实践基地不足”，这成为最首要的限制高校思政课社会实践开展的问题。此外，有30所高校选择“社会实践的激励机制不健全”，有28所高校选择“社会实践经费不足”，有24所高校选择“学生人数过多，无法实现全员参加”，有21所高校选择“能够参与社会实践的思政课教师有限”，有14所高校选择“社会实践形式单一”，有11所高校选择“社会实践效果一般”，有8所高校选择“学校对思政课社会实践重视不够”，有2所高校选择“思政课教师懒于组织社会实践”。由此可见，目前的高校思政课社会实践存在配套的保障机制不健全，从而导致人员覆盖率低、缺乏专业教师指导和实践育人效果不理想等问题。因此，完善激励机制、优化师资配备、提高广大思政课教师参与指导学生社会实践的积极性是提高思政课社会实践效果的重要举措。

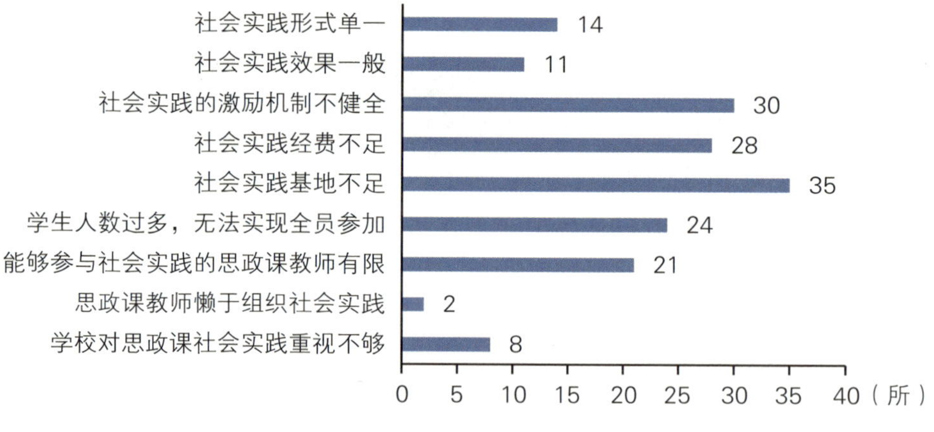

图6-24 高校思政课社会实践存在的困难与问题

1. 坚持合作共建，加强社会实践基地建设

实践基地是大学生进行实践活动的重要场所，是其走向社会、了解社会、服务社会的重要平台。当前，高校的实践基地建设存在数量少、不稳

定的问题，有限的实践条件不能满足大学生整体的实践需要，所以大学生只能利用寒暑假自行联系实践单位。但大学生自己联系的实践活动往往随意性较大，且收效不显著，在一定程度上难以实现实践育人的目标。调查显示，在抽样的57所高校中，共有506个校外学生社会实践基地，其中京内基地225个，占比44.47%，京外基地281个，占比55.53%。如图6-25所示。

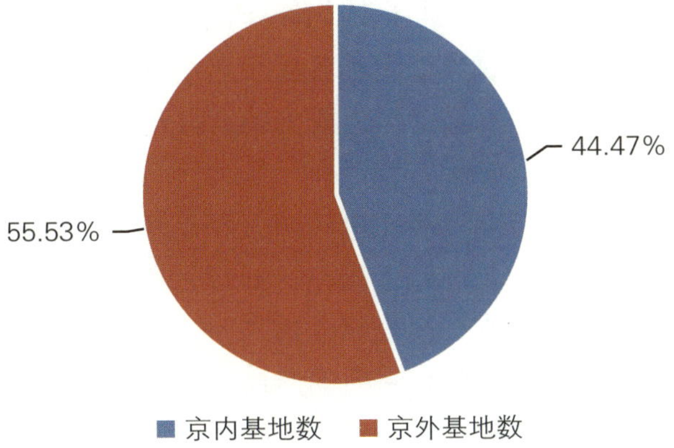

图6-25　高校社会实践基地的分布情况

与2020年的472个实践基地相比，2021年京内外社会实践基地数量有所上升，但与2019年的619个实践基地相比，目前的高校社会实践基地建设还有待加强。鉴于此，各高校思政课除了充分利用校内的实践基地之外，还要整合校外的各种资源，建立功能明确、特色鲜明的实践锻炼基地。在实践基地建设方面，要明确以下重点：

首先，要明确建设方向，坚持需求导向。一是依托行业背景，实现专业发展。依托行业特点建立专业特色的社会实践基地。学生发挥专业优势为基地单位排忧解难，同时在实践活动中发现问题、解决问题。调整完善知识结构，激发培养创新能力。二是坚持需求导向，实现合作共建。学校与基地单位根据学生特点、基地特色，加强顶层设计，形成明确的实践项目，规定社会实践基地建设的双方职责和义务，积极推动校地对接、校社衔接、校企联动、校际协同，从而为大学生开展社会实践提供稳定、长效的平台支持。

其次，要汇聚社会多方资源，发挥基地优势，明确基地发展定位，实现基地健康可持续发展。一是确保制度建设到位，制定社会实践基地建设管理办法、社会实践基地管理实施细则、社会实践基地共建协议书等文件，使基地建设有据可依，确保长效性。二是确保组织保障到位，设置校院两级大学生社会实践领导小组，由领导小组总体规划、统筹制订实践计划，各部门、院系负责具体实施；选派优秀教师深入基地现场指导学生，增强专业特色和实践深度，确保实效性。三是确保管理考核到位，加强完善社会实践基地管理评价体系，明确实践基地的建立条件、申报程序和维护方法，对基地各方面条件进行严格考核，将实践基地建设纳入制度化轨道。规范社会实践基地建设。四是确保经费运行到位。划拨社会实践基地建设专项经费本科生院、研究生院和各院系进行相应的配比，充分调动各方面积极性；为重点基地提供特别经费支持，打造品牌项目和精品工程。

2. 完善激励机制，打造专业指导教师队伍

根据调查，思政课社会实践在思政课教师配备方面还存在较大缺口。对于大学生社会实践而言，选题是核心，导师是动力，资料是保障。社会实践从选题确定到开展调研直至最终的报告、论文撰写都需要得到老师的学术性指导，因此需要充足的高素质的专职思政教师。在参加调研的57所高校中，53所高校思政课教师参与本科生社会实践，占92.98%；28所高校思政课教师参与研究生社会实践，占49.12%。与2020年相比，思政课教师参与本科生和研究生社会实践的比例均有所上升，但高校思政课教师参与研究生社会实践的比例仍然较低，还有较大的提升空间。

究其原因，一方面是高校所配备的思政课教师数量不足；另一方面是教师激励机制不到位。比如，有的思想政治理论课教师参与指导暑期学生社会实践活动，但学校并没有这方面工作量的计算办法，教师往往基于个人的兴趣热情，牺牲假期休息时间，很辛苦、责任大，使很多思想政治理论课教师没有动力去积极指导社会实践活动。再如，一些高校的人事管理制度中，科研岗、教师岗、辅导员和行政管理岗等分类管理，有的也相互不打通，团干部也没有评职称的途径，因此对于协助思想政治理论课教学工作动力不足。

因此，北京各高校还需加强思政课教师的配备，完善教师参与的激励机制。一方面，各高校要着力加强社会实践师资队伍建设，聘请校内外优秀专业人才、管理人才和高技能人才担任专兼职教师，指导学生进行专业实践，打造校内校外相联动、专职兼职相结合的专业指导教师队伍；另一方面，各高校要着力完善教师参与社会实践的激励机制，比如合理计算课时，另外在职称评审、评优评先时予以重点考虑等一系列的鼓励措施，从而调动广大教师和相关人员参与指导学生社会实践的积极性。鼓励教师在

学生实践过程中进行引导、答疑，适时、及时纠偏，将广大学生往高雅、健康、向上的活动方向引导。

（四）坚持问题导向，不断提高社会实践活动管理水平

在针对“高校思想政治课社会实践的建议”调查中，有37所高校选择“加强相关部门的协同与合作”，位列第一，这说明当前高校思政课社会实践管理机制还有待改进，校企合作、校地合作亟待加强已成为高校思政工作者的共识。此外，有34所高校选择“完善社会实践激励机制”，这说明当前的高校思政课社会实践激励机制存在激励面不广、激励资源不足、激励强度不够等问题；有34所高校选择“创新社会实践的方式与方法”，这意味着即使许多高校近年来进行了一些思政课社会实践的改革，但在开展形式和育人成效等方面还有待改进；有32所高校选择“开辟新的实践基地”，这表明当前实践基地建设还不充分，无法较好地满足高校开展思政课社会实践的需求；有30所高校选择“加强社会实践经费保障”，这说明资金不足成为限制高校思政课社会实践育人活动实效的关键性障碍之一。随后，就是“加强社会实践的师生动员”“提高社会实践的教学效果”“改善实践基地条件”和“校领导和主管部门要加强重视”，分别有26所、23所、22所和13所高校选择，这意味着健全保障机制，加大投入，从而充分调动师生积极性，是推动思想政治理论课社会实践发展的有效措施。如图6-26所示。

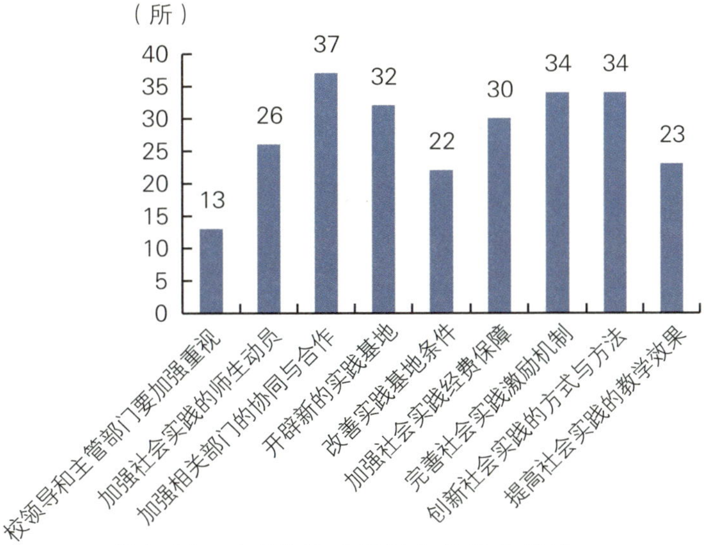

图6-26　对高校思政课社会实践的建议

针对高校思想政治理论课社会实践中存在的共性与个性问题，各高校必须坚持问题导向，及时发现问题、科学分析问题、着力解决问题。一方面，加强顶层设计，实施项目化管理制度，丰富首都大学生社会实践品牌项目供给，设计开展内容丰富、形式多样、大学生喜闻乐见的高校思想政治理论课社会实践活动，深入挖掘蕴藏首都的实践资源及教育契机，推进育人方式改革创新，切实将首都“四个中心”资源优势转化为育人优势。另一方面，探索建立长效机制，健全完善社会实践日常化管理模式，强化对高校思想政治理论课社会实践项目的过程管理。一是严把立项关，强化竞争机制、实施目标管理，对社会实践项目根据其内容的完整性、实践时间安排的合理性、预定成果的可靠性等进行统筹选拔并最终确定立项项目；二是严把过程关，将确保安全作为组织社会实践活动的前提，充分考虑防疫常态化下的各项工作安排，精准建立与实践团队的常态化联系机制，掌握实践动向；三是严把质量关，要建立务实管用的评价标准，避免社会实践流于形式，出现“践”而不“实”、“游”大于“学”的现象。

与2020年相比，2021年北京高校思政课社会实践工作取得了较大成效，但正如调研数据显示，2021年北京高校思政课社会实践仍存在一些共性问题。各高校在实际开展思想政治理论课社会实践中还或多或少存在一些个性问题。为此，各高校必须坚持政治引领、价值引导与实践育人相结合，以习近平新时代中国特色社会主义思想为指导，切实落实好立德树人的根本任务，深度聚焦首都高质量发展需求和青年成长成才需要，结合自身办学特色、专业特征与学生特点，以及思政课实践教学现状，有针对性地制定改进方案，不断摸索创新，加强资源统筹，建立长效机制，不断提高社会实践工作服务大局的“贡献度”，供需对接的“匹配度”，融入日常的“活跃度”。充分发挥思想育人、实践育人、文化育人、服务育人、组织育人的工作优势，推动第一课堂与第二课堂有机衔接，思政小课堂同社会大课堂同频共振，引领广大青年学生在生动实践中增强“四个意识”、坚定“四个自信”、做到“两个维护”、捍卫“两个确立”，在亲身参与中受教育、长才干、做贡献，为奋力谱写社会主义现代化的北京篇章贡献青春力量。

第七章

教学保障

为学习贯彻习近平总书记关于教育的重要论述特别是在学校思想政治理论课教师座谈会上的重要讲话精神，贯彻《深化新时代教育评价改革总体方案》和《北京市新时代学校思想政治理论课改革创新行动计划》要求，在北京市教委、市委教育工委领导下，2021年北京高校思想政治理论课的教学保障有力，推进了思想政治理论课高质量发展。

一、数据展示与解读

参加调研的高校共计57所，其中一流大学建设高校8所、一流学科建设高校24所、非双一流建设高校25所；有马克思主义理论学科点的共计36所，其中马克思主义理论一级学科博士点高校15所、一级学科硕士点高校21所、二级学科硕士点高校1所。

（一）领导体制和工作机制

教学保障中的领导体制和工作机制主要包括学校思想政治理论课建设领导小组、学校党政领导听课、学校党政领导授课、思想政治理论课纳入学校重点建设课程4个方面的内容。

1. 学校思想政治理论课建设领导小组

参加调研高校思想政治理论课建设领导小组的设立情况如图7-1和图7-2所示。

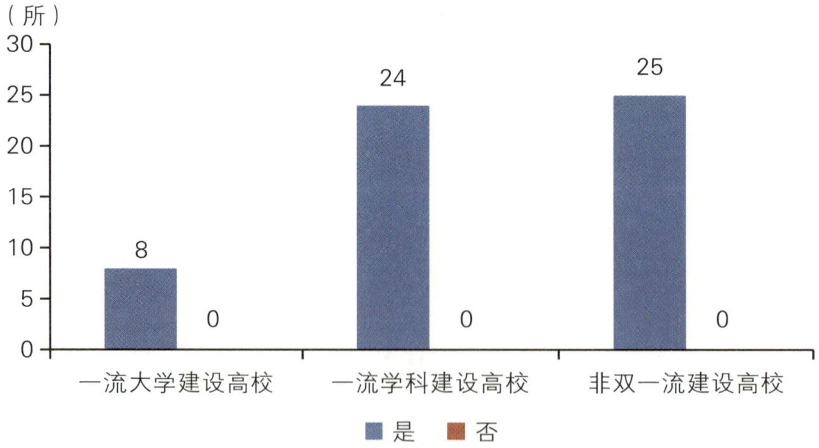

图7-1 思想政治理论课建设领导小组设立情况1

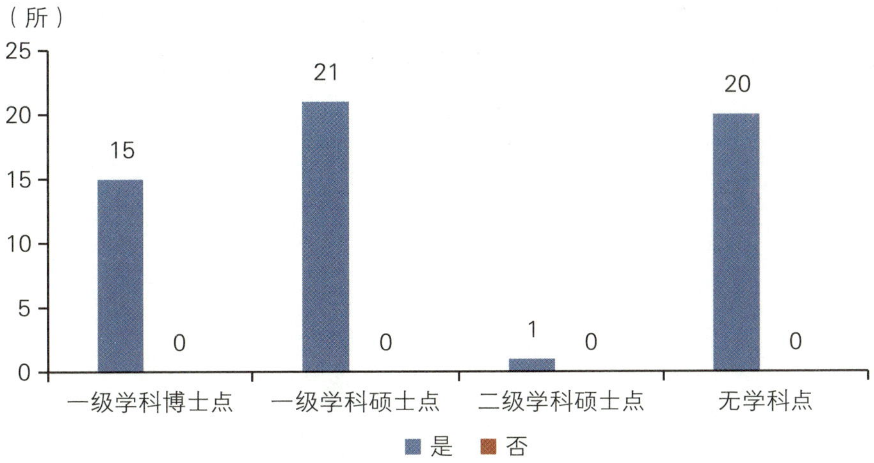

图7-2 思想政治理论课建设领导小组设立情况2

调查显示，参加调研的57所高校和所有学科点全部设立思想政治理论课建设领导小组。相比2020年，各高校保持思想政治理论课建设领导小组的全覆盖。

2. 学校党政领导听课

参加调研高校党政领导听课情况如图7-3和图7-4所示。

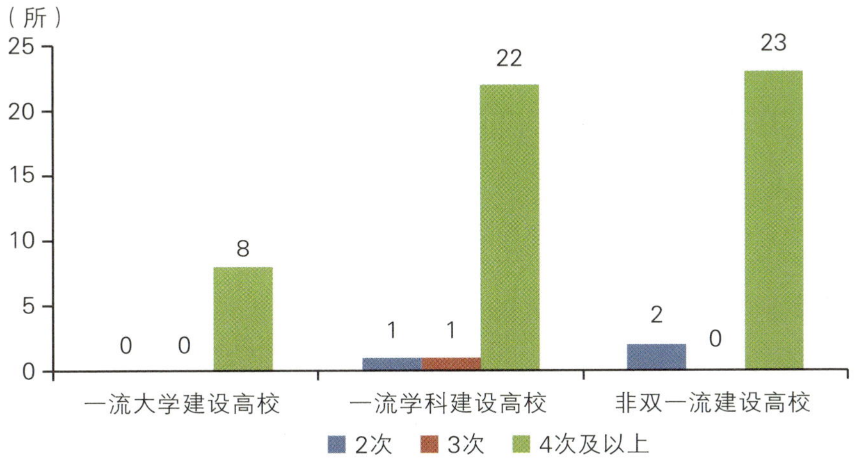

图7-3 学校党政领导听课情况1

调查显示，参加调研的57所高校中，党政领导听过4次及以上的思想政治理论课的高校有53所，达到92.98%。其中一流大学建设高校8所，达到100%；一流学科建设高校22所，达到91.67%；非双一流建设高校23所，达到92.00%。

从学科点来看，一级学科博士点高校党政领导听课4次及以上的15所，占100%。一级学科硕士点党政领导听课2次的0所；3次的1所，占4.76%；4次及以上的20所，占95.24%。二级学科硕士点高校党政领导听课4次及以上的1所，占100%。无学科点高校党政领导听课2次的3所，占15.00%；3次的0所；4次及以上的17所，占85.00%。

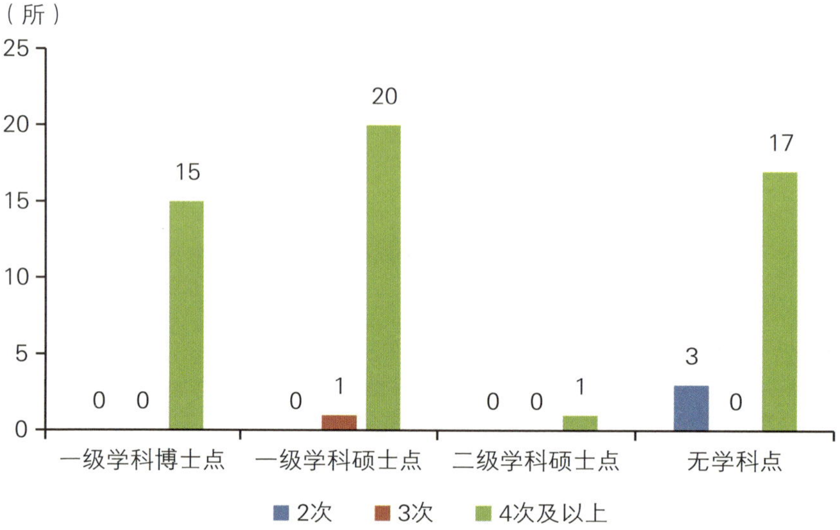

图7-4　学校党政领导听课情况2

3. 学校党政领导授课

参加调研高校党政领导讲授思想政治理论课情况如图7-5和图7-6所示。

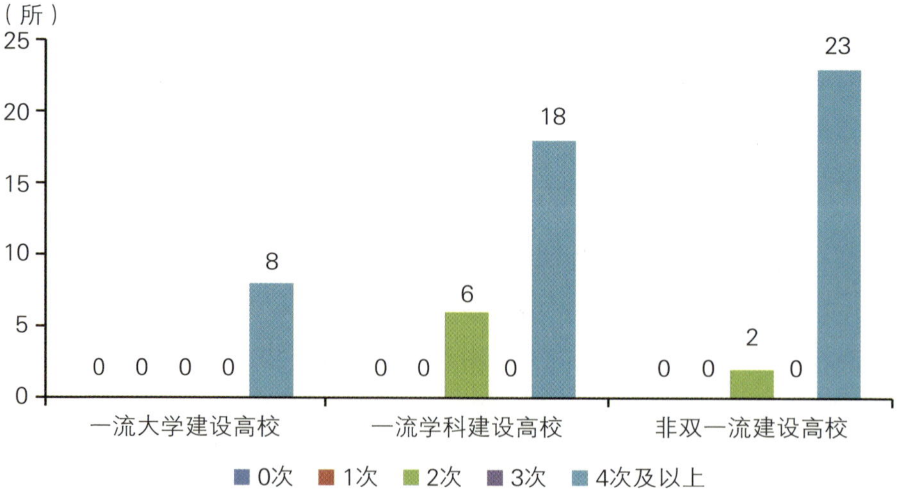

图7-5　学校党政领导讲授思想政治理论课情况1

调查显示，参加调研的57所高校中，党政领导讲授思想政治理论课达到全覆盖。党政领导讲授思想政治理论课4次及以上的最多，有49所，达到85.96%。其中一流大学建设高校8所，达到100%；一流学科建设高校18所，达到75.00%；非双一流建设高校23所，达到92.00%。

另外，党政领导讲授思想政治理论课2次的较多，共有8所高校，占比14.04%。其中一流大学建设高校0所；一流学科建设高校6所，达到25.00%；非双一流建设高校2所，达到8.00%。

从学科点来看，一级学科博士点高校党政领导讲授思想政治理论课0次的0所；1次的0所；2次的2所，占13.33%；3次的0所；4次及以上的13所，占86.67%。一级学科硕士点高校党政领导讲授思想政治理论课0次的0所；1次的0所；2次的3所，占14.29%；3次的0所；4次及以上的18所，占85.71%。二级学科硕士点高校党政领导讲授思想政治理论课4次及以上的1所，占100%。无学科点高校党政领导讲授思想政治理论课0次的0所；1次的0所；2次的3所，占15.00%；3次的0所；4次及以上的17所，占85.00%。

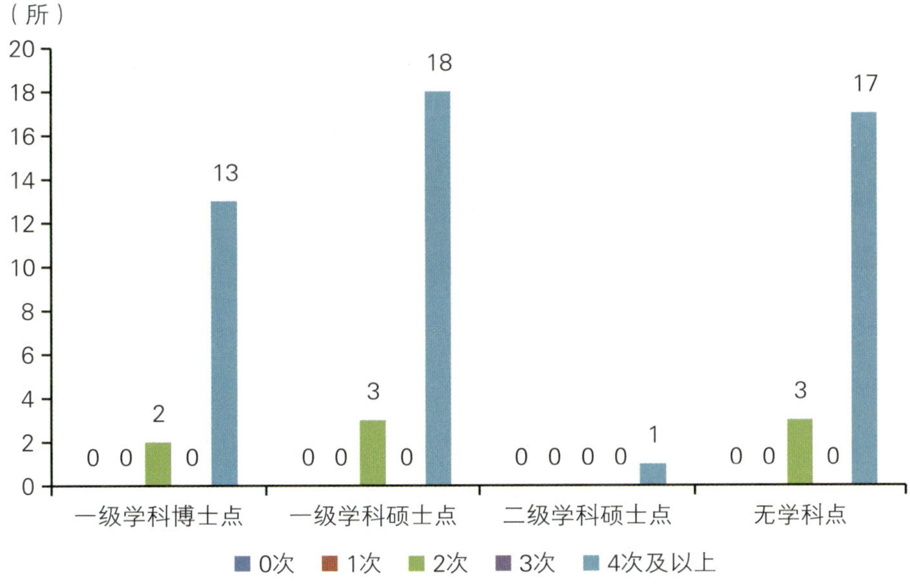

图7-6 学校党政领导讲授思想政治理论课情况2

4. 思想政治理论课纳入学校重点建设课程

参加调研高校思想政治理论课纳入学校重点建设课程情况如图7-7和图7-8所示。

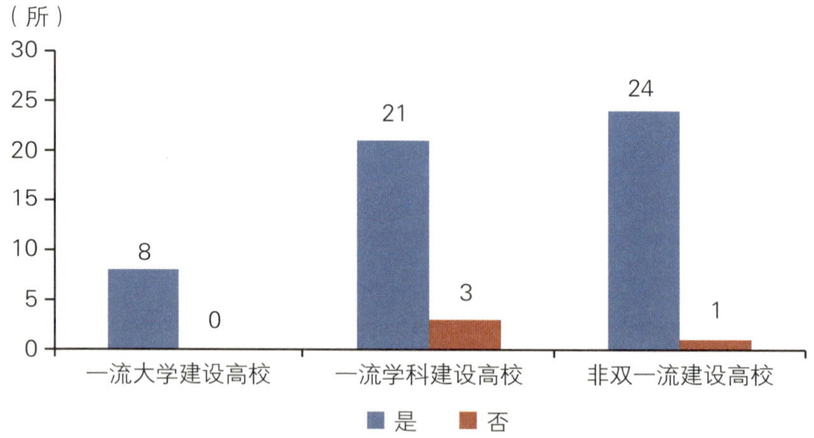

图7-7 思想政治理论课纳入学校重点建设课程情况1

调查显示，参加调研的57所高校中，53所高校都将思想政治理论课纳入学校重点建设课程，占比92.98%。其中一流大学建设高校8所，占比100%；一流学科建设高校21所，占比87.50%；非双一流建设高校24所，占比96.00%，有4所高校未将思想政治理论课纳入学校重点建设课程。

从学科点来看，一级学科博士点高校将思想政治理论课纳入学校重点建设课程的15所，占100%；一级学科硕士点将思想政治理论课纳入学校重点建设课程的19所，占90.48%；二级学科硕士点将思想政治理论课纳入学校重点建设课程的1所，占100%；无学科点的高校将思想政治理论课纳入学校重点建设课程的18所，占90.00%。

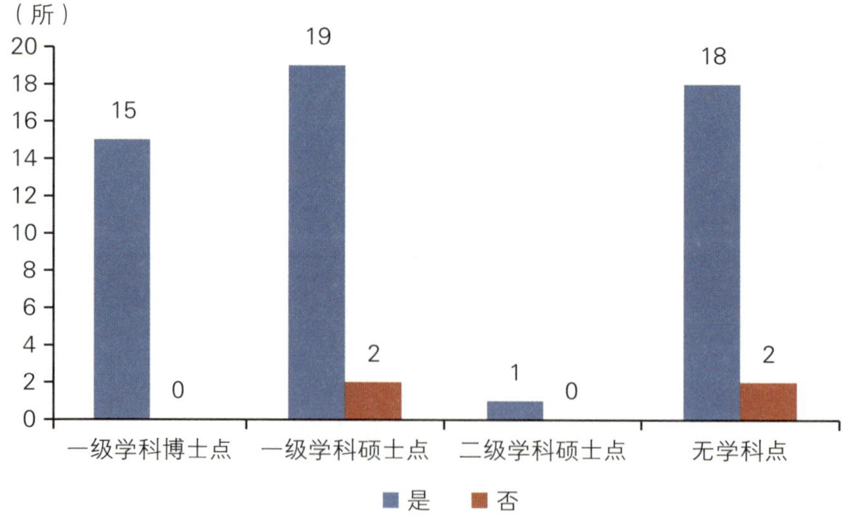

图7-8 思想政治理论课纳入学校重点建设课程情况2

（二）二级机构建设

二级机构建设是教学保障的基础，主要包括独立的二级机构设立、图书资料室设立、订阅国内外社科期刊、购买图书资料经费、教师办公室条件等。

1. 独立的二级机构设立

参加调研高校独立的二级机构设立情况如图7–9所示。

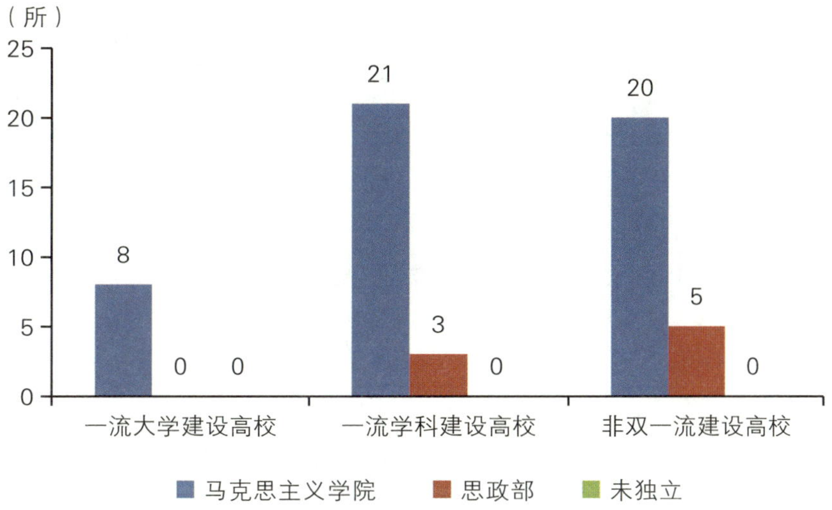

图7–9 独立的二级机构设立情况1

调查显示，参加调研的57所高校中，所有高校均已设立独立的二级机构。参加调研的一流大学建设高校8所，均将独立的二级机构设为马克思主义学院，占100%。参加调研的一流学科建设高校24所全部设立了独立的二级机构，其中设为马克思主义学院的21所，占87.50%；思政部的3所，占12.50%。参加调研的25所非双一流建设高校设为马克思主义学院的20所，占80.00%；思政部的5所，占20.00%。

如图7–10所示，从学科点来看，一级学科博士点15所高校均将独立的二级机构设为马克思主义学院，占100%；一级学科硕士点21所高校均将独立的二级机构设为马克思主义学院，占100%；二级学科硕士点1所高校将独立的二级机构设为马克思主义学院，占100%。无学科点12所高校将独立的二级机构设为马克思主义学院，占60.00%；8所高校将独立的二级机构设为思政部，占40.00%。

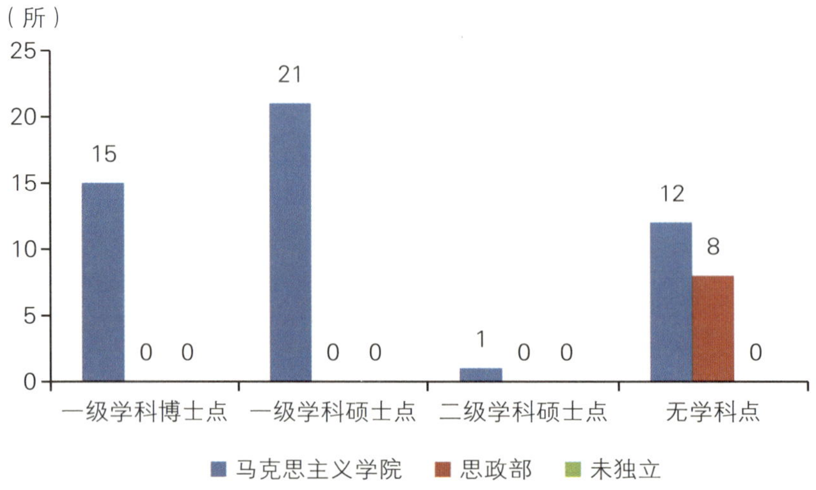

图7-10　独立的二级机构设立情况2

2. 图书资料室设立

参加调研高校图书资料室设立情况如图7-11所示。

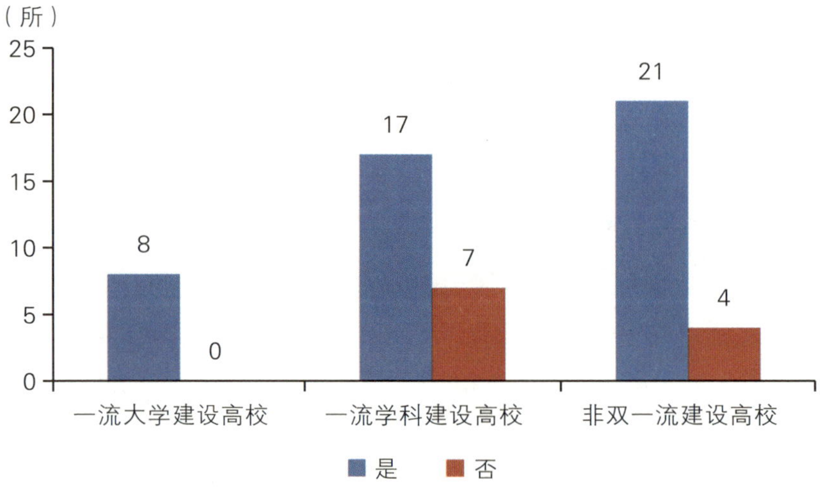

图7-11　图书资料室设立情况1

调查显示，参加调研的57所高校中，46所高校设立图书资料室，占比80.70%。一流大学建设高校8所，均设立图书资料室，占比100%。一流学科建设高校24所，其中设立图书资料室的17所，占70.83%；未设立图书资料室的7所，占29.17%。25所非双一流建设高校中有21所设立图书资料室，占84.00%；4所未设立图书资料室，占16.00%。

如图7-12所示，从学科点来看，一级学科博士点15所高校中有14所设立图书资料室，占93.33%；1所未设立，占6.67%。一级学科硕士点有17所高校设立图书资料室，占80.95%；4所未设立，占19.05%。二级学科硕士点1所高校设立图书资料室，占100%。无学科点14所高校设立图书资料室，占70.00%；6所未设立，占30.00%。

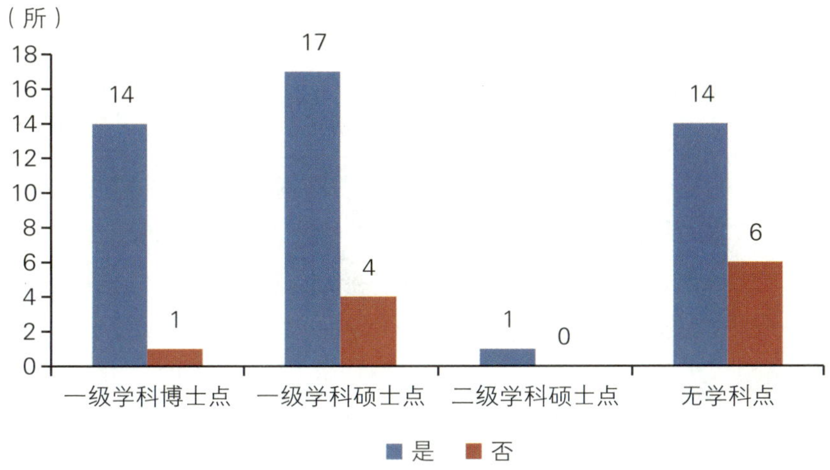

图7-12　图书资料室设立情况2

3. 订阅国内外社科期刊

参加调研高校订阅国内社科期刊情况如图7-13所示。

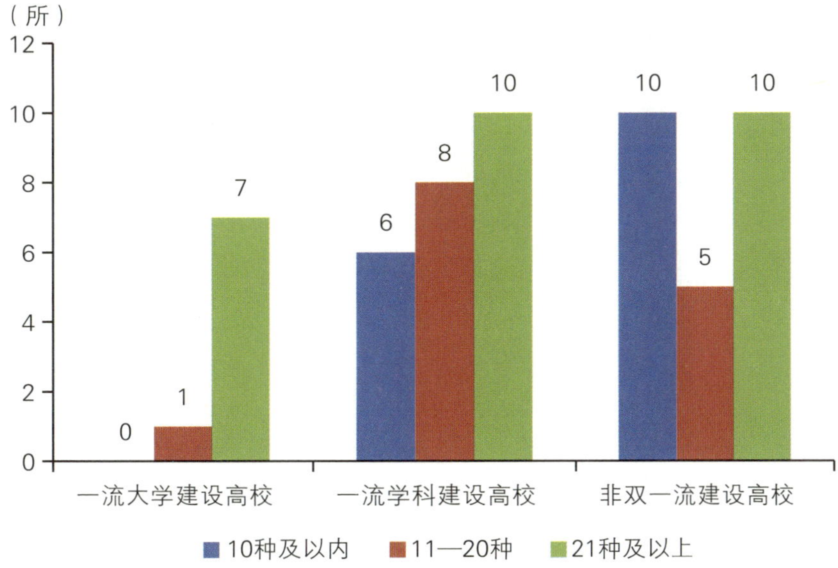

图7-13　订阅国内社科期刊种类分布1

调查显示，参加调研的57所高校中，27所高校订阅国内社科期刊21种及以上的，占比47.37%。一流大学建设高校8所，其中订阅国内社科期刊10种及以内的0所；11—20种的1所，占12.50%；21种及以上的7所，占87.50%。一流学科建设高校24所，其中订阅国内社科期刊10种以内的6所，占25.00%；11—20种的8所，占33.33%；21种及以上的10所，占41.67%。非双一流建设高校25所，其中订阅国内社科期刊10种及以内的10所，占40.00%；11—20种的5所，占20.00%；21种及以上的10所，占40.00%。

如图7-14所示，从学科点来看，一级学科博士点15所高校，其中订阅国内社科期刊10种及以内的1所，占6.67%；11—20种的2所，占13.33%；21种及以上的12所，占80.00%。一级学科硕士点21所高校，订阅国内社科期刊10种及以内的3所，占14.29%；11—20种的8所，占38.10%；21种及以上的10所，占47.62%。二级学科硕士点1所高校，订阅国内社科期刊21种及以上的1所，占100%。无学科点20所高校，其中订阅国内社科期刊10种及以内的11所，占55.00%；11—20种的4所，占20.00%；21种及以上的4所，占20.00%。

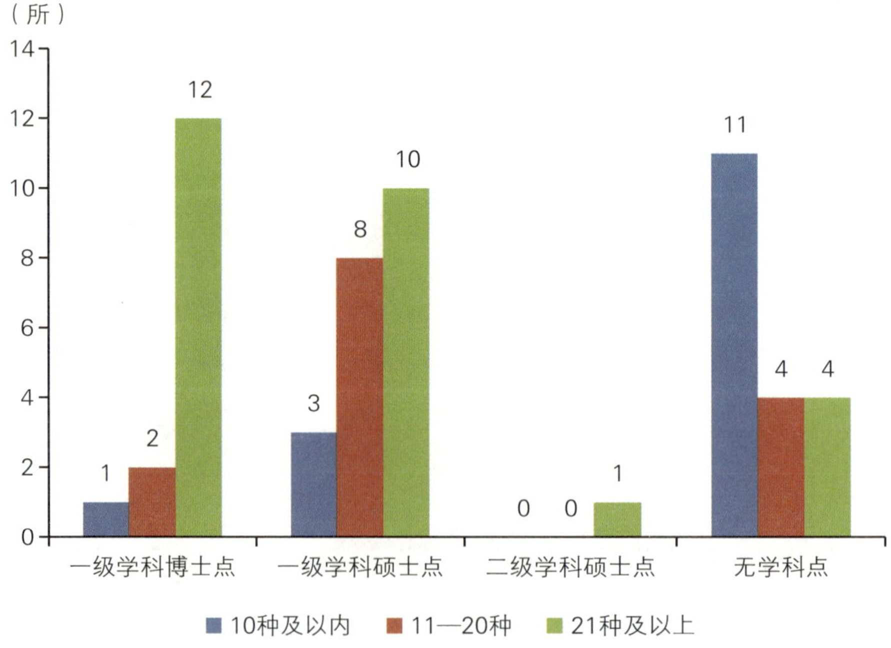

图7-14　订阅国内社科期刊种类分布2

参加调研高校订阅国外社科期刊情况如图7–15所示。

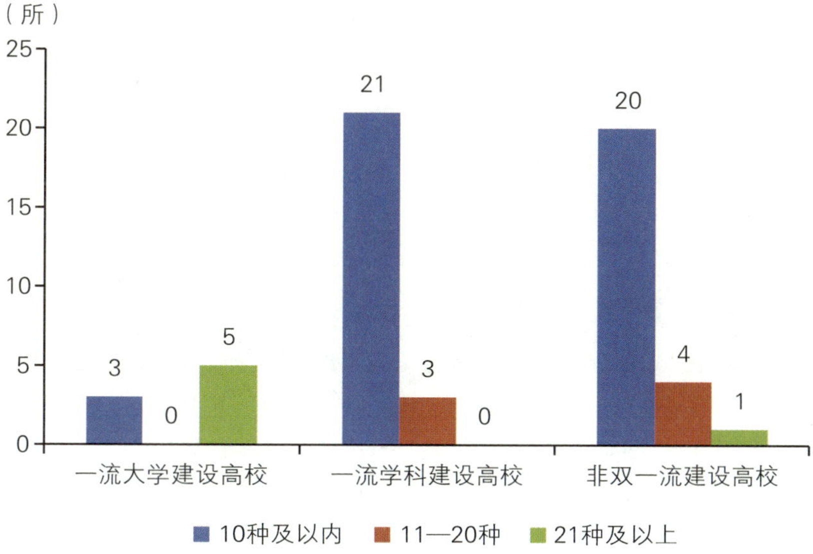

图7–15 订阅国外社科期刊种类情况1

调查显示，参加调研的57所高校中，订阅国外社科期刊主要在10种及以内，有44所高校，占比77.19%。

一流大学建设高校8所，其中订阅国外社科期刊10种及以内的3所，占37.50%；11—20种的0所；21种及以上的5所，占62.50%。

一流学科建设高校24所，其中订阅国外社科期刊10种及以内的21所，占87.50%；11—20种的3所，占12.50%；21种及以上的0所。

非双一流建设高校25所，其中订阅国外社科期刊10种及以内的20所，占80.00%；11—20种的4所，占16.00%；21种及以上的1所，占4.00%。

如图7–16所示，从学科点来看，一级学科博士点15所高校，其中订阅国外期刊10种及以内的10所，占66.67%；11—20种的1所，占6.67%；21种及以上的4所，占26.67%。一级学科硕士点21所高校，订阅国外期刊10种及以内的15所，占71.43%；11—20种的5所，占23.81%；21种及以上的1所，占4.76%。二级学科硕士点订阅国外期刊10种及以内的1所，占100%。无学科点20所高校，其中订阅国外期刊10种及以内的18所，占90.00%；11—20种的1所，占5.00%；21种及以上的1所，占5.00%。

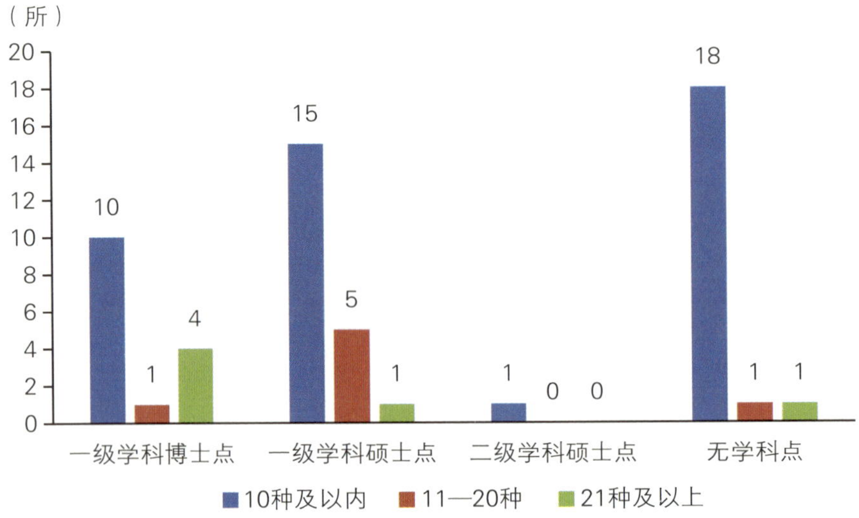

图7-16　订阅国外社科期刊种类情况2

4. 购买图书资料经费

参加调研高校购买图书资料经费情况如图7-17所示。

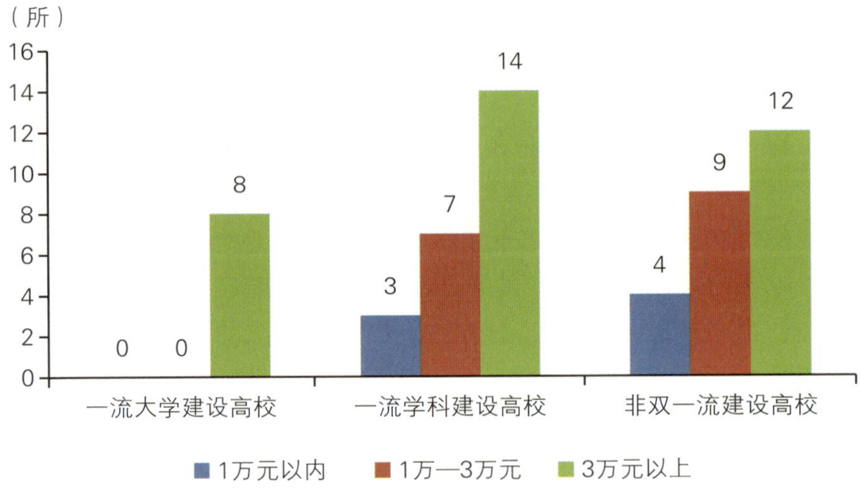

图7-17　购买图书资料经费情况1

调查显示，参加调研的57所高校中，购买图书资料经费3万元以上的居多。共34所高校，占比59.65%。其次是1万—3万元的，共16所，占比28.07%。

一流大学建设高校8所，购买图书资料经费均占3万元以上，占比100%。

一流学科建设高校24所，其中购买图书资料经费1万元以内的3所，占比12.50%；1万—3万元的7所，占比29.17%；3万元以上的14所，占比58.33%。

非双一流建设高校25所，其中购买图书资料经费1万元以内的4所，占比16.00%；1万—3万元的9所，占比36.00%；3万元以上的12所，占比48.00%。

如图7-18所示，从学科点来看，一级学科博士点15所高校，其中购买图书资料经费1万元以内的0所；1万—3万元的4所，占26.67%；3万元以上的11所，占比73.33%。一级学科硕士点21所高校，其中购买图书资料经费1万元以内的3所，占比14.29%；1万—3万元的6所，占比28.57%；3万元以上的12所，占比57.14%。二级学科硕士点购买图书资料经费3万元以上的1所，占比100%。无学科点20所高校，其中购买图书资料经费1万元以内的4所，占比20.00%；1万—3万元的6所，占比30.00%；3万元以上的10所，占比50.00%。

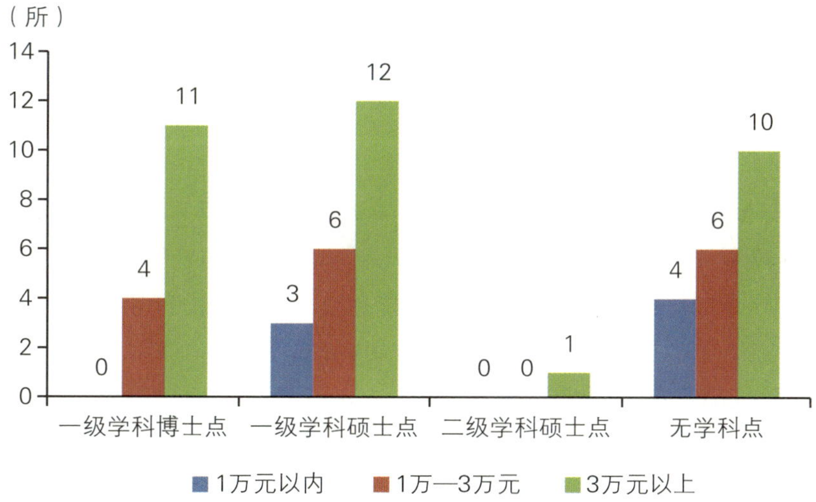

图7-18 购买图书资料经费情况2

5. 教师办公室条件

参加调研高校教授办公室条件情况如图7-19所示。

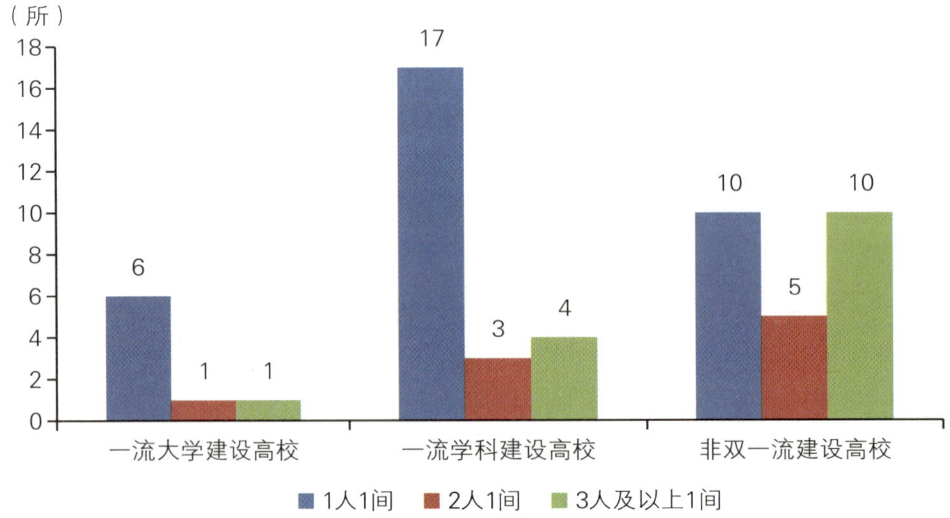

图7-19　教授办公室条件1

调查显示，参加调研的57所高校中33所高校教授办公室为1人1间，占比57.89%；2人1间的9所，占比15.79%；3人及以上1间的15所，占比26.32%。

一流大学建设高校8所，其中教授办公室1人1间的6所，占75.00%；2人1间的1所，占12.50%；3人及以上1间的1所，占12.50%。

一流学科建设高校24所，其中教授办公室1人1间的17所，占70.83%；2人1间的3所，占12.50%；3人及以上1间的4所，占16.67%。

非双一流建设高校25所，其中教授办公室1人1间的10所，占40.00%；2人1间的5所，占20.00%；3人及以上1间的10所，占40.00%。

如图7-20所示，从学科点来看，一级学科博士点15所高校，其中教授办公室1人1间的14所，占93.33%；2人1间的1所，占6.67%；3人及以上1间的0所。一级学科硕士点21所高校，其中教授办公室1人1间的14所，占66.67%；2人1间的3所，占14.29%；3人及以上1间的4所，占19.05%。二级学科硕士点教授办公室2人1间的1所，占100%。无学科点20所高校，其中教授办公室1人1间的5所，占25.00%；2人1间的4所，占20.00%；3人及以上1间的11所，占55.00%。

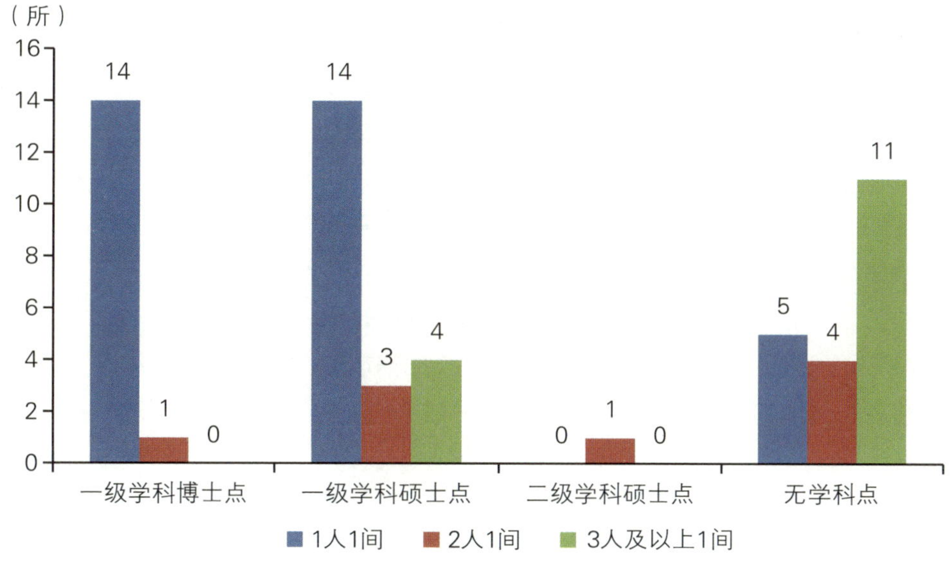

图7-20　教授办公室条件2

参加调研高校副教授办公室条件情况如图7-21所示。

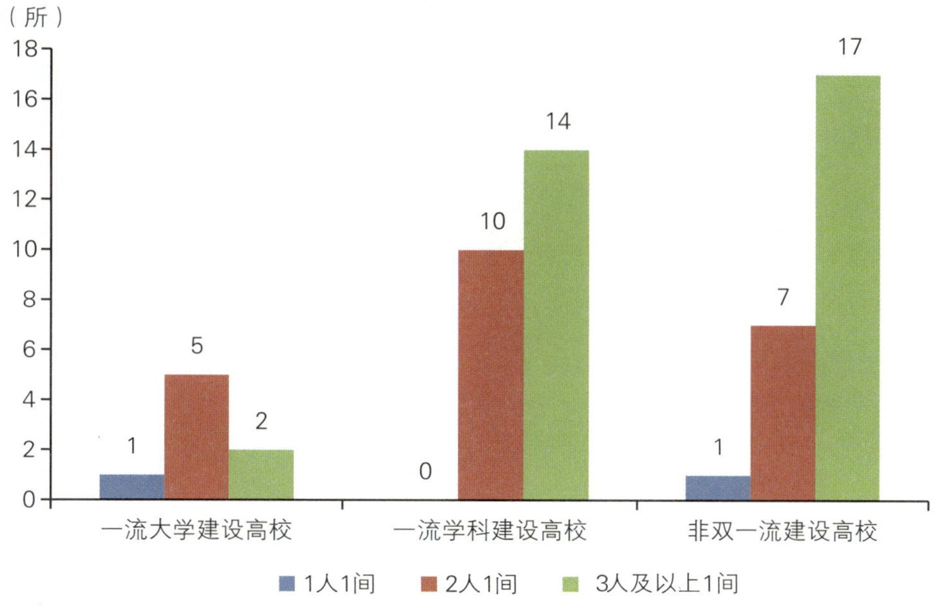

图7-21　副教授办公室条件1

调查显示，参加调研的57所高校中副教授办公室1人1间的2所，占3.51%；2人1间的22所，占38.60%；3人及以上1间的33所，占57.89%。

一流大学建设高校8所，其中副教授办公室1人1间的1所，占12.50%；2人1间的5所，占62.50%；3人及以上1间的2所，占25.00%。

一流学科建设高校24所，其中副教授办公室1人1间的0所；2人1间的10所，占41.67%；3人及以上1间的14所，占58.33%。

非双一流建设高校25所，其中副教授办公室1人1间的1所，占4.00%；2人1间的7所，占28.00%；3人及以上1间的17所，占68.00%。

如图7-22所示，从学科点来看，一级学科博士点15所高校，其中副教授办公室1人1间的1所，占6.67%；2人1间的9所，占60.00%；3人及以上1间的5所，占33.33%。一级学科硕士点21所高校，其中副教授办公室1人1间的1所，占4.76%；2人1间的9所，占42.86%；3人及以上1间的11所，占52.38%。二级学科硕士点副教授办公室3人及以上1间的1所，占100%。无学科点20所高校，其中副教授办公室1人1间的0所；2人1间的4所，占20.00%；3人及以上1间的16所，占80.00%。

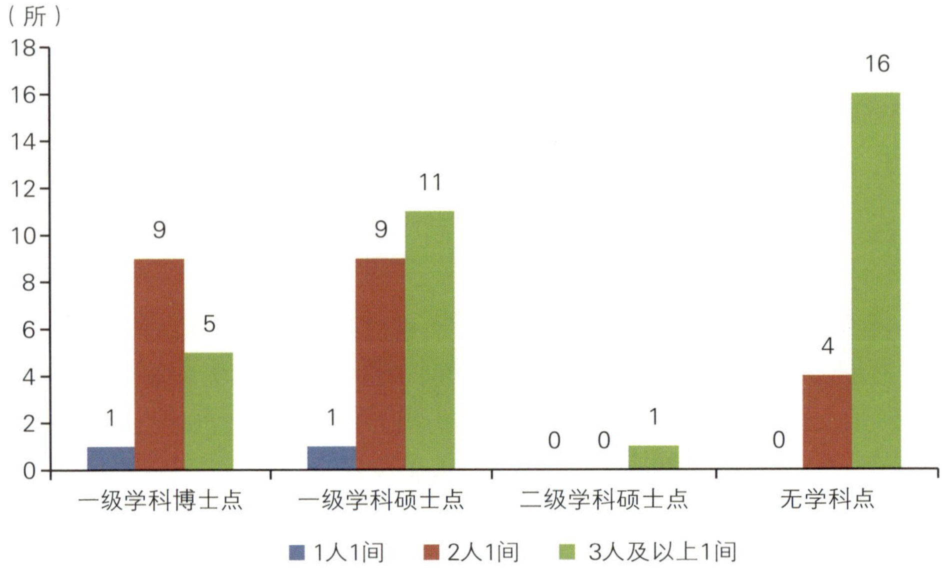

图7-22　副教授办公室条件2

参加调研高校讲师办公室条件情况如图7-23所示。

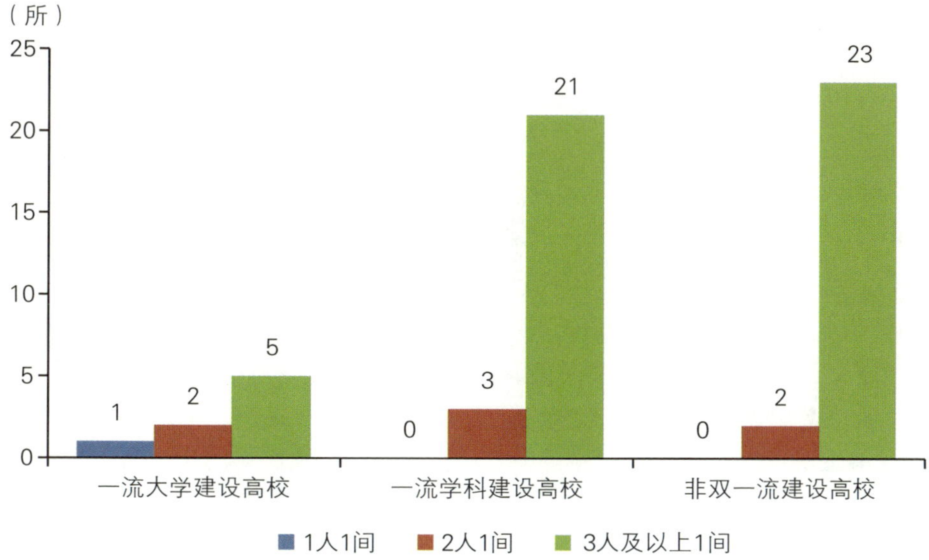

图7-23 讲师办公室条件1

调查显示，参加调研的57所高校中，讲师办公室1人1间的1所，占1.75%；2人1间的7所，占12.28%；3人及以上1间的49所，占85.96%。

一流大学建设高校8所，其中讲师办公室1人1间的1所，占12.50%；2人1间的2所，占25.00%；3人及以上1间的5所，占62.50%。

一流学科建设高校24所，其中讲师办公室1人1间的0所，2人1间的3所，占12.50%；3人及以上1间的21所，占87.50%。

非双一流建设高校25所，其中讲师办公室1人1间的0所，2人1间的2所，占8.00%；3人及以上1间的23所，占92.00%。

如图7-24，从学科点来看，一级学科博士点15所高校，其中讲师办公室1人1间的1所，占6.67%；2人1间的3所，占20.00%；3人及以上1间的11所，占73.33%。一级学科硕士点21所高校，其中讲师办公室1人1间的0所；2人1间的3所，占14.29%；3人及以上1间的18所，占85.71%。二级学科硕士点讲师办公室3人及以上1间的1所，占100%。无学科点20所高校，其中讲师办公室1人1间的0所；2人1间的1所，占5.00%；3人及以上1间的19所，占95.00%。

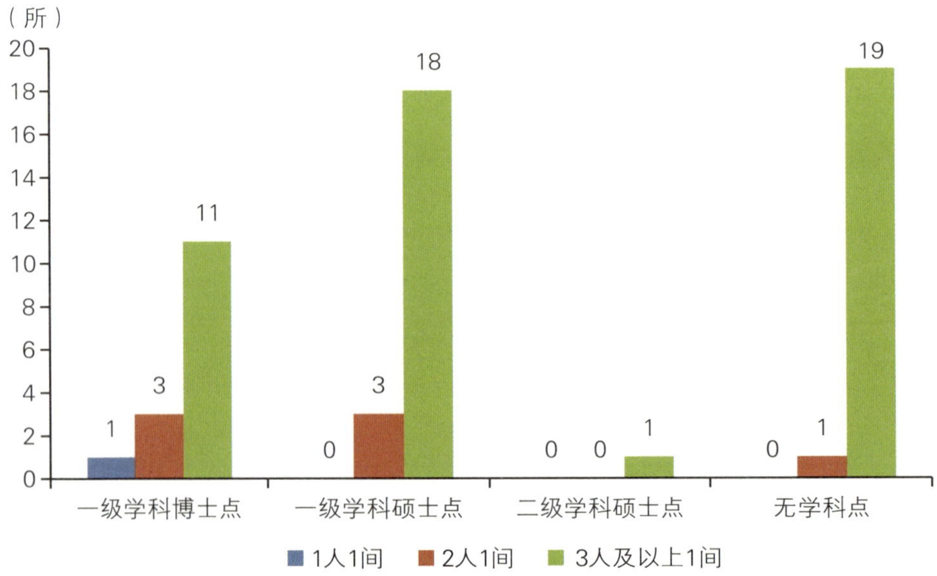

图7-24 讲师办公室条件2

（三）专项经费落实

参加调研高校专项经费落实情况如图7-25所示。

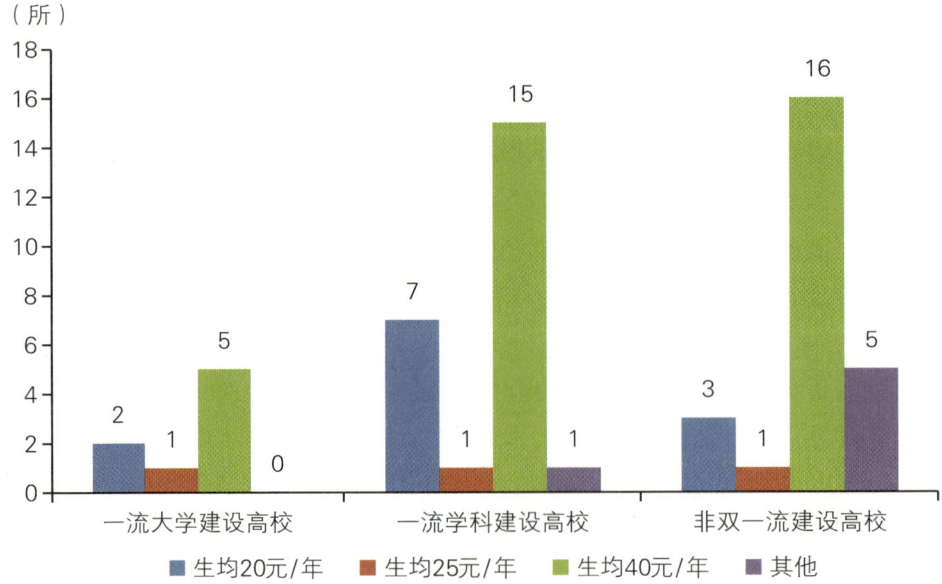

图7-25 专项经费落实情况1

调查显示，参加调研的57所高校中，12所高校的思想政治理论课专项经费按生均20元/年标准落实，占比21.05%；按生均25元/年标准落实的3所，占比5.26%；按生均40元/年标准落实的36所，占比63.16%。其他6所，占比10.53%。

一流大学建设高校8所，其中思想政治理论课专项经费按生均20元/年标准落实的2所，占比25.00%；按生均25元/年标准落实的1所，占比12.50%；按生均40元/年标准落实的5所，占比62.50%。

一流学科建设高校24所，其中思想政治理论课专项经费按生均20元/年标准落实的7所，占比29.17%；按生均25元/年标准落实的1所，占比4.17%；按生均40元/年标准落实的15所，占比62.50%；其他1所，占比4.17%。

非双一流建设高校25所，其中思想政治理论课专项经费按生均20元/年标准落实的3所，占比12.00%；按生均25元/年标准落实的1所，占比4.00%；按生均40元/年标准落实的16所，占比64.00%；其他5所，占比20.00%。

如图7-26所示，从学科点来看，一级学科博士点15所高校，其中思想政治理论课专项经费按生均20元/年标准落实的2所，占13.33%；按生均25元/年标准落实的1所，占比6.67%；按生均40元/年标准落实的12所，占比80.00%。一级学科硕士点21所高校，其中思想政治理论课专项经费按生均

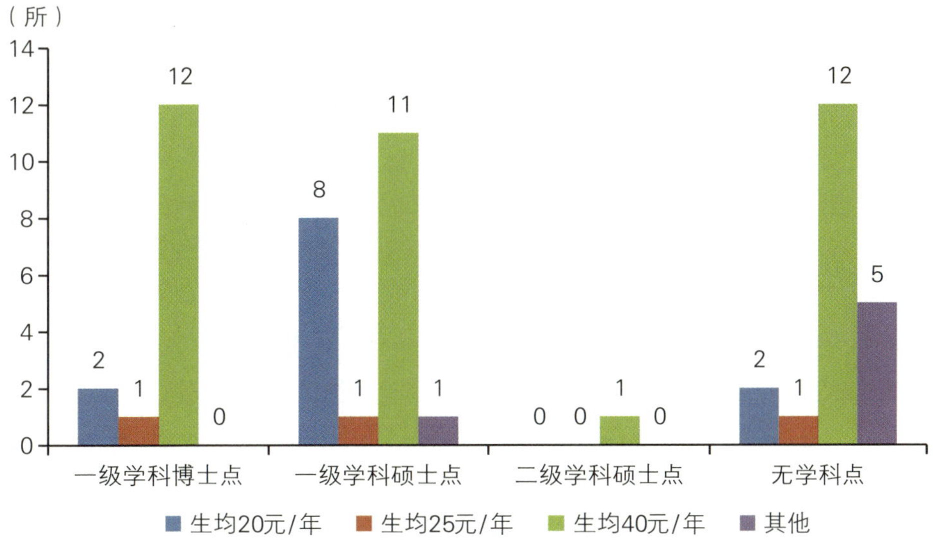

图7-26 专项经费落实情况2

20元/年标准落实的8所，占比38.10%；按生均25元/年标准落实的1所，占比4.76%；按生均40元/年标准落实的11所，占比52.38%；其他1所，占比4.76%。二级学科硕士点思想政治理论课专项经费按生均40元/年标准落实的1所，占比100%。无学科点20所高校，其中思想政治理论课专项经费按生均20元/年标准落实的2所，占10.00%；按生均25元/年标准落实的1所，占比5.00%；按生均40元/年标准落实的12所，占比60.00%；其他5所，占比25.00%。

（四）教学管理

教学管理主要包括思想政治理论课学分学时、编写使用教辅资料、课堂教学规模、教学督导。

1. 思想政治理论课学分学时

根据教学对象的层次性，思想政治理论课学分学时的统计，按照本专科生课程和研究生课程两类进行。

（1）本专科生课程

参加调研高校的“习近平新时代中国特色社会主义思想概论”课学分、学时情况如图7-27、图7-28所示。

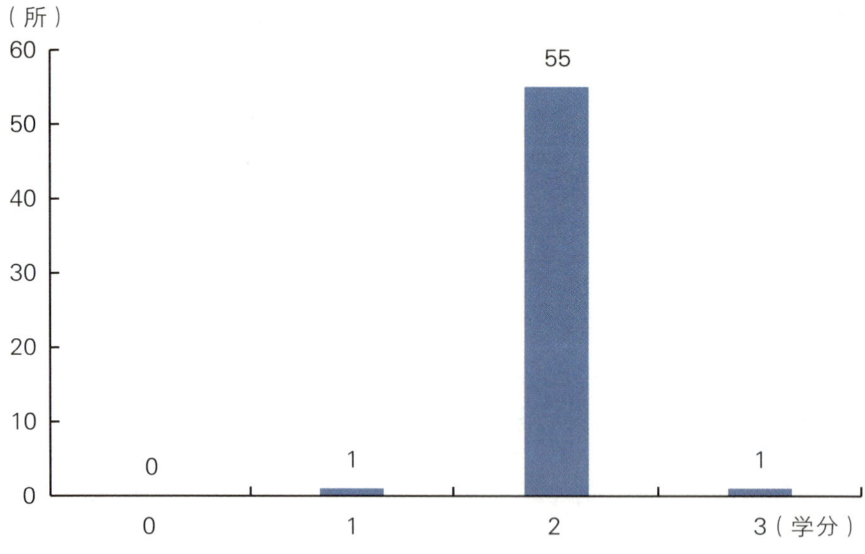

图7-27 “习近平新时代中国特色社会主义思想概论”课学分分布

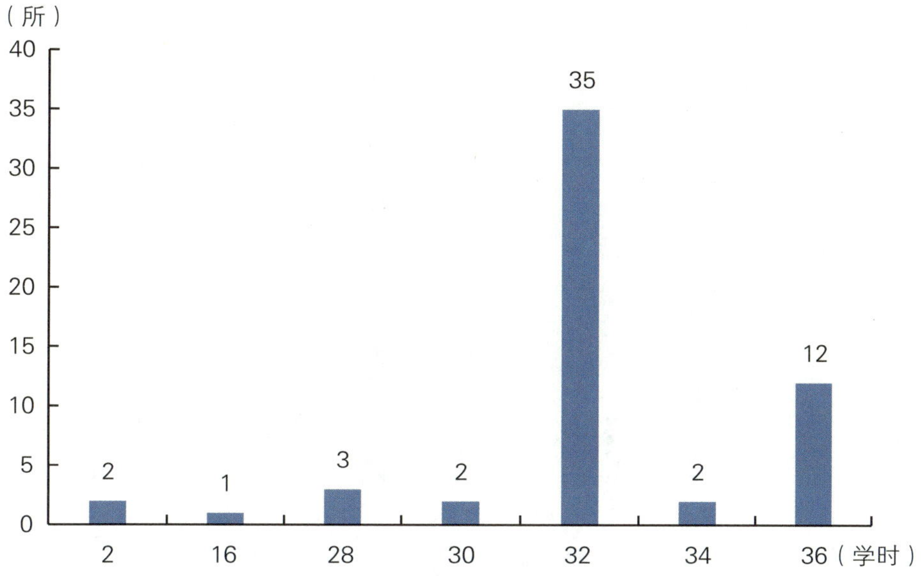

图7-28 “习近平新时代中国特色社会主义思想概论”课学时分布

调查显示，参加调研高校的“习近平新时代中国特色社会主义思想概论”课的学分绝大部分是2学分，学时以32学时和36学时为主（注：0学分、0学时是因为没有开设此课程）。

参加调研高校的“思想道德修养与法律基础”课学分、学时情况如图7–29、图7–30所示。

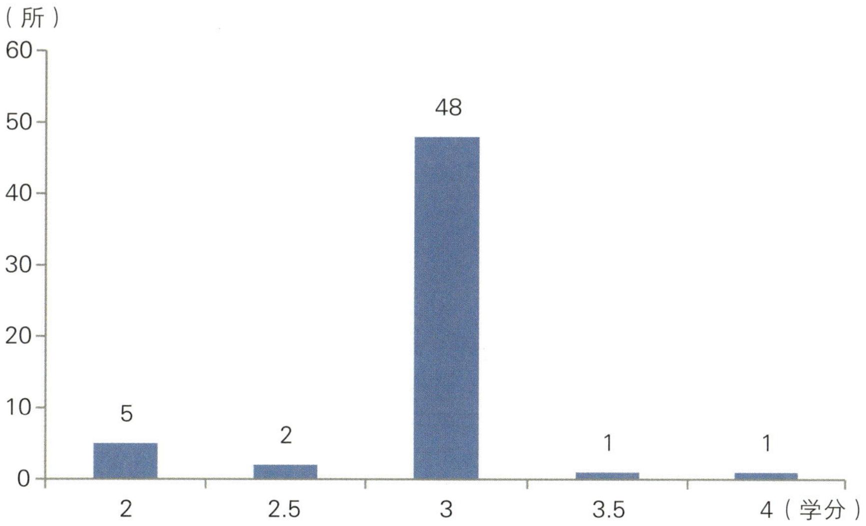

图7-29 “思想道德修养与法律基础”课学分分布

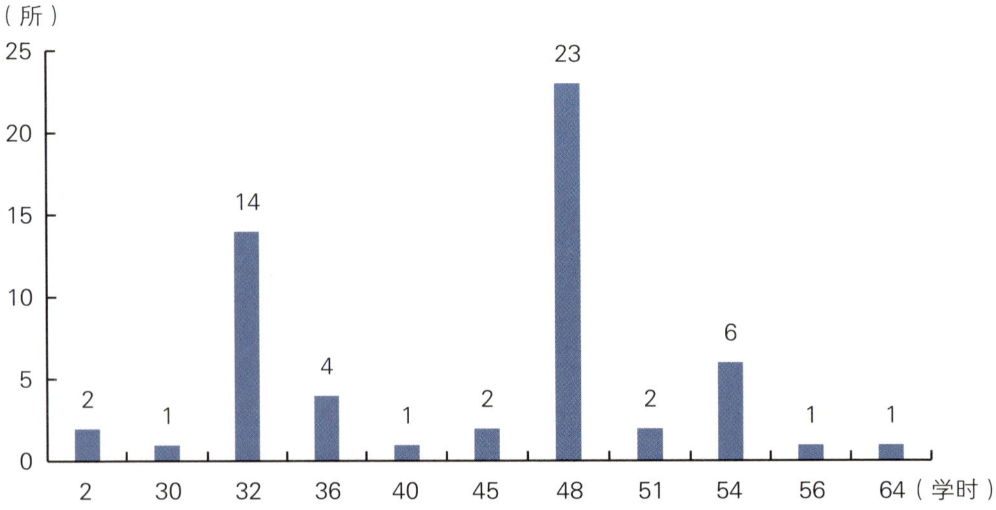

图7-30 “思想道德修养与法律基础”课学时分布

调查显示，参加调研高校的“思想道德修养与法律基础”课的学分绝大部分是3学分，学时以48学时和32学时为主。

参加调研高校的“中国近现代史纲要”课学分、学时情况如图7-31、图7-32所示。

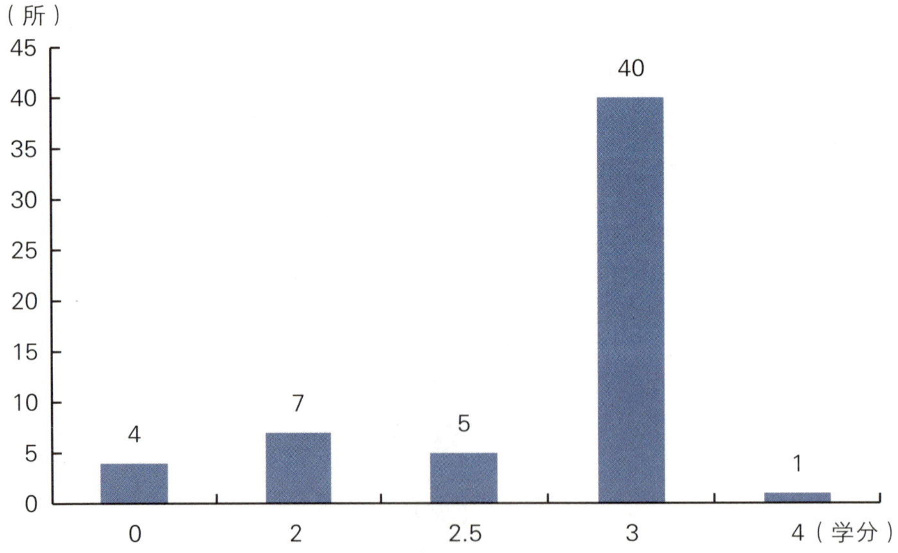

图7-31 “中国近现代史纲要”课学分分布

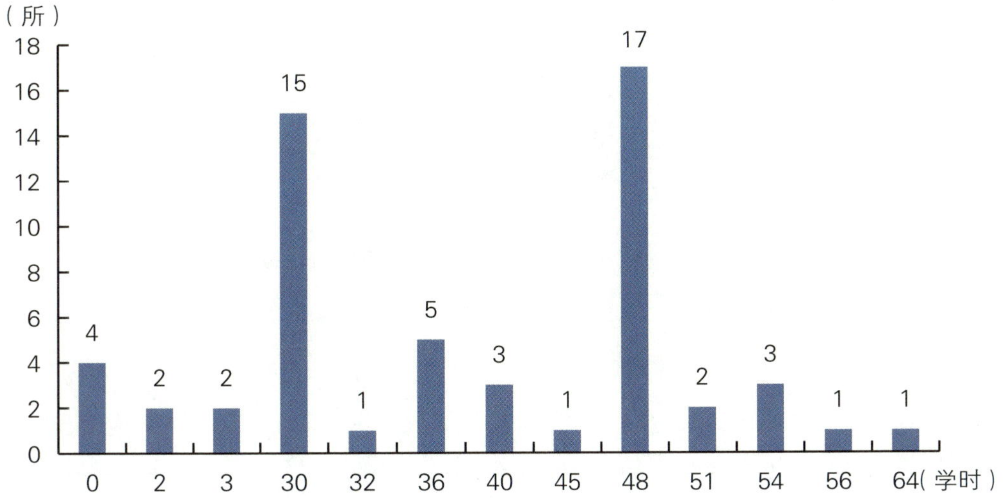

图7-32　“中国近现代史纲要”课学时分布

调查显示，参加调研高校的“中国近现代史纲要”课的学分，大部分是3学分，其次是2学分，学时以48学时和32学时为主。

参加调研高校的“马克思主义基本原理概论”课学分、学时情况如图7-33、图7-34所示。

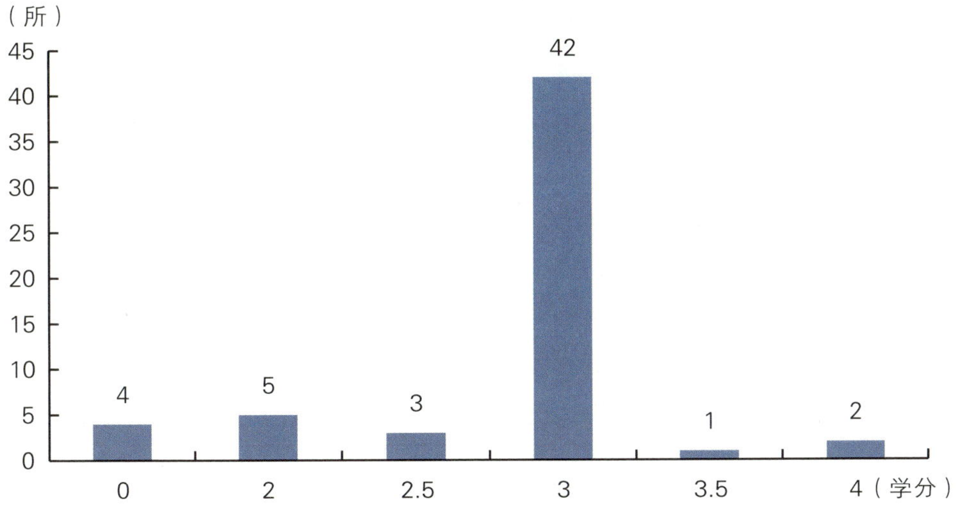

图7-33　“马克思主义基本原理概论”课学分分布

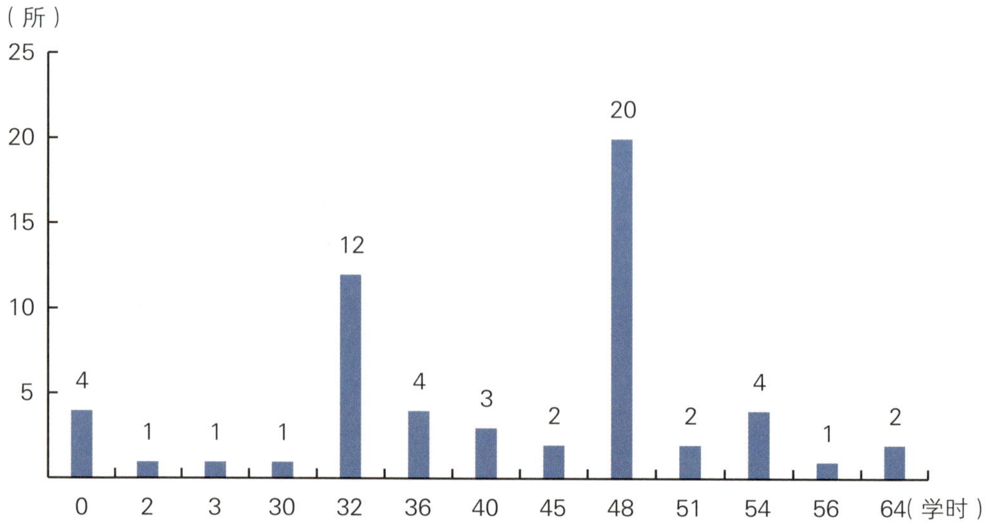

图7-34　“马克思主义基本原理概论”课学时分布

调查显示，参加调研高校的“马克思主义基本原理概论”课的学分以3学分为主，学时以48学时和32学时为主。

参加调研高校的“毛泽东思想和中国特色社会主义理论体系概论”课学分、学时情况如图7-35、图7-36所示。

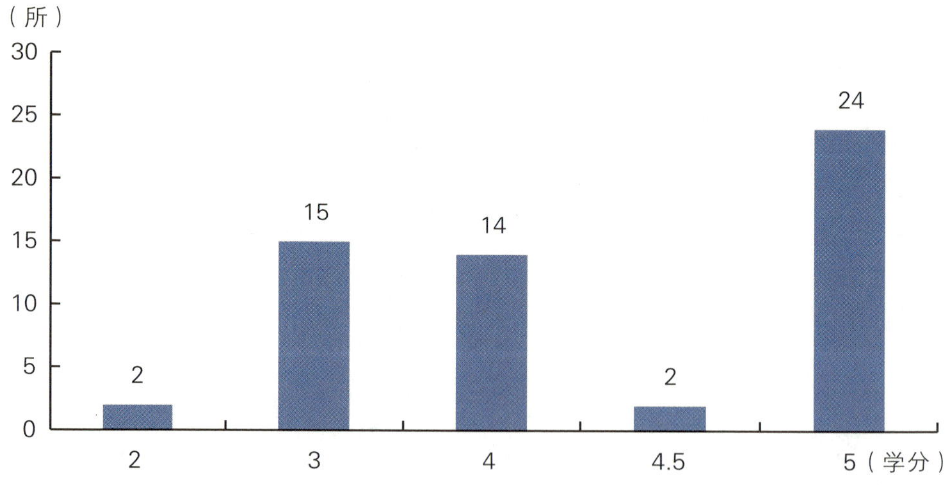

图7-35　“毛泽东思想和中国特色社会主义理论体系概论”课学分分布

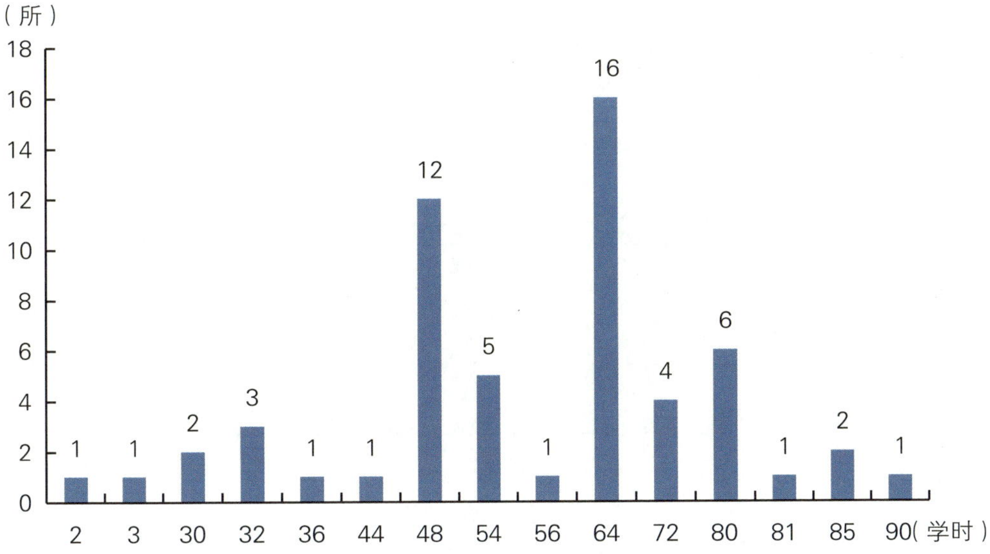

图7-36 “毛泽东思想和中国特色社会主义理论体系概论”课学时分布

调查显示，参加调研高校的“毛泽东思想和中国特色社会主义理论体系概论”课的学分以5学分居多，其次是3学分和4学分。学时以64学时最多，其次是48学时。

参加调研高校的“形势与政策”课的学分、学时情况如图7-37、图7-38所示。

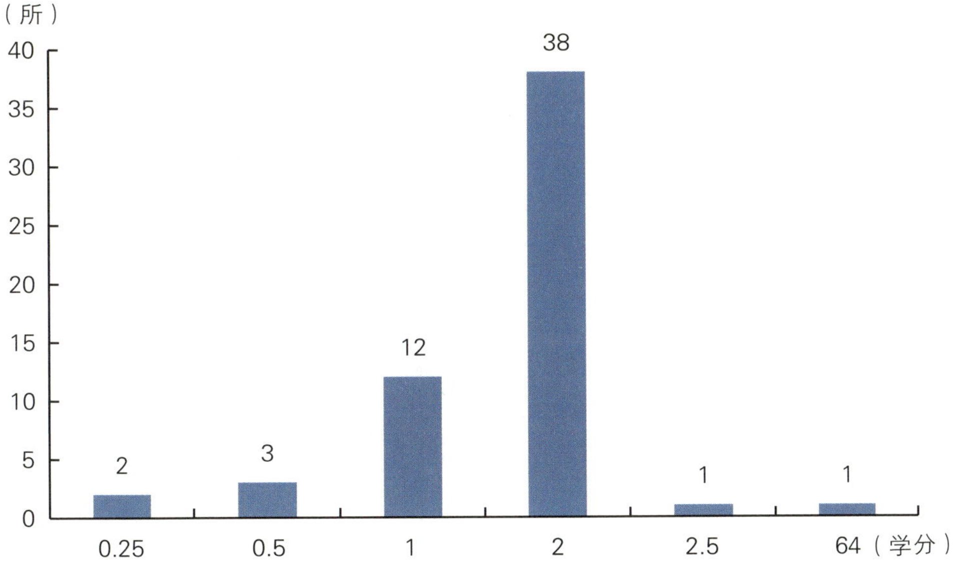

图7-37 “形势与政策”课学分分布

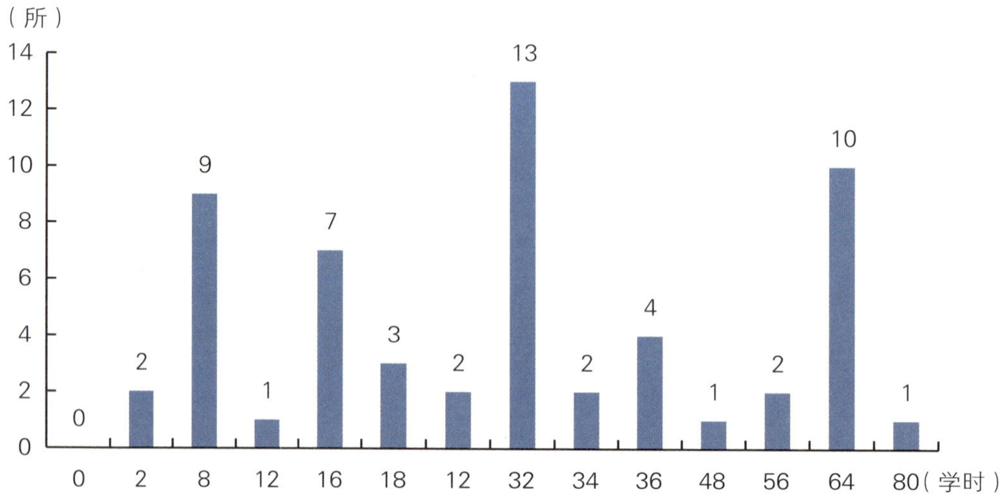

图7-38　“形势与政策”课学时分布

调查显示，参加调研高校的“形势与政策”课的学分以2学分居多，其次是1学分；学时主要是32学时，其次是64学时和8学时。

（2）研究生课程

参加调研高校的“中国特色社会主义理论与实践研究”课程的学分、学时情况如图7-39、图7-40所示。

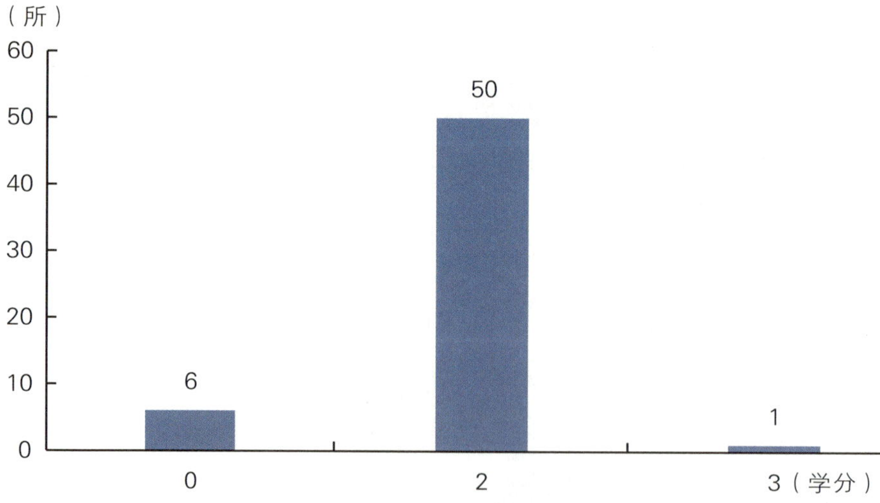

图7-39　“中国特色社会主义理论与实践研究”课学分分布

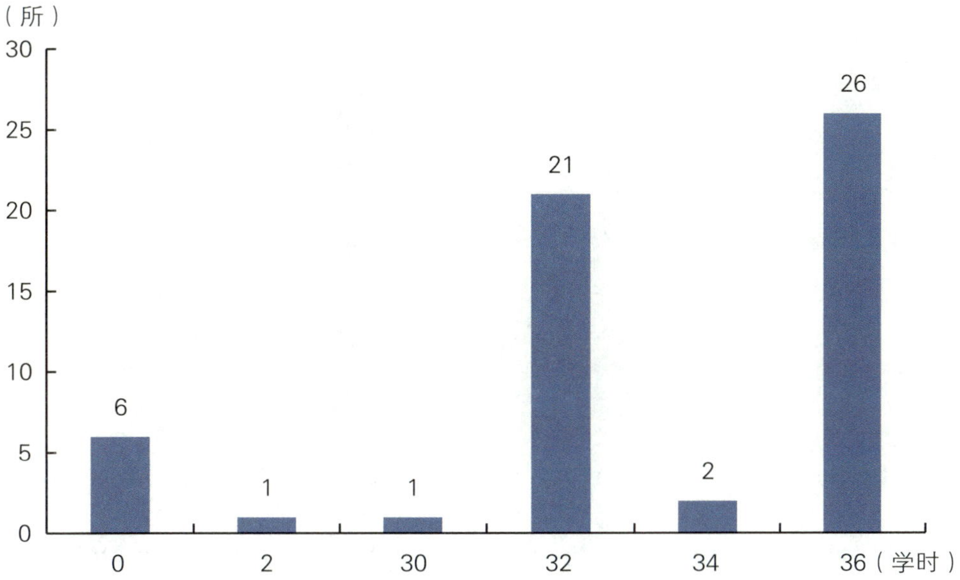

图7-40　“中国特色社会主义理论与实践研究”课学时分布

调查显示，参加调研高校“中国特色社会主义理论与实践研究”课的学分大部分是2学分；学时主要是36学时，其次是32学时。

参加调研高校的“自然辩证法概论”课的学分、学时情况如图7-41、图7-42所示。

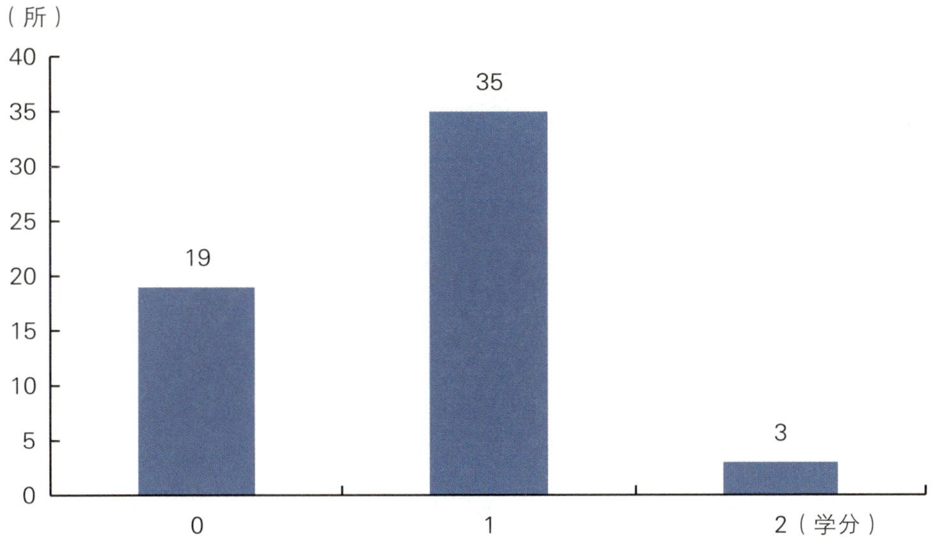

图7-41　“自然辩证法概论”课学分分布

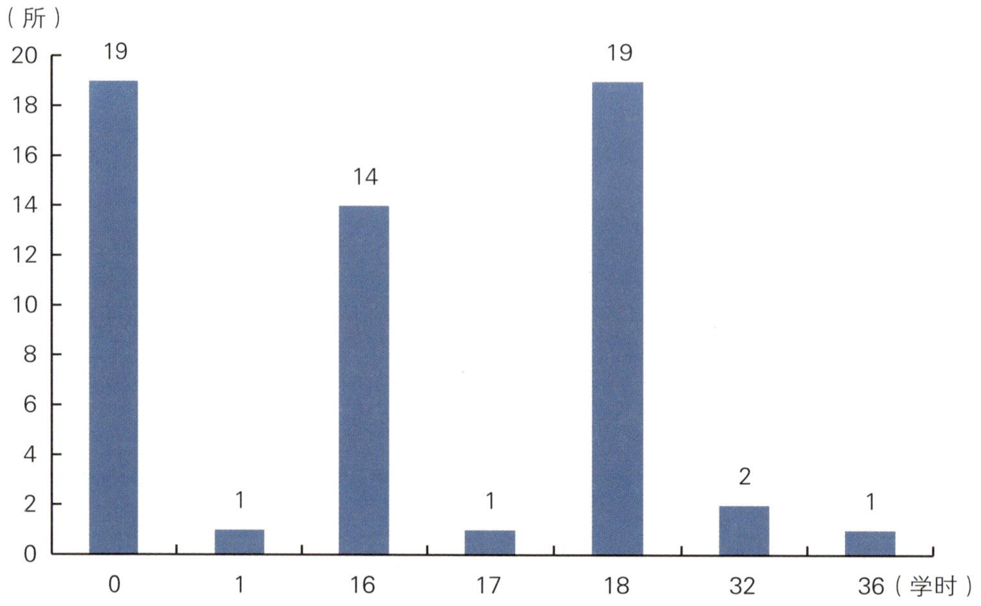

图7-42　“自然辩证法概论”课学时分布

调查显示，参加调研高校的“自然辩证法概论”课的学分以1学分为主；学时主要是18学时，其次是16学时。

参加调研高校的“马克思主义与社会科学方法论”课的学分、学时情况如图7-43、图7-44所示。

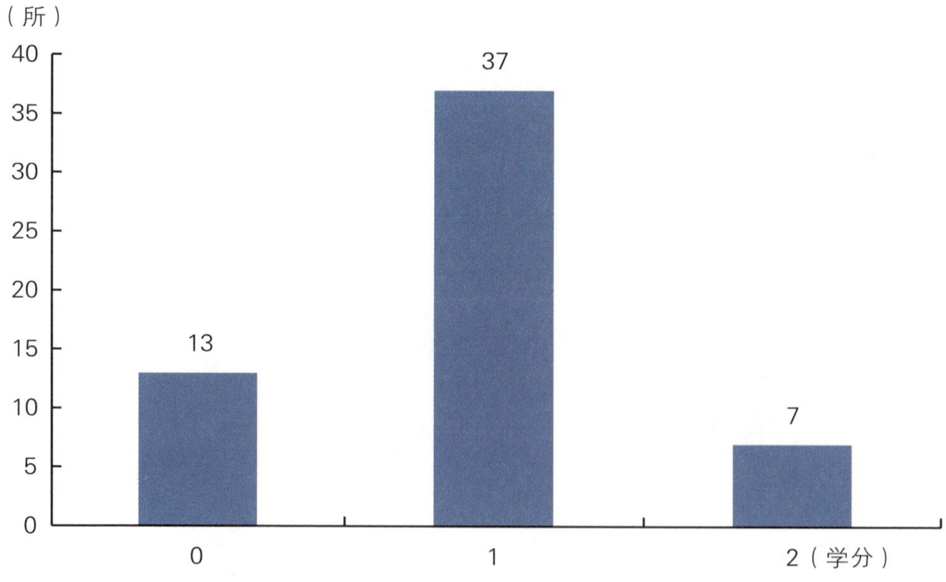

图7-43　“马克思主义与社会科学方法论”课学分分布

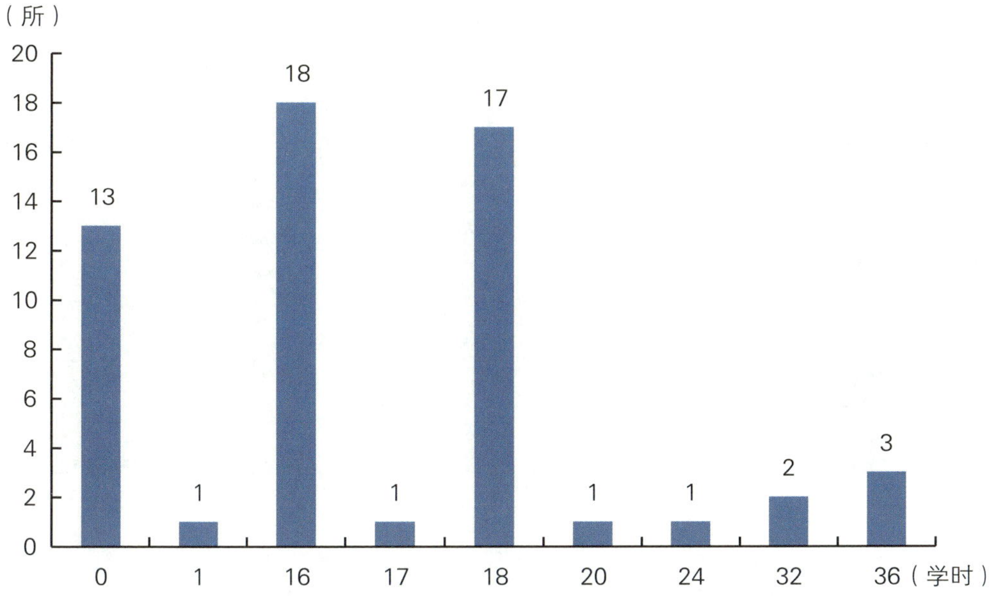

图7-44　“马克思主义与社会科学方法论”课学时分布

调查显示，参加调研高校的“马克思主义与社会科学方法论”课的学分以1学分为主；学时主要是16学时，其次是18学时。

参加调研高校的“中国马克思主义与当代”课的学分、学时情况如图7-45、图7-46所示。

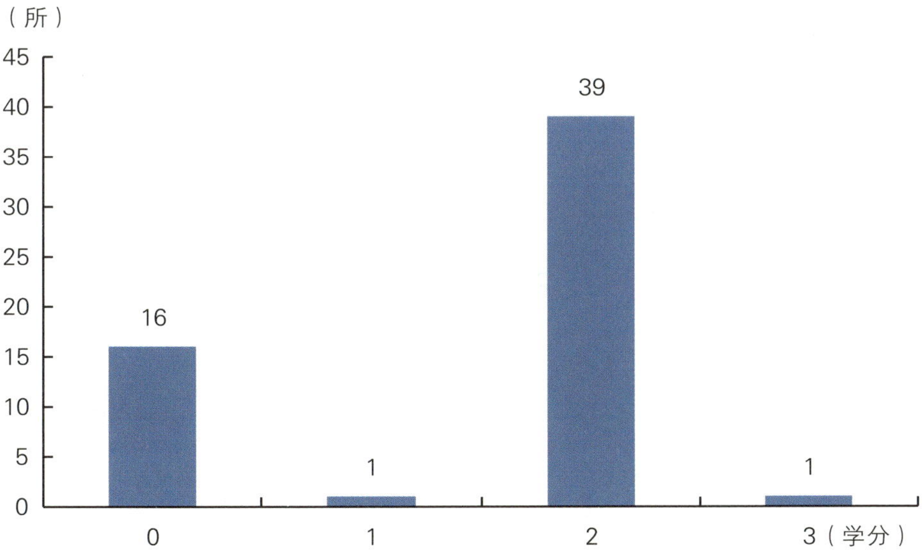

图7-45　“中国马克思主义与当代”课学分分布

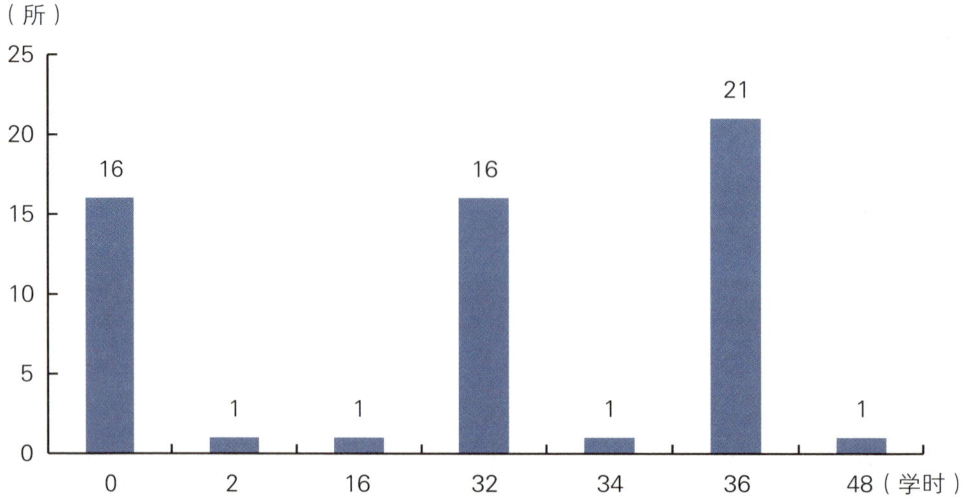

图7-46 “中国马克思主义与当代”课学时分布

调查显示，参加调研高校的“中国马克思主义与当代”课的学分以2学分为主；学时主要是36学时，其次是32学时。

参加调研高校的“马克思恩格斯列宁经典著作选读”课的学分、学时情况如图7-47、图7-48所示。

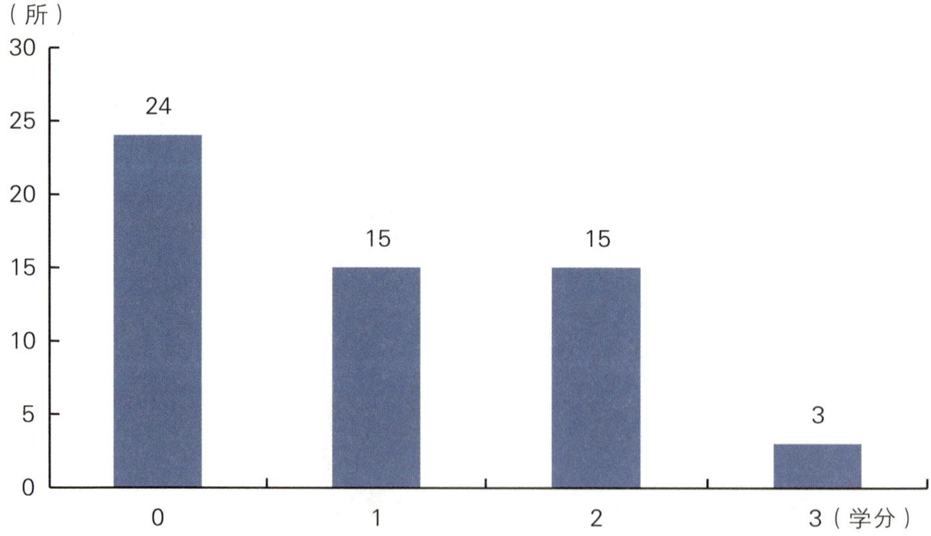

图7-47 “马克思恩格斯列宁经典著作选读”课学分分布

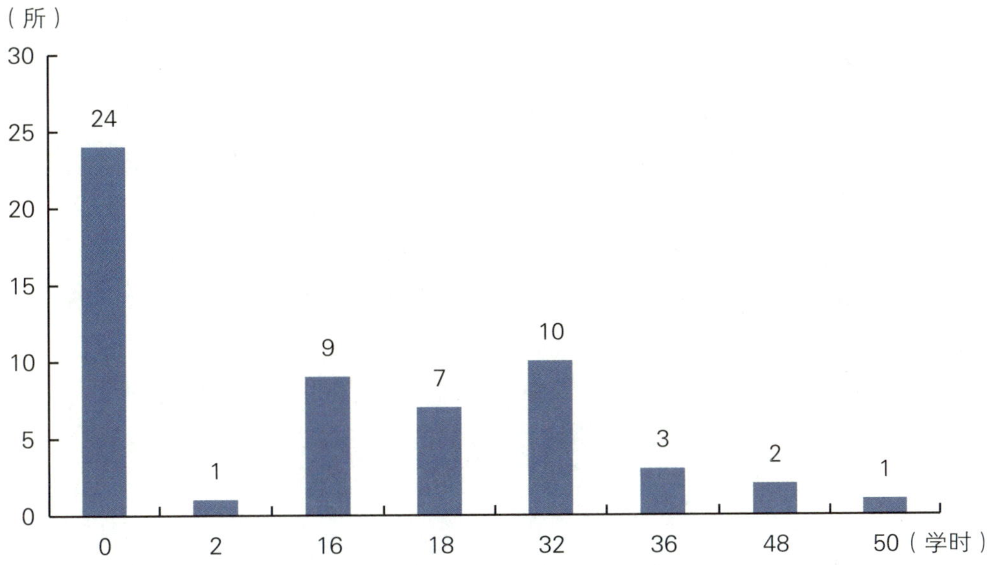

图7-48 “马克思恩格斯列宁经典著作选读”课学时分布

调查显示，参加调研高校的“马克思恩格斯列宁经典著作选读”课的学分以1学分和2学分为主。学时以32学时为主，其次是16学时。

2. 编写使用教辅资料

（1）本科生课程

参加调研高校编写使用“思想道德修养与法律基础”课教辅资料情况如图7-49所示。

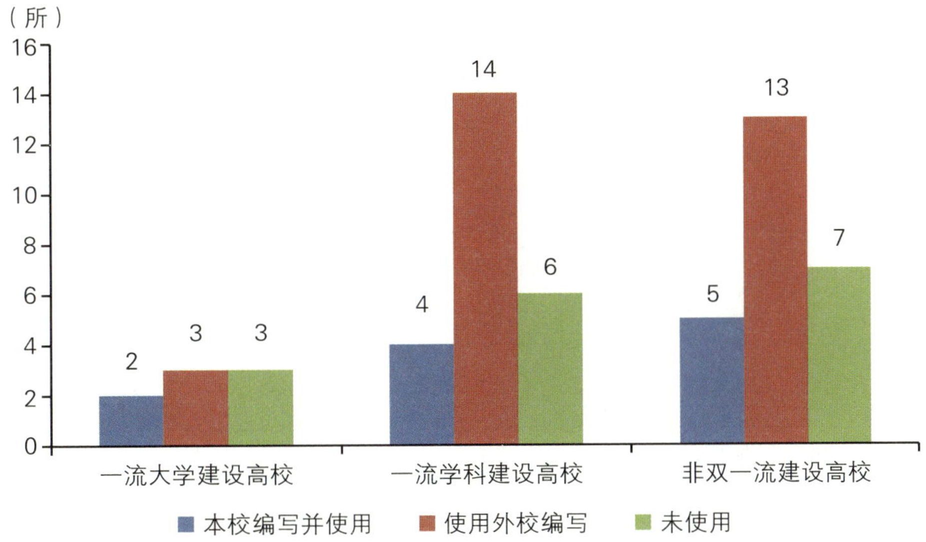

图7-49 “思想道德修养与法律基础”课教辅资料的编写和使用情况1

调查显示，参加调研的57所高校，以使用外校编写的教辅资料为主，共30所高校，占比52.63%。

一流大学建设高校8所，其中本校编写并使用教辅资料的2所，占比25.00%；使用外校编写教辅资料的3所，占比37.50%；未使用教辅资料的3所，占比37.50%。

一流学科建设高校24所，其中本校编写并使用教辅资料的4所，占比16.67%；使用外校编写教辅资料的14所，占比58.33%；未使用教辅资料的6所，占比25.00%。

非双一流建设高校25所，其中本校编写并使用教辅资料的5所，占比20.00%；使用外校编写教辅资料的13所，占比52.00%；未使用教辅资料的7所，占比28.00%。

如图7-50所示，从学科点来看，一级学科博士点15所高校，其中本校编写并使用教辅资料的3所，占比20.00%；使用外校编写教辅资料的8所，占比53.33%；未使用教辅资料的4所，占比26.67%。一级学科硕士点21所高校，其中本校编写并使用教辅资料的4所，占比19.05%；使用外校编写教辅资料的10所，占比47.62%；未使用教辅资料的7所，占比33.33%。二级学科硕士点使用外校编写教辅资料的1所，占比100%。无学科点20所高校，其中本校编写并使用教辅资料的4所，占比20.00%；使用外校编写教

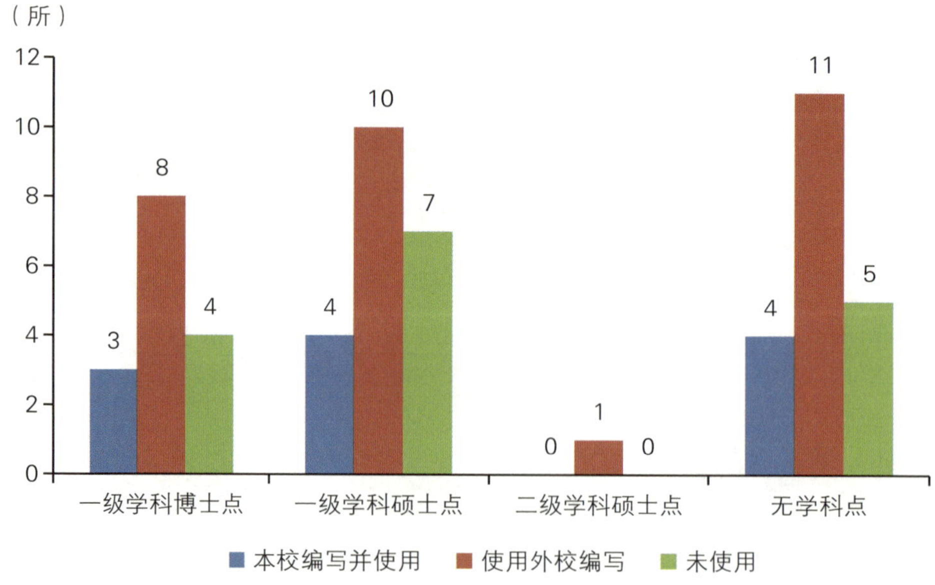

图7-50 “思想道德修养与法律基础”课教辅资料的编写和使用情况2

辅资料的11所，占比55.00%；未使用教辅资料的5所，占比25.00%。

参加调研高校编写使用“中国近现代史纲要”课教辅资料情况如图7–51所示。

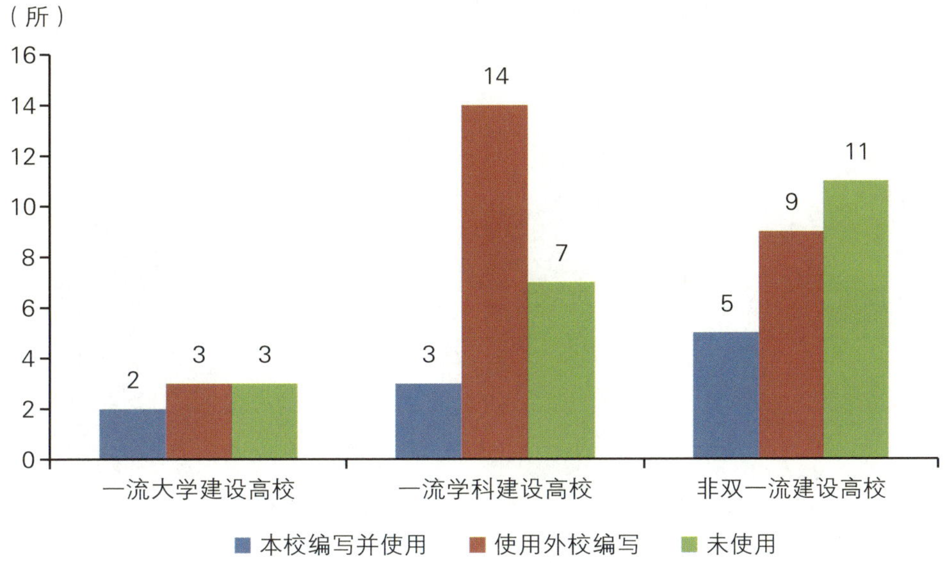

图7–51 “中国近现代史纲要”课教辅资料的编写和使用情况1

调查显示，参加调研的57所高校，以使用外校编写的教辅资料为主，共26所高校，占比45.61%。

一流大学建设高校8所，其中本校编写并使用教辅资料的2所，占25.00%；使用外校编写教辅资料的3所，占37.50%；未使用教辅资料的3所，占37.50%。

一流学科建设高校24所，其中本校编写并使用教辅资料的3所，占12.50%；使用外校编写教辅资料的14所，占58.33%；未使用教辅资料的7所，占29.17%。

非双一流建设高校25所，其中本校编写并使用教辅资料的5所，占20.00%；使用外校编写教辅资料的9所，占36.00%；未使用教辅资料的11所，占44.00%。

如图7–52所示，从学科点来看，一级学科博士点15所高校，其中本校编写并使用教辅资料的3所，占20.00%；使用外校编写教辅资料的8所，占53.33%；未使用教辅资料的4所，占26.67%。一级学科硕士点21所高校，其中本校编写并使用教辅资料的3所，占14.29%；使用外校编写教辅资料的10所，占47.62%；未使用教辅资料的8所，占38.10%。二级学科硕士点使用外校编写教辅资料的1所，占100%。无学科点20所高校，其中本校编写并使用教辅资料的4所，占20.00%；使用外校编写教辅资料的7所，占35.00%；未使用教辅资料的9所，占45.00%。

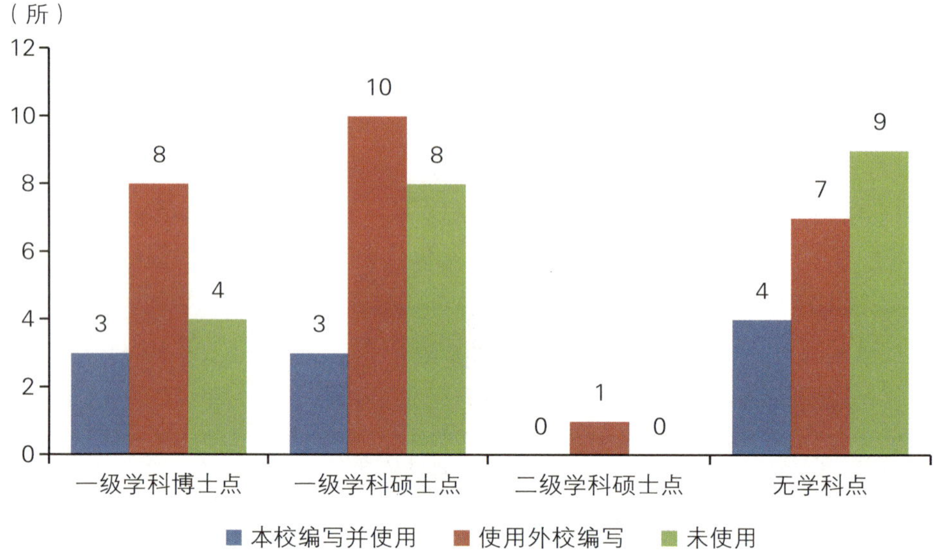

图7-52　“中国近现代史纲要”课教辅资料的编写和使用情况2

参加调研高校编写使用“马克思主义基本原理概论”课教辅资料情况如图7-53所示。

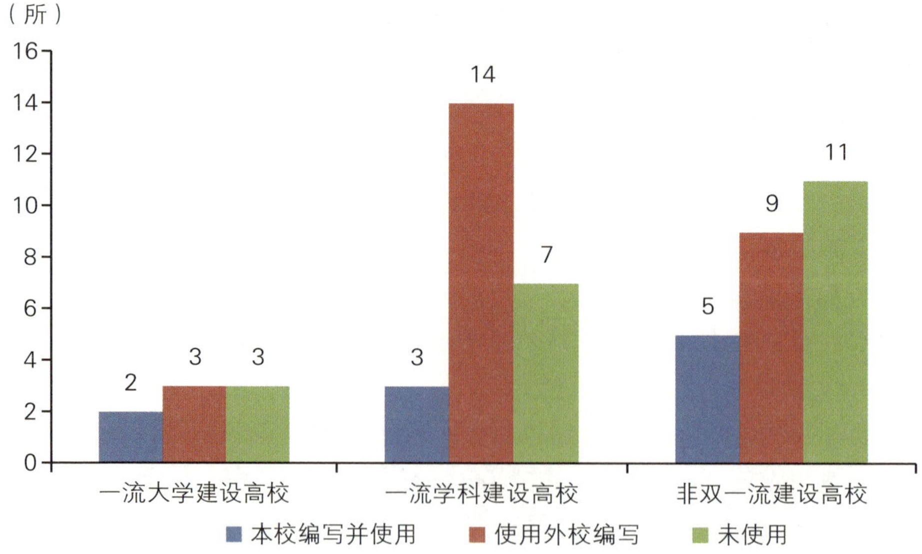

图7-53　“马克思主义基本原理概论”课教辅资料的编写和使用情况1

调查显示，参加调研的57所高校，以使用外校编写的教辅资料为主，共26所高校，占比45.61%。

一流大学建设高校8所，其中本校编写并使用教辅资料的2所，占比25.00%；使用外校编写教辅资料的3所，占比37.50%；未使用教辅资料的3所，占比37.50%。

一流学科建设高校24所，其中本校编写并使用教辅资料的3所，占比12.50%；使用外校编写教辅资料的14所，占比58.33%；未使用教辅资料的7所，占比29.17%。

非双一流建设高校25所，其中本校编写并使用教辅资料的5所，占比20.00%；使用外校编写教辅资料的9所，占比36.00%；未使用教辅资料的11所，占比44.00%。

如图7-54所示，从学科点来看，一级学科博士点15所高校，其中本校编写并使用教辅资料的3所，占比20.00%；使用外校编写教辅资料的8所，占比53.33%；未使用教辅资料的4所，占比26.67%。一级学科硕士点21所高校，其中本校编写并使用教辅资料的3所，占比14.29%；使用外校编写教辅资料的10所，占比47.62%；未使用教辅资料的8所，占比38.10%。二级学科硕士点使用外校编写教辅资料的1所，占比100%。无学科点20所高校，其中本校编写并使用教辅资料的4所，占比20.00%；使用外校编写教辅资料的7所，占比35.00%；未使用教辅资料的9所，占比45.00%。

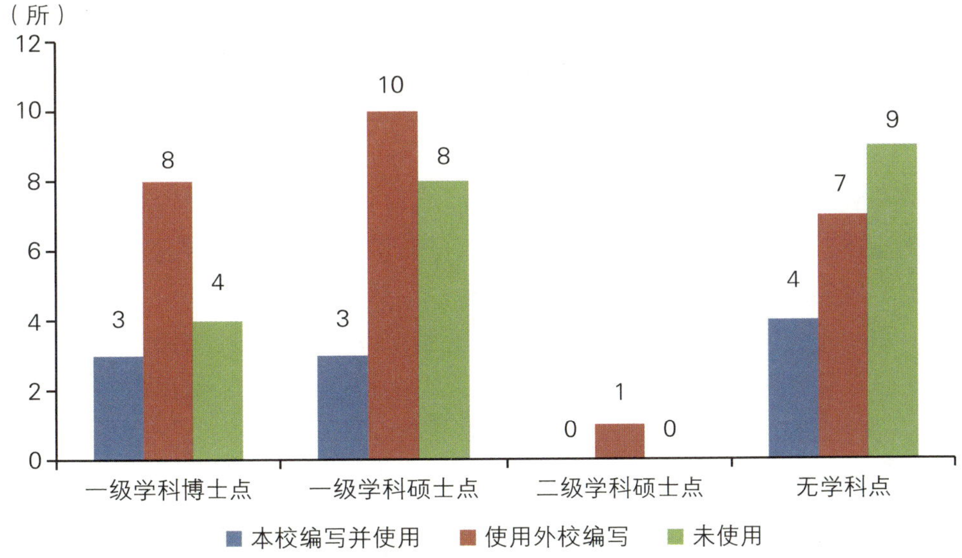

图7-54 “马克思主义基本原理概论”课教辅资料的编写和使用情况2

参加调研高校编写使用“毛泽东思想和中国特色社会主义理论体系概论”课教辅资料情况如图7-55所示。

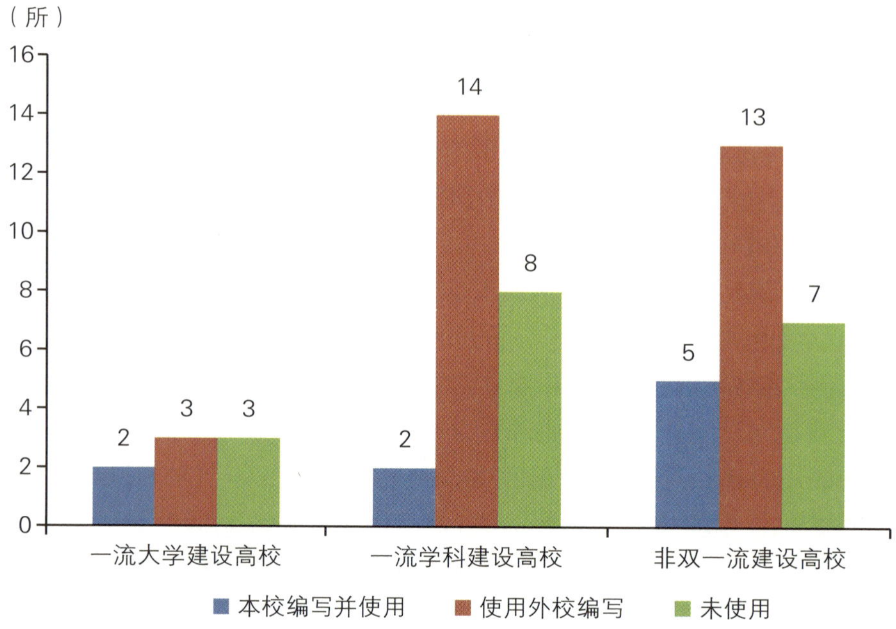

图7-55　“毛泽东思想和中国特色社会主义理论体系概论”课教辅资料编写和使用情况1

调查显示，参加调研的57所高校中，主要以使用外校编写教辅资料为主，共30所，占比52.63%。

一流大学建设高校8所，其中本校编写并使用教辅资料的2所，占比25.00%；使用外校编写教辅资料的3所，占比37.50%；未使用教辅资料的3所，占比37.50%。

一流学科建设高校24所，其中本校编写并使用教辅资料的2所，占比8.33%；使用外校编写教辅资料的14所，占比58.33%；未使用教辅资料的8所，占比33.33%。

非双一流建设高校25所，其中本校编写并使用教辅资料的5所，占比20.00%；使用外校编写教辅资料的13所，占比52.63%；未使用教辅资料的7所，占比28.00%。

如图7-56所示，从学科点来看，一级学科博士点15所高校，其中本校编写并使用教辅资料的2所，占比13.33%；使用外校编写教辅资料的8所，占比53.33%；未使用教辅资料的5所，占比33.33%。一级学科硕士点21所高校，其中本校编写并使用教辅资料的3所，占比14.29%；使用外校编写教辅资料的10所，占比47.62%；未使用教辅资料的8所，占比38.10%。二级学科硕士点使用外校编写教辅资料的1所，占比100%。无学科点20所高校，其中本校编写并使用教辅资料的4所，占比20.00%；使用外校编写教辅资料的11所，占比55.00%；未使用教辅资料的5所，占比25.00%。

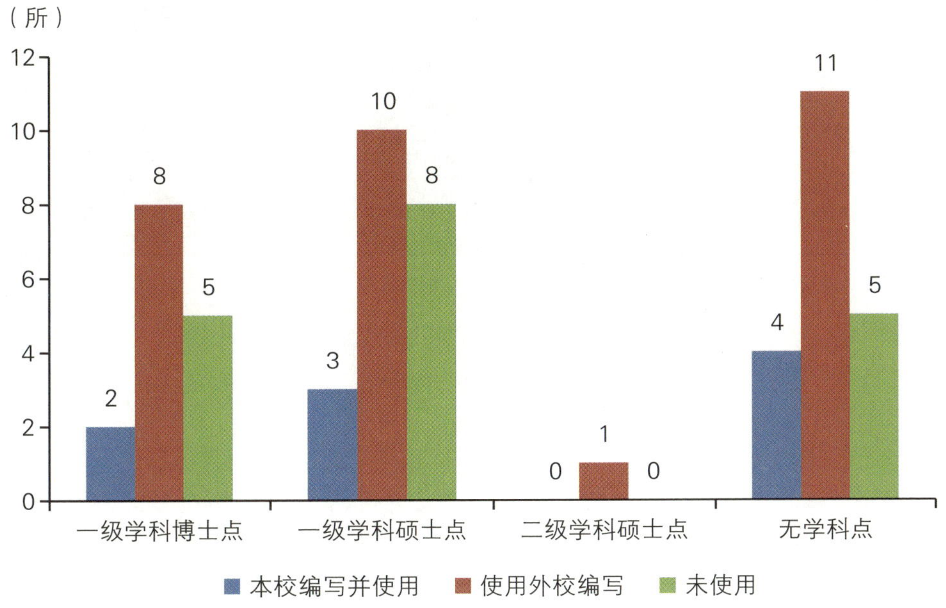

图7-56 “毛泽东思想和中国特色社会主义理论体系概论”课教辅资料编写和使用情况2

参加调研高校编写使用“形势与政策”课教辅资料情况如图7-57所示。

调查显示，参加调研的57所高校中，以使用外校编写教辅资料为主，共33所，占比57.89%。

一流大学建设高校8所，其中本校编写并使用教辅资料的0所；使用外校编写教辅资料的5所，占比62.50%；未使用教辅资料的3所，占比37.50%。

一流学科建设高校24所，其中本校编写并使用教辅资料的4所，占比16.67%；使用外校编写教辅资料的12所，占比50.00%；未使用教辅资料的8所，占比33.33%。

非双一流建设高校25所，其中本校编写并使用教辅资料的2所，占比8.00%；使用外校编写教辅资料的16所，占比64.00%；未使用教辅资料的7

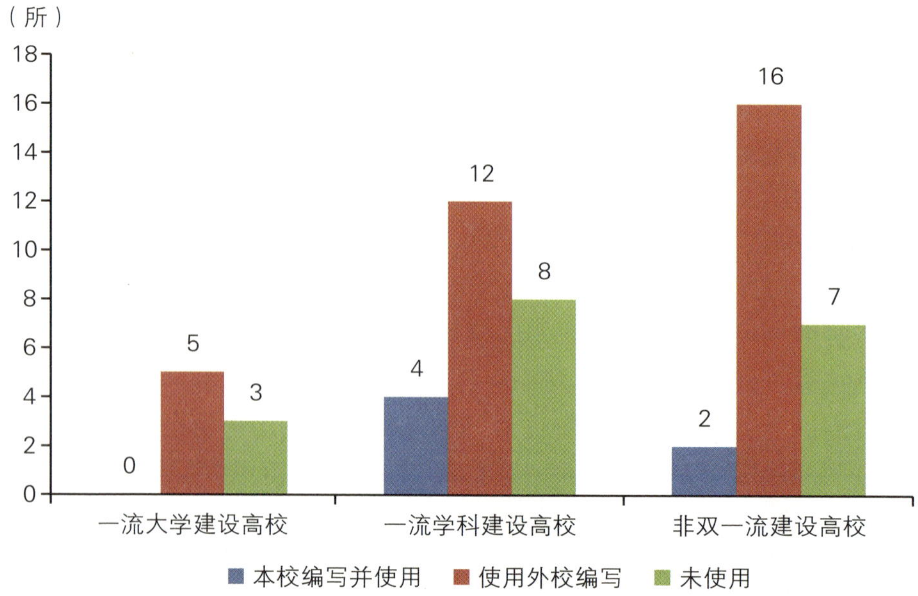

图7-57 “形势与政策”课教辅资料的编写和使用情况1

所，占比28.00%。

如图7-58所示，从学科点来看，一级学科博士点15所高校，其中本校编写并使用教辅资料的2所，占比13.33%；使用外校编写教辅资料的9所，

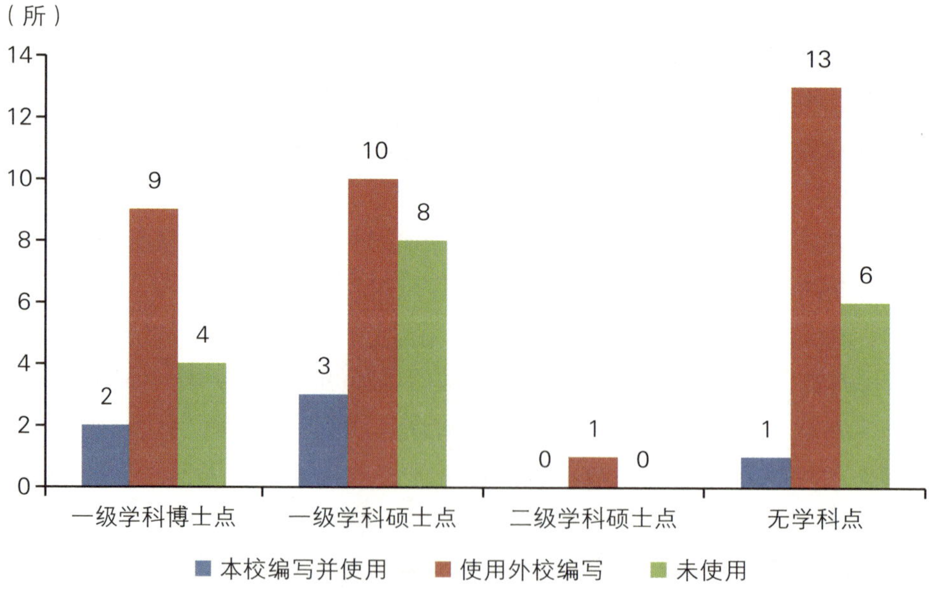

图7-58 “形势与政策”课教辅资料的编写和使用情况2

占比60.00%；未使用教辅资料的4所，占比26.67%。一级学科硕士点21所高校，其中本校编写并使用教辅资料的3所，占比14.29%；使用外校编写教辅资料的10所，占比47.62%；未使用教辅资料的8所，占比38.10%。二级学科硕士点使用外校编写教辅资料的1所，占比100.00%。无学科点20所高校，其中本校编写并使用教辅资料的1所，占比5.00%；使用外校编写教辅资料的13所，占比65.00%；未使用教辅资料的6所，占比30.00%。

（2）研究生课程

参加调研高校编写使用“中国特色社会主义理论与实践研究”课教辅资料情况如图7-59所示。

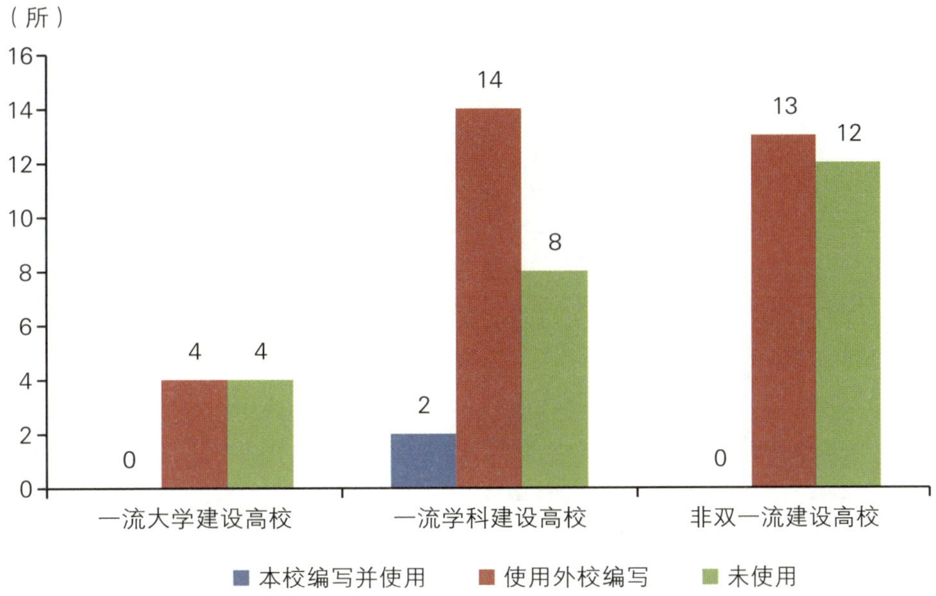

图7-59 “中国特色社会主义理论与实践研究”课教辅资料的编写和使用情况1

调查显示，参加调研的57所高校中，以使用外校编写教辅资料为主，共31所，占比54.39%。

一流大学建设高校8所，其中本校编写并使用教辅资料的0所；使用外校编写教辅资料的4所，占比50.00%；未使用教辅资料的4所，占比50.00%。

一流学科建设高校24所，其中本校编写并使用教辅资料的2所，占比8.33%；使用外校编写教辅资料的14所，占比58.33%；未使用教辅资料的8所，占比33.33%。

非双一流建设高校25所，其中本校编写并使用教辅资料的0所；使用外校编写教辅资料的13所，占比52.00%；未使用教辅资料的12所，占比48.00%。

如图7-60所示，从学科点来看，一级学科博士点15所高校，其中本校编写并使用教辅资料的2所，占比13.33%；使用外校编写教辅资料的8所，占比53.33%；未使用教辅资料的5所，占比33.33%。一级学科硕士点21所高校，其中本校编写并使用教辅资料的0所；使用外校编写教辅资料的13所，占比61.90%；未使用教辅资料的8所，占比38.10%。二级学科硕士点使用外校编写教辅资料的1所，占比100%。无学科点20所高校，其中本校编写并使用教辅资料的0所；使用外校编写教辅资料的9所，占比45.00%；未使用教辅资料的11所，占比55.00%。

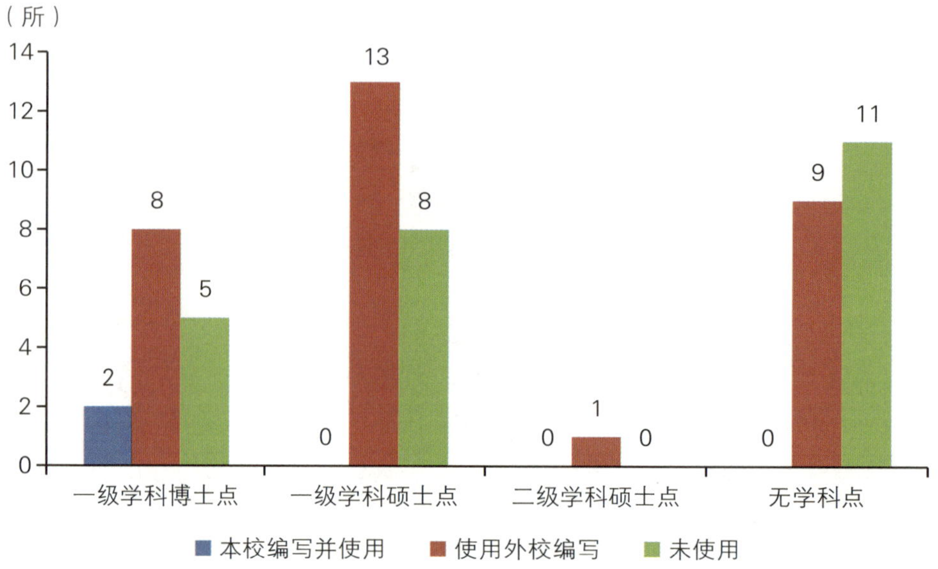

图7-60 “中国特色社会主义理论与实践研究”课教辅资料的编写和使用情况2

参加调研高校编写使用“自然辩证法概论”课教辅资料情况如图7-61所示。

调查显示，参加调研的57所高校中，以未使用教辅资料为主，共31所，占比54.39%。

一流大学建设高校8所，其中本校编写并使用教辅资料的0所；使用外校编写教辅资料的4所，占比50.00%；未使用教辅资料的4所，占比50.00%。

一流学科建设高校24所，其中本校编写并使用教辅资料的2所，占比8.33%；使用外校编写教辅资料的11所，占比45.83%；未使用教辅资料的

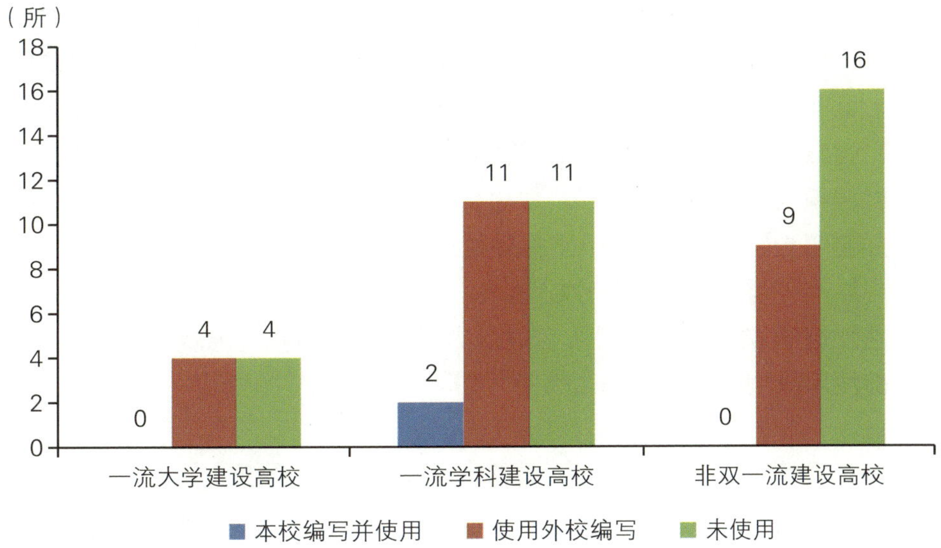

图7-61 “自然辩证法概论”课教辅资料的编写和使用情况1

11所，占比45.83%。

非双一流建设高校25所，其中本校编写并使用教辅资料的0所；使用外校编写教辅资料的9所，占比36.00%；未使用教辅资料的16所，占比64.00%。

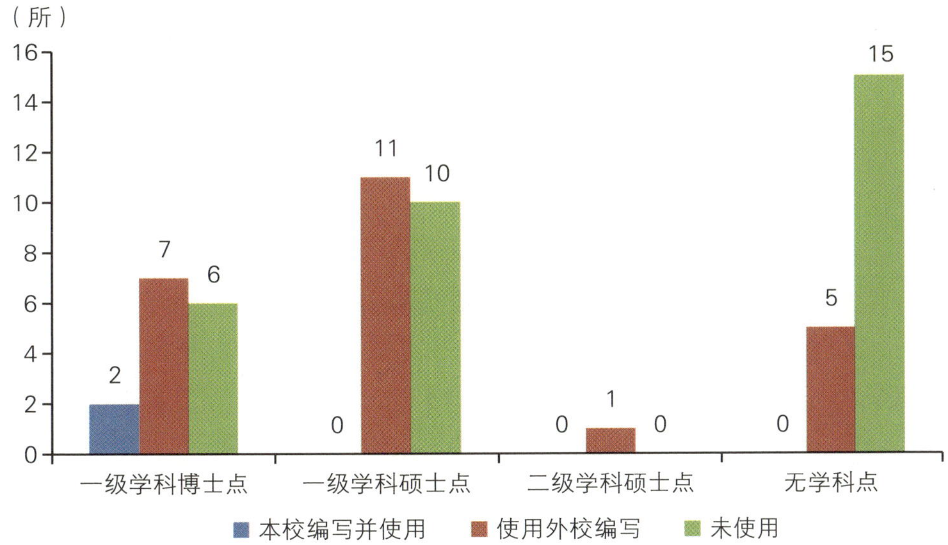

图7-62 “自然辩证法概论”课教辅资料的编写和使用情况2

如图7-62所示，从学科点来看，一级学科博士点15所高校，其中本校编写并使用教辅资料的2所，占比13.33%；使用外校编写教辅资料的7所，占比46.67%；未使用教辅资料的6所，占比40.00%。一级学科硕士点21所高校，其中本校编写并使用教辅资料的0所；使用外校编写教辅资料的11所，占比52.38%；未使用教辅资料的10所，占比47.62%。二级学科硕士点使用外校编写教辅资料的1所，占比100%。无学科点20所高校，其中本校编写并使用教辅资料的0所；使用外校编写教辅资料的5所，占比25.00%；未使用教辅资料的15所，占比75.00%。

参加调研高校编写使用“中国马克思主义与当代”课教辅资料情况如图7-63所示。

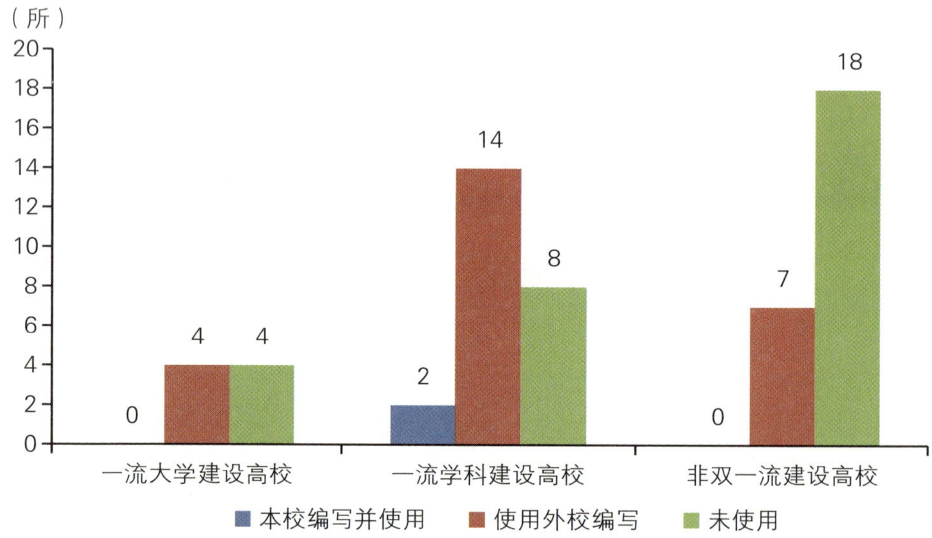

图7-63 “中国马克思主义与当代”课教辅资料的编写和使用情况1

调查显示，参加调研的57所高校中，以未使用教辅资料为主，共30所，占比52.63%。

一流大学建设高校8所，其中本校编写并使用教辅资料的0所；使用外校编写教辅资料的4所，占比50.00%；未使用教辅资料的4所，占比50.00%。

一流学科建设高校24所，其中本校编写并使用教辅资料的2所，占比8.33%；使用外校编写教辅资料的14所，占比58.33%；未使用教辅资料的8所，占比33.33%。

非双一流建设高校25所，其中本校编写并使用教辅资料的0所；使用外校编写教辅资料的7所，占比28.00%；未使用教辅资料的18所，占比

72.00%。

如图7-64所示，从学科点来看，一级学科博士点15所高校，其中本校编写并使用教辅资料的2所，占比13.33%；使用外校编写教辅资料的8所，占比53.33%；未使用教辅资料的5所，占比33.33%。一级学科硕士点21所高校，其中本校编写并使用教辅资料的0所；使用外校编写教辅资料的11所，占比52.38%；未使用教辅资料的10所，占比47.62%。二级学科硕士点使用外校编写教辅资料的1所，占比100%。无学科点20所高校，其中本校编写并使用教辅资料的0所；使用外校编写教辅资料的5所，占比25.00%；未使用教辅资料的15所，占比75.00%。

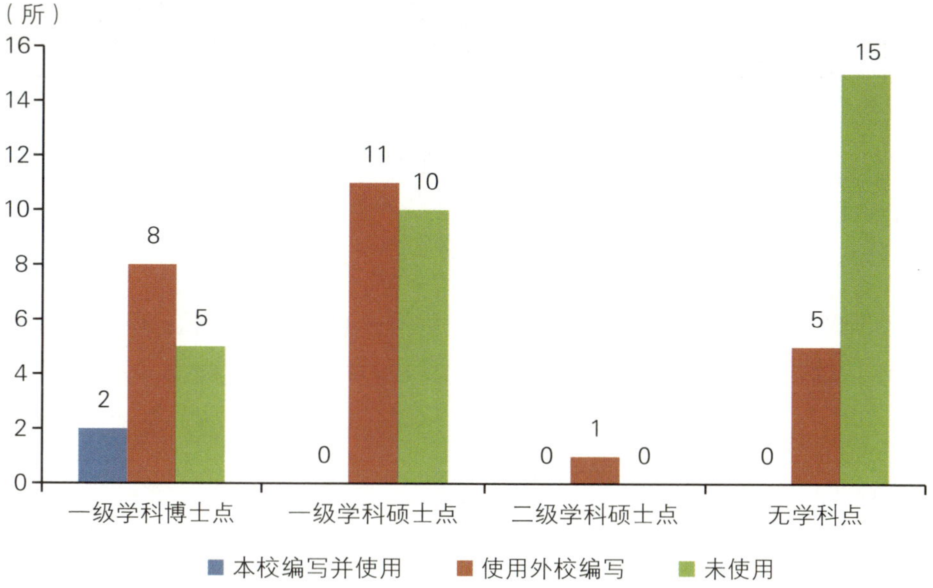

图7-64 “中国马克思主义与当代”课教辅资料的编写和使用情况2

参加调研高校编写使用“马克思恩格斯列宁经典著作选读”课教辅资料情况如图7-65所示。

调查显示，参加调研的57所高校中，以未使用教辅资料为主，共35所，占比61.40%。

一流大学建设高校8所，其中本校编写并使用教辅资料的1所，占比12.50%；使用外校编写教辅资料的2所，占比25.00%；未使用教辅资料的5所，占比62.50%。

一流学科建设高校24所，其中本校编写并使用教辅资料的2所，占比8.33%；使用外校编写教辅资料的11所，占比45.83%；未使用教辅资料的

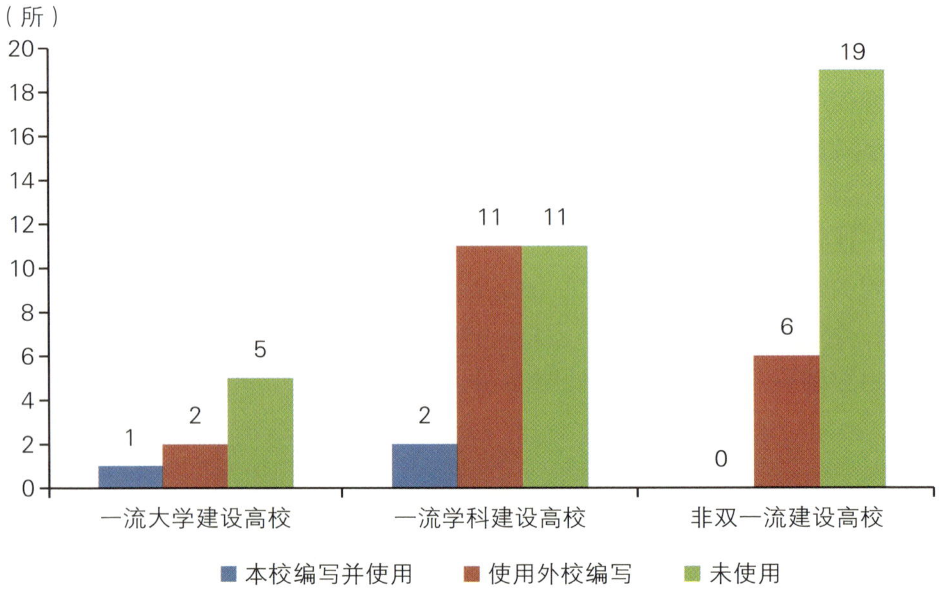

图7-65 “马克思恩格斯列宁经典著作选读”课教辅资料的编写和使用情况1

11所，占比45.83%。

非双一流建设高校25所，其中本校编写并使用教辅资料的0所；使用外校编写教辅资料的6所，占比24.00%；未使用教辅资料的19所，占比76.00%。

如图7-66所示，从学科点来看，一级学科博士点15所高校，其中本校

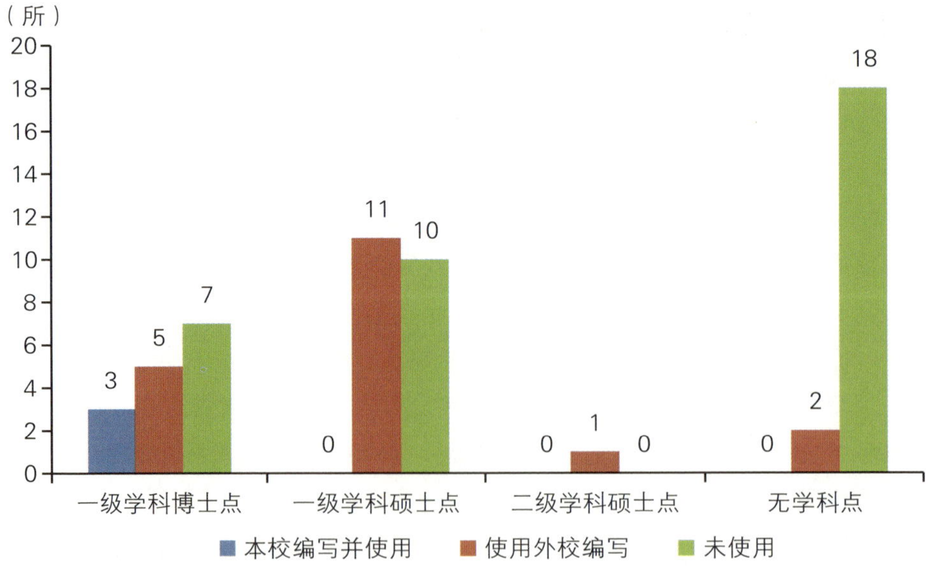

图7-66 “马克思恩格斯列宁经典著作选读”课教辅资料的编写和使用情况2

编写并使用教辅资料的3所，占比20.00%；使用外校编写教辅资料的5所，占比33.33%；未使用教辅资料的7所，占比46.67%。一级学科硕士点21所高校，其中本校编写并使用教辅资料的0所；使用外校编写教辅资料的11所，占比52.38%；未使用教辅资料的10所，占比47.62%。二级学科硕士点使用外校编写教辅资料的1所，占比100%。无学科点20所高校，其中本校编写并使用教辅资料的0所；使用外校编写教辅资料的2所，占比10.00%；未使用教辅资料的18所，占比90.00%。

3. 课堂教学规模

参加调研高校本专科生课堂教学规模情况如图7-67所示。

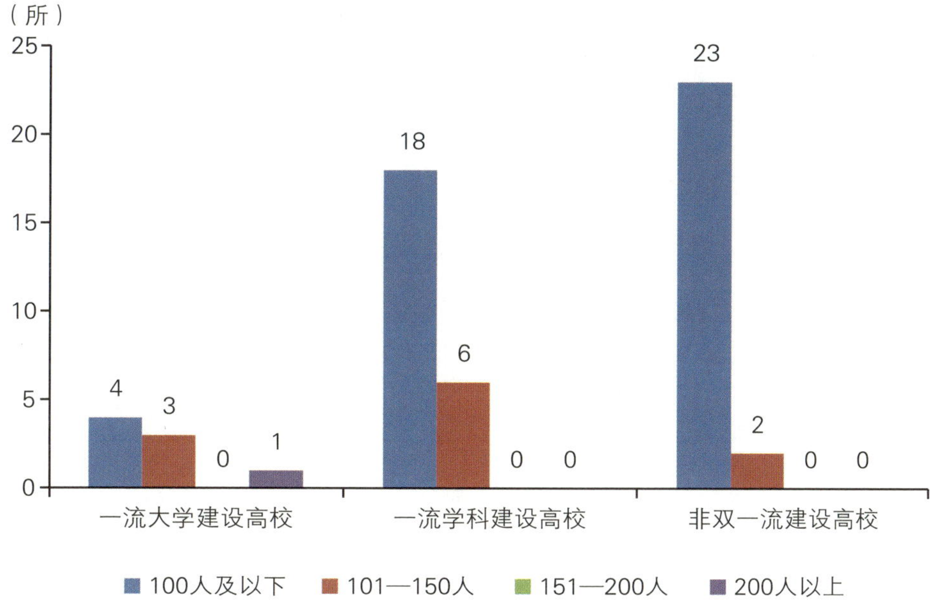

图7-67　本专科生课堂教学规模情况1

调查显示，参加调研的57所高校中，课堂教学规模以100人及以下为主，共45所，占比78.95%；其次是101—150人，共11所，占比19.30%；151—200人规模的课堂为0；200人以上仅有1所高校，占比1.75%。

一流大学建设高校8所，其中课堂教学规模100人及以下的4所，占比50.00%；101—150人的3所，占比37.50%；151—200人的0所；200人以上的1所，占比12.50%。

一流学科建设高校24所，其中课堂教学规模100人及以下的18所，占比75.00%；101—150人的6所，占比25.00%；151—200人、200人以上的均为0所。

非双一流建设高校25所，其中课堂教学规模100人及以下的23所，占比92.00%；101—150人的2所，占比8.00%；151—200人、200人以上的均为0所。

如图7-68所示，从学科点来看，一级学科博士点15所高校，其中课堂教学规模100人及以下的10所，占比66.67%；101—150人的4所，占比26.67%；151—200人的0所；200人以上的1所，占比6.67%。一级学科硕士点21所高校，其中课堂教学规模100人及以下的16所，占比76.19%；101—150人的5所，占比23.81%；151—200人、200人以上的均为0所。二级学科硕士点课堂教学规模101—150人的1所，占比100%。无学科点20所高校，其中课堂教学规模100人及以下的19所，占比95.00%；101—150人的1所，占比5.00%；151—200人、200人以上的均为0所。

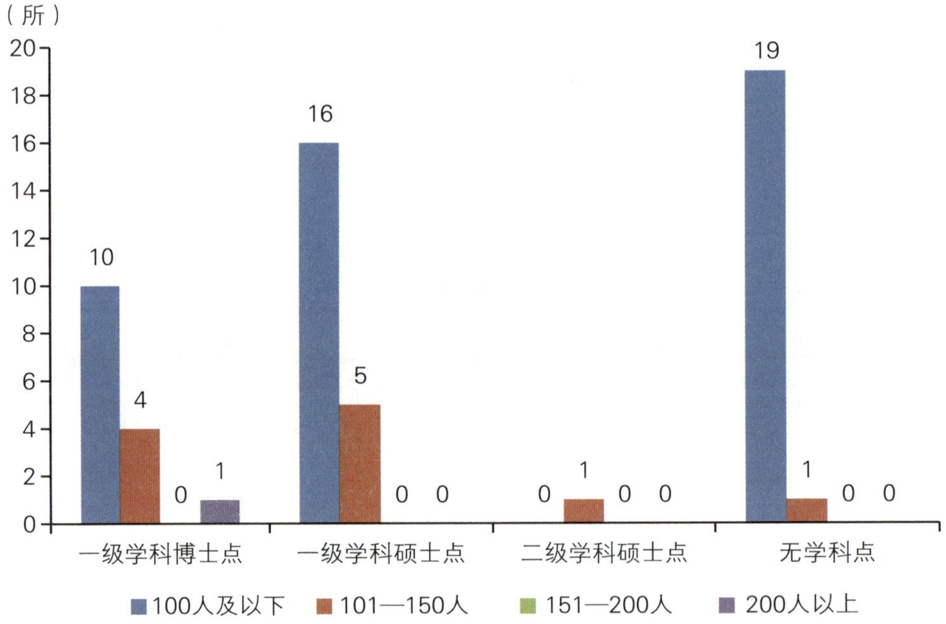

图7-68　本专科生课堂教学规模情况2

参加调研高校硕士研究生课堂教学规模情况如图7-69所示。

调查显示，参加调研的57所高校中，课堂教学规模以150人及以下为主，共40所，占比70.18%；其次是151—300人，共17所，占比29.82%；300人以上的0所。

一流大学建设高校8所，其中课堂教学规模150人及以下的4所，占比

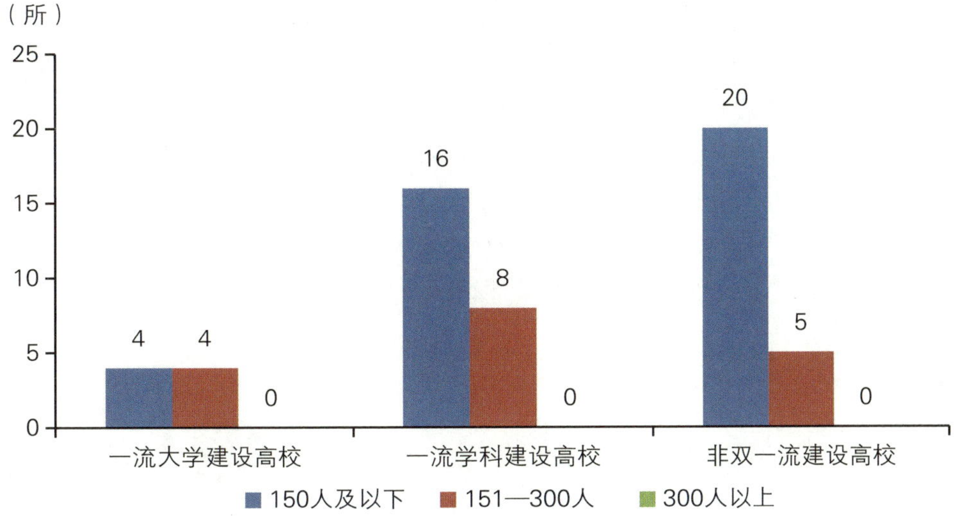

图7-69　硕士研究生课堂教学规模情况1

50.00%；151—300人的4所，占比50.00%；300人以上的0所。

一流学科建设高校24所，其中课堂教学规模150人及以下的16所，占比66.67%；151—300人的8所，占比33.33%；300人以上的0所。

非双一流建设高校25所，其中课堂教学规模150人及以下的20所，占比80.00%；151—300人的5所，占比20.00%；300人以上的0所。

如图7-70所示，从学科点来看，一级学科博士点15所高校，其中课

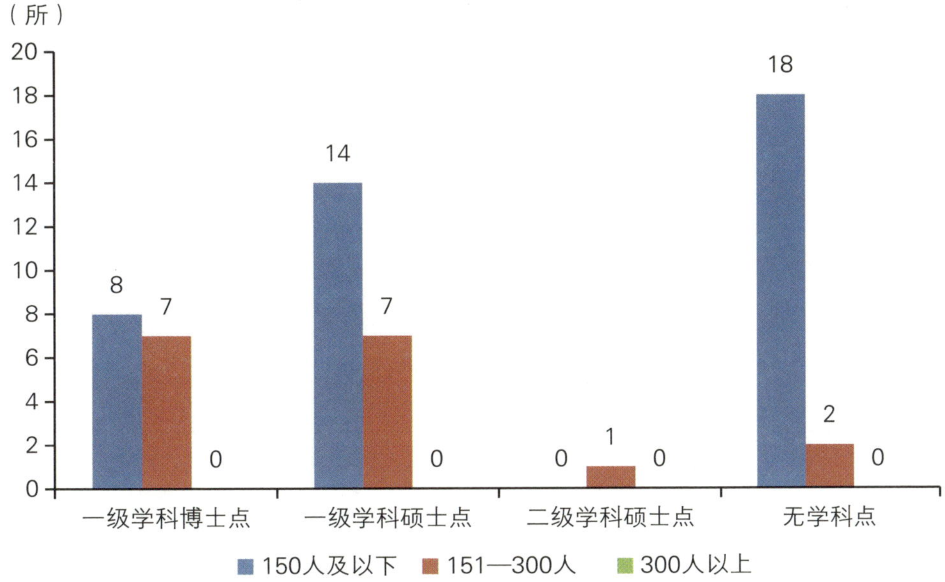

图7-70　硕士研究生课堂教学规模情况2

堂教学规模150人及以下的8所，占比53.33%；151—300人的7所，占比46.67%；300人以上的0所。一级学科硕士点21所高校，其中课堂教学规模150人及以下的14所，占比66.67%；151—300人的7所，占比33.33%；300人以上的0所。二级学科硕士点课堂教学规模151—300人的1所，占比100%。无学科点20所高校，其中课堂教学规模150人及以下的18所，占比90.00%；151—300人的2所，占比10.00%；300人以上的0所。

参加调研高校的博士研究生课堂教学规模情况如图7-71所示。

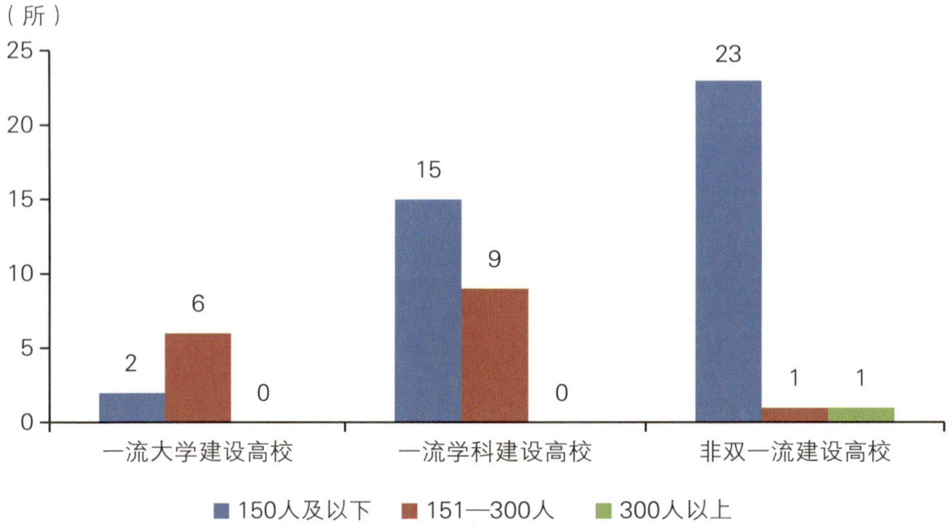

图7-71　博士研究生课堂教学规模情况1

调查显示，参加调研的57所高校中，课堂教学规模以150人及以下为主，共40所，占比70.18%；其次是151—300人，共16所，占比28.07%；300人以上共1所，占比1.75%。

一流大学建设高校8所，其中课堂教学规模150人及以下的2所，占比25.00%；151—300人的6所，占比75.00%；300人以上的0所。

一流学科建设高校24所，其中课堂教学规模150人及以下的15所，占比62.50%；151—300人的9所，占比37.50%；300人以上的0所。

非双一流建设高校25所，其中课堂教学规模150人及以下的23所，占比92.00%；151—300人的1所，占比4.00%；300人以上的1所，占比4.00%。

如图7-72所示，从学科点来看，一级学科博士点15所高校，其中课堂教学规模150人及以下的6所，占比40.00%；151—300人的9所，占比60.00%；300人以上的0所。一级学科硕士点21所高校，其中课堂教学规模

150人及以下的14所，占比66.67%；151—300人的7所，占比33.33%；300人以上的0所。二级学科硕士点课堂教学规模300人以上的1所，占比100%。无学科点20所高校，其中课堂教学规模150人及以下的20所，占比100%。

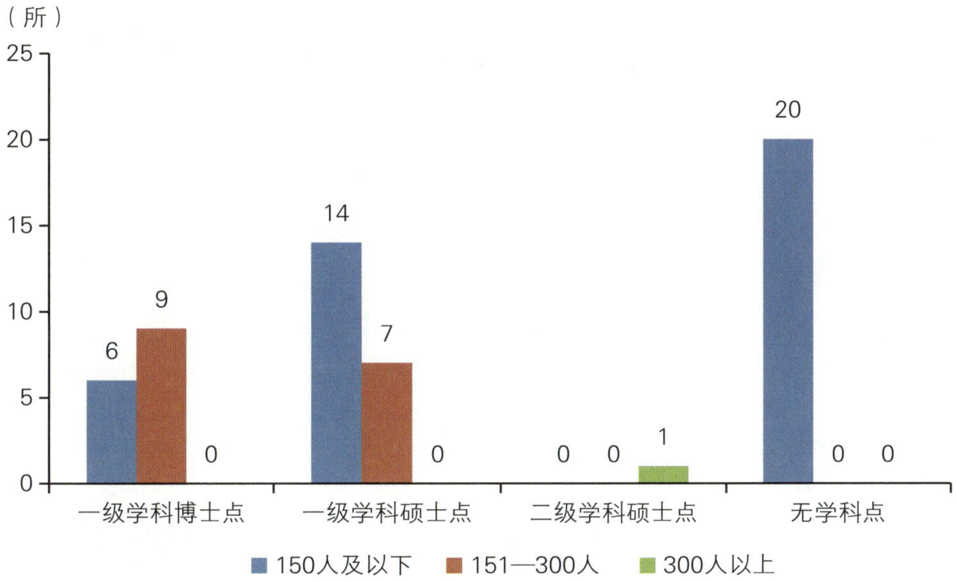

图7-72　博士研究生课堂教学规模情况2

4. 教学督导

参加调研高校教学督导年龄结构如图7-73所示。

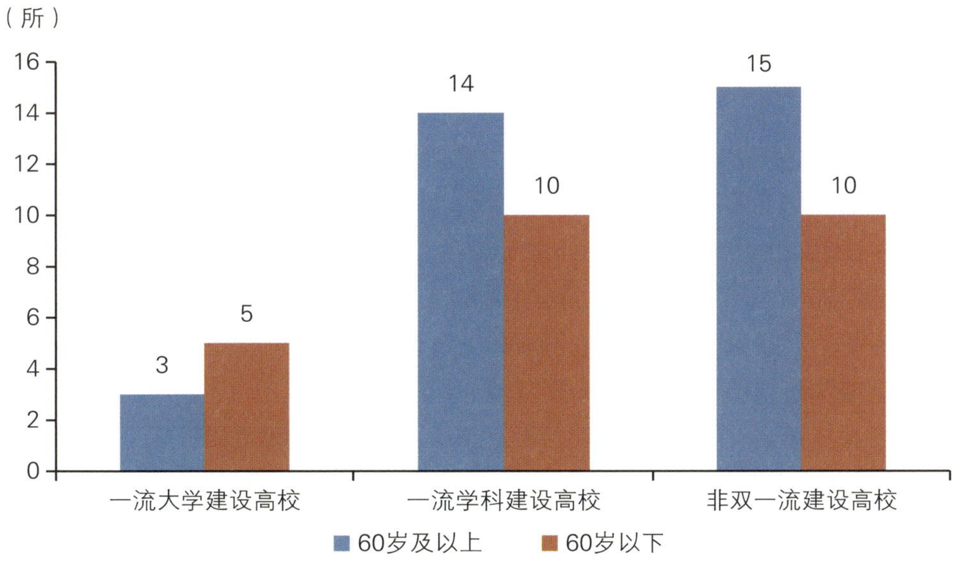

图7-73　教学督导年龄构成分布1

调查显示，参加调研的57所高校中，教学督导以60岁及以上为主，共32所，占比56.14%。

一流大学建设高校8所，其中教学督导年龄在60岁及以上的3所，占比37.50%；60岁以下的5所，占比62.50%。一流学科建设高校24所，其中教学督导年龄在60岁及以上的14所，占比58.33%；60岁以下的10所，占比41.67%。非双一流建设高校25所，其中教学督导年龄在60岁及以上的15所，占比60.00%；60岁以下的10所，占比40.00%。

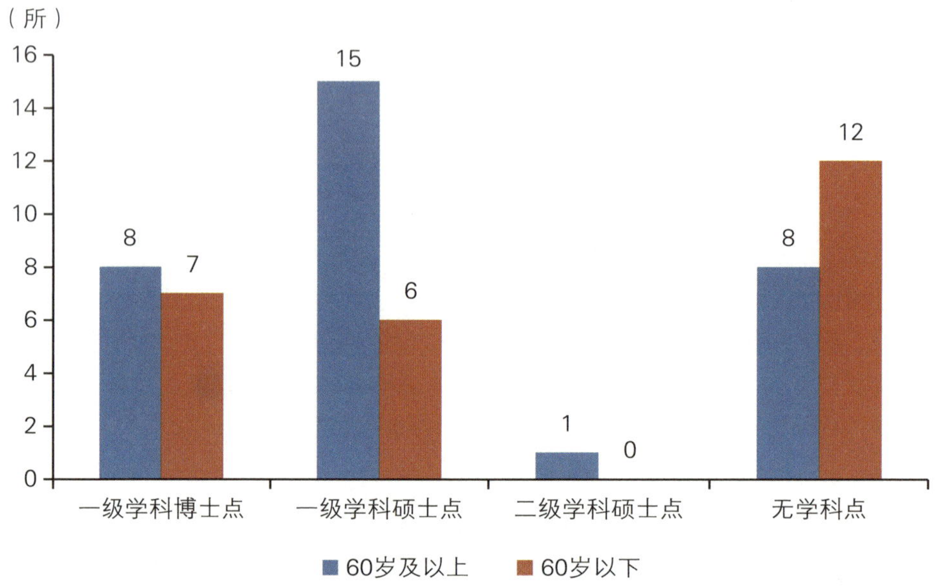

图7-74　教学督导年龄构成分布2

如图7-74所示，从学科点来看，一级学科博士点15所高校，其中教学督导年龄在60岁及以上的8所，占比53.33%；60岁以下的7所，占比46.67%。一级学科硕士点21所高校，其中教学督导年龄在60岁及以上的15所，占比71.43%；60岁以下的6所，占比28.57%。二级学科硕士点教学督导年龄在60岁及以上的1所，占比100%。无学科点20所高校，其中教学督导年龄在60岁及以上的8所，占比40.00%；60岁以下的12所，占比60.00%。

参加调研高校教学督导人数情况如图7-75所示。

调查显示，参加调研的57所高校中教学督导人数主要是2人以上，共38所，占比66.67%。

一流大学建设高校8所，其中教学督导0人、1人的均为0所；2人的1所，占比12.50%；2人以上的7所，占比87.50%。一流学科建设高校24

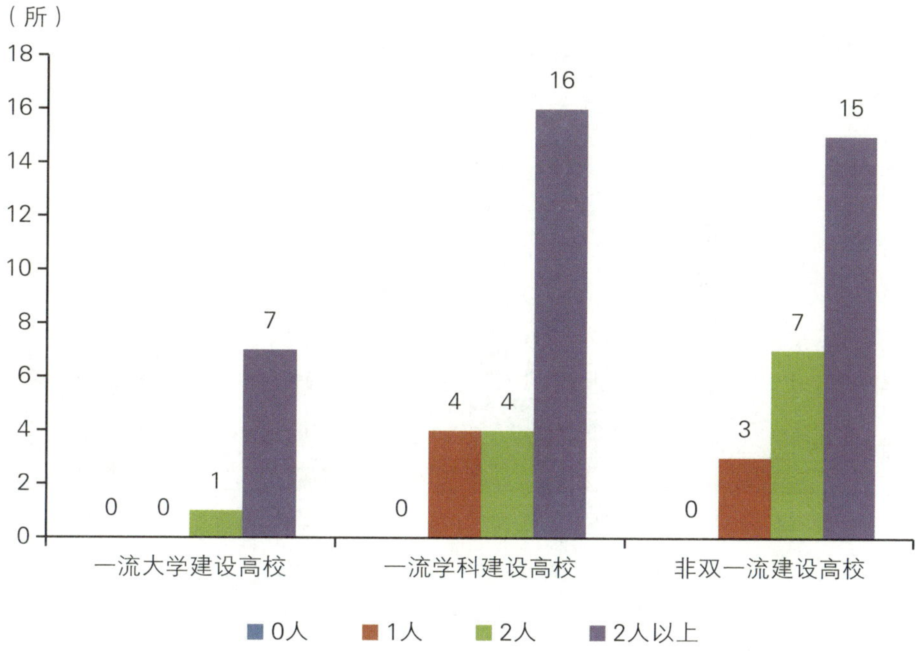

图7-75 教学督导人数构成分布1

所，其中教学督导0人的0所；1人的4所，占比16.67%；2人的4所，占比16.67%；2人以上的16所，占比66.67%。非双一流建设高校25所，教学督导0人的0所；1人的3所，占比12.00%；2人的7所，占比28.00%；2人以上的15所，占比60.00%。

如图7-76所示，从学科点来看，一级学科博士点15所高校，其中教学督导0人的0所；1人的1所，占比6.67%；2人的2所，占比13.33%；2人以上的12所，占比80.00%。一级学科硕士点21所高校，其中教学督导0人的0所；1人的1所，占比4.76%；2人的4所，占比19.05%；2人以上的16所，占比76.19%。二级学科硕士点教学督导2人的1所，占比100%。无学科点20所高校，其中教学督导0人的0所；1人的5所，占比25.00%；2人的5所，占比25.00%；2人以上的10所，占比50.00%。

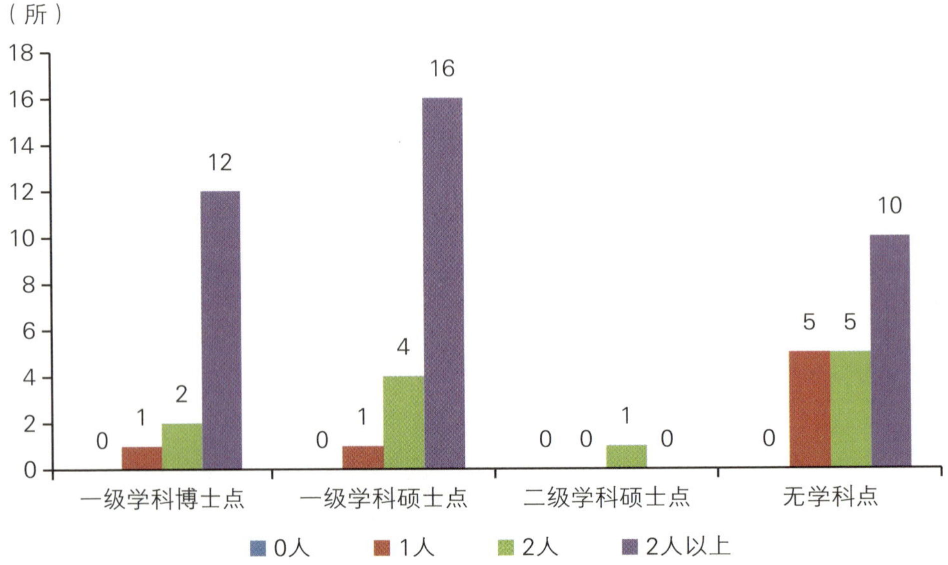

图7-76　教学督导年龄构成分布2

参加调研高校教学督导的专业背景情况如图7-77所示。

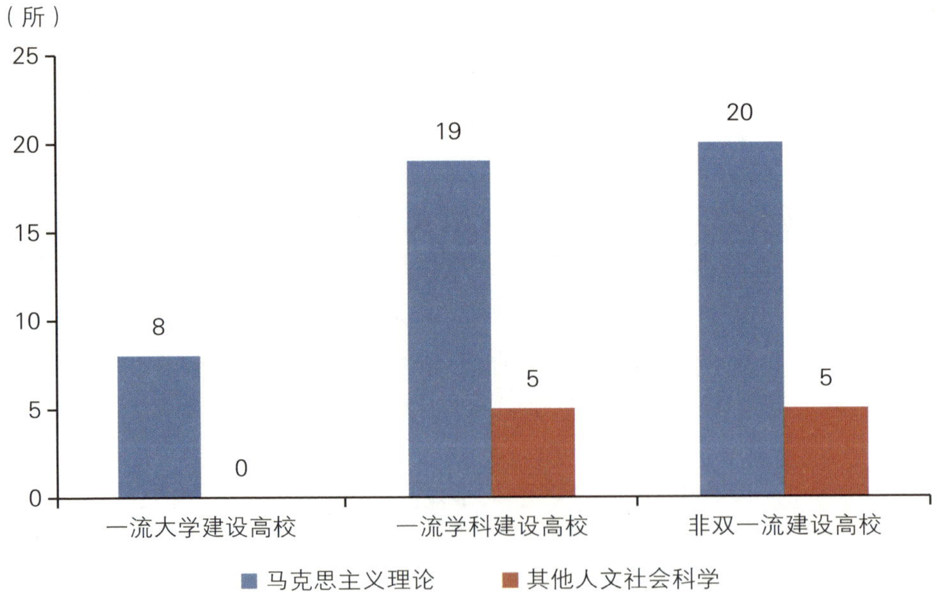

图7-77　教学督导专业背景分布1

调查显示，参加调研的57所高校中，教学督导的专业背景以马克思主义理论为主，共47所，占比82.46%。

一流大学建设高校8所，教学督导专业背景为马克思主义理论的8所，占比100%。一流学科建设高校24所，其中教学督导专业背景为马克思主义理论的19所，占比79.17%；其他人文社会科学的5所，占比20.83%。非双一流建设高校25所，其中教学督导专业背景为马克思主义理论的20所，占比80.00%；其他人文社会科学的5所，占比20.00%。

如图7-78所示，从学科点来看，一级学科博士点15所高校，其中教学督导专业背景为马克思主义理论的13所，占比86.67%；其他人文社会科学的2所，占比13.33%。一级学科硕士点21所高校，其中教学督导专业背景为马克思主义理论的18所，占比85.71%；其他人文社会科学的3所，占比14.29%。二级学科硕士点教学督导专业背景为马克思主义理论的1所，占比100%。无学科点20所高校，其中教学督导专业背景为马克思主义理论的15所，占比75.00%；其他人文社会科学的5所，占比25.00%。

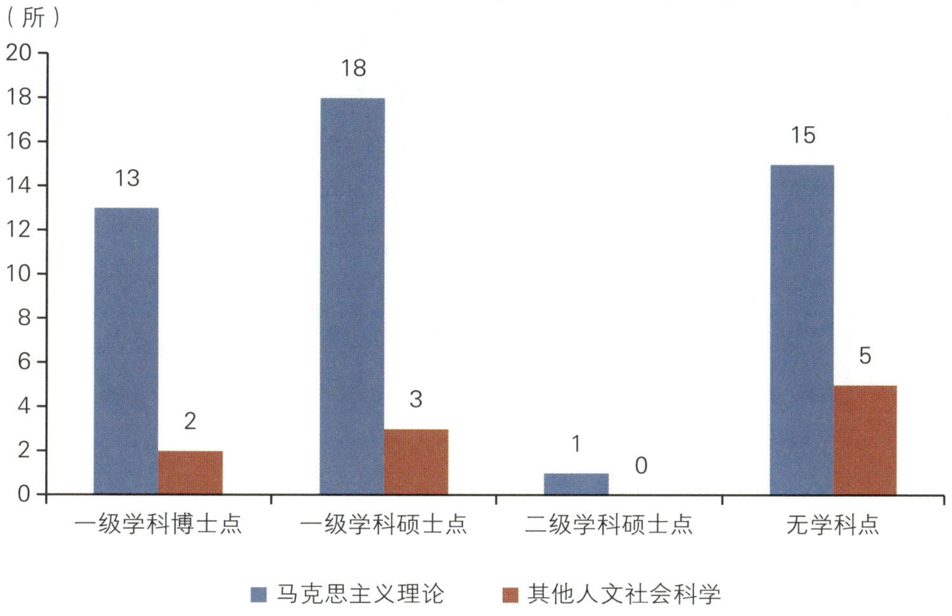

图7-78 教学督导专业背景分布2

二、主要成绩

（一）党政领导听课和讲授思政课常态化，制度和机制建设有保障

北京市历来高度重视思政课建设，市委常委会每年专题研究高校思政

工作，市委书记蔡奇同志担任市委教育工作领导小组组长，多次专题研究思政课建设。蔡奇同志、陈吉宁同志每年带头上讲台，20多位市领导走进高校为学生讲授思政课。

北京各高校党政领导非常重视思政课建设。高校党委书记、校长，分管思想政治理论课建设和分管教学、科研工作的校领导，对每门思想政治理论课必修课，每人每学期都要听思政课、讲授思政课。第一，如图7–79所示，从2019年开始，各高校全部设立学校思想政治理论课建设领导小组，定期召开专题会议，加强对思政课建设的领导和支持。第二，如图7–80所示，近年来，党政领导听思政课实现了全覆盖，大部分领导听课都在4次及以上。2021年将近93%的高校党政领导听思政课达到4次及以上。第三，如图7–81所示，党政领导讲授思政课的次数也在逐年增加，2021年高校党政领导讲授思政课达4次及以上的占比85.96%。第四，如图7–82所示，思想政治理论课纳入学校重点建设课程的高校也在逐年增多。2021年达到了92.98%。可以看出，北京高校的思政课建设的领导体制和机制一直在加强，保障得力。

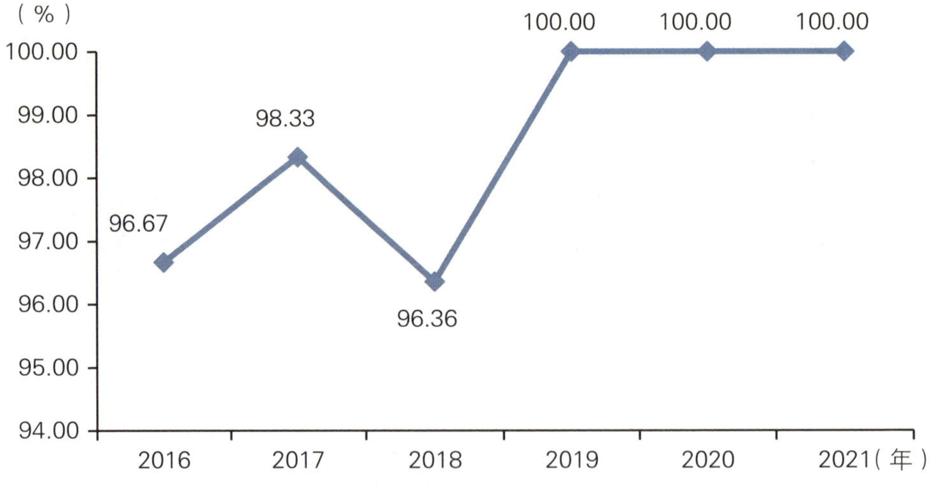

图7–79　学校思想政治理论课建设领导小组设立年度对比

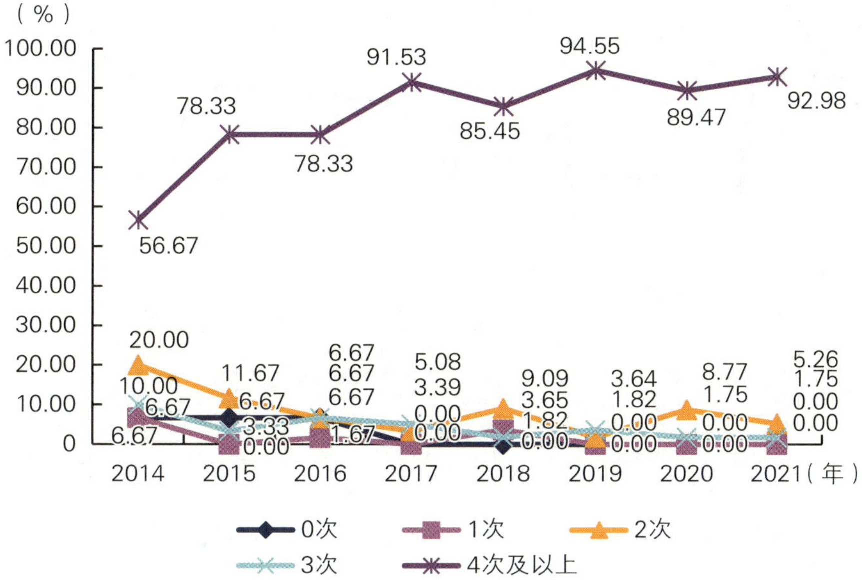

图7-80 学校党政领导听课年度对比

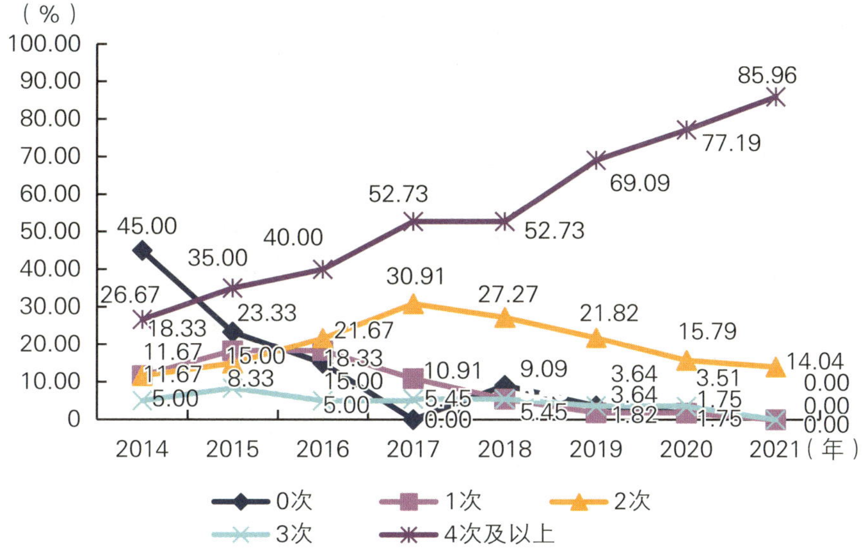

图7-81 党政领导讲授思政课年度对比

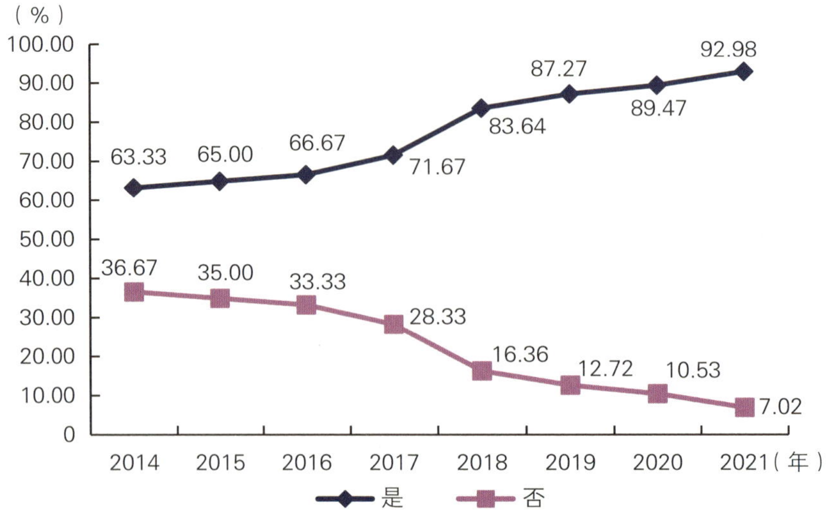

图7-82　思想政治理论课纳入学校重点建设课程年度对比

各高校党政领导以落实党的十九届六中全会精神、党史教育和习近平总书记在庆祝中国共产党成立100周年大会上的重要讲话为主题，结合学生实际和学校特色讲授思政课和参加马克思主义学院的集体备课会，很好地推进了习近平新时代中国特色社会主义思想进课堂、进学生头脑，着力为党育人、为国育才。

（二）教材建设取得成就，教材育人有保障

习近平总书记强调要“用心打造培根铸魂、启智增慧的精品教材，为培养德智体美劳全面发展的社会主义建设者和接班人、建设教育强国作出新的更大贡献”。教育部、北京市教委、市委教育工委联合相关高校把握正确方向，健全教材建设工作体系，完善教材制度规范，统筹推进各级各类教材建设，全面提升教材育人功能，教材建设取得了突出成就。

一是组织编写《习近平新时代中国特色社会主义思想学生读本》（以下简称《读本》）。为增强学生学习习近平新时代中国特色社会主义思想的系统性、针对性、实效性，教育部习近平新时代中国特色社会主义思想研究中心和北京大学、清华大学、中国人民大学习近平新时代中国特色社会主义思想研究院，5家相关国家教材建设重点研究基地，以及相关领域的多位高水平专家、一线教师共同参与了《读本》编写工作。作为大中小学学生的重要必修内容，通过学习，让学生不断深化对习近平新时代中国特色社会主义思想的系统认识，逐步形成对拥护党的领导和社会主义制

度、坚持和发展中国特色社会主义的认同、自信和自觉。

二是可视化教材建设成就突出。贯彻落实习近平总书记重要讲话精神和中共中央办公厅《关于在全社会开展党史、新中国史、改革开放史、社会主义发展史宣传教育的通知》任务部署，充分发挥北京教育系统资源优势，更好服务全市“四史”宣传教育，为迎接建党百年营造浓厚氛围，由北京市委教育工委指导支持和统筹协调，北京高校思想政治理论课高精尖创新中心、中国人民大学马克思主义学院、中国人民大学中共党史党建研究院、中国人民大学习近平新时代中国特色社会主义思想研究院联合打造包括《名师大家讲党史》《党史百年：人物·文献·事件》《跟着总书记学党史》等系列可视化教材。主讲人包括知名专家、教学名师和青年学生等多类群体，内容涵盖了专题讲座、主题微课和党史故事等不同类型，能够满足不同单位多样化学习需求。系列可视化教材还可以在“学习强国”、《北京日报》客户端等平台登录，供各级单位“四史”学习教育使用。①

另外，调研显示北京各高校使用教辅资料的比例在不断提高。总体看本科生各门课程教辅资料的使用比例都在80%以上。研究生课程“中国特色社会主义理论与实践研究”和“中国马克思主义与当代”使用教辅资料的比例最高。如图7-83所示。

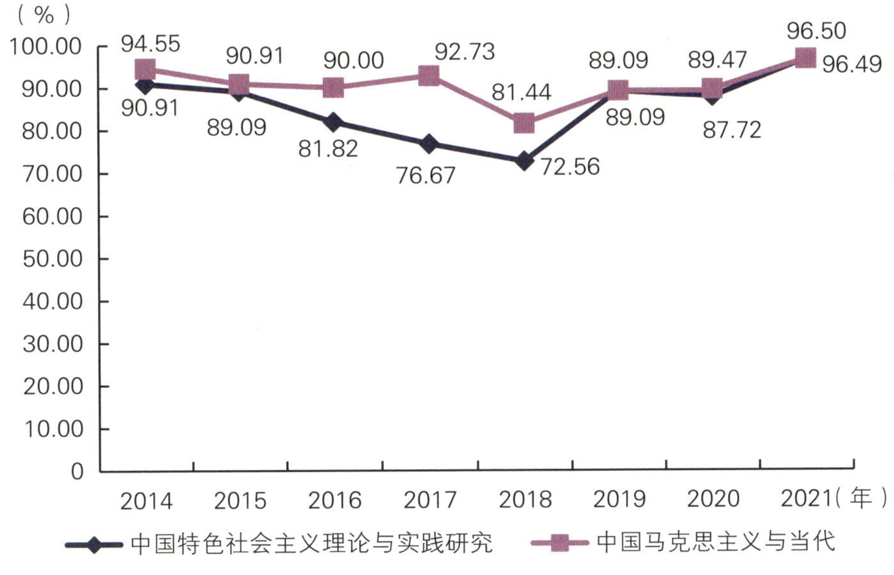

图7-83　2门研究生必修思想政治理论课使用教辅资料年度对比

① 北京教育系统党史学习教育系列可视化教材发布仪式在中国人民大学举行，北京高校思想政治理论课高精尖创新中心2021-06-02,https://news.ruc.edu.cn/archives/327935。

2021年“中国特色社会主义理论与实践研究”使用教辅资料的达到96.50%，“中国马克思主义与当代”使用教辅资料的达到96.49%，教材育人的功能得到全面提升。

（三）深入贯彻思政课新方案，创新课程体系，课程育人有保障

北京市深入贯彻中央宣传部、教育部制定的《新时代学校思想政治理论课改革创新实施方案》，落实课程目标要求，重点推进习近平新时代中国特色社会主义思想融入课程，实现整体设计、循序渐进、逐步深化，切实提高课程设置的针对性、实效性。各高校结合实际，统筹校内通识类课程，围绕马克思主义经典著作，党史、新中国史、改革开放史、社会主义发展史，中华优秀传统文化、革命文化、社会主义先进文化，宪法法律等，开设本科及高等职业学校专科选择性必修课程，确保学生至少从“四史”中选修1门课程；围绕习近平新时代中国特色社会主义思想专题研究、马克思恩格斯列宁经典著作选读、马克思主义与社会科学方法论、自然辩证法概论等，开设硕士、博士研究生选择性必修课程，硕士研究生至少选择1学分课程。

北京各高校积极落实课程目标要求，推进习近平新时代中国特色社会主义思想融入课程。比如中国人民大学马克思主义学院充分发挥优势，利用学科资源，学校聚焦党史党建和马克思主义理论等学科教师、教学、研究资源，开设《中国共产党100年》《社会主义500年》等必修课，积极筹备新生“读史读经典”课程，全方位构建以党史为重点、专业课与思政课相结合的“四史”课程体系，深化学史明理、以史育人成果。另外，中国人民大学马克思主义学院于2020—2021学年秋季学期，为本院2018级马克思主义理论一级学科“后备人才专项计划”博士研究生及2019级马克思主义理论一级学科全体博士研究生共75人开设了“思想政治理论课教学与研究”课程。这门在全国高校率先开设的思政课教师队伍后备人才专项计划指定课程，旨在针对性培养马克思主义理论学科博士生适应新时代高校思想政治理论课教学和科研工作的能力，具有马克思主义理论学科专业课程建设支撑思想政治理论课建设的重要意义。中国农业大学立足百年红色基因传承，结合在农业领域的办学传统与特色，深入挖掘北京和校园红色育人资源，在2021年秋季学期全面开设“四史”课程，成为全国首批全面开设“四史”系列课程的学校之一，引导学生从历史中感受时代方位，

正确认识世界，汲取前进力量，立志成为德智体美劳全面发展的社会主义建设者和接班人。

（四）多方协同推进大中小一体化思政课建设，“大思政课”建设有保障

2021年8月北京市委教育工委、市教委印发《北京市大中小幼一体化德育体系建设指导纲要》，这是全国省级教育部门第一份关于大中小幼一体化德育体系建设的文件。该纲要提出，“十四五”期间，北京市将整体优化全市大中小幼一体化德育目标、内容、方法、队伍、评价体系，完善纵向衔接、横向协同的工作机制，建立德育要素融通一体、学段衔接一体、各方协同一体的德育工作新格局，实现立德树人成效进一步提升、德育工作特色进一步彰显、育人能力进一步提高的工作效果，探索形成具有首都特色的工作经验。

北京各高校积极响应，以各种形式着力推进大中小一体化思政课建设。

一是成立推进一体化建设的平台和基地。2021年4月23日，全国大中小学思政课一体化实践研讨论坛在北京市第十一中学举办。同日，北京市首个思政联盟正式成立。“全国大中小学思政课一体化建设实践研究共同体”正式启动，标志着以大中小学共同构成的思政联盟正式成立。共同体将整合大中小学、科研机构和社会教育资源，搭建大中小学思政课一体化理论与实践研究的共享服务平台，探索大中小学一体化教育改革模式与途径，落实立德树人和高质量发展目标。2021年5月，清华大学马克思主义学院与东城区教育系统签署战略合作协议推进大中小学思政课一体化建设。以“优势互补、短板突破”为思路，以“资源共享、合作共赢”为目标，将探索实施八项重点任务：联合开发党史学习教育课程、联合开展基础教育新课程研究、建立基础教育思政教师培训基地、开办党政正职综合素质提升研修班、探索定向在职博士培养试验项目、建立“大学中学衔接培养”共同体、联合开展优秀大学生就业指导服务、建立综合类优秀人才引进机制。2021年11月，“北京市大中小学思政课一体化建设研究基地”揭牌，海淀区成为全市首个大中小学思政课一体化建设研究基地。北京市学校德育研究会与海淀区签署协议，合作建设“北京市大中小学思政课一体化建设实践研究示范区”。这些共同体和基地建设有力推进了大中小学思政课一体化建设。

二是各高校与中小学开展“手拉手”活动。比如北京联合大学马克思主义学院和海淀清河学区管理中心中小学思政课教师、北京理工大学马克思主义学院和北京理工大学附属中学、北方工业大学马克思主义学院与北京市九中等携手推进思政课一体化建设平台更好落地。高校思政课教师和中小学政治课教师“手拉手”协作，是大中小学思政课一体化建设的一项很好机制。

三、主要问题及对策

（一）建强马克思主义学院，为思政课高质量发展提供有力保障

近年来，得益于北京市委教育工委的高度重视和指导，北京高校马克思主义学院建设取得了不菲成绩。绝大部分高校开齐开足了思政课程，确保了学时学分和教学质量。教师听课评课、教研部的集体备课已成常态。图书资料建设小有规模。但是也还有一些问题有待改进：一是课堂教学规模问题。近年来，本专科生100人及以下的课堂一直在增加，但是直到2021年仍然有21.05%的课堂规模在100人及以上。硕士生课堂教学规模150人及以下的只有70.18%，151—300人的课堂占到了29.82%，比2020年增加了3.5%。博士生的课堂规模150人及以下的也只有70%左右，151—300人的课堂也达到了28.07%。二是专项经费落实问题。尽管三年来生均40元/年的比例在逐年增加，从2019年的25.45%到2020年的57.89%，到2021年增长到了63.16%，但是仍然有很多本科院校没有达到这个标准。三是关于办公场所的问题。一直以来教师数量不足是教学保障的头等问题，不过最近几年这个问题已经有了明显改善。现在办公场地问题表现得比较突出，比如2021年教授能够实现1人1间办公室的高校仍然只占到57.89%。各高校应该按照《关于加强新时代马克思主义学院建设的意见》《高等学校思想政治理论课建设标准（2021年本）》等文件要求，认真实施《关于推进北京高校思政课质量保障工程的若干措施》，推动高校思政课高质量发展。

（二）强化民办高校思政课的教学保障，完善“大思政课”建设格局

习近平总书记2019年3月18日在学校思想政治理论课教师座谈会的讲话中指出民办学校、中外合作办学也要把思政课建设摆在重要位置，按照要求办好思政课，在这方面没有例外。民办高校是我国教育事业的重要组

成部分，要遵循社会主义办学方向，培养社会主义事业的建设者和保卫者。要从组织、制度、队伍和经费四个方面对民办高校的思政课建设予以保障和支持。目前北京市有民办高校16所，北京市很重视民办高校的思政课建设。民办高校在党建工作、思政课、课程思政、日常思政工作的改革创新中取得了可喜成绩。2021年市委宣传部、市委教育工委实施帮扶措施，即发挥市重点建设马克思主义学院在全市思政课建设中的示范引领作用，以首善标准办好立德树人关键课程。16所市重点建设马克思主义学院与全部16所民办院校签署合作协议，实现帮扶全覆盖。市级重点建设马克思主义学院将通过选派讲师团、组织集体备课、开展示范教学等方式，帮助民办院校办好思政课；还将组织校内专家，协助民办院校深入开展好党史学习教育工作。为保证帮扶措施落到实处，市委教育工委和相关部门应该加强调研、协调和督导，避免帮扶措施流于形式。另外，建议对民办高校的思政课建设组织定期调研，对是否把民办高校纳入全市思想政治工作整体布局、纳入全市德育体系建设，把民办高校思想政治工作队伍纳入市级培训体系、纳入专项补贴范围等情况进行全面了解和把握，帮助北京民办高校在实践中上好育人“大思政课”。

（三）完善评价机制，深化主体责任

将高校贯彻落实《关于深化新时代学校思想政治理论课改革创新的若干意见》《高等学校思想政治理论课建设标准（2021年本）》《关于推进北京高校思政课质量保障工程的若干措施》，推进思政课建设情况，作为党建工作述职专题汇报的重要内容，纳入校党委班子考核和政治巡视，纳入学校办学质量和学科建设评估标准体系。高校党委要对照文件的要求，明确学校党委、职能部门、马克思主义学院在思政课改革创新中的责任，做到职责明确、分工到位、落实到人。要加强监督检查，持续跟踪问效。杜绝贯彻不到位、布置不落实的情况，把主体责任落到实处，切实为高校思政课建设提供有力保障，不断增强立德树人实效。

第八章

教学评价

2021年，北京市委教育工委在深入贯彻落实习近平新时代中国特色社会主义思想和学习宣传党的十九届六中全会精神、有序开展百年党史学习教育的同时，积极贯彻落实中共中央、国务院印发的《关于新时代加强和改进思想政治工作的意见》、中共中央办公厅印发的《关于加强新时代马克思主义学院建设的意见》及教育部等部门印发的《关于加强新时代高校教师队伍建设改革的指导意见》《关于完善高校教师思想政治和师德师风建设工作体制机制的指导意见》等重要文件。2021年，北京市委教育工委扎实落实中宣部、教育部出台的《新时代学校思想政治理论课改革创新实施方案》，印发了《关于推进北京高校思政课质量保障工程的若干措施》，将2021年定为“思政课质量提升年”，以首善标准着力提升北京高校思政课教育教学质量。那么，2021年度北京高校思政课教学评价呈现出什么样的特点？北京高校思政课教学评价有哪些进展？北京高校思政课教学评价还有哪些需要深度思考的问题？接下来依据调研数据和检索文献，从数据展示与解读、主要成绩、主要问题与对策建议三方面对2021年度北京高校思政课教学评价概况进行解析。

一、数据展示与解读

2021年，参与问卷调研的北京高校共有57所，其中一流大学建设高校8所，一流学科建设高校24所，非双一流建设高校25所。因此接下来的分析，主要是依据调研数据和检索文献，从思政课教学评价体系结构、思政课评教、教学相关获奖、新闻媒介报道等方面进行数据展示与解读。

（一）思政课教学评价体系结构概况

1. 参加调研高校2021年度“学生评教”排序情况如图8-1所示

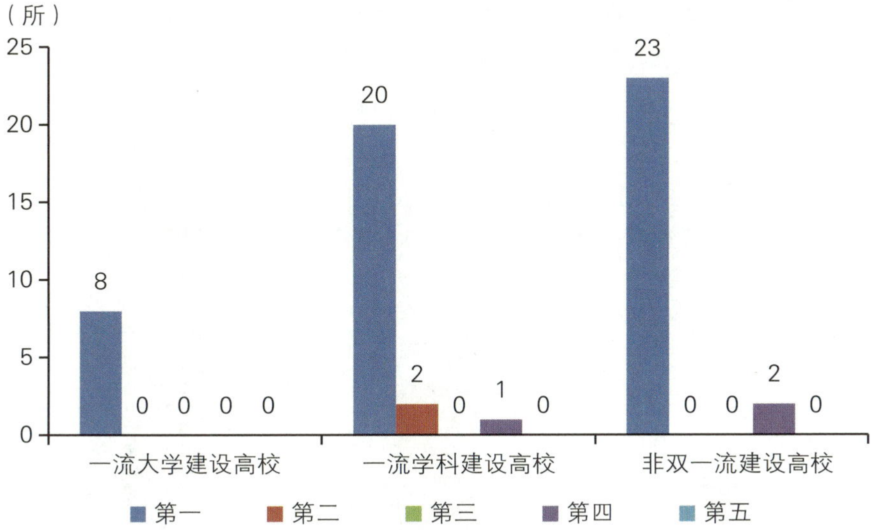

图8-1 思政课评教体系结构排序情况——学生评教

调研显示，除1所一流学科建设高校未对“学生评教”情况进行问卷填写，其余56所高校均选择了“学生评教”，选择“学生评教”高校的数量占到调研高校总数的98.25%。选择将“学生评教”排在第一位的高校共有51所，占到参与调研高校总数的89.47%，占到填写“学生评教”情况的高校总数的91.07%。在将“学生评教”排在第一位的51所高校中，有8所一流大学建设高校将“学生评教”排在第一位，占到参与调研高校总数的14.04%，占到填写“学生评教”高校总数的14.29%，占到参与调研一流大学建设高校的100%。有20所一流学科建设高校将“学生评教”排在第一位，占到参与调研高校总数的35.09%，占到填写“学生评教”高校总数的35.71%，占到参与调研一流学科建设高校的83.33%。有23所非双一流建设高校将“学生评教”排在第一位，占到参与调研高校总数的40.35%，占到填写“学生评教”高校总数的41.07%，占到参与调研非双一流建设高校的92.00%。有2所一流学科建设高校选择将“学生评教”排在第二位，占到参与调研高校总数的3.51%，占到填写“学生评教”高校总数的3.57%，占到参与调研一流学科建设高校的8.33%。选择将“学生评教”排在第四位的高校共有3所，其中有1所一流学科建设高校，占到参与调研高校总数的

1.75%，占到填写“学生评教”高校总数的1.79%，占到参与调研一流学科建设高校的4.17%；有2所非双一流建设高校选择将“学生评教”排在第四位，占到参与调研高校总数的3.51%，占到填写“学生评教”高校总数的3.57%，占到参与调研非双一流建设高校的8.00%。调研显示，没有高校选择将“学生评教”排在第三位和第五位。

2. 参与调研高校2021年度“教师评学”排序情况如图8-2所示

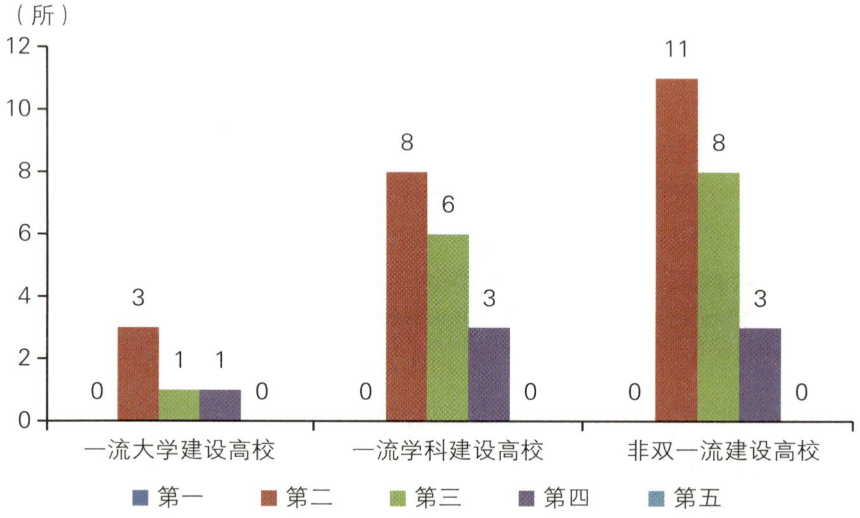

图8-2 思政课评教体系结构排序情况——教师评学

调研显示，在参与调研的57所高校中，共有44所高校选择填写了“教师评学”，占到调研高校总数的77.19%。没有高校选择将“教师评学”排在第一位和第五位。有22所高校选择将“教师评学”排在第二位，占到参与调研高校总数的38.60%。这其中包括3所一流大学建设高校、8所一流学科建设高校和11所非双一流建设高校。选择将“教师评学”排在第二位的3所一流大学建设高校，占到调研高校总数的5.26%，占到选择“教师评学”高校总数的6.82%，占到参与调研一流大学建设高校的37.50%。选择将“教师评学”排在第二位的8所一流学科建设高校，占到调研高校总数的14.04%，占到选择“教师评学”高校总数的18.18%，占到参与调研一流学科建设高校的33.33%。选择将“教师评学”排在第二位的11所非双一流建设高校，占到调研高校总数的19.30%，占到选择“教师评学”高校总数的25.00%，占到参与调研非双一流建设高校的44.00%。

调研显示，有15所高校选择将“教师评学”排在第三位，占到参与调研高校总数的26.32%。这其中包括1所一流大学建设高校、6所一流学科建设高校和8所非双一流建设高校。选择将“教师评学”排在第三位的1所一流大学建设高校，占到调研高校总数的1.75%，占到选择“教师评学”高校总数的2.27%，占到参与调研一流大学建设高校的1.25%。选择将“教师评学”排在第三位的6所一流学科建设高校，占到调研高校总数的10.53%，占到选择“教师评学”高校总数的13.64%，占到参与调研一流学科建设高校的25.00%。选择将“教师评学”排在第三位的8所非双一流建设高校，占到调研高校总数的14.04%，占到选择“教师评学”高校总数的18.18%，占到参与调研非双一流建设高校的32.00%。

调研显示，有7所高校选择将“教师评学”排在第四位，占到参与调研高校总数的12.28%。这其中包括1所一流大学建设高校、3所一流学科建设高校和3所非双一流建设高校。选择将“教师评学”排在第四位的1所一流大学建设高校，占到调研高校总数的1.75%，占到选择“教师评学”高校总数的2.27%，占到参与调研一流大学建设高校的1.25%。选择将“教师评学”排在第四位的3所一流学科建设高校，占到调研高校总数的5.26%，占到选择“教师评学”高校总数的6.82%，占到参与调研一流学科建设高校的12.50%。选择将“教师评学”排在第四位的3所非双一流建设高校，占到调研高校总数的5.26%，占到选择“教师评学”高校总数的6.82%，占到参与调研非双一流建设高校的12.00%。

3. 参与调研高校2021年度“督导评教”排序情况如图8-3所示

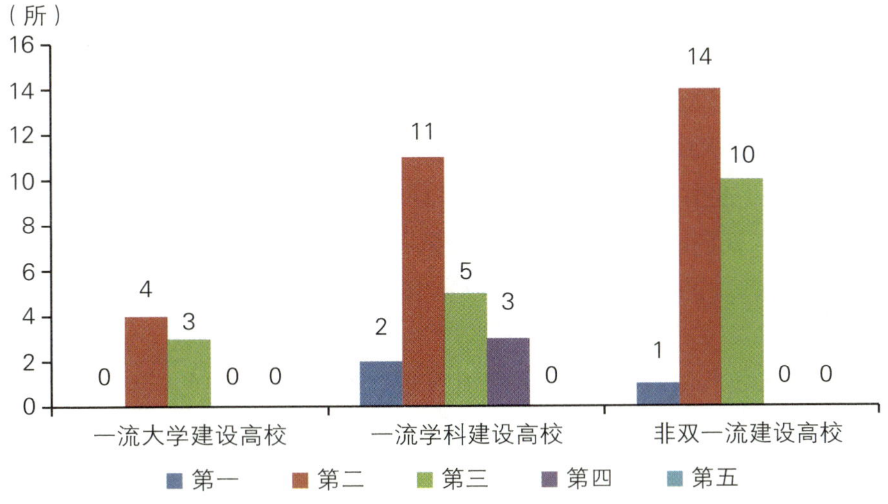

图8-3 思政课评教体系结构排序情况——督导评教

调研显示，有53所高校选择了“督导评教”，占参与调研高校总数的92.98%。有3所高校选择将“督导评教”排在第一位，占到参与调研高校总数的5.26%。这其中包括0所一流大学建设高校、2所一流学科建设高校和1所非双一流建设高校。选择将“督导评教”排在第一位的2所一流学科建设高校，占到参与调研高校总数的3.51%，占到选择“督导评教”高校的3.77%，占到参与调研一流学科建设高校的8.33%。选择将“督导评教”排在第一位的1所非双一流建设高校，占到参与调研高校总数的1.75%，占到选择“督导评教”高校的1.89%，占到参与调研非双一流建设高校的4.00%。

调研显示，有29所高校选择将“督导评教”排在第二位，占到参与调研高校总数的50.89%，占到选择“督导评教”高校的54.72%。这其中包括4所一流大学建设高校、11所一流学科建设高校和14所非双一流建设高校。选择将“督导评教”排在第二位的4所一流大学建设高校，占到参与调研高校总数的7.02%，占到选择“督导评教”高校的7.55%，占到参与调研一流大学建设高校的50.00%。选择将“督导评教”排在第二位的11所一流学科建设高校，占到参与调研高校总数的19.30%，占到选择“督导评教”高校的20.75%，占到参与调研一流学科建设高校的45.83%。选择将“督导评教”排在第二位的14所非双一流建设高校，占到参与调研高校总数的24.56%，占到选择“督导评教”高校的26.41%，占到参与调研非双一流建设高校的56.00%。

调研显示，有18所高校选择将“督导评教”排在第三位，占到参与调研高校总数的50.89%，占到选择“督导评教”高校的54.72%。这其中包括3所一流大学建设高校、5所一流学科建设高校和10所非双一流建设高校。选择将“督导评教”排在第三位的3所一流大学建设高校，占到参与调研高校总数的5.26%，占到选择“督导评教”高校的5.66%，占到参与调研一流大学建设高校的37.50%。选择将“督导评教”排在第三位的5所一流学科建设高校，占到参与调研高校总数的8.77%，占到选择“督导评教”高校的9.43%，占到参与调研一流学科建设高校的20.83%。选择将“督导评教”排在第三位的10所非双一流建设高校，占到参与调研高校总数的17.54%，占到选择“督导评教”高校的18.87%，占到参与调研非双一流建设高校的40.00%。

调研显示，共有3所一流学科建设高校选择将“督导评教”排在第四位，占到参与调研高校总数的5.26%，占到选择“督导评教”高校的5.66%，占到参与调研一流学科建设高校的12.5%。

4. 参与调研高校2021年度“校领导评教”排序情况如图8-4所示

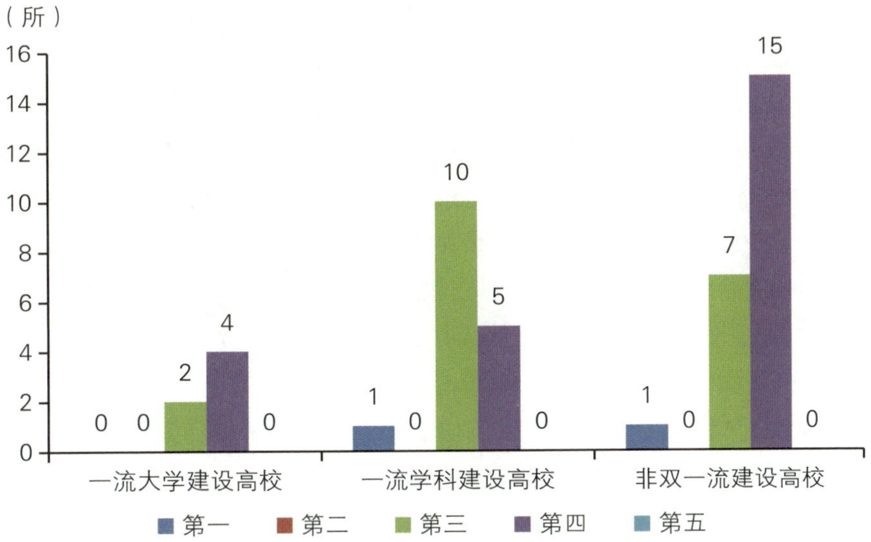

图8-4 思政课评教结构排序情况——校领导评教

调研显示，有45所高校选择了“校领导评教”，占到参与调研高校总数的78.95%。没有高校选择将“校领导评教”排在第二位和第五位的情况。有2所高校选择将“校领导评教”排在第一位，占到参与调研高校的3.51%，占到选择“校领导评教”高校的4.44%。这其中包括1所一流学科建设高校和1所非双一流建设高校。选择将“校领导评教”排在第一位的1所一流学科建设高校，占到参与调研高校总数的1.75%，占到选择“校领导评教”高校的2.17%，占到参与调研一流学科建设高校的4.17%。选择将“校领导评教”排在第一位的1所非双一流建设高校，占到参与调研高校总数的1.75%，占到选择“校领导评教”高校的2.17%，占到参与调研非双一流建设高校的4.00%。

调研显示，19所高校选择将“校领导评教”排在第三位，占到参与调研高校总数33.33%，占到选择“校领导评教”高校的42.22%。这里面包括2所一流大学建设高校、10所一流学科建设高校、7所非双一流建设高校。选择将“校领导评教”排在第三位的2所一流大学建设高校，占到参与调研高校总数的3.51%，占到选择“校领导评教”高校的4.44%，占到参与调研一流大学建设高校的25.00%。选择将“校领导评教”排在第三位的10所一流学科建设高校，占到参与调研高校总数的17.54%，占到选择“校领导评教”高校的22.22%，占到参与调研一流学科建设高校的41.67%。选择将“校领导评教”排在第三位的7所非双一流建设高校，占到参与调研高校总数的12.28%，占到选择“校领导评教”高校的15.56%，占到参与调研非双一流建设高校的28.00%。

调研显示，24所高校选择将“校领导评教”排在第四位，占到参与调研高校总数42.10%，占到选择“校领导评教”高校的53.33%。这里面包括4所一流大学建设高校、5所一流学科建设高校、15所非双一流建设高校。选择将“校领导评教”排在第四位的4所一流大学建设高校，占到参与调研高校总数的7.02%，占到选择“校领导评教”高校的8.89%，占到参与调研一流大学建设高校的50.00%。选择将“校领导评教”排在第四位的5所一流学科建设高校，占到参与调研高校总数的8.77%，占到选择“校领导评教”高校的11.11%，占到参与调研一流学科建设高校的20.83%。选择将“校领导评教”排在第四位的15所非双一流建设高校，占到参与调研高校总数的26. 32%，占到选择“校领导评教”高校的33.33%，占到参与调研非双一流建设高校的60.00%。

5. 参与调研高校2021年度“校外同行评教”排序情况如图8-5所示

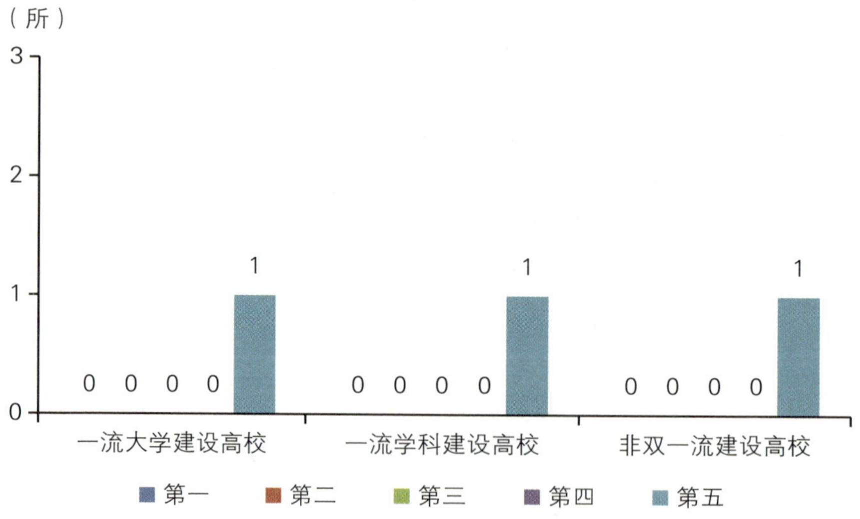

图8-5 思政课评教结构排序情况——校外同行评教

调研显示，共有3所高校选择了“校外同行评教”，占到参与调研高校总数的5.26%。这其中包括1所一流大学建设高校、1所一流学科建设高校和1所非双一流建设高校。这3所高校都将“校外同行评教”排在第五位，选择将“校外同行评教”排在第五位的1所一流大学建设高校，占到参与调研高校总数的1.75%，占到选择“校外同行评教”高校的33.33%，占到参与调研一流大学建设高校的12.50%。选择将“校外同行评教”排在第五位的1所一流学科建设高校，占到参与调研高校总数的1.75%，占到选择“校外同行评教”高校的33.33%，占到参与调研一流学科建设高校的4.17%。选择将“校外同行评教”排在第五位的1所非双一流建设高校，占到参与调研高校总数的1.75%，占到选择“校外同行评教”高校的33.33%，占到参与调研非双一流建设高校的4.00%。

综上所述，在2021年度调研过程中，有56所高校选择了“学生评教”，在思政课评教体系排在第一位；有53所高校选择了“督导评教”，在思政课评教体系排在第二位；有45所高校选择了“校领导评教”，在思政课评教体系排在第三位；有44所高校选择了“教师评学”，在思政课评教体系排在第四位；有3所高校选择了“校外同行评教”，在思政课评教体系排在第五位；有2所高校选择了“其他”，在思政课评教体系排在第六位。具体调研数据如图8-6所示。

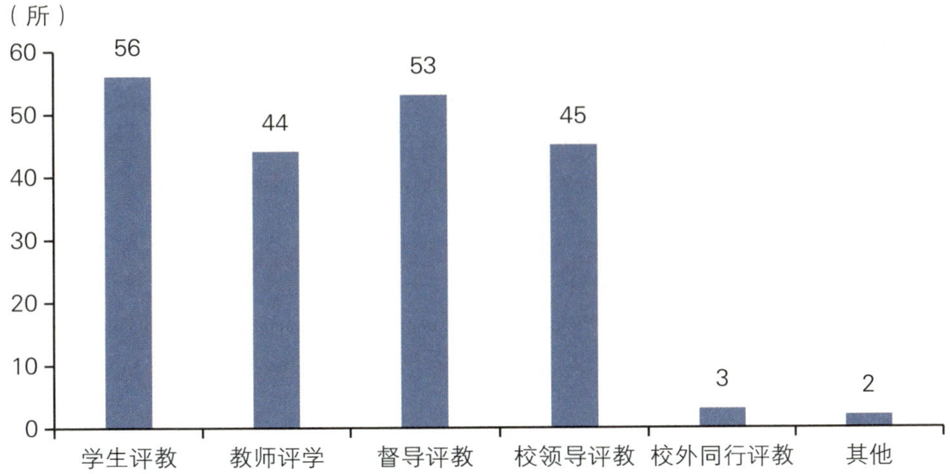

图8-6　思政课评教体系构成情况

图8-6表明在当前北京高校思政课评教体系中，“学生评教”和“督导评教”是高校最常用的两种评教方式。北京高校运用“教师评学”和“校领导评教”的评教方式也较为普遍，但对“校外同行评教”关注不多。需要指出的是，选择“其他”的2所高校，其中1所高校明确表述尚未

形成完整有效的评教体系，另外1所高校在评教体系中增加了学院教指委评教的方式。

（二）思政课评教的相关情况

1. 思政课评教时间的安排情况如图8-7所示

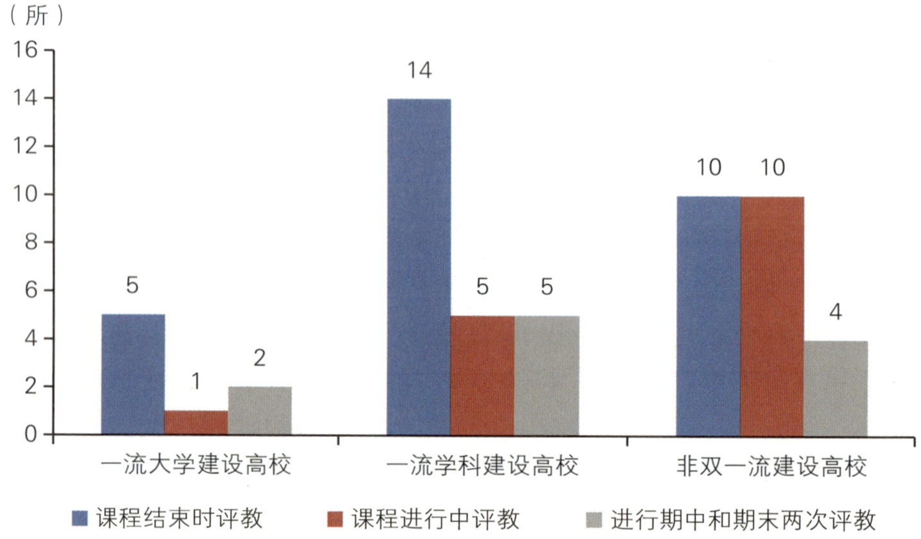

图8-7 北京高校思政课评教时间的安排情况

调研显示，除1所非双一流建设高校未填写“思政课评教时间安排”外，共有56所高校参与“思政课评教时间安排”的问卷填写，占到参与调研高校总数的98.25%。共有29所高校选择了“课程结束时评教”，占到参与调研高校总数的50.88%，占到填写“思政课评教时间安排”的51.79%。这其中包括5所一流大学建设高校、14所一流学科建设高校、10所非双一流建设高校。选择“课程结束时评教”的5所一流大学建设高校，占到参与调研高校总数的8.77%，占到填写“思政课评教时间安排”高校的8.93%，占到参与调研一流大学建设高校的62.50%。选择“课程结束时评教”的14所一流学科建设高校，占到参与调研高校总数的24.56%，占到填写“思政课评教时间安排”高校的25.00%，占到参与调研一流学科建设高校的58.33%。选择“课程结束时评教”的10所非双一流建设高校，占到参与调研高校总数的17.54%，占到填写“思政课评教时间安排”高校的17.86%，占到参与调研非双一流建设高校的40.00%。

调研显示，共有16所高校选择了“课程进行中评教”，占到参与调研高校总数的28.07%，占到填写“思政课评教时间安排”的28.57%。这其中包括1所一流大学建设高校、5所一流学科建设高校、10所非双一流建设高校。选择“课程进行中评教”的1所一流大学建设高校，占到参与调研高校总数的1.75%，占到填写“思政课评教时间安排”高校的1.79%，占到参与调研一流大学建设高校的12.50%。选择“课程进行中评教”的5所一流学科建设高校，占到参与调研高校总数的8.77%，占到填写“思政课评教时间安排”高校的8.93%，占到参与调研一流学科建设高校的20.83%。选择“课程进行中评教”的10所非双一流建设高校，占到参与调研高校总数的17.54%，占到填写“思政课评教时间安排”高校的17.86%，占到参与调研非双一流建设高校的40.00%。

调研显示，共有11所高校选择了“进行期中和期末两次评教”，占到参与调研高校总数的19.30%，占到填写“思政课评教时间安排”的19.64%。这其中包括2所一流大学建设高校、5所一流学科建设高校、4所非双一流建设高校。选择“进行期中和期末两次评教”的2所一流大学建设高校，占到参与调研高校总数的3.51%，占到填写“思政课评教时间安排”高校的3.57%，占到参与调研一流大学建设高校的25.00%。选择“进行期中和期末两次评教”的5所一流学科建设高校，占到参与调研高校总数的8.77%，占到填写“思政课评教时间安排”高校的8.93%，占到参与调研一流学科建设高校的20.83%。选择“进行期中和期末两次评教”的4所非双一流建设高校，占到参与调研高校总数的7.01%，占到填写“思政课评教时间安排”高校的7.14%，占到参与调研非双一流建设高校的16.00%。

综上所述，在2021年度北京高校思政课评教时间的安排中，选择“课程结束时评教”的高校共有29所，“课程结束时评教”的方式排在思政课评教时间安排的第一位；选择“课程进行中评教”的高校共有16所，“课程进行中评教”的方式排在思政课评教时间安排的第二位；选择“进行期中和期末两次评教”的高校共有11所，排在思政课评教时间安排的第三位。从这些数据上看，选择“课程结束时评教”仍然是当前北京高校思政课评教的主要方式。

2. 学生对思政课的评教平均分情况

2021年度，在评教课程上，除了思想道德与法治、马克思主义基本原理、中国近现代史纲要、毛泽东思想和中国特色社会主义理论体系概论、新时代中国特色社会主义理论与实践、马克思主义与社会科学方法论、自然辩证法概论、中国马克思主义与当代、马克思恩格斯列宁经典著作选读等课程外，增加了对习近平新时代中国特色社会主义思想概论课程的评价。需要指出的是，有3所高校的数据未计入本次统计中，其一是北京大学马克思主义学院填报的所有思政课评教平均分依然是14分，已经作为无效分数处理；其二是中国音乐学院未填报思政课评教平均分的数据；其三是北京青年政治学院未按百分制要求填写。因此在下面的分析过程中不包括这三所高校。

根据2021年的实证调研数据，经过加和计算，制成2021年北京高校思政课学生评教平均分情况表，如表8-1所示。

表8-1　2021年北京高校思政课学生评教平均分情况

单位：分

课程名称	一流大学建设高校评教平均分	一流学科建设高校评教平均分	非双一流建设高校评教平均分	北京高校评教平均分
思想道德与法治	93.44	94.50	95.14	94.65
中国近现代史纲要	93.90	94.14	94.61	94.30
马克思主义基本原理	92.55	93.95	94.78	94.10
毛泽东思想和中国特色社会主义理论体系概论	92.36	94.05	94.54	94.05
习近平新时代中国特色社会主义思想概论	92.91	94.07	94.15	93.97
新时代中国特色社会主义理论与实践	94.51	95.35	95.28	95.21
自然辩证法概论	93.70	95.86	94.96	95.15
马克思主义与社会科学方法论	95.21	95.46	94.27	94.90
中国马克思主义与当代	93.37	95.63	94.71	94.99
马克思恩格斯列宁经典著作选读	92.91	95.95	94.73	95.34

从表8-1可以看出，就“思想道德与法治”课程而言，一流大学建设高校课程的评教平均分为93.44分，比北京高校评教平均分94.65分低了1.21分；一流学科建设高校课程的评教平均分为94.50分，比北京高校评教平

均分94.65分低了0.15分；非双一流建设高校的评教平均分为95.14分，比北京高校评教平均分94.65分高了0.49分。非双一流建设高校的评教平均分高于一流大学建设高校和一流学科建设高校。

就“中国近现代史纲要”课程而言，一流大学建设高校课程的评教平均分为93.90分，比北京高校评教平均分94.30分低了0.40分；一流学科建设高校课程的评教平均分为94.14分，比北京高校评教平均分94.30分低了0.16分；非双一流建设高校的评教平均分为94.61分，比北京高校评教平均分94.30分高了0.31分。非双一流建设高校的评教平均分高于一流大学建设高校和一流学科建设高校。

就“马克思主义基本原理”课程而言，一流大学建设高校课程的评教平均分为92.55分，比北京高校评教平均分94.10分低了1.55分；一流学科建设高校课程的评教平均分为93.95分，比北京高校评教平均分94.10分低了0.15分；非双一流建设高校的评教平均分为94.78分，比北京高校评教平均分94.10分高了0.68分。非双一流建设高校的评教平均分高于一流大学建设高校和一流学科建设高校。

就“毛泽东思想和中国特色社会主义理论体系概论”课程而言，一流大学建设高校课程的评教平均分为92.36分，比北京高校评教平均分94.05分低了1.69分；一流学科建设高校课程的评教平均分为94.05分，与北京高校评教平均分94.05分持平；非双一流建设高校的评教平均分为94.54分，比北京高校评教平均分94.05分高了0.49分。非双一流建设高校的评教平均分高于一流大学建设高校和一流学科建设高校。

就“习近平新时代中国特色社会主义思想概论”课程而言，一流大学建设高校课程的评教平均分为92.91分，比北京高校评教平均分93.97分低了1.06分；一流学科建设高校课程的评教平均分为94.07分，比北京高校评教平均分93.97分高了0.10分；非双一流建设高校的评教平均分为94.15分，比北京高校评教平均分93.97分高了0.18分。非双一流建设高校的评教平均分高于一流大学建设高校和一流学科建设高校的评教平均分。

就“新时代中国特色社会主义理论与实践”课程而言，一流大学建设高校课程的评教平均分为94.51分，比北京高校评教平均分95.21分低了0.70分；一流学科建设高校课程的评教平均分为95.35分，比北京高校评教平均分95.21分高了0.14分；非双一流建设高校的评教平均分为95.28分，比北京高校评教平均分95.21分高了0.07分。一流学科建设高校的评教平均分高于一流大学建设高校和非双一流建设高校的评教平均分。

就“自然辩证法概论”课程而言，一流大学建设高校课程的评教平均分为93.70分，比北京高校评教平均分95.15分低了1.45分；一流学科建设高校课程的评教平均分为95.86分，比北京高校评教平均分95.15分高了0.71分；非双一流建设高校的评教平均分为94.96分，比北京高校评教平均分95.15分低了0.19分。一流学科建设高校的评教平均分高于一流大学建设高校和非双一流建设高校的评教平均分。

就“马克思主义与社会科学方法论”课程而言，一流大学建设高校课程的评教平均分为95.21分，比北京高校评教平均分94.90分高了0.31分；一流学科建设高校课程的评教平均分为95.46分，比北京高校评教平均分94.90分高了0.56分；非双一流建设高校的评教平均分为94.27分，比北京高校评教平均分94.90分低了0.63分。一流学科建设高校的评教平均分高于一流大学建设高校和非双一流建设高校的评教平均分。

就“中国马克思主义与当代”课程而言，一流大学建设高校课程的评教平均分为93.37分，比北京高校评教平均分94.99分低了1.62分；一流学科建设高校课程的评教平均分为95.63分，比北京高校评教平均分94.99分高了0.64分；非双一流建设高校的评教平均分为94.71分，比北京高校评教平均分94.99分低了0.28分。一流学科建设高校的评教平均分高于一流大学建设高校和非双一流建设高校的评教平均分。

就“马克思恩格斯列宁经典著作选读”课程而言，一流大学建设高校课程的评教平均分为92.91分，比北京高校评教平均分95.34分低了2.43分；一流学科建设高校课程的评教平均分为95.95分，比北京高校评教平均分95.34分高了0.61分；非双一流建设高校的评教平均分为94.73分，比北京高校评教平均分95.34分低了0.61分。一流学科建设高校的评教平均分高于一流大学建设高校和非双一流建设高校的评教平均分。

综上所述，就2021年北京高校本科生思政课学生评教平均分而言，非双一流建设高校的评教平均分均高于北京高校本科生思政课评教平均分。一流大学建设高校的本科生思政课评教平均分均低于北京高校本科生思政课评教平均分。一流学科建设高校的“思想道德与法治”“中国近现代史纲要”“马克思主义基本原理”等课程的评教平均分均低于北京高校本科生思政课评教平均分，一流学科建设高校的“毛泽东思想和中国特色社会主义理论体系概论”与北京高校本科生思政课评教平均分持平，其“习近平新时代中国特色社会主义思想概论”等课程评教平均分高于北京高校本科生思政课评教平均分。

就2021年北京高校硕士研究生思政课评教平均分而言，一流大学建设高校的“新时代中国特色社会主义理论与实践”“自然辩证法概论”课程的评教平均分均低于北京高校硕士研究生思政课评教平均分，一流大学建设高校的“马克思主义与社会科学方法论”课程的评教平均分高于北京高校硕士研究生思政课评教平均分。一流学科建设高校硕士研究生的思政课评教平均分均高于北京高校硕士研究生思政课评教平均分。非双一流建设高校的“新时代中国特色社会主义理论与实践”课程的评教平均分高于北京高校硕士研究生思政课评教平均分，“马克思主义与社会科学方法论”“自然辩证法概论”课程的评教平均分均低于北京高校硕士研究生思政课评教平均分。

就2021年北京高校博士研究生思政课评教平均分而言，一流大学建设高校与非双一流建设高校的博士研究生思政课评教平均分均低于北京高校博士研究生思政课评教平均分。一流学科建设高校博士研究生思政课评教平均分均高于北京高校博士研究生思政课评教平均分。

3. 思政课评教平均分与全校课程评教平均分的比较情况

2021年北京高校思政课评教平均分与全校课程评教平均分的比较情况如图8-8所示。

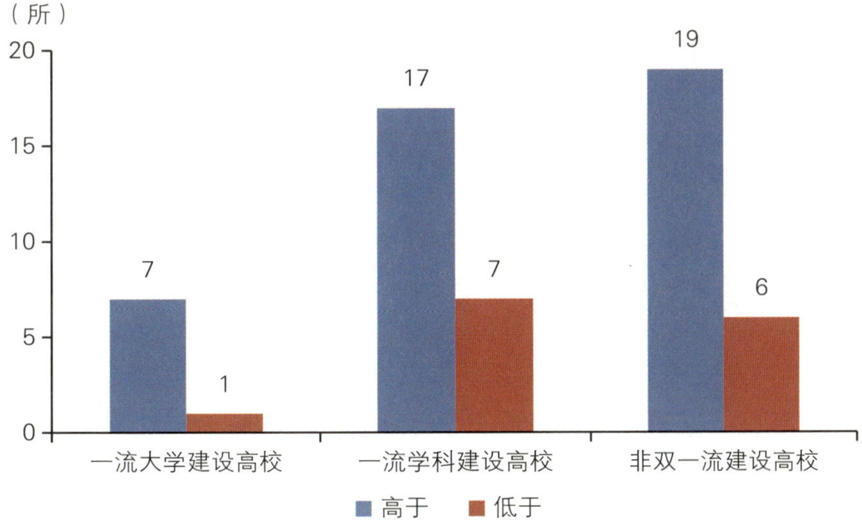

图8-8 思政课评教平均分与全校课程评教平均分的比较情况

调研显示，在参与调研的57所高校中，共有43所高校选择了“思政课评教平均分高于全校课程评教平均分”，占到调研高校总数的75.44%；共有14所高校选择了“思政课评教平均分低于全校课程评教平均分”，占到调研高校总数的24.56%。

在选择“思政课评教平均分高于全校课程评教平均分”的43所高校中，共有7所一流大学建设高校、17所一流学科建设高校、19所非双一流建设高校。选择“思政课评教平均分高于全校课程评教平均分”的7所一流大学建设高校，占到调研高校总数的12.28%，占到选择“思政课评教平均分高于全校课程评教平均分”高校的16.28%，占到参与调研一流大学建设高校的87.50%。选择“思政课评教平均分高于全校课程评教平均分”的17所一流学科建设高校，占到调研高校总数的29.82%，占到选择“思政课评教平均分高于全校课程评教平均分”高校的39.53%，占到参与调研一流学科建设高校的70.83%。选择“思政课评教平均分高于全校课程评教平均分”的19所非双一流建设高校，占到调研高校总数的33.33%，占到选择“思政课评教平均分高于全校课程评教平均分”高校的44.19%，占到参与调研非双一流建设高校的76.00%。

在选择“思政课评教平均分低于全校课程评教平均分”的14所高校中，共有1所一流大学建设高校、7所一流学科建设高校、6所非双一流建设高校。选择“思政课评教平均分低于全校课程评教平均分”的1所一流大学建设高校，占到调研高校总数的1.75%，占到选择“思政课评教平均分低于全校课程评教平均分”高校的7.14%，占到参与调研一流大学建设高校的12.50%。选择“思政课评教平均分低于全校课程评教平均分”的7所一流学科建设高校，占到调研高校总数的12.28%，占到选择“思政课评教平均分低于全校课程评教平均分”高校的50.00%，占到参与调研一流学科建设高校的29.17%。选择“思政课评教平均分低于全校课程评教平均分”的6所非双一流建设高校，占到调研高校总数的10.53%，占到选择“思政课评教平均分低于全校课程评教平均分”高校的42.86%，占到参与调研非双一流建设高校的24.00%。

综上所述，2021年北京高校思政课评教平均分高于全校课程评教平均分的是43所高校，思政课评教平均分低于全校课程评教平均分的是14所高校。这说明2021年有75.44%的高校思政课评教平均分高于全校课程评教平均分。

4. 思政课教师对课堂教学的主观评价情况

首先，思政课教师对学生出勤状况的评价，调研数据如图8-9所示。

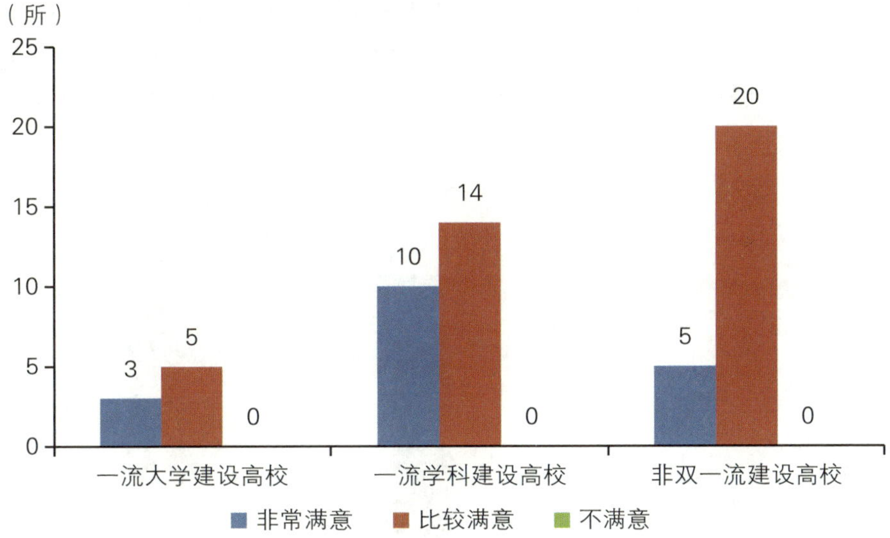

图8-9　思政课教师对学生出勤状况的评价

调研显示，57所被调研的高校全部填写了“思政课教师对学生出勤状况的评价”。有18所高校选择了“非常满意”，占到参与调研高校的31.58%；有39所高校选择了“比较满意”，占到参与调研高校的68.42%。没有高校选择“不满意”。具体来说，在“思政课教师对学生出勤状况的评价”中填写“非常满意”的18所高校中，有3所一流大学建设高校、10所一流学科建设高校、5所非双一流建设高校。填写“非常满意”的3所一流大学建设高校占到参与调研高校的5.26%，占到填写“非常满意”高校的16.67%，占到参与调研一流大学建设高校的37.50%。填写“非常满意”的10所一流学科建设高校占到参与调研高校的17.54%，占到填写“非常满意”高校的55.56%，占到参与调研一流学科建设高校的41.67%。填写“非常满意”的5所非双一流建设高校占到参与调研高校的8.77%，占到填写“非常满意”高校的27.78%，占到参与调研非双一流建设高校的20.00%。

具体来说，在“思政课教师对学生出勤状况的评价”中填写“比较满意”的39所高校中，有5所一流大学建设高校、14所一流学科建设高校、20所非双一流建设高校。填写“比较满意”的5所一流大学建设高校占到参与调研高校的8.77%，占到填写“比较满意”高校的12.82%，占到参与调研一流大学建设高校的62.50%。填写“比较满意”的14所一流学科建设高校占到参与调研高校的24.56%，占到填写“比较满意”高校的35.90%，占到参与调研一流学科建设高校的58.33%。填写“比较满意”的20所非双一流建设高校占到参与调研高校的35.09%，占到填写“比较满意”高校的51.28%，占到参与调研非双一流建设高校的80.00%。

其次，思政课教师对学生上课注意力集中状况的评价，调研数据如图8-10所示。

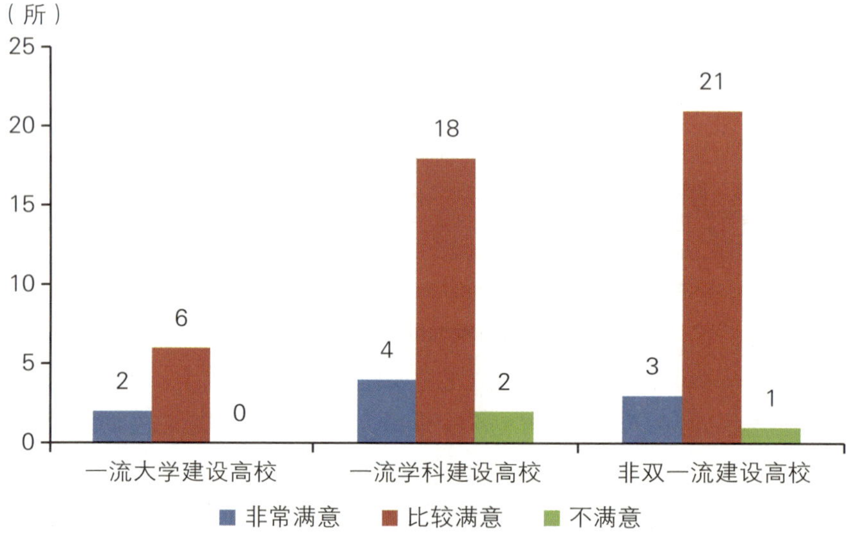

图8-10　思政课教师对学生上课注意力集中状况的评价

调研显示，参与调研的57所高校全部填写了“思政课教师对学生上课注意力集中状况的评价”。有9所高校选择了“非常满意”，占到参与调研高校的15.79%；有45所高校选择了“比较满意”，占到参与调研高校的78.95%；有3所高校选择了“不满意”，占到参与调研高校的5.26%。

在“思政课教师对学生上课注意力集中状况的评价”中填写“非常满意”的9所高校中，有2所一流大学建设高校、4所一流学科建设高校、3所非双一流建设高校。填写“非常满意”的2所一流大学建设高校占到参与调研高校的3.51%，占到填写“非常满意”高校的22.22%，占到参与调研一流大学建设高校的25.00%。填写“非常满意”的4所一流学科建设高校占到参与调研高校的17.54%，占到填写“非常满意”高校的44.44%，占到参与调研一流学科建设高校的16.67%。填写“非常满意”的3所非双一流建设高校占到参与调研高校的5.26%，占到填写“非常满意”高校的33.33%，占到参与调研非双一流建设高校的12.00%。

在“思政课教师对学生上课注意力集中状况的评价”中填写“比较满意”的45所高校中，有6所一流大学建设高校、18所一流学科建设高校、21所非双一流建设高校。填写“比较满意”的6所一流大学建设高校占到参与调研高校的10.53%，占到填写“比较满意”高校的13.33%，占到参与调研一流大学建设高校的75.00%。填写“比较满意”的18所一流学科建设高校占到参与调研高校的31.58%，占到填写“比较满意”高校的40.00%，占到参与调研一流学科建设高校的75.00%。填写“比较满意”的21所非双一流建设高校占到参与调研高校的36.84%，占到填写“比较满意”高校的46.67%，占到参与调研非双一流建设高校的84.00%。

在“思政课教师对学生上课注意力集中状况的评价”中填写“不满意”的3所高校中，有2所一流学科建设高校、1所非双一流建设高校。填写“不满意”的2所一流学科建设高校占到参与调研高校的3.51%，占到填写“不满意”高校的66.67%，占到参与调研一流学科建设高校的8.33%。填写“不满意”的1所非双一流建设高校占到参与调研高校的1.75%，占到填写“不满意”高校的33.33%，占到参与调研非双一流建设高校的4.00%。

再次，思政课教师对学生课堂互动状况的评价，调研数据如图8-11所示。

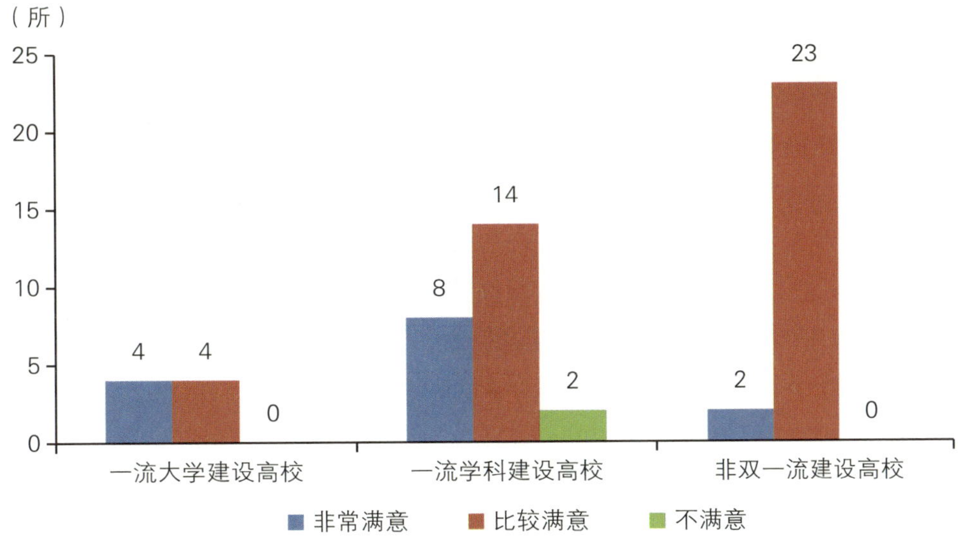

图8-11 思政课教师对学生课堂互动状况的评价

调研显示，参与调研的57所高校全部填写了“思政课教师对学生课堂互动状况的评价”，有14所高校选择了“非常满意”，占到参与调研高校的24.56%；有41所高校选择了“比较满意”，占到参与调研高校的71.93%；有2所高校选择了“不满意”，占到参与调研高校的3.51%。

具体来说，在“思政课教师对学生课堂互动状况的评价”中填写“非常满意”的14所高校中，有4所一流大学建设高校、8所一流学科建设高校、2所非双一流建设高校。填写“非常满意”的4所一流大学建设高校占到参与调研高校的7.02%，占到填写“非常满意”高校的28.57%，占到参与调研一流大学建设高校的50.00%。填写“非常满意”的8所一流学科建设高校占到参与调研高校的14.04%，占到填写“非常满意”高校的57.14%，占到参与调研一流学科建设高校的33.33%。填写“非常满意”的2所非双一流建设高校占到参与调研高校的3.51%，占到填写“非常满意”高校的14.29%，占到参与调研非双一流建设高校的8.00%。

在“思政课教师对学生课堂互动状况的评价”中填写“比较满意”的41所高校中，有4所一流大学建设高校、14所一流学科建设高校、23所非双一流建设高校。填写“比较满意”的4所一流大学建设高校占到参与调研高校的7.02%，占到填写“比较满意”高校的9.76%，占到参与调研一流大学建设高校的50.00%。填写“比较满意”的14所一流学科建设高校占到参与调研高校的24.56%，占到填写“比较满意”高校的34.15%，占到参与调研一流学科建设高校的58.33%。填写“比较满意”的23所非双一流建设高校占到参与调研高校的40.35%，占到填写“比较满意”高校的56.10%，占到参与调研非双一流建设高校的92.00%。

在“思政课教师对学生课堂互动状况的评价”中，一流大学建设高校和非双一流建设高校均未选择“不满意”。填写“不满意”的为2所一流学科建设高校，占到参与调研高校的3.51%，占到填写“不满意”高校的100%，占到参与调研一流学科建设高校的8.33%。

最后，思政课教师对学生运用思政课原理分析现实问题的评价，调研数据如图8-12所示。

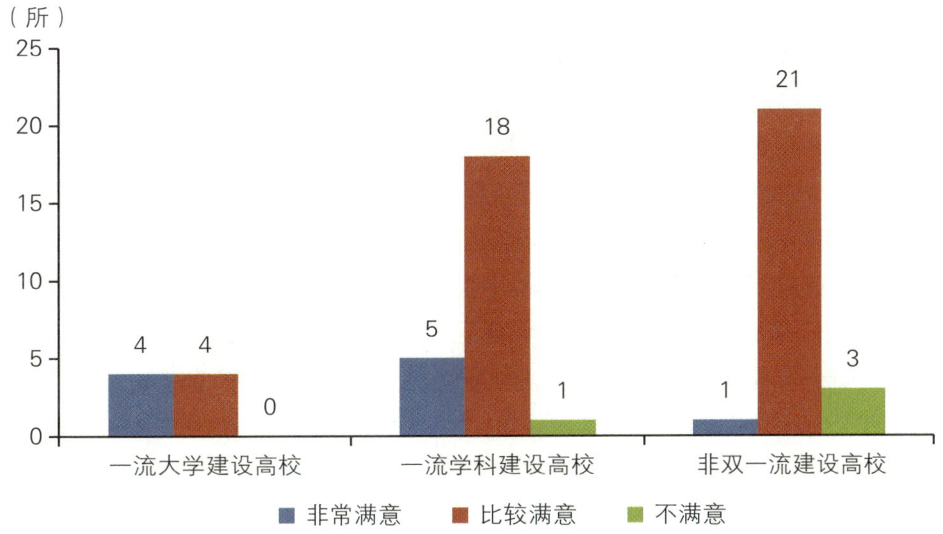

图8-12 思政课教师对学生运用思政课原理分析现实问题的评价

调研显示，参与调研的57所高校全部填写了“思政课教师对学生运用思政课原理分析现实问题的评价”。有10所高校选择了“非常满意”，占到参与调研高校的17.54%；有43所高校选择了“比较满意”，占到参与调研高校的75.44%；有4所高校选择了“不满意”，占到参与调研高校的7.02%。

在填写“思政课教师对学生运用思政课原理分析现实问题的评价”中选择“非常满意”的10所高校里，有4所一流大学建设高校、5所一流学科建设高校、1所非双一流建设高校。填写“非常满意”的4所一流大学建设高校占到参与调研高校的7.02%，占到填写“非常满意”高校的40.00%，占到参与调研一流大学建设高校的50.00%。填写“非常满意”的5所一流学科建设高校占到参与调研高校的8.77%，占到填写“非常满意”高校的50.00%，占到参与调研一流学科建设高校的20.83%。填写“非常满意”的1所非双一流建设高校占到参与调研高校的1.75%，占到填写“非常满意”高校的10.00%，占到参与调研非双一流建设高校的4.00%。

在填写“思政课教师对学生运用思政课原理分析现实问题的评价”中选择“比较满意”的43所高校里，有4所一流大学建设高校、18所一流学科建设高校、21所非双一流建设高校。填写“比较满意”的4所一流大学建设高校占到参与调研高校的7.02%，占到填写“比较满意”高校的9.30%，占到参与调研一流大学建设高校的50.00%。填写“比较满意”的

18所一流学科建设高校占到参与调研高校的31.58%，占到填写“比较满意”高校的41.86%，占到参与调研一流学科建设高校的75.00%。填写“比较满意”的21所非双一流建设高校占到参与调研高校的36.84%，占到填写“比较满意”高校的48.83%，占到参与调研非双一流建设高校的84.00%。

在填写“思政课教师对学生运用思政课原理分析现实问题的评价”中选择“不满意”的4所高校里，有0所一流大学建设高校、1所一流学科建设高校、3所非双一流建设高校。填写“不满意”的1所一流学科建设高校占到参与调研高校的1.75%，占到填写“不满意”高校的25.00%，占到参与调研一流学科建设高校的4.17%。填写“不满意”的3所非双一流建设高校占到参与调研高校的5.26%，占到填写“不满意”高校的75.00%，占到参与调研非双一流建设高校的12.00%。

（三）教学相关获奖情况

1. 教学比赛获奖情况

2021年度，教育部组织了第二届全国高校思政课教学展示活动，北京市委教育工委组织了相关教学活动。2021年度北京高校思政课教师教学比赛获奖情况如图8-13所示。

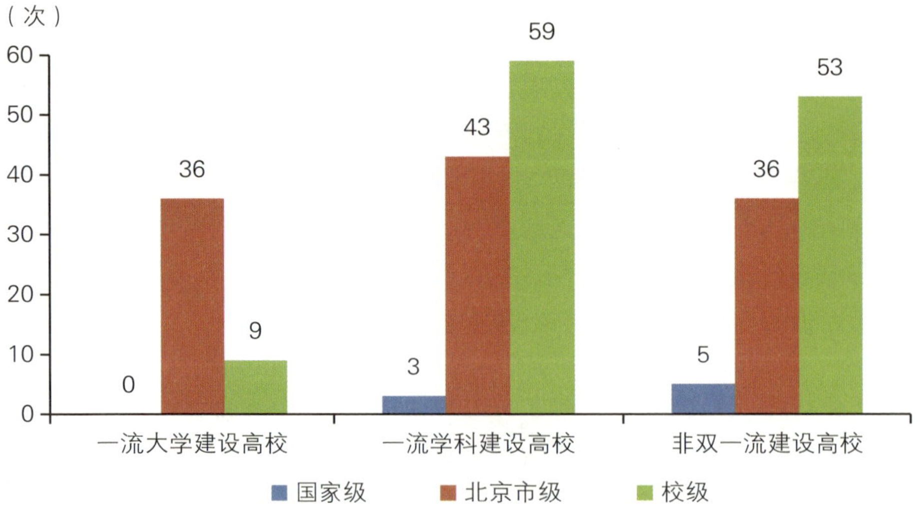

图8-13 2021年度北京高校思政课教师教学比赛获奖情况

调研显示，2021年度北京高校思政课教师教学比赛共计获奖244次，其中国家级教学比赛获奖8次，占到2021年度教学比赛获奖总数的

3.28%；北京市级教学比赛获奖115次，占到2021年度教学比赛获奖总数的47.13%；校级教学比赛获奖121次，占到2021年度教学比赛获奖总数的49.59%。

在2021年度国家级教学比赛8次获奖中，一流学科建设高校获奖3次，占到国家级教学比赛获奖总数的37.50%，占到2021年度北京高校教学比赛获奖总数的1.23%；非双一流建设高校获奖5次，占到国家级教学比赛获奖总数的62.50%，占到2021年度北京高校教学比赛获奖总数的2.05%。

在2021年北京市级教学比赛115次获奖中，一流大学建设高校获奖36次，占到北京市级教学比赛获奖总数的31.30%，占到2021年度北京高校教学比赛获奖总数的14.75%；一流学科建设高校获奖43次，占到北京市级教学比赛获奖总数的37.39%，占到2021年度北京高校教学比赛获奖总数的17.62%；非双一流建设高校获奖36次，占到北京市级教学比赛获奖总数的31.30%，占到2021年度北京高校教学比赛获奖总数的14.75%。

在2021年度校级教学比赛121次获奖中，一流大学建设高校获奖9次，占到校级教学比赛获奖总数的7.44%，占到2021年度北京高校教学比赛获奖总数的3.69%；一流学科建设高校获奖59次，占到校级教学比赛获奖总数的48.76%，占到2021年度北京高校教学比赛获奖总数的24.18%；非双一流建设高校获奖53次，占到校级教学比赛获奖总数的43.80%，占到2021年度北京高校教学比赛获奖总数的21.72%。

2. 教学成果奖情况

按照教育部教学成果奖评选的规则，2021年度没有国家级教学成果奖的评选。2021年12月，北京市教委启动了北京市级教学成果奖的评选工作，获奖结果于2022年公布。因此2021年度北京高校教学成果奖的统计情况没有国家级教学成果奖和北京市级教学成果奖的评选。统计的数据皆为校级教学成果奖的情况，调研数据如图8-14所示。

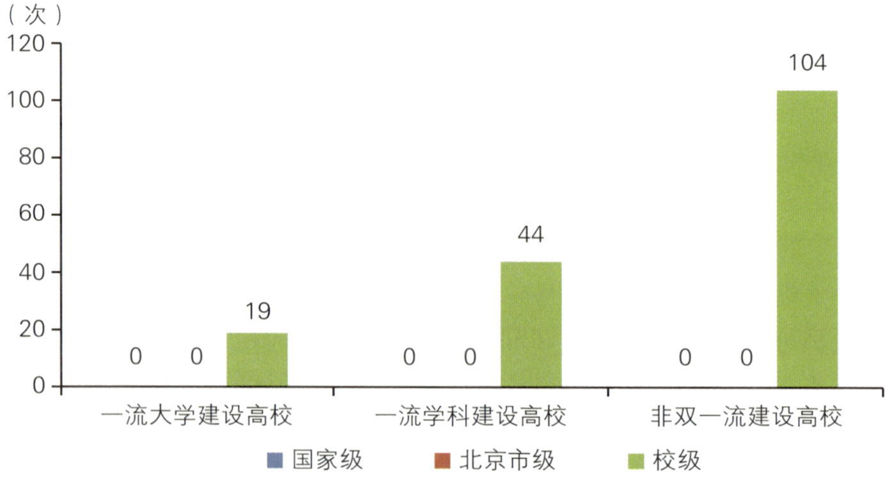

图8-14　2021年度北京高校教学成果奖获奖情况

调研显示，2021年度北京高校获得校级教学成果奖共计167次，其中一流大学建设高校获奖19次，占到2021年度北京高校校级教学成果奖获奖总数的11.38%；一流学科建设高校获奖44次，占到2021年度北京高校校级教学成果奖获奖总数的26.35%；非双一流建设高校获奖104次，占到2021年度北京高校校级教学成果奖获奖总数的62.28%。

（四）新闻媒介报道情况

2021年度，新闻媒介关于北京高校思政课报道情况的调研数据如

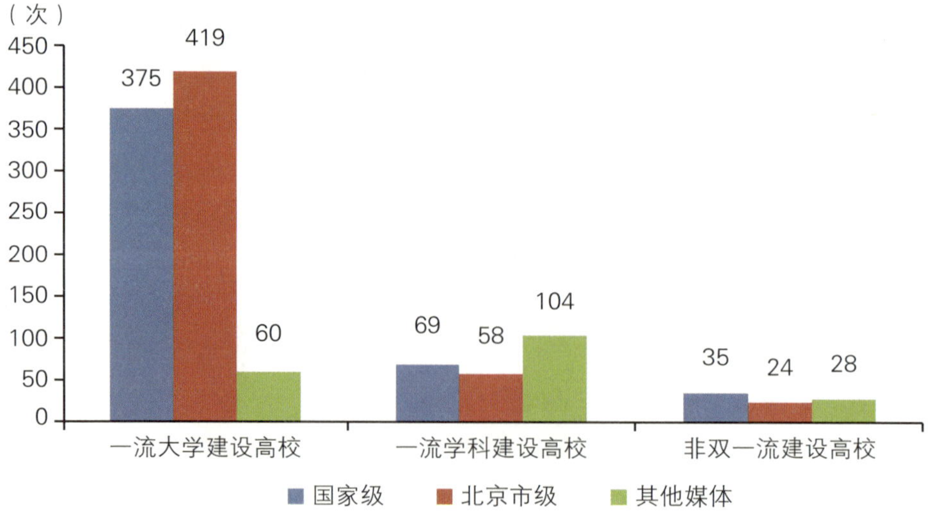

图8-15　新闻媒介对思政课的报道情况

图8-15所示。

调研显示，2021年度新闻媒介对北京高校思政课共计报道1172次，新闻媒介对一流大学建设高校思政课报道854次，占到2021年度新闻媒介对北京高校思政课报道总数的72.87%；新闻媒介对一流学科建设高校思政课报道231次，占到2021年度新闻媒介对北京高校思政课报道总数的19.71%；新闻媒介对非双一流建设高校思政课报道87次，占到2021年度新闻媒介对北京高校思政课报道总数的7.42%。

具体来说，在2021年度新闻媒介对北京高校思政课1172次的报道中，国家级新闻媒介的报道频次为479次，占到2021年度新闻媒介对北京高校思政课报道总数的40.87%。国家级新闻媒介对一流大学建设高校报道频次为375次，占到2021年度新闻媒介对北京高校思政课报道总数的32.00%，占到国家级新闻媒介对北京高校思政课报道总数的78.29%。国家级新闻媒介对一流学科建设高校报道频次为69次，占到2021年度新闻媒介对北京高校思政课报道总数的5.89%，占到国家级新闻媒介对北京高校思政课报道总数的14.51%。国家级新闻媒介对非双一流建设高校报道频次为35次，占到2021年度新闻媒介对北京高校思政课报道总数的2.99%，占到国家级新闻媒介对北京高校思政课报道总数的7.31%。

在2021年度新闻媒介对北京高校思政课1172次的报道中，北京市级新闻媒介的报道频次为501次，占到2021年度新闻媒介对北京高校思政课报道总数的42.75%。北京市级新闻媒介对一流大学建设高校报道频次为419次，占到2021年度新闻媒介对北京高校思政课报道总数的35.75%，占到北京市级新闻媒介对北京高校思政课报道总数的83.63%。北京市级新闻媒介对一流学科建设高校报道频次为58次，占到2021年度新闻媒介对北京高校思政课报道总数的4.95%，占到北京市级新闻媒介对北京高校思政课报道总数的11.58%。北京市级新闻媒介对非双一流建设高校报道频次为24次，占到2021年度新闻媒介对北京高校思政课报道总数的2.05%，占到北京市级新闻媒介对北京高校思政课报道总数的4.79%。

在2021年度新闻媒介对北京高校思政课共计1172次的报道中，其他媒体的报道频次为192次，占到2021年度新闻媒介对北京高校思政课报道总数的16.38%。其他媒体对一流大学建设高校报道频次为60次，占到2021年度新闻媒介对北京高校思政课报道总数的5.12%，占到其他媒体对北京高校思政课报道总数的31.25%。其他媒体对一流学科建设高校报道频次为

104次，占到2021年度新闻媒介对北京高校思政课报道总数的8.87%，占到其他媒体对北京高校思政课报道总数的54.17%。其他媒体对非双一流建设高校报道频次为28次，占到2021年度新闻媒介对北京高校思政课报道总数的2.39%，占到其他媒体对北京高校思政课报道总数的14.58%。

二、主要成绩

2021年，北京高校思政课教学评价在传承以往教学评价优势的基础上，增强了对思政课教学评价范畴的理解，突出了思政课教学评价的社会化因素，提升了思政课教学主体的话语转化能力，推进了大中小思政课教学一体化教学评价的进程。

（一）紧扣课堂效果与教学效果两个评价范畴

在思政课教学评价过程中，课堂效果和教学效果是两个最基本的教学评价范畴。“课堂效果是指课堂教学是教与学的直接结合，课堂效果的影响因素可分教和学两方面。从教方面来看，影响课堂效果的是教师课堂教学能力……影响课堂效果的另一个重要因素是学生对思想政治理论课学习的态度。教学效果是在一定的时间、空间、人力、物力范围内，检验学生接收到信息量的多少，收获的大小，主要考察的是学生学到什么和学得怎样。好的教学效果是所有课程教学都追求的目标。”①2021年，北京高校密切关注思政课的课堂效果与教学效果，大力提升了北京高校思政课的课堂效果与教学效果。在课堂效果方面，北京高校通过思政课教师对课堂教学过程中学生的出勤状况、课堂互动状况、注意力集中状况进行满意度评价。调研显示，2021年北京高校思政课教师对课堂教学过程中学生的出勤状况、课堂互动状况、注意力集中状况满意度评价中“非常满意”的评价频次实现了跨越式提升。在“思政课教师对学生出勤状况的评价”中，思政课教师的“非常满意”评价频次从2014年的3次变为2021年的18次，对学生出勤状况的“非常满意”评价增长了500.00%；在“思政课教师对学生上课注意力集中状况的评价”中，思政课教师的“非常满意”评价频次从2014年的0次变为2021年的9次，实现了对学生上课注意力集中状况的“非常满意”评价的跨越式增长；在“思政课教师对学生课堂互动状况的

① 罗春潮：《思想政治理论课的基本教学评价范畴》，《教学评论》2011年第5期。

评价”中，思政课教师的“非常满意”评价频次从2014年的3次变为2021年的14次，对学生课堂互动状况的“非常满意”评价率增长了366.67%。在教学效果方面，北京高校思政课教学评价密切关注学生如何运用思政课原理分析现实问题。从调研的数据来看，在北京高校“思政课教师对学生运用思政课原理分析现实问题的评价”中，选择“非常满意”的频次从2014年的2次变为2021年的10次，对学生运用思政课原理分析现实问题的“非常满意”评价增长了400.00%。

同时从2014年以来学生对思政课教学评价分数也可以看出北京高校思政课教学评价中对课堂效果和教学效果的关切。根据2014年以来北京高校思政课教学评教平均分制成表8-2。

表8-2　北京高校思政课教学评教平均分（2014—2021年）

单位：分

课程名称	2014年	2015年	2016年	2017年	2018年	2019年	2020年	2021年
思想道德与法治	85.41	92.75	92.45	92.95	93.13	93.26	93.45	94.65
中国近现代史纲要	84.18	93.13	92.70	92.97	93.19	93.56	93.68	94.30
马克思主义基本原理	83.88	93.20	92.44	92.66	92.75	92.76	93.42	94.10
毛泽东思想和中国特色社会主义理论体系概论	85.27	92.80	92.81	92.67	93.18	93.34	93.7	94.05
新时代中国特色社会主义理论与实践	89.02	92.96	91.95	91.85	94.98	94.88	94.62	95.21
自然辩证法概论	91.87	92.08	92.46	92.87	94.45	94.12	94.90	95.15
马克思主义与社会科学方法论	87.88	92.88	92.16	91.97	94.78	94.45	94.97	94.90
中国马克思主义与当代	94.02	93.70	93.72	92.45	95.72	94.83	95.32	94.99
马克思恩格斯列宁经典著作选读	94.08	96.07	93.52	92.16	95.86	95.31	95.75	95.34

从表8-2可以看出，“思想道德与法治”课程的评教平均分从2014年的85.41分变为2021年的94.65分，增加了9.24分，增幅为10.82%。“中国近现代史纲要”课程从2014年的84.18分变为2021年的94.30分，增加了10.12分，增幅为12.02%。“马克思主义基本原理”课程从2014年的83.88分变为2021年的94.10分，增加了10.22分，增幅为12.18%。“毛泽东思想和中国特色社会主义理论体系概论”课程从2014年的85.27分变为2021年的94.05分，增加了8.78分，增幅为10.29%。“新时代中国特色社会主义理

论与实践”课程从2014年的89.02分变为2021年的95.21分，增加了6.19分，增幅为6.95%。“自然辩证法概论”课程从2014年的91.87分变为2021年的95.15分，增加了3.28分，增幅为3.57%。“马克思主义与社会科学方法论”课程从2014年的87.88分变为2021年的94.90分，增加了7.02分，增幅为7.99%。“中国马克思主义与当代”课程从2014年的94.02分变为2021年的94.99分，增加了0.97分，增幅为1.03%。“马克思恩格斯列宁经典著作选读”课程从2014年的94.08分变为2021年的95.34分，增加了1.26分，增幅为1.34%。

（二）高校思政课教学的社会化评价效果显著

2021年，北京高校思政课教学评价的内源性评价主体构成日益完善，“教师评学”与“校领导评教”在思政课教学评价主体结构中的地位显著上升。“教师评学”的频次从2014年的29次上升为2021年的44次，增长了51.72%；“校领导评教”的频次从2014年的20次上升为2021年的45次，增长了125.00%。然后令人感到欣喜的不只是思政课教学评价内源性主体结构的完善，更看到了思政课教学评价外源性评价主体尤其是社会化评价主体的参与程度越来越高。思政课社会化评价主要看的是社会媒介或公众对思政课的反映和评价。就新闻媒介来说，2014年北京高校思政课获得国家级、北京市级及其他媒体报道的频次为45次，2021年北京高校思政课获得国家级、北京市级及其他媒体报道的频次为1172次。7年之内，这一数据增长了25.04倍。这一数据充分说明思政课越来越受到社会媒介的关注，思政课社会化评价的程度越来越高。

（三）高度关注教材体系向教学体系转化的评价

在思政课教学评价中，对思政课教师教学能力的评价是思政课教学评价的重要方面。在思政课教师的教学能力体系中，教师教材话语转化为教学话语的能力是影响思政课教学效果的重要因素。从调研的数据来看，2021年北京高校思政课教师高度关注从教材体系向教学体系转化的评价。对“最应该强化思政课教学评价对象的认识”的调研数据如图8–16所示。

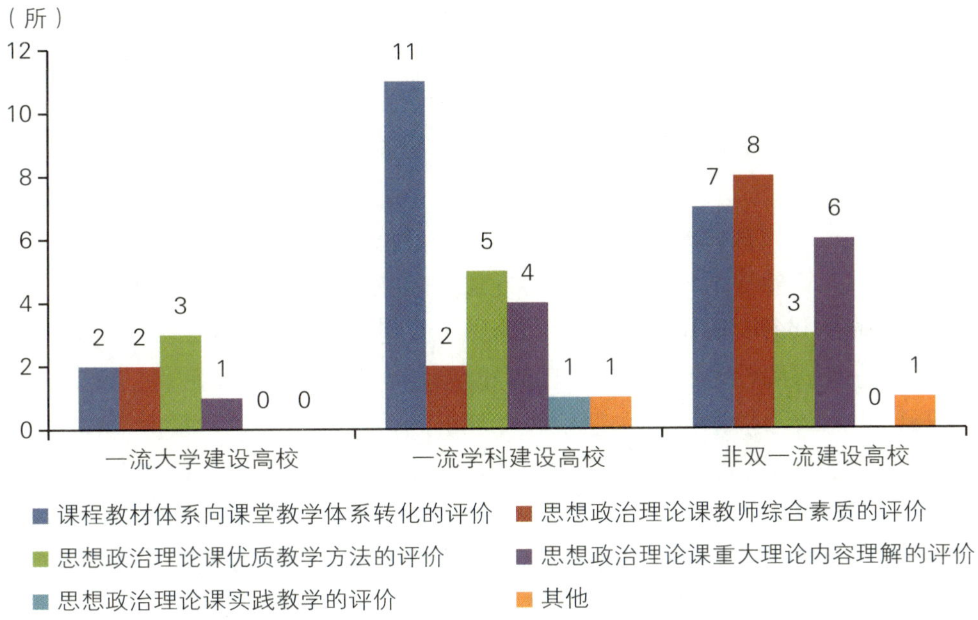

图8-16 最应该强化思政课教学评价对象的认识

调研显示，参与调研的57所高校全部填写了“最应该强化思政课教学评价对象的认识”的问题，其中选择“课程教材体系向课堂教学体系转化的评价”共有20所高校，占到参与调研高校总数的35.09%，频次排在第一位。在这20所高校中，共有2所一流大学建设高校，占到选择“课程教材体系向课堂教学体系转化的评价”高校总数的10.00%；有11所一流学科建设高校，占到选择“课程教材体系向课堂教学体系转化的评价”高校总数的55.00%；有7所非双一流建设高校，占到选择“课程教材体系向课堂教学体系转化的评价”高校总数的35.00%。

调研显示，有12所高校选择了“思想政治理论课教师综合素质的评价”，占到参与调研高校总数的21.05%，频次排在第二位。在这12所高校中，共有2所一流大学建设高校，占到选择“思想政治理论课教师综合素质的评价”高校总数的16.67%；有2所一流学科建设高校，占到选择“思想政治理论课教师综合素质的评价”高校总数的16.67%；有8所非双一流建设高校，占到选择“思想政治理论课教师综合素质的评价”高校总数的66.66%。

调研显示，有11所高校选择了“思想政治理论课优质教学方法的评价”，占到参与调研高校总数的19.30%，频次排在第三位。在这11所高校中，共有3所一流大学建设高校，占到选择“思想政治理论课优质教学方法的评价”高校总数的27.27%；有5所一流学科建设高校，占到选择“思想政治理论课优质教学方法的评价”高校总数的45.45%；有3所非双一流建设高校，占到选择“思想政治理论课优质教学方法的评价”高校总数的27.27%。

调研显示，有11所高校选择了“思想政治理论课重大理论内容理解的评价”，占到参与调研高校总数的19.30%，频次并列排在第三位。在这11所高校中，共有1所一流大学建设高校，占到选择“思想政治理论课重大理论内容理解的评价”高校总数的9.09%；有4所一流学科建设高校，占到选择“思想政治理论课重大理论内容理解的评价”高校总数的36.36%；有6所非双一流建设高校，占到选择“思想政治理论课重大理论内容理解的评价”高校总数的54.55%。

调研显示，有1所一流学科建设高校和1所非双一流建设高校选择了“其他”，选择“其他”的高校总数占到参与调研高校总数的3.51%，排在第四位。有1所一流学科建设高校选择了“思想政治理论课实践教学的评价”，占到参与调研高校总数的1.75%，排在第五位。

（四）助推大中小学思政课一体化教学评价

大中小学思政课一体化建设是一个复杂的系统工程，大中小学思政课一体化建设离不开大中小学思政课一体化的教学评价。“大中小学思政课教学评价一体化是检验教学目标、对照教学内容、判断教学效果、诊断教学问题和提高教学质量的重要手段，是推进大中小学思政课一体化建设的重要途径。教学评价主体间联系不紧密、教学评价标准缺乏统一性、教学评价方法简单机械都是制约大中小学思政课教学评价一体化建设的主要因素。推进大中小学思政课教学评价一体化建设，必须突出对策的针对性。”① 2021年北京市委教育工委大力助推大中小学思政课一体化教学评价。一是成立北京市大中小学思政课一体化建设指导委员会。该委员会是北京市深化学校思政课改革创新的决策协调议事机构，负责对大中小学思政课一体化建设进行领导、指导、咨询、示范、培训、研判。该委员会的成立为大中小学思政课一体化教学评价的实施提供了专家队伍。同时北京

① 陈大文，姜彦杨：《大中小学思政课教学评价一体化路径初探》，《思想理论教育导刊》2021年第12期。

市委教育工委成立了北京市大中小学思政课一体化建设实践研究示范区。北京市大中小学思政课一体化建设研究基地设在海淀区，主要职责是就大中小学思政课一体化开展理论研究、推进内容建设、加强教学方式创新和加大教学资源供给，通过团队协同、创新研究、研讨交流、评价激励4项工作机制，以课题研究为载体，组建研究基地学术指导团队、专家团队、研究与实践团队协作攻关。在这个过程中，如何构建大中小学思政课一体化教学评价体系成为北京市委教育工委着力思考的问题。

三、主要问题与对策建议

2021年，北京高校思政课在教学评价方面取得了显著成效，但还存在一些需要进一步思考的问题。

（一）强化教学评价教育价值理念，突破偏重管理价值评价理念

在与多所高校思政课交流的过程中，许多老师谈到了思政课教学评价中一个重要问题，认为目前一些北京高校思政课的教学评价理念中存在“偏重管理价值、忽视教育价值”的问题。该问题在现实中具体表现在以下几个方面：第一，思政课教学评价的目标在很大程度上不是用于促进思政课教学，而是作为思政课教师职称晋升、绩效管理、职业升迁中一项考核条件。第二，思政课教学评价的实施缺乏思政课的特殊性考量，通常是用全校共同的教学评价系统来对思政课进行教学评价。思政课所内蕴的马克思主义基本立场、观点、方法以及思政课所承载的意识形态功能很难在全校统一的教学系统中体现出来。第三，学校管理部门在设计课程教学评价的指标体系中往往具有突出的话语权，思政课教师很难在学校教学评价指标体系构建中充分表达自己的意愿。在与一些高校思政课交流过程中，有思政课教师反映说所在高校硬性规定每学期学生评教90分以上的评教课程不能超过学期开始课程的半数。其实这种做法不符合马克思主义实事求是的理论品质，这种做法彰显了在教学评价过程中管理本位。其实在高校教学评价中偏重教学评价的管理价值的做法已经不是一个新问题。“2013年华中科技大学沈红教授团队对广东高校120位人事处负责人的调查数据显示，80%的高校在制定教师评价标准时极少让教师参与其中或者询问教师的意见。这表明大学制定教学评价标准很少通过问卷调查、访谈、座谈会等形式征询教师的意见和建议，评价标准多是由管理人员在咨询少数专

家的基础上制定而成，往往脱离了教学实践，常常导致教学评价政策、程序、规则等缺乏弹性、可变通性和宽容性。此外，教学评价组织者和被评者之间大多缺乏民主平等的交流，被评者的积极性与配合度不高，致使教学评价难以实现其应有的功能，难以达到评价的目的。"[①] 因此，笔者建议在思政课教学评价过程中，需要强化教学评价教育价值理念，让教学评价回归其服务教学、服务老师、服务学生的本意。

（二）构建跨校际的教学评价标准，增强同类高校教学评价功能

在2021年北京高校思政课教学评价过程中，发现了一个有意思的问题：在对"思想道德与法治""中国近现代史纲要""马克思主义基本原理""毛泽东思想和中国特色社会主义理论体系概论""新时代中国特色社会主义理论与实践""自然辩证法概论""马克思主义与社会科学方法论""中国马克思主义与当代""马克思恩格斯列宁经典著作选读""习近平新时代中国特色社会主义思想概论"等课程评教平均分的统计中，发现一流大学建设高校除了"马克思主义与社会科学方法论"课程评教平均分95.21高于北京高校"马克思主义与社会科学方法论"课程评教平均分94.90外，其他思政课程的评教平均分均低于北京高校思政课评教平均分。而非双一流高校除了"自然辩证法概论""中国马克思主义与当代""马克思恩格斯列宁经典著作选读""马克思主义与社会科学方法论"4门课程低于北京高校相应课程评教平均分之外，其他所有课程评教平均分均高于北京高校思政课评教平均分。这是不是说非双一流建设高校学生对思政课的满意度评价高于一流大学建设高校学生对思政课的满意度评价呢？显然不能做出这样的判断。因为每个高校的教学要求情况、学生主观感受情况、评价标准情况各不相同，所以不能单从思政课教学评教平均分上武断地做出不同类型高校评教平均分的比较。笔者建议坚持"可比性与差异性"相统一的原则，构建跨校际的教学评价标准，增强同类高校教学评价功能。具体来说，可以结合当前北京一流大学建设高校、一流学科建设高校、非双一流建设高校的3种高校类型，构建一流大学建设高校教学评价标准、一流学科建设高校教学评价标准、非双一流建设高校教学评价标准。这样可以在一定程度上促进同类高校思政课教学评价的可比性。

---

① 周玉容：《大学教学评价标准的双重困境与破解之道》，《高等教育研究》2019年第10期。

（三）建立健全线上教学评价机制，提升线上教学的教育实效性

自2019年底新冠肺炎疫情暴发以来，高校思政课线上教学已经常态化。从3年来的线上教学实践来看，思政课线上教学效果与思政课线下教学效果并不是完全统一的。然而从现实情况来看，不管是北京之外的高校还是北京的高校，目前都没有建立一整套完善的思政课线上教学的评价机制。2020年10月，中共中央、国务院印发的《深化新时代教育评价改革总体方案》中明确提出了“坚持科学有效，改进结果评价，强化过程评价，探索增值评价，健全综合评价，充分利用信息技术，提高教育评价的科学性、专业性、客观性”的要求。在笔者看来，建立健全线上教学评价机制迫切需要发挥当前信息技术的价值功能。具体来说，需要高度重视以下几个方面的工作：“首先，健全学生评价综合指标体系，突出品德、能力和素质导向。其次，创新多元化评价方式，开展基于学习行为的数据分析。再次，开发智能化关键技术和系统，为教育教学决策提供支持。最后，推进典型区域重大考试评价制度改革，开展应用试点示范。”[①]建立健全线上教学评价机制，使得思政课线上教学评价能够稳定有序开展，最终促进线上思政课教学实效性的提升。

（四）增加对教学方法的教学评价，密切教学评价主客体的关系

教学方法是连接教学主体与教学客体的中介。教学方法是否得当直接影响到教学效果的好坏。这一点在2021年度北京高校的调研中得到证实。在参与调研的57所高校中，当问及“提升思政课教学效果采取的措施”多项选择题时，57所高校全部选择了“不断丰富教学方法”，排在“提升思政课教学效果采取的措施”的第一位；有54所高校选择了“注重师资队伍培训”，排在“提升思政课教学效果采取的措施”的第二位；有51所高校选择了“加强教学改革研究”，排在“提升思政课教学效果采取的措施”的第三位；有39所高校选择了“适时创新考核方式”，排在“提升思政课教学效果采取的措施”的第四位；有32所高校选择了“定期举办教学比赛”，排在“提升思政课教学效果采取的措施”的第五位；有26所高校选择了“注重实践基地建设”，排在“提升思政课教学效果采取的措施”

① 杨宗凯：《利用信息技术促进教育教学评价改革创新》，《人民教育》2020年第21期。

的第六位；有25所高校选择了“完善教师办公条件”，排在“提升思政课教学效果采取的措施”的第七位；有18所高校选择了“更新完善教学设备”，排在“提升思政课教学效果采取的措施”的第八位；有4所高校选择了“其他”，排在“提升思政课教学效果采取的措施”的第九位。以上数据说明北京高校思政课教师对教学方法的高度关切。“不断丰富教学方法”的前提是对教学方法做出客观合理的评估，从而遴选出最适合自己思政课教学的方法。而要做到这一点，就需要加强对现有教学方法的教学评价。只有对现有教学方法的深入认知，才能真正找到密切教学主客体关系的恰当方法。

附　录

北京高校马克思主义理论学科与思想政治理论课建设大事记（2021）

（一）北京市委及相关部门关于马克思主义理论学科与思想政治理论课建设的部署和举措

1月19日　北京市委教育工委印发《关于推进北京高校思政课质量保障工程的若干措施》。文件面向北京各高等学校党委，旨在深入实施思政课质量保障工程，明确树立重视教学质量的鲜明导向、构建全方位教学评价体系、开展个性化教学诊断、建立“一师一档”制度、健全绩效管理体系、加强支持保障6项工作举措。

3月10日　北京市委教育工委举办“深入学习习近平总书记在党史学习教育动员大会上的重要讲话”暨第九期北京市学校思政课教师“同备一堂课”活动。采取“辅导报告+示范教学”的模式，邀请中央财经大学、中国人民公安大学、中国人民大学附属中学、西城区中古友谊小学的4名大中小学思政课教师代表，从不同学段的课程目标、教学内容和学生特点出发进行示范说课。活动通过北京高校思想政治理论课高精尖创新平台直播，全市万余名大中小学思政课教师通过网络直播参与备课，累计收看量超过6万人次。

3月29日　北京教育系统召开“永远跟党走”主题教育动员推进大会。2021年全市各级各类学校将精心开展以“学起来”“唱起来”“讲起来”“做起来”为主要方式的主题教育活动，深化党史学习教育，确保覆盖到每一所学校、每一名师生。教育活动涵盖大中小幼各学段，贯穿全年，线上线下、课内课外相结合，推动学校小课堂与社会大课堂同频共振，各区和各级各类学校也将广泛开展特色活动。大会启动发布市级重点活动，聘请了“领学人”“领唱人”“领讲人”“领做人”，标志着北京教育系统“永远跟党走”主题教育全面铺开。

3月31日 北京市委教育工委举办“首都百万师生同上一堂党史课”网络公开课启动仪式暨首场报告会。报告会邀请中共中央党校（国家行政学院）副校（院）长谢春涛围绕“中国共产党为什么能”主题，通过史料和数据阐述中国共产党在制定政策、改善百姓生活等方面所做的努力。活动以“现场教学+网络直播”的形式开展，200余名首都高校师生代表现场参加活动，北京市各级各类学校近百万名师生通过北京高校思想政治理论课高精尖创新中心网络直播平台和北京市学校“学习思政课”APP参与线上学习。至12月，公开课共录制8讲线上播放，同时作为北京高校“形势与政策”市级示范课，供各高校参考使用。

4月27日 北京市委宣传部、北京市委教育工委举办首届北京市重点建设马克思主义学院发展论坛，北京理工大学、北京科技大学、中央财经大学等市重点建设马克思主义学院代表围绕“充分发挥马克思主义学院在学校党史学习教育中的应有作用”“着力办好‘形势与政策课’”“建设一支高素质思政课教师队伍”“将北京红色教育资源融入思政课教学”“强化马克思主义学院在学校课程思政建设中的引领作用”等主题作交流发言。北京市16所市重点建设马克思主义学院与16所民办院校签署合作协议，通过选派讲师团、组织集体备课、开展示范教学和党史主题教育等方式，帮助民办院校办好思政课。北京市重点建设马克思主义学院及民办院校负责人等共50余人参加论坛。

5月16日 北京市委教育工委举办第11届北京高校思想政治理论课教学基本功大赛。比赛全面考察思政课教师将教材体系转化为教学体系的能力。在学校推荐和预赛选拔后，53名教师进入决赛。经初赛、复赛、决赛选拔，共评选出特等奖6个、二等奖18个、三等奖29个。北京市委教育工委择优推荐获奖者参加第二届全国高校思政课教学展示活动和北京高校第十二届青年教师教学基本功比赛。

5月21日 北京市委教育工委、北京市委讲师团联合举办“首都大学生同上一堂脱贫攻坚大思政课”活动。活动邀请北京市“决战脱贫攻坚”百姓宣讲团6名成员为首都高校师生授课。北京部分高校思政课教师、学生党员代表等近150人现场参与学习。北京高校全体专兼职思政课教师及在校生通过北京高校思想政治理论课高精尖创新中心网络直播平台参与学习，累计收看90余万人次。活动同时作为第十期北京市学校思政课教师“同备一堂课”活动内容。

5月28日 北京市委教育工委在中国电影博物馆启动“光影看中国”——北京高校“电影中的党史大课”系列活动。活动邀请电影艺术家李雪健，演员代表王霙、王斑担任北京高校电影里的党史大课主讲嘉宾，郑吉春参加启动仪式并为嘉宾颁发聘书。50余名高校师生代表集体观看开幕影片《焦裕禄》。

6月1日 北京市委教育工委举办北京教育系统党史学习教育系列可视化教材发布仪式。发布的可视化教材包括“名师大家讲党史”“党史百年：人物·文献·事件”“跟着总书记学党史”。三部教材在“学习强国”、《北京日报》客户端等平台上线，供全市各类单位“四史”学习教育使用。至12月，全网累计收看1000余万人次，《新闻联播》予以报道，有关经验得到中央领导同志批示肯定。

6月10日 北京市委教育工委印发《关于进一步加强北京高校“形势与政策”课建设的若干措施》。文件要求高度重视“形势与政策”课建设、明确课程建设主要原则、严格落实开课要求、强化教学组织、加强市级支撑保障、加强指导监督。

7月8日 北京市委教育工委成立北京市大中小学思政课一体化建设指导委员会。该委员会是北京市深化学校思政课改革创新的决策协调议事机构，负责对大中小学思政课一体化建设进行领导、指导、咨询、示范、培训、研判。夏林茂担任主任委员，成员包括北京市委教育工委、北京市教委相关领导和处室负责同志，北京各区教育工委、区教委主要负责同志等。

7月9日 北京市委教育工委举办北京教育系统学习习近平总书记“七一”重要讲话精神专题报告会，邀请中央党史和文献研究院院长曲青山作《新时代中国共产党人的政治宣言》专题报告。全市高校专兼职思政课教师、马克思主义理论专业研究生约10万人次线上学习。

7月12日—8月6日 由中共北京市委教育工作委员会主办，北京师范大学马克思主义学院和北京高校思想政治理论课“熊晓琳名师工作室”承办的2021年北京高校思政课新上岗教师研修班在北京师范大学成功举办。来自首都高校近130名思想政治理论课新入职教师经过培训，顺利通过考核，取得北京高校思想政治理论课教师上岗资格证书。

7月16日 为深入学习贯彻习近平总书记“七一”重要讲话精神，充分发挥课堂主渠道作用，北京市委教育工委在北京会议中心举办了北京高校学习贯彻习近平总书记“七一”重要讲话精神宣讲团首场报告会暨思政课教师暑期备课会，来自北京高校马克思主义学院负责人和300余名思政课教师参加了会议。北京市委教育工委副书记、一级巡视员李奕出席，会议由宣教处处长寇红江主持。会议聚焦深入学习贯彻习近平总书记“七一”重要讲话精神及如何融入思政课教学，进一步增强意识形态工作的紧迫性、使命感和责任感，思政课教学设计及教学示范、分课程集体备课等多个环节展开。

7月24日　在北京市委教育工委、北京市教委、山东省教育厅指导下及全国高校思想政治理论课教师网络集体备课平台支持下，由北京高校思想政治理论课高精尖创新中心和中国人民大学马克思主义学院主办，山东省大中小学思政课一体化建设指导中心、山东师范大学马克思主义学院承办的思想政治理论课青椒论坛第25期在山东济南举行，来自北京、山东、江苏三地高校的7位优秀青年教师围绕“坚持大历史观、讲好大思政课”进行教学展示。

8月30日　北京市学校思想政治工作中心挂牌仪式在北京市西城区西四北三条32号举行，北京市委教育工委常务副书记郑吉春，副书记狄涛、李军锋出席，北京市委教育工委办公室、组织一处、干部处、安稳处、宣教处、机关党委、机关纪委，北京市教委人事处负责同志，以及筹备组人员参加。挂牌仪式上，狄涛同志宣读了北京市委机构编制委员会关于北京市学校思想政治工作中心的有关批复意见，宣布北京市学校思想政治工作中心正式成立。随后，郑吉春、狄涛、李军锋同志为北京市学校思想政治工作中心揭牌。北京市委教育工委宣教处处长兼北京市学校思想政治工作中心主任寇红江同志介绍了中心成立的背景和意义，并作表态发言。郑吉春同志在讲话中指出，北京市学校思想政治工作中心的成立，是贯彻落实习近平总书记关于教育的重要论述的具体举措，也是优化首都教育支撑服务体系的重要决策。他要求北京市学校思想政治工作中心在未来的建设发展中，坚持政治性，把发挥政治功能作为中心的立身之本；突出基础性，把履行支撑职能作为中心的成事之要；追求创新性，把拓宽工作格局作为中心的发展之道，迅速成长为教育“两委”工作不可或缺的支撑力量。

9月26日　北京市委教育工委召开北京高校思想政治理论课“质量提升年”工作推进会，部署下半年重点推进“思政课质量提升年”工作任务，要求各高校加大课堂教学的保障投入，普遍实行研究生助教制度，依托有经验、政治可靠的离退休教师组建教学督导员队伍，对本（专）科所有思政课课堂教学进行挂牌督导等。郑吉春参加会议并讲话。北京高校主管领导和马克思主义学院院长共120余人参加会议。市委教育工委将2021年定为“思政课质量提升年”，目的是深入学习贯彻习近平总书记关于思政课建设的重要指示批示精神，以首善标准持续提升北京高校思政课教育教学质量，建强用习近平新时代中国特色社会主义思想铸魂育人的主渠道。

11月8日　北京市委教育工委公示了2021年度北京高校马克思主义理论专业研究生新生奖学金、学术奖学金获奖名单。根据《北京高校马克思主义理论专业研究生新生奖学金、学术奖学金评定办法（试行）》（京教工〔2016〕20号），北京市委教育工委组织开展了2021年马克思主义理论专业研究生新生奖学金、学术奖学金评审工作。经资格初审、专家评审等环节，授予冯嘉馨等100名同学新生奖学金，毕秋等54名同学学术奖学金。

11月22日　北京市委教育工委、北京市海淀区政府举办北京市大中小学思政课一体化建设研究基地揭牌仪式。郑吉春、海淀区常务副区长李俊杰为研究基地揭牌，北京市学校德育研究会与海淀区签署协议，合作成立北京市大中小学思政课一体化建设实践研究示范区。北京市大中小学思政课一体化建设研究基地设在海淀区，主要职责是就大中小学思政课一体化开展理论研究、推进内容建设、加强教学方式创新和加大教学资源供给，通过团队协同、创新研究、研讨交流、评价激励4项工作机制，以课题研究为载体，组建研究基地学术指导团队、专家团队、研究与实践团队协作攻关。

11月29日　北京市委教育工委召开北京高校“三全育人”综合改革工作点评会。教育部思政司副司长余先亭、北京市委教育工委常务副书记郑吉春出席并讲话，中国人民大学原党委书记靳诺、中国高等教育学会副会长兼秘书长姜恩来、北京化工大学原党委书记王芳进行专家点评，会议由北京市委教育工委副书记李军锋主持。会上，清华大学、北京科技大学、首都师范大学分别介绍了学校“三全育人”综合改革工作推进情况，三位专家依次进行精准、精彩点评，指出三所高校紧紧围绕落实立德树人根本任务，聚焦“三全育人”的内涵外延，加强顶层设计，锐意改革创新，强化资源统筹，健全工作机制，产生了很好的育人效果。

12月2日　北京市委教育工委在中国人民大学举办“北京高校学习宣传党的十九届六中全会精神师生宣讲团”宣讲会。来自中国人民大学、中国人民公安大学、中国地质大学（北京）等10所高校的10名宣讲团成员通过多样视角和翔实案例阐释全会精神。郑吉春参加宣讲会并为宣讲团成员颁发聘书。北京高校学工干部、辅导员和学生党员5万人次参加线上学习。北京市委教育工委另组织宣讲团成员录制“以史为鉴 开创未来——北京高校师生学习宣传党的十九届六中全会精神10讲”系列网络宣讲视频，在“学习强国”、新浪微博等新媒体平台推送。

12月7日　由北京市委宣传部、北京市习近平新时代中国特色社会主义思想研究中心、北京市中国特色社会主义理论体系研究中心、北京市社会科学界联合会、北京日报社、清华大学、北京大学、中国人民大学、北京师范大学等联合主办的“首都当代中国马克思主义论坛·2021”在清华大学举办，论坛采取线上线下结合方式召开，围绕马克思主义中国化的百年探索与展望的主题展开研讨。

12月10日　北京市委教育工委举办“学习贯彻党的十九届六中全会精神”北京高校马克思主义学院院长论坛，北京大学、北京师范大学、北京航空航天大学、中国人民公安大学、首都经济贸易大学、北京工商大学的6名马克思主义学院院长聚焦全会精神的研究宣传和学理化阐释作主题发言。北京高校全体马克思主义学院领导班子成员线上参会。

12月11日　北京市委教育工委举办北京高校教书育人“最美课堂”颁奖典礼。北京市委教育工委相关负责人为30名获评北京高校教书育人“最美课堂”一等奖的主讲教师颁发奖杯。4名获奖教师从“理论之美”“道德之美”“文化之美”“信仰之美”4个方面做教学展示。北京高校教书育人“最美课堂”评选活动分为“思政课程组”和“课程思政组”，经过初赛、复赛、决赛，30门课程获一等奖、50门课程获二等奖。

（二）北京高教学会及北京高校关于马克思主义理论学科与思想政治理论课建设的部署和举措

1月4日　由北京高校中国特色社会主义理论研究协同创新中心（中国政法大学），中国政法大学马克思主义学院、中国社会科学院马克思主义研究院、南开大学马克思主义学院、中国人民公安大学马克思主义学院、河北大学马克思主义学院、北京工商大学马克思主义学院联合召开了学习贯彻党的十九届五中全会精神学术研讨会。

1月15日　北京高教学会中国近现代史研究分会2020年年会在线举行。来自北京各高校的90余位专家学者围绕党的十九届五中全会精神、中国共产党成立100周年、“中国近现代史纲要”课程教学改革进行了集中学习和探讨。

3月11日　中国农业大学成功举办了“农村基层党建研究中心成立大会”。来自北京大学、中国人民大学、中共中央党校等多家高校、科研机构和地方代表，《人民日报》《北京日报》《农民日报》《中国社会科学报》等新闻媒体，以及中国农业大学各职能部处的负责同志和部分师生代表参加了大会。

3月28日　由北京大学马克思主义学院、《思想教育研究》共同举办的“纪念巴黎公社150周年学术研讨会暨《马藏》发现有关巴黎公社传入中国新史料发布会”在北京大学召开。来自北京大学、清华大学、北京科技大学、陕西师范大学、江南大学以及《光明日报》、科学出版社、《思想教育研究》、《中国社会科学》、《中国教育报》等单位的近三十名专家学者参加会议。

4月11日　“中国共产党与马克思主义百年传播主题展”和“清华大学马克思主义理论教育与研究成果展”在清华大学开幕。

4月29日　由清华大学主办的中国共产党与马克思主义传播史学术研讨会暨马克思主义经典文献传播研究成果座谈会在清华大学举办。来自教育部社科司、清华大学文科建设处、辽宁省委宣传部、辽宁出版集团有关领导出席会议及全国高校社科界的知名专家学者约80人参加会议。

5月8日　由社会主义核心价值观协同创新中心、清华大学国家教材建设重点研究基地、清华大学高校德育研究中心、郑州大学、《社会主义核心价值观研究》编辑部举办，郑州大学马克思主义学院承办的“社会主义核心价值观协同创新郑州峰会”在郑州大学举行。来自清华大学、人民大学、武汉大学、中山大学、吉林大学、同济大学等30余所高校和《思想理论教育》期刊的专家学者和青年师生代表、河南省社科联专家代表、河南省内马克思主义学院师生代表、郑州大学马克思主义学院师生代表共200余人参加峰会。

5月9日　由北京邮电大学主办、北京邮电大学马克思主义学院承办的第二届全国“青马鸿儒”高端论坛暨“党史学习教育”学术研讨会在北京邮电大学顺利举办。近20所高校的百余位专家学者、师生参加了研讨会。

5月9日 北京高教学会中国近现代史研究分会主办的第十一届北京高校思想政治理论课教学基本功比赛“中国近现代史纲要”课预赛在北京科技大学举行。来自清华大学、北京师范大学、北京理工大学、中国农业大学、北京航空航天大学、北京电子科技职业学院等高校的32名思政课教师参赛。预赛由北京科技大学马克思主义学院承办。

5月22日 由北京大学马克思主义学院、北京市哲学社会科学中国化马克思主义发展研究基地和国家社科基金重大项目“百年中共党报党刊史（多卷本）”课题组联合举办的“党报党刊和百年中国共产党”学术研讨会在北京举行。来自中国社会科学院、中共中央党史和文献研究院、北京大学、清华大学、南京大学、中山大学、山东大学、华东师范大学等30余家科研院所、高校及学术期刊等单位的50余位专家、学者及博士生参会。

5月29日 由中国人民大学马克思主义学院、浙江大学马克思主义学院共同主办的马克思主义理论学科青年学者论坛第33期暨“《资本论》与马克思主义基本原理的当代阐释”学术研讨会在浙江大学召开。来自中国社会科学院、北京大学、中国人民大学、南开大学、复旦大学、南京大学、浙江大学等高校和科研单位及《中国社会科学》《哲学研究》《马克思主义与现实》等期刊媒体的专家学者及研究生近60人参会探讨。

6月5日 由北京联合大学马克思主义学院、海外中国学研究中心和中国社会科学院国际中国学研究中心联合主办的“国际视野中的百年中国共产党”学术研讨会在北京联合大学召开。

6月11日 由中国社会科学院大学科研处、马克思主义学院、历史学院和教育部高校思想政治工作创新发展中心（中国社会科学院大学）联合主办的“建党百年与百年未有之大变局”学术研讨会暨首届全国青年马克思主义者本硕博论坛在中国社会科学院大学举行。来自清华大学、北京大学、中国人民大学、北京师范大学、武汉大学、上海交通大学、中山大学、东北师范大学等153家高校及科研院所的200余名青年马克思主义者参会研讨。

6月19日 “党的建设百年历程与国家治理现代化”学术研讨会在北京理工大学举行。来自全国各地高校、企业领导、专家学者以及北京理工大学马克思主义学院共300余人参加研讨会。

6月20日 第二十二届“北师大、清华、北大、人大”马克思主义学院博士生学术论坛在北京师范大学成功举办。论坛主题为“中国共产党百年历程和中华民族伟大复兴”。来自北京师范大学、清华大学、北京大学、中国人民大学的研究生代表共40余人参加现场会议。

6月24日 “马克思主义在中国早期传播学术研讨会暨《马藏》出版座谈会”在北京大学举行。

6月25—27日 由北京大学马克思主义学院、北京大学研究生教育创新计划和德国罗莎·卢森堡基金会共同举办的第五届“社会主义生态文明与社会生态转型”博士生论坛在北京举行。

6月26日 由中国政法大学马克思主义学院、北京高校中国特色社会主义理论研究协同创新中心（中国政法大学）承办的第二届“立德树人 德法兼修”思想政治教育创新发展全国学术研讨会在北京举行。来自清华大学、北京大学、中国人民大学、同济大学、上海交通大学、南开大学、中国政法大学等高校及《马克思主义研究》《思想理论教育导刊》《高校马克思主义理论教育研究》等期刊编辑部近一百名专家学者通过线上和线下相结合的方式参加了研讨会。

7月5日 清华大学马克思主义学院、“新时代中国特色党史党建学科基本理论问题研究”课题组在清华大学善斋联合召开“学习贯彻习近平总书记‘七一’重要讲话精神 推进新时代党史党建学科建设”研讨会。

7月7日 清华大学·马克思主义学术工作坊第7期成功举办，来自清华大学、北京大学、中国人民大学的学者，围绕“新时代如何书写中共党史”主题进行了研讨。

7月10—11日 北京高校中国化马克思主义教学研究会2021年暑期教学研讨会在北京召开。来自北京各大高校的120余名专家学者围绕“以习近平总书记在庆祝中国共产党成立一百周年大会上的讲话精神统领‘概论’课教学”进行了集中学习和研讨。北京高校中国化马克思主义教学研究会名誉会长陈占安教授致开幕词，会长程美东教授致辞并作《一篇尽显民族志气、历史底气、理论锐气、未来朝气的大党宣言》专题学术报告和《中国共产党如何领导中国站起来》示范课展示，副会长肖贵清教授等出席会议并参加了相关活动。

7月11日 华北电力大学联合教育部习近平新时代中国特色社会主义思想研究中心、教育部高等学校社会科学发展研究中心、中共中央党校

（国家行政学院）专家工作室共同主办的21世纪马克思主义研究峰会在北京举行。

7月16—17日　北京高校学习贯彻习近平总书记“七一”讲话精神宣讲团首场报告会暨中国近现代史研究分会暑期备课会在北京会议中心举行。

7月17日　第三届世界马克思主义大会在北京大学开幕。大会以“马克思主义与现代化”为主题，下设十四个分论坛和四个高端对话专场，会议以线上和线下相结合的方式进行。与会学者围绕“马克思主义现代化理论”“中国共产党与中国现代化”“习近平关于全面建设社会主义现代化国家的重要论述”“现代化的中国经验”“贫困治理与发展中国家现代化”“北京大学与中国共产党”“《马藏》与马克思主义在中国的传播”“纪念巴黎公社150周年”“生态马克思主义”“民营企业”等议题展开深入、广泛的研讨。

7月17日　由北京市习近平新时代中国特色社会主义思想研究中心主办，北京高校中国特色社会主义理论研究协同创新中心（北京工业大学）和北京工业大学马克思主义学院承办的“学习习总书记‘七一’讲话精神暨百年大党与中国特色社会主义现代化道路研究”学术研讨会在北京成功举行。

7月17日　北京市高等教育学会思想道德修养与法律基础研究分会集体备课会在北京举行，来自北京高校的50多名思想道德修养与法律基础课任课教师参加了会议。会议上半场是主题报告环节，王易教授和王树荫教授先后就“思想道德与法治课建设的几个问题”“学深悟透‘七一’重要讲话精神，充分融入基础课教学”作了专题报告。会议下半场是与会教师研讨交流环节。与会教师发言踊跃，讨论热烈。同时就新版教材使用过程中教材体系向教学体系转化，以及教学中的理论性与生动性相统一等问题进行了深入交流研讨。

7月23日　由北京市习近平新时代中国特色社会主义思想研究中心、对外经济贸易大学联合主办，对外经济贸易大学研究基地、马克思主义学院、国家（北京）对外开放研究院承办，英语学院协办的“全球抗疫时代的中国对外开放与人类命运共同体论坛”在对外经济贸易大学开幕。

8月28—29日　第四届全国“新时代中国特色社会主义生态文明理论与实践”学术研讨会以线上会议方式在北京邮电大学成功举办。来自北京大学、清华大学、中国人民大学、复旦大学、北京师范大学、东北大学、东南大学、北京邮电大学、中国社会科学院等200余所高校及科研机构和来自《自然辩证法研究》《学术研究》《社会科学研究》《北京行政学院学报》《人民论坛》《大连理工大学学报（社科版）》《学习与实践》等10家核心学术期刊编辑部近300位专家学者参与了学术交流。

10月18日 全国高校中国共产党历史专业骨干教师培训班（第一期）结业式在中国人民大学举行。

10月23日 由《红旗文稿》杂志社、高等教育出版社《思想理论教育导刊》编辑部、北京大学马克思主义学院共同主办的第十七届中国特色社会主义论坛暨“百年辉煌与21世纪马克思主义”学术研讨会在北京大学召开。来自中共中央党校、北京大学、清华大学、吉林大学、武汉大学等院校的专家和学者，第十七届中国特色社会主义论坛优秀论文获奖作者代表，以及来自新华社、《人民日报》等媒体的记者编辑共计60余人参加了会议。

11月20日 由中国人民大学马克思主义学院主办、马克思主义学院研究生会承办的第四届全国高校马克思主义理论学科研究生学术论坛在线上顺利举行，论坛主题为“百年党史探索与马克思主义理论创新”。全国三百余名研究生参加论坛。

11月20日 “以史为鉴、开创未来的伟大宣言”——学习贯彻党的十九届六中全会精神学术研讨会在中国人民大学举办。

11月21日 北京师范大学马克思主义学院、北京师范大学中共党史党建研究院与教育部习近平新时代中国特色社会主义思想研究中心秘书处、教育部社科中心《中国高校社会科学》编辑部联合召开了“中国共产党百年奋斗的重大成就和历史经验”理论研讨会，深入学习贯彻党的十九届六中全会精神。来自清华大学、北京大学、中国人民大学、北京师范大学、复旦大学等18所国内高校的专家学者和师生、中央报刊记者等共计100余人参加了会议。

11月21日 由北京大学马克思主义学院、中国高等教育学会马克思主义研究分会主办，合肥工业大学马克思主义学院承办，《毛泽东邓小平理论研究》编辑部协办的“中国共产党的百年奋斗重大成就和历史经验——学习宣传党的十九届六中全会精神研讨会”隆重举行。来自全国高校的数十位专家学者参会，线上参会听众累计达8000人次。

11月21日 由北京大学马克思主义学院、北京大学中共党史研究中心、中国青年报社联合举办的“中国共产党百年奋斗与中华民族伟大复兴——学习十九届六中全会精神高端论坛”在北京大学举行。

11月26日 由北京航空航天大学马克思主义学院主办的“新冠疫情下的社会治理和全球治理”国际学术研讨会在北京以线上线下相结合的方式举办。来自中国、英国、德国、巴西、克罗地亚等13个国家45所高校和科研院所的80余位专家学者参加了会议。

11月27日 由北京大学马克思主义学院、中南财经政法大学哲学院、中南财经政法大学生态文明研究院和德国罗莎·卢森堡基金会共同主办的“中国社会主义生态文明研究小组”2021年学术年会暨“社会主义生态文明研究：回顾与展望”学术研讨会，在湖北武汉以线下线上相结合的方式举行。

12月5日 第四届“北京高校博士生‘思政课’教学研讨会”在北京航空航天大学召开。会议采取线上线下相结合的方式举行，来自清华大学、中国人民大学、北京师范大学、北京航空航天大学、天津大学、大连理工大学、西北工业大学、上海交通大学、浙江大学、南京大学等京内外20余所高校、研究机构100余名专家学者参加会议。

12月5日 由北京科技大学马克思主义学院主办的研究阐释党的十九届六中全会精神主题讲座——暨北京科技大学校庆70周年马院系列学术活动“科研伦理与学术道德”高端论坛隆重召开。来自全国重点高校的马克思主义学院院长（人文社会科学部部长）、CSSCI期刊主编、全国二级学会理事长及多位国家级人才计划获得者等知名的专家学者为论坛作主旨报告，来自国内各高校、科研机构的学者、学生、媒体代表等近百人参加了论坛。

12月10日 “学习贯彻党的十九届六中全会精神”北京高校马克思主义学院院长论坛在北京师范大学举办。北京高校全体马克思主义学院领导班子成员线上参会。

12月12日 由清华大学马克思主义学院、《中国教育报》共同主办的“全国高校马克思主义学院学习贯彻党的十九届六中全会精神研讨会”在清华大学举办。会议以线上方式举办，清华大学、北京大学、中国人民大学等高校师生代表约3000 人线上参会，超万人在线观看会议。

12月12日 由中国农业大学马克思主义学院、农村基层党建研究中心主办的中国共产党百年农村基层党建高端论坛在中国农业大学举行。

12月12日 由北京高教学会中国近现代史研究会主办，北京外国语大学马克思主义学院、北京高校中国特色社会主义理论研究协同创新中心（北京外国语大学）协办的北京高教学会中国近现代史研究会学习党的十九届六中全会精神研讨会在线上举行，6位专家围绕第三个历史决议的核心要义与重要价值、第三个历史决议融入“纲要”课的基本原则与路径方法、“两个确立”的内在逻辑与价值意义等做了精彩演讲，90余名老师参会。

12月18日 由北京大学马克思主义学院与中国高等教育学会马克思主义研究分会、中国《资本论》研究会联合主办，北京理工大学马克思主义学院承办的首届“全国马克思主义理论学科学生《资本论》论坛”顺利召开。论坛主题是“《资本论》与马克思主义理论学科的整体性”，论坛以线上会议的形式举行。马克思主义理论学界师生累计2000人次参加。

12月18日 由北京邮电大学主办，北京邮电大学马克思主义学院、哈尔滨工程大学马克思主义学院、湖南工业大学马克思主义学院承办、《思想教育研究》、《北京邮电大学学报（社会科学版）》协办的“第五届全国行业特色型大学马克思主义学院建设与学科发展研讨会暨第四届联盟大会”在北京邮电大学召开。会议采用现场出席和网络视频出席相结合的方式举行。

12月22日 由中央财经大学马克思主义学院、《高校马克思主义理论教育研究》编辑部联合举办的“中国共产党与中华民族伟大复兴——庆祝中国共产党成立100周年”暨马克思主义理论学科研究生学术论坛在中央财经大学召开。

12月18日 第三届“全国高校课程思政高端论坛”在北京航空航天大学举办。来自清华大学、哈尔滨工业大学、上海交通大学等高校近100位知名专家通过腾讯会议线上论坛参与活动。

12月26日 百年高校党建理论与实践研讨会暨首都高校党建研究基地理事会成立会在北京航空航天大学召开。会议以回顾百年高校党建理论与实践，谋划首都高校党建研究基地未来五年建设为主题，来自清华大学、中国人民大学、首都师范大学、中央团校等单位的30余名专家学者参加会议。

12月26日 由国际儒学联合会教育传播普及委员会、中国实学研究会、中国文化管理协会企业文化管理专业委员会、中国企业文化促进会、北京高校中国特色社会主义理论研究协同创新中心（中国政法大学）、北京工商大学联合主办，北京工商大学马克思主义学院、北京工商大学商学院和北京工商大学中国企业党建研究中心承办的第五届问道玉渊潭学术论坛“中国共产党和人类文明新形态：企业文化的视角”通过线上线下相结合的方式如期召开。来自中央党校（国家行政学院）、中央纪委纪检监察学院、中国社会科学院、北京大学、北京师范大学、东北师范大学、华侨大学、中铁集团等百余名专家学者、企业领导和青年学子参加了会议。

后 记

2015年初，北京市委教育工委委托清华大学马克思主义学院艾四林教授、吴潜涛教授牵头，抽调各高校思想政治理论课中青年骨干教师成立课题组，负责编写北京高校马克思主义理论学科与思想政治理论课建设年度发展报告。时间飞逝，转眼间我们已8次完成了对北京高校马克思主义理论学科与思想政治理论课建设发展的大型数据采集与分析，呈现在大家面前的《北京高校马克思主义理论学科与思想政治理论课建设发展报告（2021）》是第八本较为全面系统深入反映北京高校马克思主义理论学科年度发展状况的报告。

在北京市委教育工委领导的关心和指导下，课题组成员通力合作，经过方案设计、文献调研、问卷调查、实地考察、个别访谈、数据分析等环节，并召开多次专题研讨会，最终形成了《北京高校马克思主义理论学科与思想政治理论课建设发展报告（2021）》。

本书各章撰写人员如下：

第一章，艾四林（清华大学高校德育研究中心主任、习近平新时代中国特色社会主义思想研究院院长、教授、博士生导师），刘武根（中国农业大学马克思主义学院副院长、教授、博士生导师），李全喜（北京邮电大学马克思主义学院副院长、教授、博士）。

第二章，赵甲明（清华大学马克思主义学院教授、博士生导师），陈洪玲（北京理工大学马克思主义学院副院长、教授、博士生导师）。

第三章，吴潜涛（清华大学马克思主义学院教授、博士生导师），杨增岽（北京师范大学马克思主义学院副院长、教授、博士生导师），张晖（中国农业大学马克思主义学院院长、教授、博士生导师），黄刚（中央财经大学马克思主义学院副院长、教授、博士），荣鑫（中国青年政治学院中国马克思主义学院副教授、博士），秦彪生（北京体育大学马克思主义学院副教授、博士），周阳（北京师范大学马克思主义学院讲师、博士）。

第四章，肖贵清（清华大学习近平新时代中国特色社会主义思想研究院常务副院长、教授、博士生导师），吴新宇（北京理工大学马克思主义学院讲师、博士）。

第五章，蔡乐苏（清华大学马克思主义学院教授、博士生导师），李红霞（北京体育大学马克思主义学院副院长、教授、博士）。

第六章，王宪明（清华大学马克思主义学院教授、博士生导师），李江静（清华大学马克思主义学院副教授、博士生导师）。

第七章，艾四林，胡飒（北京信息科技大学马克思主义学院教授、博士）。

第八章，舒文（清华大学马克思主义学院副教授），李全喜。

《北京高校马克思主义理论学科与思想政治理论课建设大事记（2021）》由北京邮电大学马克思主义学院副院长李全喜教授收集整理。

北京市委教育工委宣教处处长寇红江全程指导工作开展并审阅了报告，艾四林教授负责报告全文的统稿。

在报告的问卷设计、调查和撰写过程中，我们得到了兄弟院校的密切配合和无私帮助。清华大学马克思主义学院吴丹博士和中国农业大学马克思主义学院副院长刘武根教授承担了网上数据采集的咨询和报告编务工作。清华大学计算机中心的王见文同志为本报告的问卷调查提供了技术支持。在此一并表示感谢！

为了全面把握2021年北京高校马克思主义理论学科与思想政治理论课建设取得的成绩、深入剖析问题、提出精准化建议，我们尽了很大的努力，但由于种种原因，报告仍存在一些不足和有待改进与完善的地方，真诚欢迎专家学者和广大读者批评指正。

本书课题组